인류학자와 일본의 식민지 통치

도리이 류조(鳥居龍藏)의 시베리아 · 북만주 · 사할린 조사 일기
인류학자와 일본의 식민지 통치

도리이 류조 鳥居龍藏 지음 · **최석영** 崔錫榮 역주

서경문화사

차례

006 _		자서(自序)
011 _	1장	1. 비밀에 가려져 있었던 동부 시베리아
014 _		2. 동부시베리아에서 다섯 가지 나의 임무
018 _		3. 동경에서 블라디보스톡으로
020 _		4. 블라디보스톡 체재 중 나의 임무
022 _		5. 동양학원(東洋學院)
028 _		6. 블라디보스톡박물관
037 _		7. 얀코프스키 반도의 패총
050 _		8. 블라디보스톡에서 이르쿠츠크로 향하여
059 _	2장	1. 마음이 침착해지는 이르쿠츠크
060 _		2. 이르쿠츠크박물관
068 _		3. 이르쿠츠크에서 치타로
070 _		4. 치타와 부랴트족
072 _		5. 제다에서 하일라얼[海拉爾]로
078 _		6. 하일라얼과 극동 중심점
089 _		7. 소론 탐험
100 _		8. 바라카 몽골인 조사
105 _	3장	1. 오로촌의 탐험
125 _		2. 치치하얼[齊齊哈爾] 부근 탐험
133 _	4장	1. 치치하얼에서 하얼빈[哈爾賓]으로
136 _		2. 다시 하얼빈에서 제다로
142 _		3. 제다박물관
153 _		4. 오논강 탐험
183 _	5장	1. 퉁구스 탐험
189 _		2. 헤이룽강 하항(下航) 하나
201 _	6장	1. 브시와 그 박물관
212 _		2. 아이훈 탐험
219 _		3. 헤이룽강 하항 둘

인류학자와 일본의 식민지 통치

223 _	7 장	1. 하바로프스크에서
234 _		2. 고리도 사람에 관한 탐험
243 _	8 장	1. 헤이룽강 하류 셋
249 _		2. 니콜라예프스크시에서
251 _		3. 치루 및 길랴크 탐험
259 _		4. 헤이룽강 하류 연안 조사
269 _	9 장	1. 다시 니콜라예프스크시에서
289 _	10 장	1. 헤이룽강을 다시 거슬러 올라가다
297 _	11 장	1. 다시 하바로프스크시에서
317 _	12 장	1. 하바로프스키에서 블라디보스톡으로
325 _	13 장	1. 니콜리스크시(니콜리스크 우수리) 탐험
341 _	14 장	1. 블라디보스톡에서 동경으로
345 _	15 장	1. 사할린주 탐험
351 _	16 장	1. 대륙 사할린주 탐험
363 _	17 장	1. 다시 북사할린으로
375 _	18 장	1. 길랴크와 오로츠꼬 사람의 거주지
383 _	19 장	1. 츠이무강을 거슬러 올라가
393 _	20 장	1. 북사할린의 토성
399 _	부록	1. 북사할린 및 헤이룽강 하류의 민족에 대해
420 _		2. 마미야 린조(間宮林藏)와 사할린 및 동달(東韃)지방과의 관계에 대해
445 _	역자후기	
469 _	찾아보기	

자서(自序)

인류학자와 일본의 식민지 통치

이 책은

내가 1919년에 동부 시베리아 그리고 1921년에 북사할린[北樺太]에서 시도한 인류학, 인종학, 고고학적 조사 과정에서 적은 여행일기이다. 따라서 이 책에 실려 있는 것은 각 지역의 민족, 토속(土俗), 유적, 유물, 학자, 박물관, 도서관 그 외 모든 조사, 견문에 관한 기록으로 이것은 후일 다시 공개하게 될 시베리아, 사할린, 만주 등에 관한 정밀한 논문의 전편(前篇)에 해당되는 것이다.

대개 학자가 탐험, 조사, 논문을 발표하기 전에 미리 '탐험조사기'를 발표하는 것이 일반적인 순서이다. 나는 이 의미에서 이 책을 출판하기로 결정하였다. 그리고 이 책은 원래 일부 전문가만을 위해 기술(記述)한 것이 아니기 때문에 가능하면 일반적으로 서술하였고 난해한 전문적 서술은 피하였다. 이것은 내가 최근 주장하는 학술의 보급, 사회화라는 견지에 따른 것이다.

나는 일찍부터 동부 시베리아, 그 중에서도 헤이룽강(흑룡강) 유역을 조사하고 싶은 열정적인 희망을 가지고 있었다. 이것은 이 지역이 아직 관련 학계에서 밝혀지지 않은 채 덮어져 있기 때문만이 아니라 일본 민족, 고대사 등과 밀접한 연쇄적 관계를 가지고 있기 때문이었다. 이 지역에 대한 조사연구가 밝혀지지 않는 한, 동아시아의 인류학, 인종학, 고고학, 고대사 등은 아직 충분한 기초를 가지고 있다고는 말할 수 없다. 내가 그 지역조사에 많은 흥미를 가지고 있는 이유는 바로 그 때문이다.

그러나 때마침 일본은 유럽 전쟁의 결과, 체코슬로바키아를 돕기 위하여 시베리아에 출병하게 되었다. 여기에서 나는 요즘의 희망을 실현하는 것은 실로 이 가을이라고 생각하고 동경제국대학, 조선총독부 및 유력가의 원조와 육군 당국의 허가 · 보호 하에 1919년 6월 갑자기 시베리아 조사를 시도하게 되었다. 이 책은 실로 그 지역조사에 대한 솔직한 서술이다.

나는 조사 여행 시 천연, 사람 등 위험이 있었음에도 불구하고 어떻든 처음 예정대로 목적을 달성한 것을 스스로 기뻐하며 이것은 그 지역의 육군 주둔군, 여러 사람들, 각 영사관 그 외로부터의 간독(懇篤)한 도움의 결과라는 점을 말하지 않을 수 없다. 나는 여기에서 충심으로 감사의 뜻을 표하고 싶다. 또 조사 여행에서 도움을 아끼지 않았던 대학, 총독부 및 여러 사람들에게도 삼가 감사하는 바이다.

이 책은

내가 블라디보스톡에 상륙한 날부터 다시 내가 츠루가항(敦賀港)에 돌아오는 날까지 반년에 걸쳐서 그 날 그 날 빠뜨리지 않고 기록한 것이다. 그리고 당시는 일본 군대의 시베리아 주둔시기에 속한다. 따라서 한편에서 보면 이 책은 1919년의 동부시베리아 주둔군의 있는 그대로의 일기, 하나의 역사적 기록이며 또 후일 참고자료도 될 것으로 믿는다. 예를 들면 그 비참한 니항(尼港)사건[1]은 내가 그 항을 떠난 후 얼마 안 되어 수개월 후에 일어난 것이었다.

시험 삼아 독자는 내가 니콜라예프스크 체재 중의 기록을 읽어 주기를 바란다. 나의 기록에 나오는 사람들은 모두 그 참담한 빨치산에 의하여 살해되었다. 겨울도 가까와 오는 북쪽 땅 저녁, 영사관의 한 방에서 하루하루의 조사 때문에 피곤한 상태로 돌아오는 나를 상대해 주고 모스크바의 예술극장 그 외 문학, 예술에 관하여 밤이 새는 것도 모른 채 이야기를 나눈 사람들도 지금은 없다. 그 부인, 예쁘장한 아이들도, 당시 여러 가지 편의를 제공해 주었던 수비대장도, 조사발굴을 시도한 학자 또한 죽었다. 하이구[俳句][2]에 재능이 있었던 사람도 죽었다. 나는 이들을 떠올릴 때 실로 말할 수 없는 느낌을 받는다. 독자는 나의 기록을 읽고 당시의 니콜라예프스크를 떠올려 주기를 바란다.

시베리아 출병이

실패라고 주장하는 사람이 있다. 나는 한 연구자로 본래 그 가부(可否)에 관해서는 아무 것도 모르지만 적어도 출병으로 의하여 그 지역에 대한 조사 편의가 마련된 것은 하나의 효과라고 생각하지 않을 수 없다. 그러면서 당시 주둔군의 보호·편의가 있었는데 일본인들이 그

---

[1] 1920년 2월, 헤이룽강의 오호츠크해 하구에 있는 니콜라예프스크(니항)를 점령하고 있던 일본군 1개 대대와 거류민 700여명은 약 4,000명의 빨치산에 포위되어 휴전협정을 수락하였는데 3월 12일 일본측이 불법공격을 하였기 때문에 빨치산의 공격을 받아 일본군은 전멸하고 장병, 거류민 122명이 포로가 되었다. 5월 일본의 구원군이 니항으로 향하자 빨치산은 일본군 포로와 반(反)혁명파 러시아인을 모두 살해하였다. SONY Encyclopedia Nipponica 2001 일본대백과전서 참조.
[2] 5·7·5의 17음절을 기본으로 하는 단시형(短詩型)의 일본 문예.

지역을 조사하거나 그 외 여행조차도 감히 하지 않았다고 하는 것은 가장 유감스러운 부분이다. 좀처럼 만나기 어려운 좋은 기회를 맞이하여 당시까지 비밀고(秘密庫)로서 살펴보는 것이 허용되지 않았던 시베리아에 왜 일본인들이 가지 않았던 것일까, 여러분은 시베리아 출병의 실패를 말하기 전에 스스로 마음 속을 되돌아봄 직하다. 특히 일본의 각 제국대학 및 그 외 학자가 그것에 대해 어떠한 행동도 시도하지 않았던 것이 내가 가장 유감스럽게 생각하는 바이다. 나는 불초한 존재이지만 이 좋은 기회에 그 지역의 탐험조사를 하고 그것도 감히 불충분하다고 말할 수 있지만 이 분야에 관한 상당한 결과를 낼 수 있었기 때문에 시베리아 출병은 인류학, 인종학 및 고고학에 대해 귀중한 기여를 한 것으로 깊이 경의를 표하고자 한다.

동부 시베리아의 사정은 내가 갔던 1919년과 오늘날과는 크게 차이가 있을 것이다. 그러나 이 책은 당시의 일기, 기록으로서 그대로 남겨두고자 한다. 즉 당시의 스케치로서 남겨두고 싶다. 그리고 정치적인 변화, 상업 중심지의 변화 그 외 당시와 크게 차이도 있을 것이다. 1919년의 기록과 오늘날을 비교한다면 실로 금석지감(今昔之感)에 견딜 수 없는 것이 많이 있겠지만 이것은 또 동북아시아 상황이 시시각각 변화에 끝이 없음을 보여주는 것이기 때문에 더 나아가서는 시베리아 문제가 하루도 소홀히 할 수 없음을 가르쳐 주는 것이라고도 말할 수 있다.

나는
본래 이 책을 출판할 생각이 없었다. 그런데 오까시게(岡茂雄)씨가 여러 번 집에 와서 출판 권유를 상담하였기 때문에 나는 그에게 감동을 받아 이 원고를 넘겨주게 되었다. 최근 글쓰기에 게으른 내가 이와 같은 책을 세상에 발표하게 만든 것은 그야말로 그 사람의 열정 때문이다. 나는 지금 이후 가능한 한 독지가 오까시게씨를 돕고자 생각한다.

내가 오늘 이 서문을 기초(起草)하려는데 이미 이전에 동경제국대학에 제출해 두었던 사직서에 대한 청허(聽許) 사령(辭令)이 17일자로 송달되었다. 이것으로 드디어 숙원이었던 한 사람 역할의 낭인적(浪人的) 학자가 된 것이다. 생각하면 대학에 통근한 지 30년의 세월이 흘렀다. 과거를 떠올리면 실로 꿈과 같다. 그러나 30년은 인생에서 결코 짧은 것은 아니다.

이 긴 세월 동안 나는 신명(身命)을 바쳐 돈을 투자하면서 대학과 내 개인을 위해 오로지 인류학, 토속학, 고고학의 연구에 종사해 왔다. 감히 진력할 만한 것만은 진력해 왔다고 믿는 바이다. 과거는 이미 과거이다. 과거에 대해서 나는 어떤 것도 말할 수 없다. 나는 이 분야의 충복(忠僕)이 되어 수행하지 않으면 안 되는 중요한 일은 그야말로 지금부터이다. 인간의 하루하루의 노력은 과거나 현재를 위해서가 아니다. 실로 미래를 위해서이다.

사직 청허의 사령을 받은 후 자유로운 개인적 학자로서 이 분야를 위해서 전심의 노력을 기울이려고 하는 날에 우연히도 이 책의 출판을 보기에 이른 것은 또 앞으로 내가 출발하려고 하는 원정의 전도(前途)에 대한 길조라고도 생각할 수 있다. 나는 그로부터 정말로 진지하게 과거의 연구조사를 기초로 하여 다시 장래를 위해 용기 꺾이지 않고 연구를 계속하고자 한다. 실로 전도양양(前途洋洋)이다.

1924년 6월 20일 대학 사직원(辭職願)이 허락된 날, 새로 지은 서재에서

鳥居龍藏 _ 도리이 류조

도리이 류조(鳥居龍藏) _
이 사진은 1919년 도리이 류조가 시베리아를 탐험할 때 그 지역에서 러시아 사진사가 원하여 촬영된 것이다.

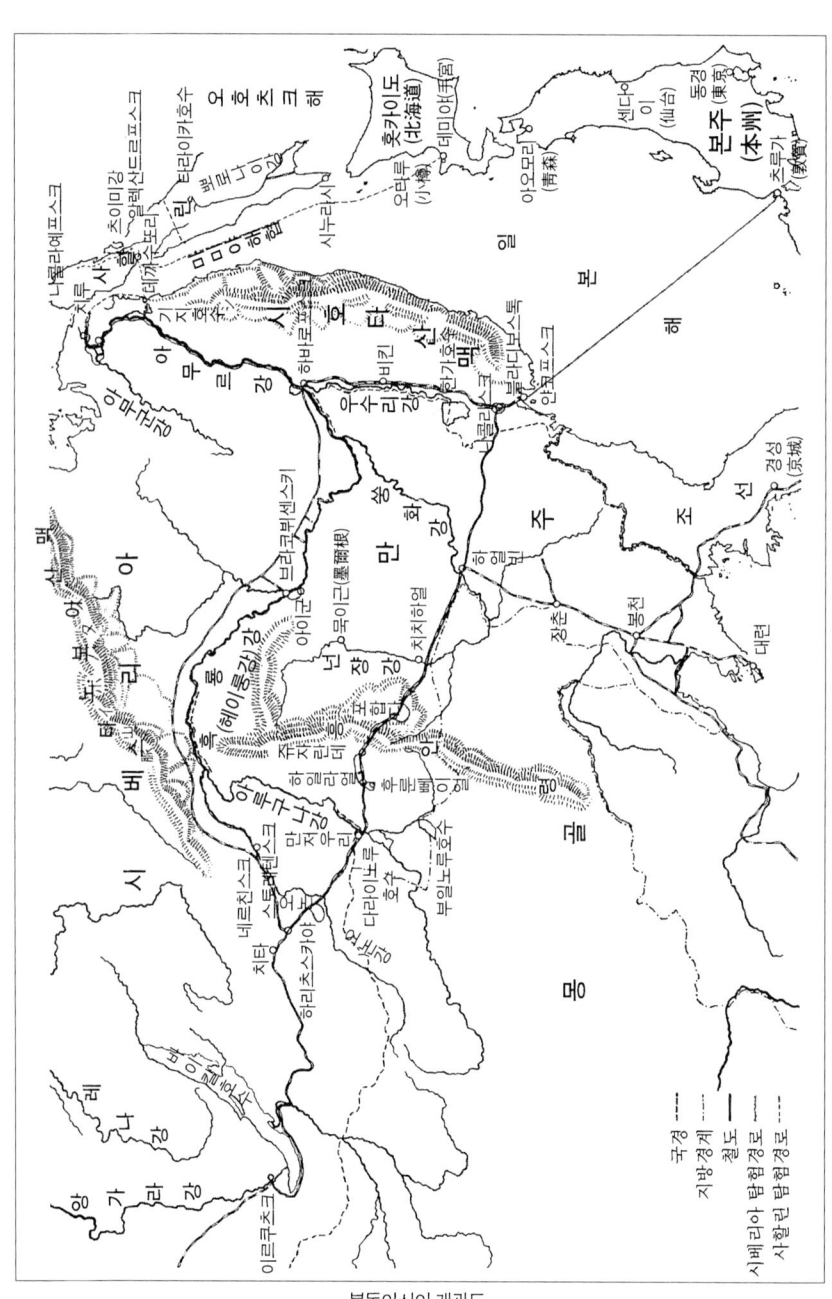

북동아시아 개관도

01

인류학자와 일본의 식민지 통치

1. 비밀에 가려져 있었던 동부 시베리아

일본과 사이를 두고 있는 동부 시베리아는 정치, 경제 그 외 모든 면에서 일본 국민이 주의(注意)를 가장 기울일 만한 가치가 있다. 특히 일본 인류학·인종학·고고학 등을 연구하는 데 있어서는 가장 그러하다. 그래서 나는 이 지역을 실제로 답사하여 여러 가지를 조사하고 싶은 생각을 이전부터 가지고 있었다. 이 지역에 관한 자신의 전문 논문이나 여행기 등을 있는 대로 찾아 숙독하면서 계속 참고해 왔다. 나는 실제로 이 지역을 답사하여 자신의 전문분야를 조사하고 싶은 생각이 있었지만 러시아는 다른 나라 사람들이 이 지역을 조사하는 것을 허용하지 않는다. 연필로 노트에 기록하거나 사진기로 촬영하려고 하면 러시아 관리들은 바로 정탐꾼이라고 생각하여 체포하고 심한 경우에는 처벌하기 때문에 외국인이 이 지역에 들어가는 일은 그야말로 곤란하였다. 특히 일본인들이 이런 감정을 러시아 사람들에게 가장 깊이 심어 주었기 때문에 어느 누구도 시베리아에서 충분한 조사를 한 적이 없는데 이는 실로 매우 유감스러운 일이다.

그렇지만 나는 언젠가는 이 지역을 조사하고 싶은 생각이 자주

* 현재로서는 구체적으로 어느 조사 기구였는가는 알 수 없으나 아마도 지학협회(地學協會)가 아닌가 생각한다.
** 현재의 상트 페테르부르크

있었다. 예를 들면 지금부터 10년 정도 전에 러시아는 중앙아시아 및 동아시아 조사 기구*를 설치하고 그 본부를 뻬쩨르부르크**에 두고 특히 부회(部會)를 영국, 프랑스, 독일, 이탈리아 그 외 유럽 여러 나라 및 미국 등에도 두었다. 일본에도 그 가맹을 권유하면서 동경제국대학(現 동경대학—역자주)에 그 회(會)의 성과 및 연보(年報) 규칙 등을 함께 보내온 적이 있다. 이와 같은 방식은 러시아령(領) 중앙아시아 및 시베리아 등에서 인류학, 역사학, 언어학, 고고학 등의 조사를 하려는 사람은 이 회에 가입하여 회원이 되면 그러한 지역에 가서 자유롭게 조사탐험을 할 수 있다는 것이다. 러시아 정부는 이러한 사람들에게 가능하면 편의와 보호를 제공하지만 이러한 학자가 어느 지역에서 유적, 유물 등을 발견한 경우에는 그 보고를 발표하기까지 4년 정도의 유예기간을 주고 그 기간 동안에는 어느 누구도 그것을 발표할 권리가 없다고 할 정도로 용의주도한 것이었다. 총재는 러시아 황제였고 회장에는 라도로프이며 서기장에는 길랴크의 연구가로 유명한 스쯔렌베르크였다. 보고서는 주로 프랑스어로 발표하며 부회(部會)는 시베리아 및 중앙아시아에 관하여 그 나라의 학자가 연구한 것은 본부에 보고하도록 되어 있다. 그러면 본부에서는 그 보고서들을 모아 1년에 한 번 보고서를 낸다. 또 그것에 관해 주고받은 문서 및 출판물은 주로 프랑스어로 기술한다는 약속이었다. 회원들은 그 나라의 최고학자가 되어 서로 기맥(氣脈)을 통하게 되어 있었다. 그 회 가입의 권유는 당시 러시아 수도에 거주하는 혼노(本野) 대사를 통해 그 회에서 동경제국대학에 시도되었다. 그 통지가 우선 이과대학 쪽으로 왔기 때문에 나는 당시 학장으로부터 그 보고를 받고 그 규칙 등을 번역하여 『동경인류학잡지(東京人類學雜誌)』***에 게재하였다. 그것을 결행하고자 경도제국대학****에도 그것을 보냈는데 어떠한 결정도 이루어지지 못하고 말았다. 그 사이에 러시아가 와해되었다. 만약에 일본에 그 부회가 설치된다면 대단히 상황이 좋을 것이라고 생각하고 나는 주로 그 주선에 노력할 생각이었지만 그 목적을 달성하지 못하고 러시아는 결국 와해되고 말았던 것이다.

이렇게 나는 인류학적으로 시베리아를 연구하고 싶다는 상당한 희망과 흥미 등을 가지고 있었으며 또 일본과의 비교라는 관점에서도 한층 그러한 느낌이 깊어지고 언젠가는 자신의 목적을 달성할 날이 올 것이라는 희망을 가지고 있었다. 내가 지금까지 종사해 온 만주, 몽골 내지 조선 조사라는 것은 요약하자면 내가 점점 시베리아 쪽으로 향하도록 해주었다. 바꾸어 말하면 우리들의 입장에서 동부 시베리아의 사실이 밝혀지지 않았다면 도저히 연구상 비교·참고하는 데 편리하지 않음을 한층 깊이 느껴 왔기 때문이다. 한 때 러시아는 제1차 세계대전 결과 국가 세력에 일대 변동이 일어나 제정(帝政) 정부는 와해되었고 그 영향으로 시베리아 전체가 무정부 상태에 빠졌다. 종래 러시아가 비밀국, 군벌국으로서 특히 시베리아에 대한 경비를 강화하여 다른 나라 사람들이 쉽게 발을 들여 놓지 못하게 된 상태가 바로 무너졌다. 그리고 일본은 체코슬로바키아를 원조하기 위하여 각국과 함께 시베리아로 출병하게 되었다. 그래서 그런지 시베리아의 상황은 급변하여 일본 세력은 이르쿠츠크 동쪽으로 뻗치고 어떤 경우에는 옴스크, 톰스크에까지도 뻗치려 한 것이다. 이 경우 우리 같은 사람들에게는 실로 좀처럼 만나기 어려운 좋은 기회로 이전은 말할 필요도

*** 1884년 10월 12일 동경제국대학의 생물학과 학생 츠보이 쇼고로우(坪井正五郎)와 시라이 미츠타로우(白井光太郎), 공부(工部)대학 학생 사또 류타로우(佐藤勇太郎), 농학교 학생 후쿠이에 우메타로우(福家梅太郎) 4명이 모여 「인류학연구회(人類學研究會)」를 창립하였다. 인류학연구회라는 이름으로 시작하였으나 그 해 12월부터는 「人類學會」로, 1886년 6월부터는 「東京人類學會」로 부르게 되었다. 기관지로서 1886년 2월 『人類學會報告』를 발행하였고, 이 기관지는 1887년에 『東京人類學會雜誌』로, 또 다시 1911년 3월에는 『人類學雜誌』로 바꾸었다. 일본의 인류학회는 인류문화 전반에 관한 것을 취급하는 넓은 의미의 인류학을 지향하였다. 이에 대한 보다 구체적인 것에 대해서는 松村 瞭, 「東京人類學會50年史」, 『人類學雜誌』 제49권 제11호, 1934년 및 최석영, 「식민지 지배와 도리이 류조의 인류학적 조사」, 『일제하 무속론과 식민지권력』 서경문화사, 1999년 참조.

**** 1897년 칙령(209호)에 의하여 법과, 의과, 문과, 이공과 4분과 대학으로 구성되는 경도제국대학이 설립되었다. 1914년에는 이공과 대학은 이과대학과 공과대학으로 분리되었다. 1919년 제국대학령(帝國大學令) 개정에 의하여 각 분과대학은 이학부, 공학부, 법학부, 의학부, 문학부가 되었다. SONY, 일본대백과전서 Encyclopedia Nipponica 참조.

없고 앞으로도 비교가 될 만한 것이 없을 지도 모른다. 그래서 그런지 나는 그 때 생각하고 있던 시베리아 조사에 한층 깊은 느낌이 들어서 반드시 그 곳에 가서 조사하고 싶은 생각이 많이 들었다. 그래서 그것을 대학에 이야기하고 조선총독부에도 이야기하여 육군성(陸軍省) 및 참모본부의 허가를 받아 드디어 동부 시베리아 조사여행을 결행하게 된 것이다.

2. 동부 시베리아에서 다섯 가지 나의 임무

내가 시베리아에 가게 된 것은 인류학, 고고학, 고대사라는 입장에서 그것을 조사하려는 것이었다. 나는 그것에 상당한 흥미를 느끼고 또 반드시 결실이 있을 것이라고 굳게 믿었다. 지금까지 동부 시베리아는 학술적으로도 암흑 상태에 있었고 발견되지 않은 보물 창고였다. 적어도 한 번 그 열쇠를 쥐면 한 길 광명 아래에서 생각지도 않은 진기한 보물을 얻을 수 있을 것은 물어볼 필요도 없이 분명한 것이다. 따라서 나의 임무는 매우 무겁지만 동시에 유쾌함을 크게 느꼈다. 그래서 나는 미리 복안(腹案)을 정해 동부 시베리아 조사사업을 다섯 가지로 나누어 실행하기로 하였다. 첫째는 가능하면 각 지방을 널리 실지답사하고 싶은 것이고 둘째는 각 지방에 있는 박물관의 수집품을 자세히 조사해 보고 싶은 것이며 셋째는 각 지방의 학자를 방문하여 그 연구축적을 살펴보고 싶은 것이다. 넷째는 각 지방의 도서관을 섭렵하여 가능하면 자료를 수집해 보고 싶은 것이고 다섯째는 내 개인으로서 자신의 전문분야와 관련된 책들을 사고 싶은 것 이 다섯 가지이다.

첫 번째 각 지방을 널리 실지답사하고 싶은 것은 지금까지 동부 시베리아에서 가장 곤란스런 한 가지였다. 대체로 한 사람도 이 목적을 달성한 적은 없다고 말해 좋다. 어디에 가든 러시아 관리로부터 의심의 눈으로 감시를 받았고 스케치도 할 수 없었지만 사진 촬영도 할 수 없었기 때문에 매우 곤란하였다. 그렇지만 우선 시베리아에 살고 있는 사람, 즉 퉁구스라든가 몽골과 같은 여러 민족의 부락을 방문하여 그들의 체질을 비롯하여 일상생활 상태 및 풍속관습에 대한 조사는 우리들이 가장 노력하지 않으면 안 되는 것이다. 특히 바이칼 동쪽에 사는 여러 주(州)의 각 민족을 접한다는 것은 우리들이 가장 기대하는 바이다. 그 다음 다만 흙 속에 매몰되어 있는 유물 및 유적, 예를 들면 석기시대의 유적과 같은, 자세히 이야기하면 유사이전(有史以前)의 유적 혹은 원사(原史)시대 혹은 역사시대의 유적유물에 대해서는 우리들이 어떻게 해서든 실제 조사하지 않으면 안 되는 것이다. 특히 우리들에게 지금까지 연구상 가장 기대하고 있는 것은 유사(有史) 이전의 유적이다. 동부 시베리아에서 어떠한 유사이전의 유적이 존재하고 있는가. 이러한 것은 실지(實地)를 걸어보고 이것을 발굴하고 또 유물을 채집한다면 그 결과라는 것은 일본뿐만 아니라 극동 연구에 상당히 중요한 효과를 가져올 것이라고 생각한다. 그것과 동시에 각지에 살고 있는 원주민[土人]의 체질을 측정하거나 관찰하여 인류학적 체질에 관한 기술(記述)도 우리들이 하지 않으면 안 되는 것이다. 다음으로 그들의 풍습 관습도 조사하지 않으면 안 된다. 이것이 바로 첫 번째에 속하는 조건이다.

둘째 박물관을 보고 싶다는 것은 러시아는 한편으로 예술문학의 나라처럼 보이지만 또 다른 한편으로 과학연구도 발달해 있기 때문이다. 특히 러시아는 시베리아를 영유하면서 그 지방에서 창립한 지학협회(地學協會)를 각처에 두고 그것을 중앙부에서 통일하여 상당한 여러 연구조사 성과를 내놓고 있다. 예를 들면 이르쿠츠크현(縣), 자바이칼(트랜스바이칼-역자 주)주(州), 아무르주, 연해주, 사할린주 그 외에도 모두 협회를 두고 있으며 그 지학협회의 사업으로서 박물관을 세워놓고 있다. 그것을 바이칼 동쪽에 대해서 보면 이르쿠츠크주의 치타 및 네르친스크에도 박물관이 있는데 특히 네르친스크의 박물관은 유명한 네르친스크 조약*을 체결할 때 청과 러시아 양국 사신이 만난 집을 박물관으로 사용하고 있기 때문에 일종의 역사적 건조물이다. 아무르주의 경우에는 부라고뷔센스크에 박물관이 있다. 다음 연해주는 어떤가 하면 하바로프스크에도 블라디보스톡에도 박물관이 있으며 다만 그 분파로서 니콜스크 및 니콜라예프스크(이 박물관은 지금은 없다)에도 있고 그 중심지는 하바로프스크이다. 이 하바로프스크의 박물관은 가장 규모가 큰 것으로 아무르 주와 연해주를 겸한 양(兩) 주 학회의 본부이다. 다음 사할린에는 알렉산드로프스크에 박물관이 세워져 있었는데 러일전쟁 때 불에 타고 지금은 없다. 이와 같이 각 주 중요한 곳곳에 박물관이 세워져 있다.

　　이 지학협회의 박물관에는 어떠한 것이 진열되어 있는가 하면 바로 인류학, 인종학, 고고학, 역사, 동물, 식물, 지질, 광물 등 여러 학문에 걸쳐 그 지방의 표본이 진열되어 있다. 특히 동물의 경우는 박제(剝製)를 많이 진열하고 원주민과 같은 경우에도 생생한 인형으로 그 용모나 풍속을 현재 보는 것과 같이 보여주고 원주민의 일상적인 토속품(土俗品)까지도 진열하고 있다. 또 흙 속에서 발굴한 유물, 석기, 토기, 금속기 등도 진열하고 식물 등은 말린 잎·꽃이 놓여 있고 지질 등의 경우도 주(州)의 지질 상태를 잘 알 수 있도록 많은 표본을 진열하고 화석 진열도 적지 않고 광물 등도 주(州) 내의 광석을 많이 수집·진열해 놓고 있다. 따라서 우리들은 한 번 박물관의 진열품들을 널리 열람하면 앉아서 그 주(州) 안의 자연 상태를 확연히 볼 수 있기 때문에 박물관의 진열품 및 소장품은 시베리아의 과거와 현재를 아는 데 어느 정도 주의를 기울이지 않으면 안

* 네르친스크 조약은 1689년에 러시아와 중국 청나라 사이에 맺은 조약이다. 이를 통해 헤이룽 강(黑龍江) 유역에서 러시아의 전초기지를 철수시켜 러시아의 동방진출을 저지했다. 「브리태니커백과사전 CD GX」, 한국브리태니커, 2004.

되는 것이다. 그렇지만 지금까지 일본 학자로서 카미호(神保) 박사 등을 제외하면 박물관의 여러 채집품과 진열품을 본 사람은 없다. 이것은 실로 일본 학계와 관계가 상당히 깊은 것이기 때문에 우리들은 그것에 대해 크게 주의하지 않으면 안 된다. 이와 같은 이유에서 나는 이러한 박물관을 찾아 소장품을 사진 촬영하고 스케치하여 그 재료를 자신의 노트에 담을 필요성을 절실히 느끼는 것이다. 이러한 박물관의 진열품과 채집품을 보면 그 지역을 걷지 않아도 그 곳에 어떠한 것이 있는가하는 것을 알게 된다. 원래 걸어다니는 일은 필요하지만 혹 그렇게 할 수 없는 경우에는 이러한 채집품을 통해 알 필요가 있다. 이것이 바로 박물관을 찾아보는 이유이다.

세 번째 각 지방의 학자를 방문하고자 하는 것은 종래 시베리아 사정(事情)에 대해 우리들은 영국, 프랑스, 독일의 문서를 통해 아는 것 외에는 방법이 없었고 러시아 문자로 서술된 것 즉 러시아 학자에 대해서는 우리들 쪽에서는 쉽게 알 수 없었기 때문이다. 이것은 오로지 일본인만이 아니라 영국, 프랑스, 독일 학자들에게도 마찬가지였다. 다음으로 문학계의 폐해의 하나로서 영국, 프랑스, 독일어로 된 논문을 보기라도 하면 러시아 글로 된 것은 몰라도 괜찮다는 생각이 유럽이나 미국의 학자에게도 있는 것이다. 이러한 이유에서 러시아 글로 된 것은 대체로 기억에 없다. 그렇지만 우리 일본인 쪽에서 보면 이러한 일은 있어서는 안 된다. 특히 시베리아에 관한 것은 러시아 글로 된 것은 당연한 것이고 또 반드시 학자가 그 곳에 존재하고 있는 것은 예상되는 바이다. 그렇지만 동부 시베리아에 있어서 그 지방에 가장 관련 있는 학자의 이름을 한 번도 들어본 적이 없다. 들은 것은 없지만 어떠한 사람인가 존재하고 있다는 것은 분명하기 때문에 그러한 사람들을 만나 연구하고 있는 모습도 보고 싶고 그 의견도 듣고 싶고 그들 학자가 일본에 대한 비교연구라는 것에 대해 어떠한 생각을 가지고 있는가 또 일본 학자에 대해 어떠한 희망을 가지고 있는가 하는 것도 우리들이 알고 싶은 것이다. 이것이 세 번째 이유이다.

넷째로 도서관을 들러 보고 싶은 것은 시베리아에 어떠한 서적들이 출판되고 있는가를 우선 우리들은 알지 않으면 안 된다. 입수하기 어려운 것이라도 도서관에 가면 그 내용을 분명히 알 수 있기 때문이다. 우리들은 이름만 알고 있으며 실제로 그 책을 쉽게 볼 수 없는 것도 있다. 또 최근 시베리아에 대해 어떻게 인류학적, 고고학적, 역사적 연구가 가능한가. 그것이 또 저서로 되어 있는가 등과 같은 것도 알고 싶다. 이것이 네 번째 이유이다.

마지막 다섯 번째로 나 개인으로서 전문 도서를 구매하고 싶은 것은 러시아는 당시 동란(動亂) 중에 있었는데 특히 시베리아 등은 가장 그러하였다. 그 때 중요한 책을 입수해 두지 않으면 그 사이에 없어져 버릴 우려가 있기 때문이고 또 현재 러시아의 여러곳에 서점이 있지만 그것도 언제 문을 닫게 될지 모르기 때문이다. 이러한 염려 때문에 전문 및 전문이 아니라도 간접적으로 관계가 있는 것들을 모아두고 싶다. 이와 같은 생각에서 이러한 서적은 러시아 글로 되어 있기 때문에 쉽게 일본인이 입수할 수 없었다. 그러한 도서를 모으기 위해서는 이번이 실로 다시없는 기회이기 때문에 가능하면 그것을 실행하고자 하는 것이다.

요컨대 나는 이상의 다섯 가지를 어떻게 하든 이번에 실행해 보고자 하는 생각에서 동부 시베리아의 조사여행을 기획하게 된 것이다.

3. 동경에서 블라디보스톡으로

나는 모두 준비를 갖추고 드디어 1919년 6월 8일에 동경을 출발하여 동부 시베리아 원정길에 올랐다. 이 여행에서 육군성으로부터 허가를 받은 것과 동경제국대학 및 조선총독부와 하야카와(早川

千吉郎)씨의 소개로 미츠이가(三井家)*로부터 재정적 편의를 받은 것에 감사하지 않으면 안 된다. 츠루가[敦賀]**에 도착하여 여러 가지 일을 마친 후 11일 어용선(御用船) 다이쥬마루[臺中丸]을 타고 블라디보스톡(浦潮斯德)으로 향하였다. 츠루가는 오로지 오늘날 일본해(日本海)의 요진(要津)일 뿐만 아니라 이전에도 대륙과 관계가 깊은 곳이었다. 대륙 사람들이 일본해의 파도를 넘어 자주 이곳에 왕래한 것은 역사적으로 분명하다. 지금 나 역시 이 츠루가에서 배를 타고 대륙으로 향하게 되어 다소 감개함을 느끼지 않을 수 없다. 점차로 멀어져 가는 츠루가를 뒤돌아보니 고대에 이미 일본해안의 중요한 항구였던 점을 생각하며 당시 상태를 상상하기도 하였다. 또 망망한 일본해의 파도를 바라보니 당시 발해(渤海) 사람들의 왕래라든가 숙신(肅愼) 사람들의 침입 등을 머리에 떠올리면서 일본해를 나아갔다.

* 일본 근세전기부터 호상으로서 긴 역사를 가지고 있으며 제2차 세계대전 전 일본 최대의 재벌을 이루었다. 에도시대 후반 미츠이가의 경영은 생사(生絲), 견직물, 면화, 목면의 집하망(集荷網)을 전국적으로 확대하고 번창하다가 막부 말기에 사업 부진이라는 어려운 시대도 있었지만 명치시대에 토막파(討幕派)를 지원하고 명치정부의 재정정책에 협력함으로써 재벌로서의 자리를 굳혀 나갔다. SONY Encyclopedia Nipponica 2001 일본대백과전서 참조.

** 일본 후쿠이현 레이난(嶺南), 츠루가항에 접한 항만도시이다. 1937년 츠루가쵸(敦賀町)과 마츠하라무라(松原村)가 합병하여 시가 되었다. 츠루가는 나라(奈良), 쿄또(京都)에서 비파호(琵琶湖)를 거쳐 일본 해안으로 나가는 최단로에 해당한다. 이전부터 대륙으로 향하는 문호, 또 호쿠리쿠(北陸)지방의 현관구(玄關口)였다. 제2차 세계대전 이전에는 조선의 나진(羅津), 소련의 우라디보스톡 사이에 정기항로를 가진 국제항이었다. SONY Encyclopedia Nipponica 2001 일본대백과전서 참조.

    13일 이른 아침 블라디보스톡에 도착하게 되었다. 거기에서 갑판에 올라 앞을 바라보니 블라디보스톡 부근 산의 모습이 맑은 하늘을 배경으로 검은 색을 띠면서 시야에 들어왔다. 점점 배가 해안에 가까이 가자 그것이 확연하게 손에 잡힐 것만 같다. 나는 사진기를 꺼내 그것을 촬영하였다. 드디어 배가 해안에 도착하였다. 생각해 보니 나는 겨우 1년 전까지만 해도 이곳에 들어오는 일은 매우 곤란하였다. 하물며 사진을 촬영하는 것이야 말할 것도 없었다. 그런데 지금은 자유롭게 이곳에 들어와 자유롭게 사진을 촬영할 수 있다. 어떻든 매우 유쾌한 일이 아닐 수 없다. 일본의 세력이 이곳에 미쳤기 때문이라고 나는 분명히 믿었다. 시베리아 출병의 목적이 어떠하든 간에 나는 그것을 통해 일본 세력이 이곳까지 뻗쳐 있다는 것을 느끼고 시베리아 출병이 무의미한 것은 아니라고 생각하였다. 그것을 어떻게 이용하는가는 일본인의 임무이며 만약 이 기회를 간과하여 어떠한 이용도 하지 않는다면 시베리아 출병의 효과는 없을 것이다. 시베리아 출병이 의의가 있도록 하기 위해서는 오직 군대만이 아니라 일본국민도 역시 그것을 이용하지 않으면 안 되는 것이다. 혹시 그것을 이용하지 않았다면 시베리아 출병은 단지 군대로서의 실패뿐만 아니라 일본국민으로서도 실패라고 말하지 않을 수 없다. 제3자의 입장에 서 있는 우리와 같은 사람들은 그와 같이 느끼는 것이다.

다이쥬마루를 떠나보내고 아침 블라디보스톡에 상륙하였다. 배에는 군대 위문을 위해 나온 중의원(衆議員) 여러 사람들과 함께 있었기 때문에 블라디보스톡 체재 중에는 함께 숙박하고 외출하자는 약속을 하고 군사령부에서 보낸 자동차를 타고 시내 한 가운데에 있는 센트럴 호텔(Central Hotel―역자)로 향하였다. 그로부터 포조에 18일 동안, 즉 31일까지 그 곳에 머물게 된 것이다.

4. 블라디보스톡 체재 중 나의 임무

블라디보스톡이라는 것은 러시아가 극동의 바다 쪽으로 진출하고 싶다는 의미에서 이름이 붙여진 시가이다. 즉 그 이름이 나타내고 있듯이 러시아의 극동에서 마지막 시가(市街)이다. 길바닥에는 바위로 깔고 양측에는 멋진 건물이 들어서 있고 정청(政廳), 박물관, 회사, 극장, 공원 등 도시로서 유감없이 잘 정돈되어 있다. 러시아가 여러 해 동안 동쪽에 뜻을 두고 결국 그 희망을 관철하여 일본 해안에 러시아 가장 동쪽의 대도시를 건설한 것은 러시아 사람으로서 가장 기념할 만한 것이라고 생각한다. 그리고 시가지 주위는 대체로 요새로 둘러싸여 있는 말하자면 무장을 한 시가지이다. 오늘날 일본의 시베리아 출병에 의하여 우리들은 자유롭게 이곳을 왕래할 수 있게 되었지만 유럽전쟁(제1차 세계대전 – 역자주) 전까지는 쉽게 들어갈 수 없었다. 러시아가 유럽전쟁에 참가하면서 극동 주둔군도 모두 그곳으로 보내 한 명의 병사도 남지 않게 되고 그 병영은 그야말로 빈 집과 같은 모습이 되고 말았다. 특히 이번 러시아 동란이 일어나면서 보다 더 이 견고한 요새는 어떠한 효과도 거둘 수 없게 되었다. 국운(國運)의 성쇠는 실로 사람으로 하여금 감개무량하게 만드는 측면이 있다.

나는 블라디보스톡에 18일 동안 체재하면서 여러 일과 여러 견학으로 보냈다. 블라디보스톡의 인구라든가 그 상황에 대해서는 각각 기록해 놓은 책이 있기 때문에 나는 지금 특별히 이러한 것을 기술할 필요는 없고, 다만 인류학적, 고고학적 입장에서 내가 블라디보스톡에서 보고 들은 결과만을 여기에 기술하고자 한다.

나는 블라디보스톡에 체재한 18일 동안을 어떻게 보냈는가 하면 나는 그것에 대해 미리 네 가지 목적을 정해 두었다. 즉 첫째는 박물관 및 도서관의 진열품, 채집품 및 도서를 본다는 것, 둘째는 동양학원(東洋學院)을 방문하는 것, 셋째는 얀코프스크 반도의 패총을 실지 조사하는 것, 넷째는 자신의 전문분야의 도서를 사 모으는 것 이 네 가지 목적이었다. 블라디보스톡은 최근이 되어서야 러시아의 극동에서 하나의 멋진 도시이지만 이전에는 삭막한 어촌에 불과하였던 곳이다. 러시아 사람이 이곳을 점령하기 이전에는 겨우 퉁구스라는 한 부족이 흩어져 살고 있었던 곳으로 그 후에 중국인이 오게 되고 이곳 바다에서「해삼」이 잡힌다고 하여 해삼위(海蔘威 : 블라디보스톡 – 역자주)라는 이름을 붙였다. 그리고 중국의 어촌도 있고 조선인도 다소 그들과 섞어살고 있었다. 이렇게 살고 있는 동안 러시아 사람이 오게 되고 결국 오늘과 같은 상태가 된 것이

* 시베리아 횡단철로 중 하나로 이 철로 가설에 많은 한인 노동자들이 동원되었다.

** 삼국간섭에 의하여 일본의 만주진출을 저지한 러시아는 1896년 러청동맹을 맺고 만주 북부를 관통하여 블라디보스톡에 이르는 동청철도 부설권을 획득하였다.

다. 그리고 또 한편에는 군사적 항구와 상업적 항구로서 해상의 이익을 얻고 다른 한편으로는 철도로써 니콜스크와 연락하고 니콜스크로부터 우수리[烏蘇里]*, 동청(東淸)**의 양 철도를 이용하여 시베리아 내륙과 충분한 연락을 취하였기 때문에 급속히 발달하여 번화한 지방이 된 것이다. 이와 같은 이유에서 이제는 블라디보스톡 부근에서는 퉁구스 민족 등을 보는 것은 도저히 불가능하다. 주민은 러시아 사람 외에 유태인이 있고 중국인도 있고 혹은 시골로 들어가면 조선인이 촌락을 이루어 살고 있는 곳도 있다. 이렇기 때문에 나는 블라디보스톡에서는 주로 이상의 네 가지 조건을 조사하는 것으로 그쳤다.

5. 동양학원(東洋學院)

우선 블라디보스톡에서 우리들의 학문 입장에서 주의를 기울일 만한 것은 동양학원일 것이다. 동양학원은 러시아가 극동 연구에 있어서 이곳을 본거지로 삼으려는 생각에서 창립한 것이다. 우선 그 건물을 보아도 매우 거대하고 가지고 있는 책들도 정말 많다. 그리고 이곳에서 여러 명의 교수들이 여러 가지를 연구하고 있다. 동양학원의 사업은 내가 보는 바로는 하나는 연구요 하나는 어학이다. 이 두 가지가 동양학원의 특색이며 특히 러시아의 동양경략의 입장에서 이 두 가지 조건이 가장 필요하였던 것이다.

이곳에 있는 학자는 슈발인과 슈미트라는 사람으로 모두 전문가이다. 슈발인은 일본어 선생이고 슈미트는 지리 선생이다. 이러한 선생이 여럿 있다. 이 학교에 주의를 기울여야 하는 것은 우선 두 가지로 나누어 이야기하면 하나는 학교로서의 동양학원이고 또 하나는 동방연구로서의 동양학원이다.

첫째, 학교로서의 동양학원은 고상한 것을 가르치지 않는다. 대체로 말하면 우선적으로 어학이다. 러시아인의 입장에서 말하면 우선 외국어학교와 같은 정도의 것이다. 거기에서 가르치고 있는 과목은 중국어, 만주어, 몽골어, 일본어 등이 토대이고 그 구분은 중국어과, 만주어과, 몽골어과, 일본어과, 조선어과라고 하듯이 바로 일본의 외국어학교와 같은 수준이다. 그리고 입학생의 학력은 소학교 졸업 정도의 사람이 있는가하면 중학교 졸업 정도의 학생도 있고 여러 정도의 사람들이 입학해 있지만 주로 배우는 과목은 어학이다. 이것은 외국어학교와 어느 정도 성질이 비슷하고 이 학교에 재학하는 학생에는 남자도 있지만 여자도 있다. 일본의 외국어학교와 다른 점은 만주어가 들어가 있는 것인데 현재 만주어는 사라진 상태에 있기 때문에 그것을 실제로 배워 어느 정도 이익이 있는가 하는 것은 크게 연구해 볼 만하다. 오히려 이것은 학자가 배워야 하는 것인데 동양학원에는 만주어 과목이 있고 만주어과의 학생은 타과 학생보다도 많고 이 만주어과에는 묘령(妙齡)의 여자도 재학하고 있다. 이것은 재미난 현상이다. 이것에 대해 점점 들어 보면 그 원인은 만주어를 하면 시험성적이 매우 우수하다는 것이 그 하나이다. 다음으로 다른 학자의 입장에서 보면 만주어는 대체로 죽은 언어로서 실제상 용어가 아니라 다만 학술상으로만 필요한 것처럼 생각되지만 러시아에서는 그렇지 않다. 이것은 나중에 이야기하겠지만 만주와 몽골과의 경계에 있는 후룬뻬이얼[呼倫貝爾]에 있는 영사관의 서기생(書記生)이 되기 위해서는 어떻게 해서든 만주어를 말하고 쓸 수 있어야 한다. 이러한 의미에서 만주어가 동양학원에 설치되어 있고 배우는 학생도 이러한 필요에 부응하기 위한 것이기 때문에 결코 학술적인 필요에서 배우고 있는 것이 아니다. 선생은 어떤가 하면 역시 몽골 사람이 주로 만주어를 가르치고 있다. 다음으로 다른 몽골어 등은 어떤가 하면 이 방면의 선생에는 몽골 사람도 있지만 러시아 사람으로 몽골어가 가능한 사람도 오며 여전히 졸업생으로 몽골어를 가르치고 있는 사람도 있다. 이들은 역시 몽골이나 부랴트 등에 관한 일을 하는 사람을 양성하는 것이다. 다음으로 중국어와 조선어는 가장 실용적으로 적용되는 것이기 때문에 설치되어 있는 것이다. 그리고 이들 학과에서 사용하는 교과서는 모두 동양학원에서 출판한 것이다. 그런 이유에서 동양학원의 인쇄물에는 몽골어 활자, 만주어 활자, 조선어 활자 등으로 출판된 것이 매우 많다. 또 일본학과 등에서도 역시 일본 사전이라든가 일본어에 관한 교과서 등은 이 학원에서 출판한 것을 사용하고 있다. 그리고 불완전하지만 일본어를 말하는 사람이 상당히 많다. 특히 슈발인이라는 사람은 원장이면서 일본어과의 교수를 겸하고 있는데 일본어를 대단히 잘 한다. 일본에 관한 책을 많이 읽으며 일본통이다.

한마디로 이 동양학원은 학교로서는 매우 소수의 사람을 위해 설치된 것으로 일본에서 말하자면 외국어학교 정도에 해당한다. 즉 중국, 만주, 몽골, 조선, 일본 등의 언어문자를 가르치는 학교로 이곳을 졸업하는 사람은 어느 정도 러시아를 위해 도움이 되는 사람이라고 생각된다. 그것은 졸업생이 쓴 보고논문이 이 동양학원에서 출판되는 것으로 보아 알 수 있다.

다음으로 이 곳 출판물에는 정기 보고서도 있고 또 많은 양의 임시 출판물도 있는데 주로 어학 종류가 많고 그렇지 않은 경우 여행기이거나 역사에 관한 것이다. 그 유명한 보쯔도네프씨의 『몽골여행기』는 이 곳에서 출판되고 있다. 그 외 몽골, 티베트, 일본, 조선, 중앙아시아 등에 관한 출판물도 상당히 있다. 특히 티베트에 관한 것 가운데에는 티베트 활자로 인쇄한 것도 있다. 또 일본어에 관한 것도 출판되고 있다. 이러한 것들은 이 학원이 어떻게 그 정도까지 일을 하였는가 하는 점에 주의를 기울이는 데 좋은 예이다.

다음으로 동양학원 부속 도서관이 가지고 있는 책은 시베리아에 관한 것은 물론이고 일본, 조선, 중국 등에 관한 영·불·독·러시아어로 된 것 및 일본 책 등도 많이 있다. 특히 일본 서적으로는 하쿠분칸[博文館]*, 산세이도우[三省堂]**, 도오야마방[富山房] 등의 출판물이 많다. 이러한 것들은 우선 보통 있는 것이고 여기에서 주의할 만한 것은 그 단비(團匪) 난 때 중국 및 만주에서 가지고 온 만주 문자로 된 것 가운데 아직 인쇄까지는 되지 않은 문서가 있다. 이 가운데에는 강희(康熙)·건융(乾隆) 시기***의 문서도 있다. 이것을 묶어 도서관의 한 방에 방치해 두고 쉽게 정리할 수 없었던 것으로 생각된다. 러시아는 정리할 목적으로 가지고 왔겠지만 생각한 대로 되지 않았던 것 같다. 이 문서는 여러 종류가 있어 만주문자로 한자의 번역문을 붙여 놓은 것도 있고 또 만주문자와 한문 양 문자로 되어 있는 것도 있다. 강희·건융 시기의 문서에는 역시 이러한 서술 방식이 있었던 것으로 생각한다. 그 가운데에는 유용한 것도 있지만 질이 떨어지는 것도 있다. 어떻든 일체 선택(選擇)할 경황없이 가지고 온 것으로 생각한다. 어떻든 이것은 일본인으로 만주문자만 아니라 한문도 읽을 수 있고 또 중국 근세사를 충분히 아는 사람에 의하여 비로소 정리가 가능할 것이고 러시아인으로서는 도저히 가능할 것으로 생각되지 않는다. 이 곳 관원 및 교원 등도 그렇게 말하고 있다. 언제 정리가 가능할 지 모르지만 어떻든 가지고 온 것이다. 이것은 중국에 놓아두었다면 혹 없어져 버렸을 지도 모르지만 단비의 난 때 가지고 왔기 때문에 이렇게 남아 있는 것이라고도 말할 수 있다. 이러한 책들은 일본 학자, 특히 근세사를 전공하고 만주와 중국과의 관계를 알리는 사람 등에게는 매우 중요한 것이라고 생각한다. 즉 그렇게 오래된 것이 아니라 지금 말한 것처럼

* 1887년 오바시(大橋佐平, 1835-1901)가 창업한 출판사이다. 대중적인 상업잡지로서 독자의 확대와 대량판매에 성공하였다. 1947년에 폐업하였고 현재는 박문관신사(博文館新社)와 방계회사 박우사(博友社)가 남아있다.
** 1881년 가메이(龜井忠一)가 동경에서 고서점으로서 창업하였다. 두 번의 도산(倒産)을 하였으나 회사갱생법의 적용을 받아 재건하였다.
*** 1662년부터 1795년까지.

강희·건융 시기의 것이기 때문에 일본 학자로 중국의 근세사를 전공하는 사람이 혹시 이곳 도서관에 가서 문서를 읽을 시간을 가지면서 적극 조사하는 것이 옳다고 생각한다. 특히 여름 방학 때를 이용한다면 가장 흥미 있는 일을 하는 것으로 생각된다.

    이 동양학원에 주의할 만한 일본 사람이 두 사람 있는데 한 사람은 혼간지[本願寺]*의 포교사 스가 슌에이[菅舜英] 사(師)이고 또 한 사람은 마에다[前田] 여사이다. 이들 가운데 가장 주의를 기울여야 할 사람은 마에다 여사이다. 여사는 러시아 탐정이라고 의심을 받아 살해당한 마에다씨의 처이다. 그 여사는 남편의 살해를 매우 슬퍼하고 그 결과 러시아에 귀화해 버렸다. 그리고 동양학원 도서관의 서기로 근무하고 있었다. 그녀는 러시아어에 유창하며 또 일본 문서 정리에도 매우 중요한 사람으로 나는 그 여사 덕분에 여러 가지 도움을 받았다. 귀화한 이래 풍습과 습관 모두 러시아 풍으로 바꾸고 오로지 도서관에 파묻혀 도서정리를 하거나 일본에 주문하는 서적을 취급하고 또 일본에서 들어온 책들의 목록을 만드는 것과 같은 일에 종사하고 있다. 또 한 사람 스가(菅)라는 사람은 히가시 혼간지[東本願寺] 계열의 승려로 홋카이도 출신이다. 그 사람은 시베리아 원정군을 따라 왔다가 기간 종료 후 동양학원의 조수(助手)가 된 후 한편 공부할 생각으로 이곳에 남아 있다. 그리고 일본부서의 일에 대해 마에다 여사를 도우면서 여가를 이용하여 일본의 불교와 티베트 몽골의 불교와의 비교 등을 이 곳에서 시도하려는 생각을 가지고 있으며 여전히 가능하면 러시아어를 충분히 연구하여 일본의 장경(藏經)을 러시아에 번역하는 일도 하고 싶다고 말하고 있다. 스가씨로부터 동양학원에 관한 여러가지를 들었고 또 연구상 여러 편의를 얻었다. 이 두 사람의 일본인이 블라디보스톡의 동양학원에서 일을 하고 있다는 것에 대해 우리 일본인은 알아 두지 않으면 안 된다고 생각한다.

* 일본의 정토진종(淨土眞宗)의 서(西) 본원사와 동(東) 본원사의 본산이다.

동양학원의 조직은 교수와 조수로 구성되어 있다. 우선 교수직으로서는 일본어는 앞서 말한 원장인 슈발인 및 메테린 두 사람, 중국어는 슈미트씨가 지리를 겸하고 있다. 몽골어와 조선어 교수는 토스타빈씨, 영어·역사·지리 교수는 큐넬씨, 이들 교수가 주요한 구성이다. 앞서 말한 바와 같이 동양학원이라고는 하시만 학교로서는 오늘날 어학이 주가 되어 있다. 그렇지만 교수는 담당에 따라 연구도 하고 또 논문도 발표하고 있다. 이곳에서 나오는 보고서에는 이것도 앞서 말한 적이 있는데 매우 유익한 것이 있다. 교수 외에 조수가 있다. 조수에는 중국인 3명과 조선인 1명이 있다. 중국인 조수 3명 중 한 사람은 산동성 출생이며 중국어를 가르치며 다른 한 사람은 만주인으로 만주어를 가르치며 또 다른 한 사람은 몽골 사람으로 몽골어를 가르치고 있다. 즉 중국인 세 사람이라고 하더라도 한·만·몽(漢·滿·蒙) 세 사람이다. 어학에 영어가 있고 프랑스어와 독일어가 없는 것은 이것은 각 중학교에서 불어와 독어를 가르치고 있기 때문에 이곳에는 필요가 없지만 영어는 어디에서도 가르치고 있지 않기 때문에 특히 영어과를 설치해 두고 있다. 이곳의 학교에서 들은 바로는 러시아 학생 가운데 장래 영어와 몽골어의 교수가 될 사람이 두 사람 있다고 한다. 각 국어를 가르치는 것은 주간 학교로 되어 있다. 일본어과는 많았을 때는 학생수가 40명 정도였을 때도 있었지만 오늘날 남자는 징병 등의 이유로 여자가 많고 지금 일본어과는 20명 정도이다. 그렇지만 일본어과는 매우 발전할 전망이다. 중국어 학생은 50명 정도이며 만주어 10명, 몽골어는 10명, 조선어는 30명 정도, 영어는 50명에서 60명 정도이다. 이것은 주간인데 야간은 역사와 지리를 주로 가르치는 문과대학 한 곳이 설치되어 있다. 이 과에서는 세계 지리와 역사를 비롯하여 경제, 철학, 법정(法政), 국제법(國際法), 산술(算術), 부기(簿記) 등을 가르치고 있다. 야간 학교에는 이상하게도 남학생보다 여학생이 많다. 대개 러시아의 독서 세계에는 남자보다 여자가 많은데 선호적으로 문학 등도 읽고 있다. 독서하는 사람들이 남자보다도 오히려 여자가 많다는 것은 어느 정도 주의를 기울일 만하다.

동양학원의 사업은 우선 이 정도이다. 내가 일본에서 상상하고 있던 바로는 오로지 하나의 전문적 연구소를 생각하고 있었지만 실제 와서 보니 그렇지 않고 하나의 어학교가 되어 있는 것이다. 처음 러시아 정부가 이 학원을 세운 목적의 하나는 연구를 전적으로 한다는 점, 또 하나는 만주, 몽골, 일본, 중국, 조선 등의 각 언어를 젊은 사람들에게 배우게 하여 다소의 업무를 추진하려는 생각이었다. 그것이 오늘날 순전한 어학교가 되어 버렸다.

6. 블라디보스톡 박물관

블라디보스톡에서 동양학원 외에 주의를 기울일 만한 곳으로 박물관이 있다. 이 박물관에 대해서는 오래 전부터 듣고 있었는데 실제 어느 정도 가치가 있는 것인가 또 이곳에 어떠한 것들이 소장되어 있는가 하는 것을 조사하기 위해 갔다. 그러나 이 때 불행하게도 박물관은 프랑스군이 주둔하고 있어 개관하지 않았다. 그리고 관내의 진열대 등은 그대로였고 그 곳에 프랑스 군인이 생활하고 있는 상태이기 때문에 쉽게 들어가 관람할 수 없었다. 일본 관헌이 러시아 관헌에게 박물관 관람의 편의를 요구하였지만 프랑스 군인들은 체코슬로바키아를 원조하기 위해 그 곳에 숙박하고 있는 것이기 때문에 아무리해도 그 요구에 응해 주지 않았다. 그렇지만 혹 프랑스 군대 쪽에 지장이 없다고 한다면 괜찮다는 그런 이야기였다. 그래서 이것을 블라디보스톡 주재 프랑스 영사에 상담하였다. 그러나 이 영사는 블고아라는 사람으로 한 때 재일(在日) 프랑스대사 직원으로서 동경에 살았던 적이 있고 다소 자신도 알고 있다하여 그 이야기를 꺼냈는데 다행히도 프랑스 병사는 주둔지를 바꾸어 박물관을 내주려고 하였기 때문에 마침 상황이 좋았다. 이것은 블고아씨에게 매우 감사할 일이다. 그래서 나는 박물관으로 갈 수 있었는데, 병사가 주둔한 후 흐트러져 있기 때문에 러시아의 관헌은 매우 주의하면서 유리 닦으랴 진열대 정리하랴 여러 가지 준비를 하며 나를 환영해 주었다. 나는 그로부터 며칠 동안을 박물관을 조사하는 데 보내게 되었다.

상황이 좋았던 것은 이 박물관에는 지금 적당한 관장이 있지 않고 또 전문가도 있지 않았지만 종래 하바로프스크 박물관장이었던 아르셰엡프라는 사람이 다행히도 블라디보스톡에 와 있어서 내가 박물관으로 간다는 말을 듣고는 와서 나를 위해 하나하나 설명해주었다. 이 사람은 민족지학(ethnography-역자 주)의 토속학자로 특히 고리도, 오르치 등과 같은 퉁구스 전문학자이다. 그러면서 고고학도 약간 전공하고 있지만 어느 쪽인가 하면 토속학자이다. 그 사람에 의하여 고리도의 토속학적 조사보고라든가 우수리[烏蘇里] 유역의 여행기라든가 다소 유명한 것이 작성되었다. 그는 슈렝크*의 아무르에 관한 논문에 실려 있는 시호테아린 산맥에 거주하는 인종분포가 큰 문제가 있다고 생각하여 스스로 별도의 분포도를 작성할 정도였다. 그는 상당히 주의를 기울일 만하며 또 중요한 사람이다. 그와 같은 이유에서 그는 프랑스, 독일, 영국 등의

* Leopold von Schrenck, 1826~1894 네델란드의 과학자, 민족지학자로 전 세계를 여행하며 지도를 제작하기도 하였다. 그는 우크라이나지방으로 이주한 독일계 이민의 후손으로 러시아 과학아카데미에 근무하면서 오호츠크해 연안을 원정하여 1850년대 사할린과 아무르 강 유역의 주민을 대상으로 연구를 수행한 적도 있다. 테사 모리스-스즈키 지음 / 임성모 역,『변경에서 바라본 근대 : 아이누와 식민주의』, 산처럼, 2006 참조.

인류학회, 지리학회 등의 통신원으로 활동하고 있다. 그가 나를 위해 설명의 수고를 해 준 것에 깊이 감사하는 바이며 또 매우 유쾌하였다. 그는 러시아어밖에 할 수 없지만 프랑스 혹은 독일 서적은 자유롭게 읽을 수 있었다.

이 박물관은 멋진 서양식 건물로 진열은 인류학적 진열과 박물

학적 진열 두 가지로 되어 있다. 박물학적 진열은 동물, 식물, 지질, 광물 쪽으로 진열되었고 연해주에 있는 동물과 같은 경우는 대개 모두 박제로 되어 있었고 곰이면 곰, 사슴이면 사슴 각각 그 형태로 표현되어 있었고 배경도 어느 정도 잘 되어 있다. 여기에는 새가 있는가 하면 곤충, 포유동물도 있었다. 연해주에 어떠한 동물이 있는가하는 것을 한 번 보면 개념이 생길 정도였다. 식물과 같은 것도 모두 말린 잎과 꽃 등으로 나열하고 지질도(地質圖) 등도 선명하고 상세하게 걸려 있었다. 광물도 하나하나 표본으로 진열되어 있었다.

인류학 쪽은 어떠한가 하면 그것 역시 두 가지로 나누어져 있다. 하나는 인종학 방면이고 하나는 고고학 방면이다. 그 가운데 인종학 쪽은 길랴크, 감챠다루, 아리유또, 꼬략, 츅치, 유가기루, 아이누 등 오래 시기의 아시아민족 — 고(古) 시베리아민족을 비롯하여 퉁구스, 고리도, 오르치(만군), 오로츠꼬, 오로치, 만주인, 조선인 등 새로운 아시아민족 — 신(新) 시베리아 민족에 이르기까지 그들의 토속품이 진열되어 있었다. 그들의 표본은 생생한 인형에 모자나 의상을 입히고 바로 눈앞에서 그 풍속을 생생하게 표현하였으며 토속품도 대개 모아져 있다. 그들의 진열품은 매우 귀한 것이 많고 오늘날 대부분 입수할 수 없는 것들로서 우리들에게 상당한 참고가 되었다. 오늘날 연해주에서 사할린, 캄차카주에 걸쳐서 어떠한 인간이 어떤 형태로 살고 있는가를 살피는 데 이 인종부(人種部)는 매우 좋았다.

또 하나 고고학 쪽은 어떠한가 하면 이 방면의 재료는 세 가지로 구분할 수 있다. 첫째는 유사이전(有史以前), 둘째는 고대, 셋째는 근대이다. 유사 이전에는 석기시대의 것이 모아져 있고 그것을 지방별로 나누어 보면 블라디보스톡 부근, 얀코프스크 반도, 니콜리크 부근, 우수리 유역, 아무르 유역, 사할린, 캄차카주 방면의 것이 나열되어 있으며 종류는 석기, 토기, 골기 등이다. 지금까지 이 박물관을 출입한 일본 학자들이 많이 있지만 이와 같은 석기시대의 것이 진열되어 있는 것을 전한 사람은 없다. 두세 명의 학자들에게 들어 보아도 그러한 것은 보지 못하였다고 말하고 있었지만 오늘 지금 자신도 와서 보니 확연히 진열되어 있었다. 그것에 관심을 두지 않았다는 것은 어느 정도 주의가 부족하고 멍청한 이야기이다. 그리고 아직도 현재 캄차카주에 살고 있는 원주민 가운데(꼬랴 및 축치와 같이) 석기를 사용하고 있는 사람들이 있다. 즉 석창(石槍)으로서 돌로 만든 벼이삭처럼 뾰족한 부분을 달구어 긴 자루에 붙인 것이 진열되어 있는데 이것은 현재 북부 캄차카 원주민이 사용하고 있는 것이다. 이들의 물건들을 통하여 이전 고대시대의 상태를 알 수 있는데 예를 들면 꼬랴들 사이에서 현재 사용하고 있는 석창(石槍)과 같은 것도 그러하다. 이들을 비교하면 흥미로운 점이 있으며 이것만으로도 이 지역에 유사 이전 석기를 사용하고 있던 인간들이 널리 분포하고 있었던 것을 알 수 있다는 사실은 우리들의 연구에서 매우 중요한 귀중자료라고 생각한다.

　다음으로 역사시대의 고대는 어떠한가 하면 동모(銅鉾)가 있는데 이것은 청동으로 즉 일본의 쯔쿠시모(筑紫鉾)와 어느 정도 많이 유사하며 채집 장소는 우수리 유역의 레프강반(江畔)으로 주의를 기울일 만하다. 또한 그것과 함께 일본의 읍(揖) 형태를 한 작은 칼이 나오고 있는데 이것은 철제로서 또한 어느 정도 주의를 기울일 만한 것이라고 생각한다. 그 다음 이곳에서는 고경(古鏡)이 하나 나왔는데 발견 장소는 분명하게 모르지만 어떻든 우수리 지역의 것이다. 이것은 파편이어서 전체의 모습은 알 수 없지만 이 파편을 짜 맞추어 정리해 보면 그 형태를 알 수 있다. 이것은 마수미(?- 역자)의 거울로 거울 면은 은색으로 빛나고 있으며 무문(無紋)으로 언저리가 있고 한 가운데에 손잡이가 있다. 이것은 길고 가늘며 편평한 것으로 일본에도 이러한 것이 있다. 예를 들면 야마또[大和] 부근에서 나온 거울은 이런 종류이며 일본 내 두 서너 곳에서도 이러한 거울이 나왔다. 검(劍)의 경우는 역시 청동으로 훌륭하다. 이 거울과 검이 두 개 나온다는 것은 일본의 기나이[畿內], 쥬고쿠[中國], 큐슈[九州] 지방과 비교하는 데 어느 정도 주의를 기울일 만한 가치가 있다. 다음으로 근대는 어떠한가 하면 발해시대의 것이라고 생각되는 철로 만든 기물(器物)이 조금 진열되어 있다. 다음으로 발해시대에 걸쳐서 금(金)나라까지의 것이 상당히 있는 것 같다. 특히 금나라에 이르러서는 기와라든가 혹은 마차의 윤금(輪金)이라든가 그 외 무기 종류 등도 진열되어 있다. 또 석비(石碑)의 대석(臺石) 등도 있다. 발해 및 금나라의 유물은 모두 니콜스크의 토성 및 그 부근에서 채집해 온 것이다. 특히 흥미로운 것은 길이 1척, 폭 6촌 정도의 푸른색의 갈돌[磨石]에 일종의 문자를 조각해 놓은 것이 있다. 그것을 잘 주의해 보면 위구르 이전의 고(古)돌궐문자로 이 문자는 오르곤이나 에니세이 두 강 등에도 있다. 이 고(古)돌궐문자가 이곳에 존재하고 있다는 것은 어느 정도 주의를 기울일 만하며 발견 장소는 니콜스크 즉 발해 토성 부근이다. 이 문자는 일본 홋카이도의 테미야[手宮]*의 암벽에도 있다.** 나는 이미 테미야의 조각문자는 고돌궐문자로 시대는 발해, 말갈 등과 관계가 있다는 점을 동경제국대학 『이과대학기요(理科大學紀要)』제42권 제1호「기타치시마[北千島] 아이누」라는 논문에서 언급하였고 또 그 이전에 『역사지리(歷史地理)』에 발표한 적이 있다. 발해 및 말갈에는 투르크[土耳古]의 문화가 들어가 있으며 동시에 문자도 들어가 있었다고 생각하는데 결국 이 곳에서 그 재료를 발견한 것이다. 이러한 것들은 일본과의 교류를 생각할 때 흥미롭고 또 아무르 상류지방에서 바이칼 지역의 돌궐과의 관계를 살펴보는 데에도 매우 흥미로운 점이다. 다음에 또 석인(石人), 석수(石

* 홋카이도 서남부, 오타루[小樽]시 북서부의 한 지구. 1880년 홋카이도 최초의 철도가 테미야에서 삿뽀로 사이를 통과하여 테미야는 철도 발상지로서 알려지게 되었다.
** 1866년 발견된 이래 중국 고대문자설, 회화설, 인물화설, 고돌궐문자설, 투르크문자설 등 다양한 주장이 제기되어 왔다.

그림 1·2 _ 밑(테미야) 그림. 일본 홋카이도 오타루 테미야의 암굴 안 쪽 벽에서 조각된 것으로 나는 이미 이로써 고돌궐 문자라고 보고 있었는데 이것을 조각문자를 중간에 두고 연철적(連綴的)으로 생각하면 당시 말갈, 발해에 얼마나 투르크화가 진행되고 있었는가를 추측할 수 있을 것이다.

獸)와 같은 것도 역시 니콜스크 부근에서 가지고 와서 박물관의 정원에 진열해 놓았다. 다음으로 영령사(永寧寺)의 비문 2기, 즉 영락(永樂) 시대의 것과 선덕(宣德) 시대의 것이 나열되어 있고 그 석비 옆에 있던 연와(煉瓦) 탑에 사용한 문양이 있는 벽돌도 이곳에 나열되어 있다. 그러므로 영령사의 비문을 보기 위해서는 이 박물관을 오지 않고는 다른 방도가 없고 이러한 것들을 보기 위해서는 어쨌든 이곳에 와 보아야 한다.

　이러한 종류의 것들이 이 박물관에 존재하고 있기 때문에 인류학자, 고고학자 내지 고대사 및 근대사를 연구하는 사람도 역시 이 박물관의 재료를 응용하면 매우 흥미로운 연구가 가능할 것이다. 그리고 이곳 박물관의 진열목록이 두 권 나와 있는데 이것도 연해주 지학협회의 잡지 별책으로 발행된 것으로 한 권은 박물학적 진열에 대해서 또 한 권은 인류학, 고고학적 설명이다. 이 설명서에는 번호를 붙여 지명과 채집의 이름이 기재되어 있어 보면 바로 알 수 있도록 되어 있다.

　이 박물관은 지학협회가 관리하고 있는데 지학협회는 앞에서도 말한 바와 같이 시베리아 각 주에 설치되어 있고 이 블라디보스톡의 지학협회는 하바로프스크 지학협회의 분회로 되어 있다. 그리고 이곳의 회장은 리콜라스 소로위에프라는 사람으로 나는 와타나베[渡邊] 영사의 소개로 그를 만났다. 나이는 60세 정도이며 매우 온후한 군자상(君子象)으로 아무리 보아도 러시아 상류사회의 모습이 엿보이는 품위가 있는 사람이다. 그의 부인은 프랑스어뿐만 아니라 독일어도 가능한 사람이다. 남편은 러시아어만 가능하지만 프랑스어 책은 능히 읽는다. 부인은 영어에 매우 능통하여 최근 외국어학교를 졸업하였다. 이들과 여러 가지 이야기를 하고 전에도 언급한 박물관 소장품 목록에 관한 2권의 설명서 및 지학협회에서 펴낸 출판물을 몇 권 빌렸다. 지금 전쟁 중이기 때문에 어떠한 것도 가능하지 않지만 지금까지는 상당한 보고서가 출판되었다. 그 가운데 남아 있는 것은 얼마 안 되며 회장(會長)이 허용하는 범위도 조금밖에 가능하지 않다. 그 가운데 어떤 출판물이 필요한가 그리고 인류학, 고고학, 고대사와 관계가 있는 것인가를 들어본 후 특히 자신과 관계가 있는 것만 빌렸다. 이것은 회장 자신이 보전(保全)하고

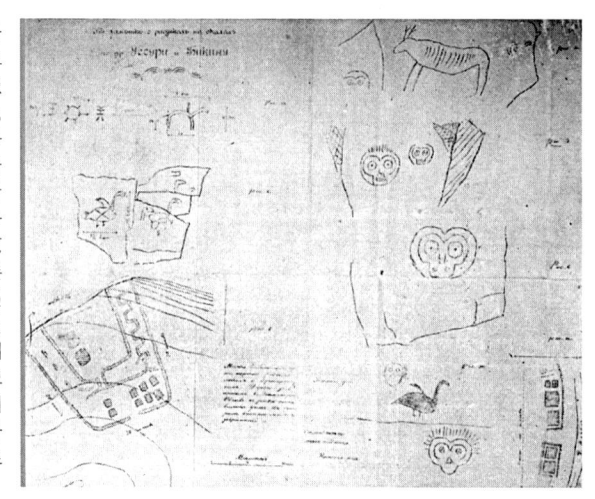

그림 3 _ 연해주 우수리 유역 비킨 부근에 노출된 바위 위에 조각된 것의 필사도(헤이룽, 연해 두 주 학회잡지에 실려 있음). 오른쪽 제1단은 순록과 사람 얼굴, 제2, 제3단도 사람 얼굴, 가장 밑단은 사람 얼굴과 물새를 보여준다. 이러한 것들은 하바로프스키 동북지방의 바위 조각과 동일민족, 동일시대의 것이 된다. 사람 얼굴은 일본 석기시대의 목수식(木菟式) 토우와 비슷한 것은 흥미롭다. 오른쪽 밑 지도는 유물소재지를 보여준다. 왼쪽 그림도 마찬가지로 바위에 조각된 것으로 상단은 큰 동물에 탄 인물, 거북이 종류 등을 나타내며 중간 단은 물새를 보여준다. 하단 지도는 유물 소재지를 보여주고 있다. 왼쪽 그림은 오른쪽 그림보다 약간 새로운 시대의 것에 속하는 것으로 추정된다.

있는 것을 일부러 할애를 받은 것이다. 이러한 것들은 특히 회장에게 감사의 뜻을 표하지 않을 수 없다. 이 출판물을 통해서 블라디보스톡에서 학술적으로 연구되고 있는가를 대체적으로 알 수 있었다.

이 출판물 가운데 특별한 것은 말가리또프가 쓴 『얀코프스크 반도의 패총』으로 이 책은 1884년(명치 17년)에 출판된 것이다. 이 패총이 발견된 것은 1880년(명치 13년)으로 모스*가 오모리(大森) 패총을 발견하고 12년 후의 일이다. 한편 모스는 일본의 태평양 연안 오모리에서 패총을 발견하고 또 한편 일본해를 사이에 두고 이 대륙 연안에서 얀코프스크 반도의 패총을 발견한 것이다. 이것은 어느 정도 주의를 기울일 만한 것으로 말가리또프의 보고는 러시아어로 된 것이기 때문에 의외로 세상에 알려지지 않았지만 모스는 영어로 발표되어 세상에 널리 알려졌다. 이 얀코프스크 반도의 패총발견이라는 것은 내가 들은 바가 저었던 것으로 지금까지 알던 바는 프랑스의 뒤르켐(E. Durkheim-역자 주)**의 인종에 관한 책에 두, 세줄 언급되어 있는 것과 또한 말가리또프의 러시아어 번역으로서 일찍이 조선에서 출간된 『코리안 디포지터리(Korean Depository-역자 주)』라는 영어잡지에 그 개괄적인 내용이 게재되어 있는 것뿐이다. 이 말가리또프의 보고서는 대단히 중요한 것으로 분량은 겨우 6쪽이지만 여기에 지도 1장과 도판이 3장정도 첨부되어 진

* Morse, Edward Sylvester(1838~1925). 메이지 초기 도쿄(東京)대학에서 생물학을 강의했던 고용 외국인 학자이다.
** 프랑스의 사회학자(1858~1917)로 대표적인 저서에 『사회분업론』이 있다.
*** 동경인류학회는 당시 동경제국대학 학생 4명에 의하여 창립되었다. 이것은 다른 학회와는 다른 연혁적인 특징을 가지고 있는 점이다. 1884년 10월 12일, 생물학과의 츠보이 쇼고로우(坪井正五郞), 시라이 미츠타로(白井光太郞), 공부(工部)대학의 사또 류타로우(佐藤勇太郞)와 꼬바(駒場)농학교의 후쿠게 우메타로(福家梅太郞)가 중심이 되어 제1회 모임을 갖게 되었는데, 그 이전에는 우선 "인류학의 우(友)"라고 명명하였으나 제1회 모임 이후 대학 내 학회활동 공간을 빌리기 위한 공문서를 작성·제출하여야 하기 때문에 "인류학연구회"라 바꾸었다. 그러다가 1884년 12월 6일부로 매월 둘째 일요일에 모임을 갖게 되면서부터는 "인류학회"로 변경하였다. 그러나 기관지 발행과 관련하여 지명을 표시할 필요성이 있었고 그에 따라 1886년 6월부터 동경인류학회로 개칭하게 되었다.
〈동경인류학회규칙〉에 의하면 "인류학상의 사항을 연구하고 인류학상의 지식을 보급"하는 것을 목적으로 평의원과 간사를 두고 평의원 중에서 평의원장 1명을 호선하기로 되어 있었다. 1884년에 창립된 동경인류학회의 회원 수는 1934년 당시 300명 정도로서 가장 회원이 많았던 시기는 1927년으로 440명에 달했다. 창립 멤버 가운데 츠보이 쇼고로우가 유럽유학을 마치고 돌아와 7명으로 위원회를 구성되는 위원회를 조직하고 각 지방에 여러 명의 지방위원을 두는 체계 하에서 1896년 10월에 회장에 취임하여 16년 7개월간 재임하였다. 그러나 그의 사후 회장을 두지 않고 간사와 평의원제도로써 학회를 운영하였다.
학회가 창립된 후 동시 혹은 일정기간이 지난 후에 학회의 기관지를 발행하는 것이 보통인데 동경인류학회는 창립 후 2년이 지난 1886년 2월에 기관

지로서 『人類學會報告』라는 제목으로 국판 16쪽의 소책자를 발행하였으나 국외로의 발송 등과 관련하여 그 다음 해 8월에 『東京人類學會雜誌』(제2권 제18호~제26권 제300호)로 개칭하였다가 1911년 3월에 『人類學雜誌』(제27권 제301호~)로 바꾸었다. 松村 瞭, 「東京人類學會五十年史」『人類學雜誌』제49권 제11호, 1934년.

기하다. 이 보고서를 지학협회 회장으로부터 빌린 것이다. 나는 이 패총이 매우 중요하다는 것을 안 다음 일찍이 이 보고를 『동경인류학잡지』***에 번역하여 게재해 두었다.

그 외에 주의할 만한 것은 브츠세씨가 쓴 논문이다. 그는 고고학자이며 고대사가이다. 그가 쓴 논문 가운데 유명한 것은 지학협회의 잡지에 실려 있는 『니콜스크를 중심으로 한 고고학적 연구』로 그 지역 부근에 남아 있는 토성, 사원 그 외 석인(石人)이나 석비(石碑) 등에 관한 고고학적 성과이다. 그는 또 발해라든가 금 그 외 읍루(挹婁)와 같은 역사적인 내용도 언급하고 있다. 또한 그는 니콜스크를 중심으로 토성이 어떻게 분포하고 있는가라는 논문도 썼다. 이러한 것들은 어느 정도 주의를 기울일 만한 가치가 있다. 그러한 출판물도 빌렸다.

그림 4 _ 오로치의 무녀. 가슴에 건 거울, 손에 쥔 큰 장고.

이와 같이 연구로서도 여러 출판물을 발행하고 또 박물관에는 상당한 유물도 소장되어 있지만 아직 발표되지 않고 그대로 있는 것이 많은 것처럼 생각된다. 그 때문에 나는 가능하면 회장의 승낙을 얻어 박물관 진열 유물들을 촬영하거나 스케치해서 상당히 커다란 대장(臺帳)이 가능하였다. 이것은 블라디보스톡 부근, 연해주 남부에 있는 중요한 자료이다. 이 조사가 가능했던 점에 대해 회장 및 박물관 직원에게 깊이 감사한다.

7. 얀코프스크 반도의 패총

블라디보스톡 부근에서 고고학적으로 주의할 만한 것은 특히 하나이다. 그것은 세데미 강 부근 아무르만(灣) 안의 얀코프스크 반도에 있는 패총이다. 이 반도는 석기시대의 유적으로 커다란 패총이 남아 있다. 이것을 파니 그 안에서 석기, 토기, 골기 등이 나온다. 이 유적은 가장 주의할 만한 것으로 특히 조선 동쪽 대륙 연안의 패총으로서 유일하다. 그러므로 우리들은 어떻게 해서든 이 패총을 조사해야 할 의무를 느꼈고 이 패총에 가기로 결정하였다.

우선 언급해 두어야 할 것은 이 패총에 관한 것이다. 이 패총이 발견된 것은 앞에서도 약간 언급하였듯이 1880년(명치 13년)이고 그 논문이 출판된 것은 1884년(명치 17년)이다. 즉 말가리또프씨의 『세데미 강 부근 아무르만 해안에 존재하는 패총』이라는 논문이 그것이다. 이것은 매우 분량이 적은 것이지만 이 패총을 기술하고 있는 유일한 것이다. 이 패총 및 말가리또프씨의 논문은 극동의 패총 연구에서 매우 가치가 있는 것이다. 이것은 연해주를 사이에 둔 일본의 오모리(大森) 패총과 함께 가장 주목할 만한 것이다. 그래서 내가 이곳의 패총을 발굴 조사한 것을 서술하기 전에 우선 독자를 위해 말가리또프씨의 논문의 한 부분을 소개해 보고자 한다. 이것은 나의 기록을 이해하는 데 매우 참고가 될 것이다.

이 논문에 대해서는 나는 1909년(명치 42년) 11월 『동경인류학잡지』 25권 제284호에 번역해서 게재하였기 때문에 구체적인 것은 한 번 열람해 보기를 바란다. 그 문장은 이러하다.

「1884년(명치 17년) 나는 아무르학회의 간사로부터 세데미 강 부근 아무르만의 서해안에 돌출한 얀코프스크 반도에 존재하는 패총을 조사해야 한다는 의뢰가 있었다. 이 패총조사에 대해서는 브리유네루씨로부터 비용을 받은 것이다(브리유네루씨는 독일인으로 얀코프스크 반도에 별장을 가지고 있는 사람이다). 이 반도의 위치는 동쪽으로는 아무르만, 남쪽으로는 슬라비얀카만에 접하고 있으며 북쪽 및 서북쪽으로는 스완호와 세데미만을 연결하는 해안이 있으며 서쪽으로는 스완스키만 및 스완 호수로 인하여 분리된 낮고 작은 지역에 의해 대륙과 연결되어 있다. 이 패총의 발견은 1880년(명치 13년)의 일로 당시 얀코프스크씨가 이 반도에서 석회 원료를 채굴할 생각이었는데 우연히 이곳에 패총이 존재한다는 것을 알게 되었던 것이다. 패총이 매우 풍부하였기 때문에 그는 패각으로 석회를 태울 목적이었지만 패총을 형성하고 있는 패각은 석회를 태우는 데 적당하지 않았기 때문에 실패로 끝났다. 패총은 석회를 태우는 데에는 실패로 끝났지만 학술적으로는 매우 가치가 있게 되었다. 그것은 왜냐 하면 이 패총은 석기시대 사람들이 남긴 중요한 유적이라는 것을 알았기 때문이다. 패총은 해안에서 30미터 떨어져 있고 해면으로부터 17피트(feet) 정도 높이 경사져 있는 곳에 있다. 나는 이곳에서 그의 덴마크, 스위스 그 외에서 발견한 것과 같은 석기나 토기 파편 등을 발견하였다. 이러한 유물은 지금은 이미 이르쿠츠크 지학협회에 보내 버렸다. 반도 북쪽에서 나는 얀코프스크씨과 함께 서남에서 서북쪽으로 하나의 물결모양을 이루는 들판을 답사하였다. 이 동쪽은 해안에 접하고 해면에서 높이 85 피트 정도가 되고 서북쪽으로 점차로 경사가 져서 드디어 저지대가 된다. 이 저지에 스완 호수가 존재하고 호수에서 나오는 하류(河流)가 바다와 연결되어 있다. 패총은 불규칙하게 하천 연안을 따라 있으며 그 위치는 어느 곳에서는 연안과 접하고 어느 곳에서는 해안으로부터 떨어져 있다. 패총의 크기는 둘레가 10미터로부터 25미터에 달하며 현재는 모두 그 윗부분에 두께 14피트로부터 21피트 정도의 토양이 덮여져 있다. 이 패총을 쌓아 만든 패각은 무엇인가 하면 주로 염수에서 나온 것으로 그 중 굴 조개껍질[모여각(牡礪殼)]이 가장 많다. 그 외에 여러 종류의 패각이 있는데 나는 패각학(貝殼學)에 관한 지식이 없기 때문에 그 조개가 어떠한 것인가를 자세히 말할 수 없다. 나는 패각에 관한 지식이 없지만 우선 이 곳에 있는 패각 중 7가지 종류 정도 있다는 것은 말할 수 있으며 이러한 패각은 현재 또 그것과 유사한 것이 이 부근의 해변에서 확인할 수 있다. 본래 이곳에서 이전 패각을 태운 흔적은 확인할 수 없다. 패총 가운데에는 물고기 뼈도 있고 또 물고기 뼈로 만든 골기도 있다. 그것으로 보면 이 패총을 쌓은 사람들은 패총 부근에서 어류를 잡았다는 것을 알 수 있다. 패총 가운데 패류 다음으로 많이 존재하는 것은 수륙(水陸) 양서류의 뼈이다. 그렇지만 이것은 긴 세월이 흘렀기 때문에 크게 파손되어 지금 무엇인가 명확히 확인하는 것은 매우 어렵다. 다음으로 들 돼지, 집 개[家犬], 두 종류의 사슴, 여러 종류의 새 등이 또 이곳에서 발견된다. 그리고 이러한 동물의 뼈 중 머리뼈의 경우는 모두 파손되고 겨우 돼지 머리뼈의 반(半) 6편, 개의 깨진 두골 중 5편을 얻은 정도이다. 다음으로 사슴의 경우는 주로 아래턱뼈, 척추 뼈, 뿔 등이다. 그리고 사슴 중에는 반점이 있는 사슴 로스베츠크 등이 있다. 여기에서 이상한 것은 패총 가운데 가장 완전한 1개의 인간 머리뼈를 얻은 것이다. 또한 궁둥이뼈도 나왔다. 이 인간의 궁둥이뼈는 불행하게도 발굴할 때 파손되고 방향도 흩어져 있다. 아래턱 뼈와 위턱 뼈의 반과 광대뼈 등은 보이지 않았다. 이 머리뼈는 조선인과는 다르며 또한 한인과도 다르다. 이 머리뼈의 앞과 옆, 위에서 본 사진은 도판에 제시되어 있다. 이와 같이 머리뼈는 어떤 이유로 패총 안에 존재하고 있는가, 또 이 머리뼈 외에 왜 다른 뼈가 동반되지 않는가 등이 크게 의문이 되는 바이다"라고 쓰고 다음에 이곳에서 나온 석기, 골기, 토기에 대하여 설명하고 있다. 석기에는 석부, 석착, 석촉 등이 있다. 특히 석촉과 같은 것은 모두 마제(磨製) 석촉이다. 골기는 어떤가 하면 골침, 골촉, 골추 그 외 여러 뼈로 만든 도구들이 남아 있다. 토기는 유약을 바르지 않고 저열에 구운 것으로 거기에는 항아리. 접시 등의 파편, 그리고 굽달이 접시 등의 파편도 있다. 이러한 것들로 보아 이곳에 살고 있던 사람들은 토기를 만들고 있었던 것이다.

  이러한 것들로 보아 석기시대의 인간이 이곳에 살고 있었다는 것을 생각할 수 있다. 그러면 이 얀코프스크 반도는 바람이 잦고 지금 이 반도와 대륙 사이가 낮은 충적층으로 연결되어 있지만 이 충적층의 낮은 지역은 이전에 바닷물이 들어온 곳이다. 이렇게 보면 오늘날의 얀코프스크 반도는 이전에는 분리된 하나의 섬이었던 것으로 생각된다. 그리고 이곳은 바람맞이가 강하고 겨울은 비교적 춥다. 이것으로 미루어 생각해 보면 석기시대의 당시 사람들은 겨울이 되면 대륙에 살고 여름에는 이곳에 돈을 벌기 위해 왔을 것이다. 어떻든 이곳에 원시민족이 살았었다고 하는 것은 충분히 이로써 알 수 있을 것이다. 이렇게 보면 이 패총에 의하여 이 부근에서의 고대민족, 그것도 석기를 사용한 민족의 생활 상태와 문화정도도 알 수 있다.

  다음으로 이 패총을 남긴 민족과 관련하여 생각할 만한 것은 그 연대이다. 이것은 어느 연대에 속하는가하면 이것은 발해시대보다도 이전일 것이다. 왜냐하면 니콜스크의 시가지에는 토성이 남아 있기도 하고 여러 석조물도 남아 있다. 이것은 금나라 시대의 것이다. 거기에서 나온 토기는 얀코프스크 반도에서 나온 것과 비교하면 도저히 비교가 되지 않는다. 또 발해 유적도 니콜스크나 우수리 부근에 있지만 거기에서 나오는 토기류와 비교해도 얀코프스크 반도의 것은 새롭지 않다. 이렇게 보면 얀코프스크 반도의 패총을 남긴 것은 발해보다도 이전시대의 사람이다.」 이렇게 말가리또프씨는 결론을 맺고 있다.

    나는 이 패총을 확인할 목적으로 6월 20일 이곳에 가기로 하였다. 블라디보스톡과 얀코프스크 반도 사이는 이른 바 아무르만의 안쪽이며 러시아의 의용함대(義勇艦隊)의 작은 증기선이 매일 왕복하고 있다. 이 왕래는 우선 블라디보스톡을 출발하여 슬라비얀카 만에 도착한 후 얀코프스크 반도를 거쳐 또 남서쪽 남해주의 해안을 이 곳 저 곳 들리면서 포세츠도까지 가는 것이다. 그렇지만 경우에 따라서 얀코프스크 반도를 거치기도 하고 그렇지 않기도 하며 또 블라디보스톡에서 의용함대의 배가 특히 얀코프스크 반도를 왕래하고 있는 것도 있다. 내가 탄 배는 슬라비얀카에서 포세츠도로 향하는 배로 얀코프스크 반도를 거치지 않는다. 어쨌든 같은 날 오전 10시에 블라디보스톡 항을 나와 오후 1시경에 슬라비얀카에 도착하여 상륙하였다. 그 곳은 작은 시가지로 러시아 간부 집과 상인의 집이 몇 채 있을 뿐, 그 외는 대체로 조선 사람이 살고 있는 집이다. 나는 그 곳에서 24정(町)* 이나 이동하여 병영이 있는 곳으로 갔다. 일본의 수비대가 그 곳에 주둔해 있는데 이는 원래 러시아의 병영으로 훌륭한 건물이지만 지금은 러시아 병사들이 살지 않고 일본병사가 대신 살고 있다. 슬라비얀카는 진펄지로 근처에는 여름풀들이 푸르게 무성하며 그 가운데에는 영란(鈴蘭) 등이 섞이어 있어 매우 아름다운 모습이었다. 그 날은 병영에서 머무르게 되었고 그 다음 날에도 체재하였는데 그것은 비가 내리기 시작하여 밖으로 나갈 수 있는 상황이 아니었기 때문이다. 그 다음 22일에도 비가 그치지 않아 또 머물렀다. 병영은 낮은 계곡 사이에 접한 구릉 위에 있었고 이전은 슬라비얀카만이 거울과 같이 깨끗하고 전망이 좋은 유쾌한 곳이었다. 이곳에서도 유사(有史) 이전 사람이 살고 있었다고 생각되는 것으로 석기시대

* 정(町)은 60간에 해당하는 길이 단위로 약 109m.

의 토기 파편 등이 나온다. 지금이야 일본 병사가 주둔하고 있지만 러시아 사람에 의하면 러일전쟁 후 이곳에 일본의 간첩이 와서 총살되었다는 소문이 전해지고 있을 정도로 정말이지 일본 사람들이 이곳에 들어오는 것이 불가능하였다. 다음 23일 날씨가 좋아져서 나는 누타마[綿玉] 중위와 함께 종졸 한 명을 데리고 러시아 마차를 타고 얀코프스크 반도로 향했다. 해안과 구릉 사이를 가는 것이어서 때로는 구릉 위를 올라가고 때론 자갈에 부딪치는 파도 위를 밟고 가듯이 모래 섬[渚]을 따라 내려갔다. 내려가고는 올라가고 올라가고는 내려가는 도로이다. 그리고 곳곳에 진펄지가 있으며 작은 하천 등도 흐르고 두약화(杜若花) 등이 그 사이로 여기저기 피어 있는 아름다운 모습이다. 2리 반 정도 이동하여 암각을 지나 바닷물이 스며든 곳을 건너면 앞은 잠시 충적층의 저지대였고 또 다시 구릉이 되고 그 다음 비로소 반도의 모습을 갖춘 얀코프스크 반도에 도착하였다. 이 반도와 대륙 사이에는 실제 충적층의 저지대로 연접(連接)되어 있어 이것으로도 얀코프스크 반도는 이전은 순전히 떨어져 있던 섬이었다는 것을 알 수 있다. 이 주변은 나무들이 많이 베어져 버렸고 곳곳에 자작나무나 버들 나무가 보일 뿐이다. 해안 쪽으로 가면 모래 섬[渚]에는 이른 바 빈가자(濱茄子)라고 하는 야생 장미가 마침 활짝 피어 코를 찌르듯 향기를 내뿜고 있었다. 이 부근의 구릉 및 해안에 가깝게 살고 있는 사람들은 대부분 조선 사람들이고 러시아 사람들은 보이지 않는 것으로 보아 남부 우수리 지방 일대는 대체로 조선인의 거주지가 된 듯하다. 러시아 사람들은 대부분 이 방면으로 이주해 살지 않는, 무정부상태에 가까운 상황이라는 것을 알 수 있다. 이와 동시에 남부 우수리가 조선의 지대와 연결되어 있다고 하는 것이 알려져 있다. 이러한 것은 일본인으로서도 일종의 감정에 얻어맞은 것과 같은 기분이 든다.

점점 나아가 24, 5정쯤 이동하니 얀코프스크의 구릉 자락에 이른다. 이곳에 오니 또 완만하게 경사진 길을 오르게 된다. 이 주변에는 일대 자작나무나 버들 나무 외에 잡목이 자라는 작은 수풀이 보이게 되는데 여름 초이기 때문에 나무의 어린 싹들의 봉우리가 나와 그 중에는 눈에 띄게 보이는 것은 자작나무[화(樺)]의 어린 싹이다. 화사한 태양빛을 받고 황금색으로 빛나고 있는 풍경은 무엇이라고 표현할 수 없다. 이 흰 자작나무[백화(白樺)] 숲 사이를 러시아 마차를 타고 가는 것은 어딘지 모르게 러시아 기분이 나며 시루게네프의 소설을 읽는 것과 같은 기분이 든다. 점점 올라가 냇가에 접한 구릉 위로 가니 우연히도 패총을 발견하였다. 이것은 굴 조개 껍질[모여각(牡礪殼)]의 패총으로 말가리또프의 논문에서도 언급되지 않았던 것이 처음으로 이때 발견된 것이다. 나는 마차에서 내려 조사하고 토기 파편 등을 얻었는데 이 패총은 대체로 물 위에 있다고 해도 좋을 정도로 가까이에 물이 있다. 이것은 종래 흙이 덮어져 있었던 것인데 나무 뿌리인지 무엇인가를 들추어 내어 모습이 드러난 것으로 생각한다. 잘 조사해 보니 패총 주위는 46미터 정도이고 두께가 1척 5촌 정도이다. 거기에서 점점 위로 올라가니 드디어 반도의 가장 높은 곳에 이르렀다.

정상에 올라가 보니 사방으로 시야를 가리는 것 없고 반도의 멋진 모습이 손에 잡힐 듯하다. 즉 얀코프스크 반도는 일대 구릉이 북동 방면 쪽으로 바다 가운데로 뻗은 것이어서 동쪽을 보면 아무르만이 넓게 푸른 파도를 넘실거리고 있고 서쪽을 보면 스완 호수의 물이 바다로 통하고 그 사이에 하천과 같은 상태가 되어 그 곳에 나무로 설치한 선교(船橋)가 있다. 그 앞 해안은 낮은 충적층의 평야이며 그 곳에 두 개의 하천이 흐르고 있고 그 가운데 동쪽의 하천이 바로 세데미강이다. 이 하천과 스완 호수로부터 흐르는 하천이 충적층의 바다와 만나는 곳에 그물과 같이 착종(錯綜)되어 흐르고 있다. 이 스완 호수로부터 흐르고 있는 천은 이전에 없었던 것임에 분명하다. 그 하천 앞 해안 충적층은 당시 실제 바다에 들어가 있던 작은 만(灣)에 있었고 그 안에 멀리 보이는 구릉 소매까지 바닷물이 들어와 있었던 것으로 보인다. 우리들은 마차를 달려온 충적층 지역도 해수 안에 있었던 것임에 틀림없다. 이렇게 보면 말가리또프의 논문에 언급되어 있는 것과 같이 이 구릉은 원래 하나의 섬으로 발견된 패총은 이 섬의 북동쪽의 돌출부분이라고 말해도 좋다. 이 돌출부분이 가늘고 길게 나와 있기 때문에 섬 가운데 별도로 하나의 작은 반도 모양을 나타내고 있다. 거기에서 가장 폭이 좁은 곳은 폭 100미터 정도에 지나지 않는다. 동쪽 절벽은 원래 약간 넓었을 것인데 침식작용 때문에 절벽이 무너져 오늘과 같이 좁게 되었을 것이다. 이전 이 반도모양의 지형이라는 것은 약간 넓었다고 생각할 수 있다.

 패총은 여기 저기 띄엄띄엄 있는데 그 가운데 가장 큰 패총부터 말하면 그 표면은 흙으로 가려져 있지만 어느 정도 넓게 보인다. 드러나 있는 것만도 길이가 30미터, 폭이 10미터정도이다. 이 패총이 존재하는 곳의 지형은 뒷부분이 높게 되어 있고 앞으로 갈수록 약간씩 경사져 있다. 뒷부분이 가장 높게 되어 있는 후지산(일본의 후지산-역자 주) 형태를 보이고 있는 곳은 아무리 생각해도 당시의 치야시(?-역자 주 : 본문에는 チャシ로 표기되어 있다) 터였던 것으로 생각된다. 이 치야시 밑 주변에 수혈(竪穴) 터가 한 곳 있다. 깊이 3척, 직경 1칸 반, 그야말로 둥근 모양의 수혈로 뇌발형(擂鉢形 : 고무래 사발)을 나타내고 있다. 이것은 당시 패총을 쌓은 사람들이 살고 있던 수혈과 같이 생각된다. 이와 같이 수혈이 존재하고 있는 것을 보면 이 지역은 원래 수풀로 가려져 있었던 것으로 생각되고 수풀에 가려져 있었기 때문에 수혈이 지금까지 이와 같이 존재하고 있었던 것으로 생각한다. 이렇게 보면 뒤에 치야시가 있고 그 앞에 수혈이 있으며 그 밑에 패총이 있는 것과 같은 관계에 있다

고 생각된다. 이 수혈이 있는 곳에 사람이 살고 있었고 먹다 남은 것을 낮은 해안에 버린 것이 오늘날 패총으로 남아있게 되었다고 생각된다. 치야시가 있는 곳에서 패총이 있는 곳까지 자연적으로 기울어져 낮게 되어 있기 때문에 그곳은 또 자연스럽게 작은 웅덩이가 생겨나 있다. 이것은 나무를 벤 결과 그렇게 되었을 것으로 생각한다. 지금은 벌거숭이산이 되어 자작나무들이 부근에 자라고 있는 것에 지나지 않지만 원래는 역시 산림지대였을 것이다. 웅덩이가 되어있는 곳은 비 때문에 흙이 떠내려가 위와 같은 웅덩이가 생겼을 것으로 생각한다.

이 웅덩이에 석기시대의 토기나 석기를 버릴 수 있는데 이것은 위로부터 흘러 온 것으로 생각된다. 치야시는 당시 이 작은 촌락을 지키기 위해 만들어졌을 것이다. 나는 하나밖에 수혈을 발견하지 않았지만 이전에는 수혈이 매우 많이 있었을 것이다. 이 수혈 및 치야시에 관해서는 말가리또프의 논문에서는 어느 것도 언급되어 있지 않은데 그는 그것을 몰랐을 것이다. 그렇지만 우리의 오늘날까지의 지식에 의하면 이것은 확실히 치야시로서 그 밑에 있는 것이 수혈이라고 하는 것을 알 수 있다. 그러므로 얀코프스크 반도의 패총을 알기 위해서는 어떻게 해서든 치야시와 수혈을 고려하여야 한다. 또 치야시로부터 나와 뻗어 있는 작은 반도의 뽀족한 부분은 당시의 생활 장소로서 매우 좋은 곳이었다는 것을 생각할 수 있다.

패총으로 다시 이야기를 돌리면 오늘날 나타나 있는 패총의 길이나 폭은 앞서 이야기한 바 있다. 위에는 약 3촌(寸)에서 5촌 정도의 흙으로 덮여져 있다. 약간 흙이 두터웠는지 알 수 없지만 이것은 나무가 있었던 탓일까 혹은 토지가 경사져 있기 때문에 나무가 베어진 후에 흙이 떠내려가서 얇게 된 것으로 생각한다. 그 다음으로 조개가 쌓인 두께는 1척 7촌에서 2척 정도이다. 조개 종류는 말가리또프씨가 언급하고 있는 것과 같이 굴조개 껍질이 가장 많고 그

다음으로 대합조개[합(蛤)], 씨○미(가운데 글씨 판별 어려움 — 역자) 등이 있다. 이 씨○미가 있다는 것은 어느 정도 주의를 기울일 만한 것으로 이것은 담수(淡水)에서 나온 조개이다. 다음으로 패총을 발굴해 보면 사슴, 들 돼지의 뼈도 나온다. 이것은 말가리또프씨의 논문에서 언급하고 있는 것과 비슷하다. 또 석기도 나오고 있는데 이 패총으로는 러시아 사람들이 거의 가지 않는다고 생각되고 지상에서도 석기를 채집할 수 있다. 예를 들면 지금 이야기한 치야시가 있는 곳에서 작은 웅덩이가 자연적으로 만들어져 있으며 항상 고갈되어 물이 없지만 비가 오면 하천이 되는 것이다. 이 웅덩이 안에서도 주울 수가 있고 또 패총 옆 지상에서도 채집할 수 있다. 이러한 것들을 생각해 보면 말가리또프가 논문을 쓴 후에도 좀처럼 사람이 가지 않았는다는 것을 알 수 있다. 혹시 이것이 일본에 블라디보스톡 부근에 이러한 패총이 있다고 알려지면 벌써 약간 사람이 가서 채집할 것이지만 그렇지 않은 것을 보면 러시아인들은 학자 이외에 좀처럼 이러한 장소에 관심을 기울이지 않는 것 같다. 그렇지만 얀코프스크 반도는 이 패총이 있는 곳에 나무가 없지만 패총으로부터 뒤로는 얀코프스크씨가 나무를 그대로 보존하고 흰 자작나무나 그 외의 나무로 하나의 작은 수풀을 조성하고 있다. 그리고 그 수풀 가운데에 사슴을 키워 즐기고 있음과 동시에 뿔이나 가죽을 이용하고 있는 흥미로운 곳이다. 그렇기 때문에 이곳은 자연히 하나의 작은 공원의 모습이며 블라디보스톡 시민이 즐기는 장소가 되어 배가 블라디보스톡으로부터 때때로 왕복하는 것이다. 그렇지만 패총이 황폐해져 있지 않은 점을 보면 이것은 어떠한 관계도 없다는 것을 충분히 알 수 있다.

 이곳의 패총 가운데 및 그 주위에 석기 외에 토기, 골기와 같은 것도 주울 수 있다. 이곳에서 나오는 석기 가운데 우선 관심을 기울일 만한 것으로 돌도끼, 발화기(發火器)에 사용하는 구멍을 파는 돌, 석포정(石庖丁) 파편, 숫돌 파편 등도 있다. 또 석기를 만든 수 없는 원료의 돌도 있으며 또 이제 막 만든 것도 있다. 다음으로 골기에는 사슴 뼈 등을 날카롭게 만들어 무엇인가를 뚫는 데 사용한 것 같은 것도 있다. 골편(骨片)에는 확실히 두 종류가 있다. 하나는 사슴뿔과 같은 것이고 다른 하나는 새 종류의 뼈 같은 것이다. 또 패각(貝殼)으로 만든 기물(器物)도 있다. 이것은 패각 한 가운데에 구멍을 내서 그 구멍에 막대를 통하게 하여 무엇인가 기구를 만들었을 것으로 생각한다. 토기 파편도 매우 많고 그 가운데에는 토기로 만든 방적차(紡績車)도 있고 토기의 가장자리나 손잡이, 굽다리 접시 등도 발견된다. 일괄적으로 석기시대의 유물은 이곳에서 채집할 수 있다.

　이곳에 존재하는 유물을 보면서 나는 어떠한 느낌인가 하면 이 패총에 대한 사실은 이미 말가리또프씨의 논문에 의해서도 알고 또 블라디보스톡 박물관 진열품을 통해서도 많은 부분을 알고 있었지만 또 내가 이 유적에서 채집한 것들을 통해서 이것을 전체적으로 생각해 보면 이곳의 유적은 포세츠도 만(灣) 서쪽, 즉 두만강 유역의 유적과 매우 비슷하다는 점이다. 예를 들면 석기의 모양에 있어서도 토기의 형상이라하여 어느 정도 비슷하다. 특히 토기의 형태, 그리고 굽다리 접시가 존재하고 있는 점, 그 모양과 손잡이라고 하는 것은 두만강 유역에서 나오는 것과 매우 유사하다. 또 길림성의 남쪽에서 나오는 것과도 매우 유사하다. 생각하면 이곳에 석기시대의 유적을 남긴 사람은 두만강 유역의 사람과 대체적으로 같으며 또 이것이 길림(吉林) 쪽에서도 같은 상태로 존재하고 있었던 것을 확인할 수 있다.

　나는 이곳의 패총에 대해 여러 가지 조사를 하였다. 또 지금 서술한 패총은 매우 큰 것이지만 이곳이 아니라 다른 지역에도 있다. 예를 들면 말가리또프씨가 발굴한 때 비용을 제공해준 독일사람 브리유네루씨 저택 뒤 구릉에도 있다. 그렇지만 그곳은 지금 개간되어 밭이 되었고 겨우 패각이 여기 저기 흩어져 있는 것을 확인할 수 있을 뿐이다. 다만 주의하여 조사하면 지상에서도 여러 유물들을 주울 수 있다. 또 이 부근의 바다 언저리에서도 흩어져 있는 석기나 토기를 주울 수가 있다.

    요컨대 이 반도 일대 지역은 석기시대 사람들의 생활 장소였던 것으로 생각된다. 이곳을 얀코프스크 반도라고 하는 것은 개척자의 이름을 따서 붙인 이름이다. 즉 앞에서 언급한 수풀에 사슴을 키우고 있는 얀코프스크 씨의 부친이 이곳을 개척한 것이다. 그는 러시아의 귀족이었고 국사범으로 유배되어 와서 이 반도를 개간하였기 때문에 얀코프스크 반도라는 이름이 된 것이다. 이 반도의 돌출부분에는 나무 등이 모두 베어져 있지만 치야시가 있는 곳 즉 남방 일대는 지금 말한 바와 같이 삼림지대이다. 그렇기 때문에 이곳이 개간된 것은 매우 새로운 일로서 1877년(명치 10년) 경의 일이었을 것이기 때문에 그 이전에는 이곳은 모두 삼림지대였다고 말해도 좋다. 패총 옆에 석기, 토기가 산재해 있다고 하는 것은 이것으로 설명할 수 있다. 나는 이 패총 조사를 할 때 얀코프스크 씨 집에 머물고 그 날과 그 다음 날

그림 5 _ 오로치 사람의 무당. 그들은 모두 거울을 사용한다고 하는 것은 원시신도의 비교연구에 흥미로운 점이 많다.

을 그 조사에 종사하였다. 얀코프스크씨로부터 매우 좋은 대우를 받은 점에 감사한다. 그 집은 어느 정도 귀족적인 생활을 하고 있으며 시중을 드는 사람들도 여럿 살고 있었고 그 안에 일본의 나가사키현의 여성이 유모와 요리사로서 오래 동안 고용되어 있다. 이러한 곳에 일본인이 오래 동안 고용되어 있다고 하는 것은 진기한 이야기라고 생각한다.

우선 얀코프스크 반도의 패총 이야기는 이 정도로 마치고 구체적인 것은 논문으로서 발표할 생각이다. 어떻든 블라디보스톡 서쪽에 이런 패총이 남아 있다고 하는 것은 매우 진기한 일이다. 오늘날까지 두만강 동쪽의 대륙연안에서 패총이 발견된 것은 이곳뿐이다. 이런 점에서 이 얀코프스크 반도의 패총은 어느 정도 중요한 장소라고 생각된다. 또 이곳의 패총에서 나온 유물과 조선, 일본에서 나온 유물을 비교해도 매우 흥미로울 것이며 그 색채가 조선과 매우 밀접한 관련을 가지고 있는 점은 흥미롭다. 또 토기의 형상 등으로 보아 일본의 야요이식 토기와 매우 비슷하다는 사실은 일본과 관계가 깊다고 생각된다. 과연 바다를 건너 이곳으로부터 일본으로 갔을까에 대해서는 모르겠지만 어떻든 우연한 유사성이라고는 생각할 수 없다. 특히 굽다리 접시의 존재는 주의할 만한 가치가 있다.

나는 이곳의 패총조사를 마치고 반도를 뒤로 하고 다시 슬라비얀카의 병영으로 돌아왔다. 그 도중에 슬라비얀카에 가까이 왔을 때 구릉 위에 토기 파편이 있는 것을 보았다. 이렇게 보면 슬라비얀카만에서 얀코프스크의 돌출부분 사이는 이전 해안이 되어 당시 석기시대 사람들이 살았던 것을 충분히 알 수 있다. 다음 6월 2일 오후 1시경 슬라비얀카의 부두에서 배를 타고 블라디보스톡으로 향하여 오후 6시경 도착하여 다시 호텔에 머물고 잠깐 동안 남은 조사를 하고 체재하게 되었다.

8. 블라디보스톡에서 이르쿠츠크로 향하여

나는 블라디보스톡에 대한 조사를 마친 후 우수리 유역에서 홍개호(興凱湖) 부근을 조사하고 하바로프스크 쪽으로 나올 생각이었다. 그러나 과격파가 난동을 부리기 시작하여 다리를 파괴하는가 하면 철도 레일을 다이너마이트로 파괴하려는 분위기여서 그 방면은 위험하고 조사조차 가기 어려운 상황이었다. 그래서 어떠한 방법을 취할까 생각하고 있는데 마침 다까야나기[高柳] 소장 일행이 옴스키 정부와 만나기 위하여 그 쪽으로 출장을 가게 되었다는 것이다. 나도 그 일행에 끼여 우선 서쪽부터 조사할 생각으로 드디어 7월 1일에 블라디보스톡을 출발하게 되었다. 그래서 그 날 오후 영시 20분 호텔을 나와 정차장에 가니까 철도 승무원의 파업 때문에 기차가 출발하지 않는다. 할 수 없이 호텔로 돌아와 기다리고 있었는데 오후 2시가 되자 출발한다는 연락이 왔다. 그것도 20분 후에 출발한다고 하여 서둘러 정차장으로 갔다. 그 때 다까야나기 소장, 가츠라모또[頭本] 중의원 의원 등도 동행해 와 있었다. 철도당국은 일행을 위하여 특별차를 제공해 주었고 또한 병졸의 식사를 위해 뒤에 한 칸을 붙여 상당히 편리를 얻었다. 오후 3시 드디어 블라디보스톡을 출발하게 되었다.

열차는 점점 서쪽으로 향하여 달리는데 처음 잠시 동안은 해안선을 따라 달린다. 한 쪽으로는 푸른색의 바다가 보이고 다른 한편으로는 신록의 평야가 보이며 바다와 육지의 풍경이 한 눈에 들어와 정말 경치가 좋았다. 즉 쑤이훤허(綏芬) 강 하구를 따라 갈 생각이다. 이미 날은 저물어 밤이 되고 기차 안에서 잠깐 동안 눈을 붙였는데 그 다음날 눈을 떠보니 벌써 지린성[吉林省]의 목림(穆林)강 상류에 이미 와 있었다. 목림강은 우수리강으로 유입하는 지류 가운데 가장 큰 것으로 우수리강의 상류라고 말해도 좋다. 이곳에 목림역이 있고 부근 구릉 사이를 나아가니 밭이 잘 경작되어 있고 띄엄띄엄 한인(漢人) 부락이 멀리 보인다. 나는 아침 식사를 하면서 이 풍경을 바라보았다. 앞으로 이동하는 기차 안에서 잘 경작된 밭의 모습을 보았다. 이곳은 원래 삼림지대였지만 산동성 이주민에 의해서 이와 같이 개간된 것이다. 기차가 점점 이동하여 장단강(牡丹江) 유역에 들어가니 더욱 더 토지가 잘 경작되어 있다. 이것을 보아도 얼마나 한인 세력이 북만(北滿)에 미쳐 있는가에 놀라지 않을 수 없다. 지금 기차가 달리고 있는 이 장단강 유역은 영고탑(寧古塔)에 가장 가까운, 즉 이전 발해 상경(上京) 지역으로 발해왕국 중심이다. 이곳에 발해가 세력을 뻗치고 있었다는 것은 어느 정도 주의할 만한 가치가 있다. 이 근처 넓은 평원에 도착하였을 때 들꽃이 아름답게 피어 있는 것은 아무리 보아도 대륙적인 풍경이다. 마침 기차가 꽃 들판을 달리고 있는 것과 같은 기분이 든다. 나는 이 광경을 보면서 동시에 발해나 금나라의 옛 시절을 떠올리고 지금 이전 기분으로 허무한 무엇인가를 느꼈다.

그 날도 몇 시부터인가 밤이 되어 잠깐 눈을 붙일 사이도 없이 잠이 들어버렸다. 오전 두시 경에 하얼빈에 도착하여 하차는 하지 않았는데 여러 육군 관계자들이 차 안까지 찾아왔다. 얼마 후 하얼빈을 떠나 쑹화강(松花江)의 철교를 건너가고 있었다. 이것은 하얼빈의 서쪽으로 흐르고 있는 강으로 요컨대 하얼빈은 강과 접해 있는 도시이다. 시간은 태양이 환하게 하늘에 떠 있어 밝은 빛을 강물에 비추고 움직이는 금빛 파도의 광경은 무엇이라고 표현할 수 없는 좋은 기분이었다. 그리고 아직 전혀 없어지지 않은 강 안개 가운데 중국 정크(교역선 : 역자 주)가 어렴풋이 아침 해를 머금고 강을 오르내리고 있는 등 마치 그림과 같은 광경이다. 해안에는 교역선의 돛대가 수풀과 같아 하얼빈에서 물자 거래가 얼마나 성행한가를 알 수 있다. 해안 위에는 러시아 사람들의 집이 나란히 붙어 있는 모습이 보인다. 하얼빈 시가가 오늘날과 같이 번성하게 된 것은 항운편에 있는 쑹화강을 가지고 있기 때문이다. 하얼빈 역 동쪽에는 아십(阿什)강이 있다. 이곳은 금(金)왕조의 유명한 상경(上京)으로 토성이 현재도 남아 있다. 이것으로 보아도 예로부터 이 부근이 북만주의 중심지라고 말할 수 있다. 지금 이 주변에는 나무가 없지만 훨씬 이전에는 나무가 많았을 것으로 생각한다. 이 주변의 쑹화강은 강폭도 넓고 물의 양도 많아 증기선 등이 떠 있다.

철도를 건너 서쪽으로 점점 가니 넓은 평원이 펼쳐지고 마침내는 내몽골의 북쪽을 가는 것과 같다. 나는 남방 몽골을 보면서 이전 몽골여행이 머리에 떠올랐다. 이전 이곳은 광막한 초원이었는데 점차로 개간되어 밭이 되고 길을 따라 한인 촌락이 띄엄띄엄 보이고 그 사이로 만주기인(旗人)풍을 한 여성이 왔다 갔다 하는 모습 등은 오늘날 북만주가 아니면 볼 수 없는 광경이다. 점점 이동하니 제제(濟濟) 하얼빈 역에 도착하였는데 제제 하얼빈 역은 본래 제제 하얼빈 시가로부터 5, 6리 떨어져 있다. 러시아가 동청철도(東淸鐵道)* 계획을 세웠을 때 철도를 제제 하얼빈의 시가로부터 떨어져 부설해 주기를 바란다는 중국 측으로부터 신청이 있었기 때문에 이와 같이 먼 곳에 설치된 것이다. 제제하얼빈에 와 보니 점점 넓은 평야가 펼쳐지고 멀리 몽골의 평야와 서로 연결되어 전망이 웅대하다. 이곳에 잠깐 있다가 넌쟝강(嫩江) 유역으로 들어가 철교를 건너 또 광원 사이를 나아가니 몇 시인지 몰라도 도로 앞이 오르막길이 되어 있다. 바로 흥안령(興安嶺)에 가까워지고 있었다.

기차는 드디어 흥안령 산 속에 들어와 있다. 지금까지 장시간 전망 무한한 대광원(大廣原)을 달려 왔는데 갑자기 변하여 산악 첩첩 사이를 지나가고 있다. 풍경도 변하여 모두 산간 풍경으로 변하

* 제정러시아의 대표적인 두 도시, 하얼빈과 대련은 제정러시아가 1896년 부설권을 획득하여 동청철도를 개설함으로써 생긴 것이다. 제정러시아는 시베리아 철도의 하바로프스크-블라디보스톡 구간이 청과의 국경(우수리강과 헤이룽강) 때문에 우회하게 되어 만저우리에서 중국을 통과하여 블라디보스톡으로 가는 철도로서 동청철도를 부설하였다. 그리고 동청철도와 쑹화강이 만나는 지점에 하얼빈을 새롭게 건설하여 동철철도의 본사를 두었다. 김경일, 윤희탁, 이동진, 임성모 공저, 『동아시아의 민족이산과 도시』 역사비평사, 2004 참조.

고 기차가 가는 곳마다 들풀이 어지럽게 피어있어 아름다운 모습을 드러내고 있다. 홍안령도 잠을 자는 동안 지나가고 다음 7월 4일 눈을 떠보니 이미 하일라얼[海拉爾]의 역을 통과하고 있었다. 이 곳의 지형은 전날 통과한 북만주와는 크게 다르다. 이것은 그 중간에 홍안령의 장벽(牆壁)이 가로 막고 있기 때문에 그러한 변화가 생긴 것이다. 홍안령의 동쪽은 만주이고 쑹화강의 유역인데 이를 넘어 서쪽으로 가면 몽골지역으로 헤이룽강 유역이 된다. 따라서 역사와 민족에서 홍안령의 북쪽에서 남쪽으로 뻗어 있는 일대 장벽이라는 것은 매우 깊은 의미를 가지고 있다. 하일라얼은 홍안령 서쪽의 한민족의 근거지로서 우선 이곳을 중심으로 그들은 정치적이고 상업적으로 몽골에서 활동해 왔다. 어느 의미에서 한민족은 홍안령 서쪽 하일라얼에 그들 세력을 심었던 것이다. 그러므로 만주 조정에서도 하일라얼에 중점을 두고 특별한 관청을 두어 만주기인(旗人)을 특별 관리로서 이곳에 배치하였을 정도이다. 또 지세로 보아도 하일라얼는 서쪽에 다라이노루, 부일노루라는 두 개의 호수를 가지고 있으며 외몽골의 차신한부(車臣汗部)와 접하며 북쪽은 아루군강(이 책의 지도에는 아루구나강으로 표기되어 있음-- 역자 주)으로 헤이룽강으로 통하여 노령(露嶺)과 가깝게 마주보고 있어 매우 중요한 요해(要害)와 같은 장소이다.

하일라얼을 지나니 지역이 점점 사막과 같은 상태로 변하였다. 나는 작년 몽골여행 때 이곳까지 온 적이 있기 때문에 당시 가 보았던 부일노루 호수가 남쪽에 있을 것이라고 생각하고 차 창문에서 멀리 쳐다보니 감개가 무량하였다. 부일노루는 멀어 보이지 않지만 다라이노루는 북단쪽만은 약간 볼 수가 있었다. 기차가 움직임에 따라 지역이 점점 몽골 풍으로 변해 갔다. 정오경에 만저우리(滿洲里)에 하차하여 다까야나기 소장, 가츠라모또 대의사(代議士) 등과 하루 밤을 묵게 되었다. 나는 밤까지의 시간을 이용하여 마을 부근을 돌아보고 또 후룬뻬이얼[呼倫貝爾] 정청(政廳) 출장소의 관료들과도 이야기를 나누었다. 만저우리의 지세는 광막한 사막이며 다른 한편 구릉이 기복(起伏)하는 지역으로 최근에 구릉 위에 생긴 마을이다. 러시아와 중국의 장사꾼들, 부랴트 족뿐만 아니라 바라카 몽골 사람들도 살고 있는 몽골의 한 지역에 생긴 새로운 무역시장으로 특히 러시아 사람들이 이곳에 손을 댄 이후 한층 번창하게 되었다. 지금의 형세로 보아 앞으로는 하일라얼을 능가하는 번화한 지역이 될 것이다. 오늘날도 하일라얼보다 만저우리 쪽이 무역지로서 좋은 위치에 있다. 만몽(滿蒙), 시베리아 무역에 있어서 만저우리가 오히려 중심지가 되고 있다. 하일라얼의 세력은 만저우리의 발달로 인해 상당히 침체되어 있었다. 러시아도 그 좋은 위치에 주목하여 크게 힘을 기울이고 있기 때문에 완연한 러시아풍의 마을이 몽골 안에 생긴 것이다. 나는 유람 도중 부랴트 사람이 말을 타고 가는 것을 만나 오래간만에 몽골어로 이야기를 하였다.

 7월 5일 오전 10시 만저우리를 출발하였다. 만저우리는 몽골과 시베리아의 후패가이(後貝加爾)주와의 국경으로 세관이 있어 출입하는 사람들을 조사하였다. 기차가 만저우리를 떠난 후 후패가이주가 되어 연도(沿道)는 넓고 막막한 사막이다. 앞을 차단하는 것 없고 다만 곳곳에 푸른 풀이 자라고 있을 뿐이고 지형이 또 크게 변화되었다. 기차는 점점 나아가 다우리야역에 도착하였다. 다우리아는 니콜스크 서쪽에 있는 러시아 군단의 주둔지로 굉장한 건물이 붙어 서 있다. 이것은 모두 병영(兵營)뿐인 건물로 그 외 민가는 셀 수 있을 정도밖에 없다. 이러한 황량 적막한 지역에 러시아가 대군단의 근거지를 만든 것은 바로 부근에 만주, 몽골이 있기 때문에 일이 생기면 바로 이곳에서 병사를 움직일 수 있도록 가장 주의하여 이 요지를 택한 것이다. 지금 러시아 병사는 모두 유럽 전선으로 가고 없으며 다만 부랴트와 몽골 사람으로 구성된 얼마 안 되는 병사들을 러시아 사관이 통솔하고 있을 뿐이다. 그는 지금 세묘노프장군의 부하로서 주둔하고 있으며 일본의 주둔병도 약간 와 있었다. 이곳은 뒤에 와 볼 생각으로 그대로 통과하여 볼쟈야 강을 건너니 부랴트의 촌락이 길을 따라 여기 저기 보인다. 즉 부랴트 마을 사이를 철도가 가로 지르고 있는 것과 같다. 부랴트의 천막 집, 느긋하게 걷고 있는 낙타나 양 등의 모습을 알 수 있다. 그 다음 오논강 지류를 따라 가 드디어 오논강의 본류에 도달하였다.

　오논강은 이곳에 이르러 강의 폭이 매우 넓어지고 철교가 설치되어 있다. 이 철교는 이전에 과격파 때문에 타버려 지금은 일본 병사가 불완전한 나무다리를 설치하여 잠시 동안 사용하고 있다. 기차는 서행하여 다리를 건너 앞 해안에 도달하니 오론냐 시가지가 있다. 이곳에도 러시아풍의 집이 대부분이고 산수풍경이 매우 좋아 치타 주변의 별장지가 되어 있기도 하고 또 어느 정도 요해(要害)의 땅으로 보이고 세묘노프군과 과격파군이 이곳을 중심으로 전투를 벌였다. 이른 바 천왕산(天王山)으로 이곳을 먼저 점령하는 것이 매우 유리하기 때문에 얼마나 이곳이 군사상 중요한 장소인가를 알 수 있다. 또한 이 부근에 유명한 칭기스칸이 깃발을 올렸다는 전설이 전해지는 구릉도 있다. 원나라가 번성하였을 때는 본래 그 이전부터 이곳이 큰 도로였던 것으로 생각할 수 있다. 몽골 쪽에서 후패가이로 통하는 교통로는 이곳을 통하지 않으면 안 되는 것으로 생각된다. 오론냐 마을을 나오니까 기차는 그야말로 산 속을 달리게 되었다. 그리고 지금까지의 사막지, 광원, 초지라는 황량 적막한 광경이 여기에 이르러 크게 변하여 울창한 산림지대가 되었다. 동쪽의 광원 지방과 전혀 달라 마음과 몸 모두가 상쾌한 기분이 들었다. 그리고 점점 산 속을 지나 그 다음 날 6일 오전 9시 경에 제다(齊多)에 도착하였다.

　나는 제다에 하차하여 다까야나기 소장 등과 함께 일본 주둔군의 제3사단을 방문하고 또 세묘노프장군도 만나고 동시에 이곳의 구로자와[黑澤] 참모장 등도 만났고 세묘노프장군의 초대를 받아 성대한 대접을 받았다. 그 자리에서 나는 향후 오논강 유역에 대한 조사 여행과 관련하여 여러 편의를 제공해 줄 것을 부탁하였다. 세묘노프장군의 어머니는 부랴트 몽골 사람이고 아버지는 러시아 사람이다. 즉 러시아 사람과 몽골 사람 양쪽에서 피를 받아 러시아 사람과는 어느 정도 성격이 다르다. 지금은 까자끼 대장(隊長)으로서 그들을 통어하고 있다.

  제다는 사방이 산으로 둘러싸여 있고 그 가운데에 시가지가 있고 주위의 산에는 나무가 매우 많고 아직 베어져 있지 않다는 것을 알 수 있다. 시가지 앞에 인고타강이 흐르고 있는 모습이 마치 일본의 경도(京都)를 떠올리게 하는 분지이다. 즉 제다의 마을을 경도라 하면 사방의 산은 동산서산(東山西山) 등이고 인고타강은 압천(鴨川 : 카모가와－일본 경도시 북서부 단바〈丹波〉고지에서 남쪽으로 흘러 요도가와〈淀川〉로 흘러들어가는 하천－역자 주)과 같은 분위기의 느낌이 든다. 그리고 러시아 풍의 인가(人家)가 많이 있다. 이 날은 이곳에 체재하여 여러 조사를 하기도 하고 또 서점에 들러 여러 책들을 샀다.

  그 다음 날 오전 10시 기차로 제다(齊多)를 출발하여 인고타강으로 흐르는 히로그강의 하천을 따라 가니 연도(沿道)는 삼림지대를 깎아 만든 농경지로 밑이 잘린 나무들이 여기저기에 남아 있고 최근까지 삼림지대였던 것으로 보인다. 농민은 모두 철도를 따라 살고 있으며 농사를 짓는 것으로 보이는 농촌이 띄엄띄엄 철도 가깝게 있고 또 목장도 있고 러시아 풍의 교창식(校倉式) 집도 보인다. 이것은 대개 까자끼 토착민들이다. 기차 안에서 해가 저물고 그 다음 날 8일 아침 일찍 일어나 세수하고 차창 밖을 쳐다보니 이미 우엘프네우친스키에 도착해 있었다. 이 우엘프네우친스키는 후패가이주와 이르쿠츠크현 사이에 있는 하나의 시가지로 패가이(貝加爾) 호수 동쪽의 한 중심지이다. 이곳은 세렌가강 유역으로 시가는 세렌가강에 접해 있으며 항운교통편이 발달되어 있다. 즉 세렌가 강을 내려가니 패가이 호수에 도달하고 이르쿠스크 및 앙가라 유역과 통하고 또 세렌가 강을 올라가니 울란바토르에 도착하기 때문에 몽골의 여러 지방과도 교통이 용이하다. 그 유명한 오루곤 강도 역시 세렌가 강의 지류(支流)이다. 장차 우엘프네우친스키의 번창은 상상하기에 충분하다고 생각한다. 러시아 사람들이 이미 여기에 주목하고 신시가지를 만들었던 것이고 지금도 크게 발달하여 시베리아 철도 가운데 큰 역이다. 나는 이곳에 하차하여 잠깐 정거장 부근을 산보하고 그다음 또 승차하여 강을 따라 내려갔다. 그곳에 세렌가 강은 매우 강폭이 넓다. 길가에는 산림이 우거지고 곳곳에 불에 타서 베어진 들판에서 흰 자작나무가 자라고 있다. 본래는 한편 침엽수 산림지대였을 것으로 생각하지만 점점 사람들이 들어와 여기저기 나무들을 태워 베었다. 이렇게 산림은 소멸되어 버리는 것 같다. 이 산림 사이를 기차를 타고 가는 것은 매우 유쾌하고 도저히 북만주지방에서는 볼 수 없는 풍경이다. 그렇지만 예전의 북만주도 그러한 상태였을 것으로 생각한다. 티무르역 부근에서 패가이 호수가 멀리 보이기 시작하고 기차가 나아감에 따라 점점 호반이 보이기 시작하면서 패가이 호수 해안을 달리게 되었고 이 호반을 기차에서 보니 정말로 기분이 좋다. 육지 쪽은 울창한 침엽수의 산림이고 호수 쪽은 망망하고 넓은 호수 물이 맑고 파도가 잔잔하여 하나의 유리거울을 상상하게 하는 듯하다. 그리고 호수 쪽은 옅은 안개로 희미하게 보일 정도로 이른 바 연기가 자욱하여 물결처럼 보이며 어렴풋하여 끝이 어디인지를 모를 지경이다. 그 거울 면을 접한 멀고 가까운 높은 산 정상에는 아직 눈이 남아 있고 수려하다. 때는 마침 석양, 저무는 햇빛이 그 남은 눈을 붉게 물들이고 호수 위를 비추어 비할 데 없는 모설(暮雪)이 매우 멋진 광경이다. 이 산수 사이에 띄엄띄엄 촌락이 보이고 마을 사람들이 고기를 잡고 있는지 나무 모양의 배들이 호수 위에 떠 있다. 특히, 저녁 해가 지고 이른바 입도(入道) 구름이 하늘 한 구석에 떠서 여름구름과 기묘한 봉우리의 모습이 호수 위로 비추어진 모습은 우리 일본인으로서 쉽게 볼 수 없는 기묘한 광경이다. 두 세 개의 터널을 나오기도 하고 들어가기도 하고 호반을 빠져나왔는가 생각하면 또 산으로 들어가고 잠시 후에 또 호반으로 나온다. 이렇게 하는 동안 밤이 되고 달이 밝게 빛나기 시작했다. 먼 산도 가까운 산도 모습을 감추고 다만 큰 호수 위에서 금·은빛 파도가 비단처럼 너울거리고 있을 뿐이다. 실로 아름다운 풍경이다. 이 좋은 밤을 어떻게 하면 좋을까 하는 기분으로 차 안의 일행은 달을 감상하면서 식사를 하였다. 그 다음 날 9일 객차 침대에서 일어나 보니 당번 병사 및 부관 히로 대위로부터 지금 이르쿠츠크에 도착하였다는 보고를 받았다. 때는 오전 3시이다. 아직 시간이 이르기 때문에 그대로 침대에서 계속 수면을 하고 7시경에 일어나 세면하고 8시에 함께 아침식사를 마쳤다. 9시 반 참모부에서 보낸 자동차가 도착하여 다까야나기 소장 일행과 함께 타고 드디어 이르쿠츠크시에 도착하게 되었다.

02

인류학자와 일본의 식민지 통치

1. 마음이 침착해지는 이르쿠츠크

　우리들 일행은 참모부에서 보낸 자동차를 타고 이르쿠츠크 정차장을 나와 에니세이강 상류 앙가라강에 도착했는데 나무다리가 가설되어 있었다. 정확하게 동경(東京)의 료고쿠바시[兩國橋]와 같은 곳으로 강의 폭이 넓고 물의 양도 많다. 강은 패가이 호수에서 나와 에니세이강으로 합쳐진다. 긴 다리를 건너 우선 관헌을 방문한 후 점심식사를 마치고 시가를 산보하고 오후에는 박물관을 조사하였다. 이르쿠츠크 시가는 러시아가 시베리아에서 일찍부터 손을 댄 지역이다. 내가 지금까지 방문한 러시아 시가로서는 러시아 냄새를 가상 풍기는 침착한 마을이다. 시가는 모두 연와(煉瓦)로 지었고 극장, 활동사진관, 공원도 있다. 특히 공원은 앙가라강의 해안에 접해 있어 경치가 가장 좋다. 러시아 기분을 맛보기 위해선 역시 이르쿠츠크의 시가이다. 이 날은 박물관 가는 일 외에 시내 서점에 들러 필요한 책을 사기로 하였다. 이르쿠츠크에는 커다란 서점이 두 군데 있으며 유명한 『아시아 러시아』라는 책도 이곳에서 샀다. 다음 날 10일 및 11일은 박물관을 조사하면서 보내고 12일도 오전 중에는 박물관으로 갔다.

이르쿠츠크에 대해 인류학적으로 주의할 만한 것은 박물관의 진열이다. 또한 박물관 안에는 대학 수준 정도의 연구소가 세워져 있어 이르쿠츠크의 박물관은 매우 유명하고 연구소도 주목할 만한 곳이다. 연구소는 대학정도의 학교로서 지금은 문과와 법과가 설치되어 있고 내년부터 의과가 설치될 것이라고 한다. 연구소에는 노령의 고고학자가 있으며 그 아들은 토속학자이다. 그를 만날 생각으로 갔는데 당시 이미 여름 방학이 시작되어 다른 별장으로 가고 없어 만나지 못한 것은 유감스런 일이었다. 오늘날 이르쿠츠크의 박물관에 진열되어 있는 고고학 재료는 대개 그 사람이 채집한 것이다. 시베리아에 대학이 설치되어 있는 것은 톰스크에 유명한 대학이 있고 거기에 커다란 부속도서관도 있으며 여러 학자들도 있다. 이 톰스크의 대학을 제외한 나머지 중 이르쿠츠크 등은 좋은 곳이다. 그렇지만 이르쿠츠크에서는 지금 말한 바와 같이 여름휴가 때문에 교수가 모두 다른 곳에 가버려 유감스럽게도 만날 수 없었다. 그래서 박물관 정도를 보는 것으로 그쳤다. 이 박물관에 대해서 약간 언급해 보고자 한다.

2. 이르쿠츠크 박물관

이 박물관은 연와 건물로 2층과 지하로 구성되어 있다. 게시판에는 러시아어 외에 프랑스어와 독일어로 규칙이 적혀져 있다. 이것으로도 얼마나 시베리아에서 프랑스와 독일 문학이 읽히고 있는가를 알 수 있다. 입장료는 당시 3루블이었다. 지금 박물관 관리인은 없고 다만 조수(助手)와 같은 노인이 있을 뿐이었다. 이 노인에게서 여러 가지 이야기를 듣고 진열품에 대해서도 설명을 듣고 또 별실에 있는 표본 등도 보여주었다. 이 박물관 역시 블라디보스톡 박물관과 마찬가지로 러시아 지학협회가 설립한 것으로 이르쿠츠

그림 6 _ 시베리아 야쿠트 주에 있어서 야쿠트 사람(투르크족)의 일가족이 식사하고 있는 그림이다. 그들의 용모, 풍속, 기물 등에 주목할 것.

크현 지학협회의 부속이다.

    이 진열품을 보니까 우선 동물·식물·광물·지질학의 표본이 있으며 포유동물이나 조류 등의 박제도 진열되어 있다. 또 식물의 잎 등을 말린 것이라든가 지질 모형, 지질도 등도 진열 배치되어 있어 박물관의 진열품을 자세히 관찰하면 이 지방에 관한 박물학적 지식을 바로 얻을 수 있게 된다. 그 외 인류학적 표본을 두 가지로 나누고 있는데 하나는 토속 쪽이고 또 하나는 고물(古物) 쪽이다. 그리고 박물관은 여러 출판물을 내놓고 있다. 예를 들면 『이르쿠츠크 사원의 역사』라든가 『야쿠트사람의 측정』 혹은 『퉁구스 사람의 측정』이라든가 패가이 호반의 거주민에 관한 조사서라든가 그 외 이 부근의 여행기 등이 출판되어 있다. 나는 가능한 한 이러한 것들을 사 모았다. 다음으로 인류학적인 진열품에 대해 이야기하고자 한다.

이곳에 진열된 표본 중 우선 토속 쪽부터 이야기하면 현재 원주민 오로촌, 퉁구스, 부랴트, 야쿠트들의 풍속관습에 관한 것을 진열하고 있다. 그리고 이들 원주민을 생생한 인형에 의복을 입히고 모자를 씌우고 장식품 등도 붙여 놓았다. 또 그들의 일용 기구 등과 집의 모형 등도 진열하고 있다. 이러한 것은 우리들에게 매우 참고가 되는 것이다. 특히 부랴트의 나팔 풍속이라든가 퉁구스 족이나 야쿠트의 샤먼 풍속을 있는 그대로 제시하고 있고 얼굴이나 여러 장식품, 큰 북 등도 잘 정리하여 진열하고 있다. 이 토속실에 들어가면 패가이 부근에 어떠한 민족이 살고 있으며 어떠한 풍속관습을 하고 있는가 하는 것을 일목요연하게 알 수 있게 해 놓았다. 그리고 그것들에 관한 엽서 등도 나와 있었는데, 당시 전쟁 중이기 때문에 떼어 팔지는 못하는데 특별히 부탁해 구입하였다. 본주(本州) 및 그 부근의 민족, 토속 일반을 보려면 이곳 박물관의 진열을 보는 것이 보다 좋다.

다음으로 고물(古物) 쪽은 주로 패가이의 서(西)앙가라강 유역 - 앙가라강은 패가이 호수에서 나와 에니세이강으로 합쳐지기 때문에 바꾸어 말하면 에니세이강 상류의 유물이 많이 진열되어 있다. 또 그보다도 서쪽의 에니세이강의 상류인 미누퉁구스에서 발굴된 철기 등도 이곳에 진열되어 있다. 그러나 이곳의 표본은 우선 앙가라강 유역의 것들이 대체로 진열되어 있다. 이 표본은 석기시대 및 금속기 시대 두 시기로 나눌 수 있다. 나는 처음으로 세렌가 강 상류의 오르콘 지역의 유물도 이곳에 소장하고 있는가 생각했는데 그것은 없고 그야말로 앙가라 유역의 것에 한정되어 있다.

우선 이곳에 진열되어 있는 석기시대의 것은 첫째 석기, 둘째 골기, 셋째 토기이다. 석기로서 돌도끼가 있는데 이것은 마제가 있는가 하면 반(半)마제도 있으며 또 타제도 있다. 돌도끼의 원료는 많은 경우 네브라이트 즉 옥 — 연색의 옥이다. 돌도끼의 형태도 여러 가지가 있어 양날이 있는가 하면 한쪽 날이 있고 가늘고 긴 것이 있는가 하면 단책형(短册形)으로 되어 있는 것도 있다. 또 돌도끼 가운데 단검과 같은 형태도 있다. 또 유럽 철기시대의 구리로 된 도끼와 비슷한 돌도끼도 있다. 돌도끼의 형태로부터 말하면 코카서스 지역에서 카스피해 연안의 동부 유럽 방면에 걸쳐 나타나는 것과 같은 경향이 여기에서 보인다. 다음으로 독고석(獨鈷石)과 같은 — 독고*의 형태를 한 돌도 있는가 하면 끌과 같은 것도 있다. 이것에도 역시 여러 형태가 있다. 다음으로 화살촉은 타제(打製) 정도이고 만한(滿漢)

* 승려들이 수법할 때 쓰는 도구의 하나로 양 끝이 철이나 구리로 뾰족하게 된 금강(金剛)방망이다.

에서 볼 수 있는 마제 화살촉은 한 개도 보이지 않고 그 원료는 옥이 대체로 많다. 그 다음 머리를 깎는 데 쓰는 돌칼, 가죽 박제 이것도 매우 많다. 특히 머리를 깎는 데 쓰는 돌칼은 동몽골 지역의 것과 비교하면 매우 크고 역시 옥질이 단단한 돌로 만들어져 있다. 또 일종의 단검형과 같은 석기 등도 있고 맷돌과 같은 절구와 같은 것도 있다. 다음으로 돌도끼에 대해서 특히 주의를 기울일 만한 것은 일본 홋카이도의 오쿠바(奧羽) 부근에서 나오는 청록색의 돌을 갈고 깎아 돌도끼로 만든 이른 바 마절석부(磨切石斧)가 이 지역에 매우 많다. 이것은 양끝에서 갈고 깎아 다듬은 것이다. 그 때 우선 구멍을 만들어 점점 깊이 파서 갈고 깎은 것인데 그것에 사용하는 톱과 같은 것이다. 이것은 일본 북방에서 나오고 있는 유물과 어느 정도 비슷하다. 석기의 원료가 옥이라는 점과 마절이라는 점 등은 어느 정도 주의하지 않으면 안 된다. 또 석기 가운데 납석(蠟石)과 같은 돌로 고기 모양을 하고 있는 것이 많이 나온다. 예를 들면 말린 물고기라든가 상어[鮫]라든가 메기[鯰] 모양을 한 것이다. 이것은 종교 의식에 사용한 것으로 보인다. 이것에 생각이 미치니 기억나는 것이 길랴크 족이 큰 상어를 잡았을 때 그 상어의 코가 굽어 있다든가 오른쪽 눈이 크고 왼쪽 눈이 작다든가 지느러미의 양쪽이 대칭이 아닐 때에는 그 물고기의 형태를 나무로 깎아 제사에 바치는 풍속이 있다. 이와 같은 기형의 물고기를 잡았을 때마다 바치게 되기 때문에 그 수가 상당히 많다. 그 풍습과 비슷한 것이 이곳에 진열되어 있는 돌 모양의 물고기로 어느 정도 조각이 잘 되어 있다. 이것이 우선 이곳 석기시대의 특별한 의미를 가지고 있는 것이라고 보아 좋다. 또 그물의 방적차(紡績車)에 사용한 돌 등도 있다.

다음으로 뼈로 만든 도구도 나온다. 여기에는 사슴뿔로 앞을 뾰족하게 한 것, 사슴뼈로 바늘을 만든 것, 바늘과 같이 만든 것, 물고기를 잡을 때 톱으로 사용한 것 등이 많이 나온다. 또 재미난 것은 뼈를 축으로 하고 거기에 구멍을 만들어 가운데에 얇고 넓적하고 예리한 돌을 끼웠다. 이것은 벼를 자를 때 사용한 것인지 혹은 작은 칼로 사용한 것인지 이러한 것도 나온다. 다음으로 여기에서 주의할 만한 점은 토기가 나온다는 것이다. 이 토기는 일본의 야요이식 토기

그림 7_헤이룽강 키티 호수 부근의 길랴크의 남자

와 같은 것으로 초벌구이된 병, 접시, 사발과 같은 형태들이다. 앙가라강 즉, 에니세이강의 상류지역에 살던 사람들이 당시 석기를 사용하고 있었을 뿐만 아니라 토기도 많이 만들어 사용하고 있었다는 것은 이 박물관의 진열품을 통해 알 수 있다.

여기에서 한 가지 특별히 언급해 두지 않으면 안 되는 것은 앙가라강 유역에서 두 개의 사람 뼈가 발굴된 것이다. 이 사람 뼈는 1904년 철도 부설 당시에 발굴된 것으로 발견된 장소가 모래지역이기 때문에 잘 보존되어 있었던 것으로 보인다. 여기에서 이 두 개의 사람 뼈를 있는 그대로의 모습으로 박물관에서 진열하고 있다. 지금 이것을 잠깐 살펴보면 첫 번째의 것은 위로 향해 다리를 뻗치고 양손을 좌우로 하여 바른 자세로 눕혀져 있는데 머리 모양은 광두(廣頭)이다. 1번의 앞 이빨은 어떠한가 하면 앞의 이가 좌우로 모두 없다. 오른쪽의 것은 첫 번째, 두 번째, 다섯 번째 이빨이 없고 왼쪽의 것은 첫 번째, 다섯 번째의 이가 없다. 이 사람 뼈에 대해 구체적으로 발굴당시의 상태를 질문해 보았지만 안내 설명자로부터 충분한 설명을 듣지 못한 것은 매우 유감스럽다. 다음으로 토기는 부드러운 돌을 둥글게 깎아 구옥(臼玉)을 꿰어 매달아 놓았고 또 들 돼지 이빨을 꿰어 합쳐 머리장식으로 두 개 정도 이어서 달아 놓았다. 다음으로 오른쪽 어깨 위에는 타제 돌도끼가 하나, 오른쪽 옆구리에는 조개껍질 세 개, 오른쪽 손에는 또 돌도끼 하나가 있다. 다음으로 오른쪽 손끝에는 둥근 돌이 여섯 개, 그 앞에도 돌화살이 아홉 개 나란히 있다. 이것은 오른쪽의 경우이고 왼쪽은 어떠한가 하면 역시 정강이 쪽에 둥근 돌이 하나, 그 다음 팔뚝에서 손끝 밑에까지 편평한 돌이 여덟 개 정도 있다. 다음에 두 발바닥 앞에는 오른 쪽 다리 밑에 편평한 돌이 네 개, 왼쪽 다리 밑에는 편평한 돌이 세 개 있다. 다음에는 배 쪽에는 기하학적 모양으로 가운데는 웅덩이가 있는 마름모꼴의 돌이 하나 놓여 있고 무릎보다 오른쪽 옆구리에는 편평한 돌이 하나, 그다음 편평한 돌과 허리 사이는 남자 성기와 같은 형태를 한 작은 돌이 하나, 그 밑에도 오른쪽과 같은 모양의 남근형 작은 돌이 하나, 또 한 가지 그 밑에 머리를 깎는 데 쓰는 돌칼이 놓여 있다. 그 다음으로 여기에서 이야기한 석촉은 이상하게도 각각 색이 다르다. 어떤 것은 회색, 어떤 것은 자작나무색(樺色) 혹은 팥색, 짙은 황색 또 어떤 것은 회색에 녹색이 섞여 있고 어떤 것은 청색이라고 할 수 있을까 수석(燧石), 흑요석 등 여러 색깔이 섞여져 있다. 이것은 어떤 이유인지 어느 정도 주목할 만한 것으로 생각한다. 그 다음 또 하나의 사람 뼈는 이것도 광두로 유리 오꼬시(?－역자 주) 보면 80정도의 인텍스(index－역자 주)일 것으로 추측한다. 마찬가지로 위로 향해 있고 발을 뻗고 있다. 이 사람 뼈에는 앞니가 없고 오른 쪽의 것은 세 번째 이가 없고 왼쪽도 마찬가지로 세 번째가 없다. 여기에도 머리장식으로 들 돼지의 뼈를 꿰어 합친 것을 사용하고 있다. 그 다음으로 오른쪽 어깨 위에 양손잡이가 있고 무명 문양이 그려진 토기가 하나 놓여 있고, 왼쪽 어깨 위에는 한 개의 돌도끼가 놓여 있다. 다음으로 오른손에는 작은 남자 성기 모양의 돌이 다섯 개 나열되어 있고 그 밑에는 네브라이트로 만든 돌도끼가 하나 놓여 있다. 다음으로 지금 이야기한 오른쪽 뒤의 돌도끼 밑에 맷돌이 놓여 있고, 거기에 맷돌 손잡이가 달려 있다. 또 그 손잡이 밑에는 남자 성기모양의 돌이 일곱 개 달려 있고 오른발 밑과 왼발 밑에는 각각 돌화살이 다섯 개씩 놓여 있다. 이 돌화살도 역시 회색, 회청색, 흑요석과 같은 얇고 투명한 돌 등으로 모두 타제하였고 손잡이가 없는 것이다. 이것이 우선 매장되어 있는 상태이다. 이 사람 뼈는 말하자면 당시 바이칼이 서쪽 에니세이강 상류 지방에 살고 있던 석기시대 인간의 유해이다. 그것에 대한 논문이 나와 있는 가를 조수에게 물어보았는데 어떻든 주인이 없어 유감스럽게도 확인할 수 없었다. 또한 덮개유리를 열 수 없기 때문에 충분히 판단하는 것도 어려웠고 사진 촬영도 불가능하여 다만 스케치로 판단하는 길 밖에 없는데 우선 그것을 전체로 보자면 머리는 어렵지만 광두(廣頭)이고 얼굴은 편평하며 긴 모양의 얼굴이 아니다. 키는 중간 정도이다. 이렇게 보면 오늘날의 사모애시도, 투르크[土耳古], 퉁구스와 같은 우랄알타이 민족으로 생각할 수 있다. 그들은 이전 이곳에서 생활하면서 이와 같은 석기, 토기를 만들고 있었다는 사실은 매우 중요한 것으로 이 부분을 연구하는 데 가장 주목하여야 할 점이다. 이 인골과 매장방법과의 관계 등으로 보아 그들의 심리상태도 엿볼 수 있어 매우 흥미롭다.

다음은 청동기, 철기시대의 것이다. 청동기 시대의 것으로는 동모(銅鉾), 동창(銅槍), 동검 등도 있으며 또 철제도 역시 그러한 형태의 것이 있다. 다음으로 청동 도끼가 나오고 있다. 이 청동에는 여러 형태가 있고 유럽 청동기시대의 도끼형태와 어느 정도 많이 비슷하다. 이렇게 보면 당시 이 지방과 코카서스, 카스피해 방면, 남러시아 방면, 그렇다면 유럽과 이 사이에 무엇인가 직접적 관계 또는 교통이 있었던 것인가, 이러한 점은 연구할 가치가 있다.

또한 이곳에 미누퉁구스에서 나온 것으로 동모, 동검, 청동화살 등을 진열하고 있다. 특히 여기에서 나온 청동화살 중 3개의 날개가 달린 모양의 화살이 있는 것은 어느 정도 주목할 만하다. 이 삼익식의 화살이라고 하는 것은 스키트족이 사용한 것으로 학문적으로 재미있다. 즉, 이 화살 하나로도 당시의 지중해 방면과 에니세이강 상류지방과 관계가 있었다는 것을 알 수 있다. 또한 동기(銅器)의 재료도 역시 지중해 쪽과 시베리아의 에니세이강의 상류지방을 연결시키는 흥미로운 것이다. 그러므로 청동, 철기시대의 것을 보아도 서로 흥미 있는 관계가 떠오르는 것이다. 다음으로 이곳에 투르크 민족 융성시대의 것도 진열되어 있는데 예를 들면 문자나 도표를 조각한 것이 있다. 이것은 편평하고 대체로 사각형의 바위판

(적색 사암) 위에 사슴 및 다른 아홉 마리 정도의 동물을 그리고 그 옆에 화살 수를 센 것과 특히 방패그림이 그려져 있어 마치 사냥하는 모습의 그림이다. 이것은 언제 어느 시대의 것일까. 석기시대의 것일까 생각하니 재미난 것은 거기에 고(古)돌궐 문자가 조각되어 있는 것이다. 이렇게 보면 투르크 민족이 그 문자를 사용한 시대의 것이라고 생각할 수 있다. 이렇다면 이 고돌궐 문자가 기록되어 있는 점에서 이 유물이 오르곤 유역에 돌궐의 비문(碑文)이 존재하는 곳에 있는 이러한 것들과 커다란 관계를 가지고 있다는 것을 알 수 있다. 이 그림은 에니세이강반에 있는 밀접한 암벽에 조각되어 있는 그림과도 매우 비슷하다. 또 서술하고자 생각하면 여러 가지 있지만 고고학 진열로서 중요한 것은 우선 이상과 같다.

나는 인물이 나온 곳과 석기, 토기가 존재하는 곳에 가서 조사하려고 하였지만 볼셰비키의 위험 때문에 한 발자국도 이르쿠츠크 밖에는 나갈 수 없다. 할 수 없이 이 박물관의 진열품을 스케치하는 것으로 만족하였다. 그렇지만 이 진열품으로 보아 패가이 호반 및 호수로부터 흐르는 앙가라강 유역에는 미누퉁구스에서와 같이 고고학적 유물유적이 매우 풍부하다는 것을 알 수가 있고 이전부터 이곳에 사람이 살고 있었다는 것을 알 수 있다. 이러한 것 등은 패가이 동쪽의 고고학적 사실과 비교하여 크게 연구할 만한 가치가 있다.

3. 이르쿠츠크에서 치타로

이르쿠츠크에서 일이 대체로 끝났기 때문에 7월 12일 이곳을 출발하여 앞서 온 길을 치타로 향하여 돌아갔다. 나는 다카야나기 소장(小將)과 함께 이곳까지 왔는데 소장 일행은 나와 헤어져 옴스크로 향했다. 이 때 나는 다카야나기 소장으로부터 동행을 권고 받았지만 동쪽 지방을 조사하는 것이 급하기 때문에 어떻든 나중으로 미루고 거절하였다. 그리고 12일 오후 10시 나는 기차로 이르쿠츠크를 출발하였다. 출발 전 나는 전과 달리 단독 여행을 하는 것이기 때문에 종졸로서 이세국(伊勢國) 미에군(三重郡) 도미타정(富田町) 출신 33연대 제12중대 야스다 에이죠(安田英三)라는 사람과 농반하기로 하였다. 지금부터의 여행에 그의 신세를 크게 지는 것이다. 기차에는 우엘네브친스키에 하차하는 장교 일행 및 이르쿠츠크 영사 등과 동승하여 기차 안에서 서로 많은 이야기를 나누면서 떠들썩한 분위기였다. 이 밤은 정확하게 음력 6월 15일 밤에 해당하여 하늘에 한 점 구름 없는 만월로 패가이 호수 위를 밝게 비추어 전망이 매우 아름답다. 13일 아침이 밝아 눈을 떠보니 기차는 여전히 패가이 호수를 달리고 있다. 이미 우엘네브친스키에 도착하였다. 이곳에서 우엘네브친스키에서 오래 동안 살고 있는 다까다(高田三四郎)씨 및 그의 가족이 탔다. 그는 이곳에서 장사를 하며 각지에 왕래하는 상당한 여행통(旅行通)이다. 일찍이 그는 세렌가 강을 거슬러 올라가 우량하이(烏粱海) 부근까지도 여행한 적이 있는데 그와도 여러 가지 이야기를 나누었다.

    우엘네브친스키는 앞에서도 언급한 바와 같이 매우 중요한 장소이다. 현재는 세렌가 강을 기선으로 내려가서 어느 곳에서인가 마차 혹은 자동차를 타면 울란바토르로 가는 것은 그렇게 어렵지 않고 또 울란바토르에서 자동차로 사막을 횡단하여 장자커우(張家口)에 갈 수가 있다. 여기에서 중국 본부 북경방면으로 가는 것은 매우 편리하다. 앞으로 이 왕래에 대해서는 어느 정도 주목할 만한 가치가 있다고 생각한다. 또 지형으로 보아도 인류역사상 매우 흥미 있는 관계를 가지고 있다. 투르크 민족의 중심지로서 역할을 하고 있는 오르콘 유역에 있는 가라코르모 도성은 이 강을 이용한 것이다. 여기에서 일어나 처음으로 원나라를 세운 몽골조정도 이 돌궐(突厥)의 고도(古都)였던 가라코르모를 수도로 정한 것이다. 따라서 이 유역이 학술적으로 흥미롭다.

앞에서도 언급한 바와 같이 이 지역은 패가이 서쪽과 패가이 동쪽 지형이 변화가 매우 큰 곳이다. 우엘네브친스키를 나와 산속으로 향했고 길은 오르막길이었는데 기선은 그야말로 침엽수 산림지대를 지나고 있다. 이 산맥은 후(後)패가이주(州)와 이르쿠츠크현과의 경계가 되어 있는 유명한 스타노보이 산맥을 달리고 있는 것이 바로 이 곳이다. 그 때문에 지리적으로 이 산맥 서쪽의 강은 패가이 호수로 흐르고 동쪽의 하천은 모두 아무르강과 합쳐지는 것이다. 따라서 이 분수령은 중요한 경계선이 되어 있다고 말해 좋다. 실제는 후(後)패가이주(州)라고 하는 것은 산맥 동쪽의 의미를 가져도 좋을 정도이다. 전에 이 산맥 위에 나무가 울창하여 우거져 있었다고 한다면 이것으로 아마도 동쪽의 교통을 차단한 것인지도 모른다. 그래서 치타와 이르쿠츠크 사이는 그렇게 멀지 않음에도 불구하고 이 산맥 때문에 차단되어 교통이 용이하지 않았다고 생각해 좋다. 이 스타노보이 산맥 북쪽으로부터 남쪽으로 흐르는 일대 장벽(檣壁)은 동쪽의 만몽(滿蒙)에 있는 흥안령 장벽과 견줄 만하여 흥안령과 이 산맥과의 사이 지형은 어느 정도 주의할 만한 가치가 있다. 또한 이 산맥은 몽골과 시베리아 사이의 경계선이 되어 있다.

기차는 점점 나아가 인고타강 유역으로 향하였고 거기에서 히로그강 연안을 오로지 따라 달려가니 오전 12시경에 치타에 도착하였다.

4. 치타와 부랴트족

나는 치타에 머물러 여러 가지를 조사하기로 하였다. 우선 치타에 도착하자마자 서점을 찾아 도서를 구입하기로 하였다. 그렇지만 전쟁의 여파 때문에 치타의 서점은 좋은 책을 가지고 있지 않았지만 나머지 책을 조금 구입하였다. 다음으로 박물관을 보고 싶었지만 이것은 어떻든 다시 한 번 이곳에 와서 천천히 보기로 하고 이번에는 뒤로 미루었다.

여기에서 주목할 만한 것은 부랴트의 라마교 모임이 치타에서 열린 것이다. 부랴트는 정치상 러시아에 속해 있지만 종교적인 통일은 그들의 최고 라마에 속해 있다. 라마는 말하자면 활불(活佛)로 부랴트의 모든 연맹을 통솔하고 있는 것이다. 이것은 마치 몽골의 울란바토르의 활불과 같은 것이다. 이와 같은 부랴트에서 활불이 없어졌기 때문에 그 후계자를 누구로 할 것인가를 둘러싸고 당시 커다란 문제가 되어 있었다. 그래서 각 부랴트의 맹장(猛將) 혹은 라마의 중요 책임자들이 치타에 모여 선거를 치루게 되었다. 그래서 부랴트를 접할 기회가 있어 그 투표 장소에도 가 보았다.

부랴트족은 치타를 중심으로 여러 일을 하고 있다. 예를 들면 부랴트 사무소도 있는가하면 부랴트의 잡지도 발행하고 있다(몽골어). 특히 부랴트 사람들 사이에 싼빠론이라는 사람이 있어 그는 부랴트의 학자로 러시아의 농업학교를 졸업한 사람이다. 또 부랴트 사람 사이에는 법과대학을 졸업한 사람이 있는가하면 사범학교, 중학교를 졸업한 사람이 매우 많다. 부랴트 사람은 몽골사람과 달라서 교육수준이 매우 높고 독서량도 많다. 그래서 최근 러시아인이 매우 피폐하여 러시아인으로서 서적을 출판한 일은 없지만 부랴트 사람은 왕성하게 책을 출간하고 있다. 때문에 치타의 서점에 가보면 부랴트 저술이 많고 러시아인의 저술은 보이지 않을 정도다. 부랴트는 자신의 지역을 나에게 조사해 달라고 희망하고 있다. 그래서 나도 부랴트의 부락을 돌면서 조사할 생각이라고 서로 이야기를 했다.

치타의 일본 주둔군 사령부에 부랴트에 정통한 스즈에[鈴江萬太郞]*라는 육군대위가 있다. 그는 외국어학교 몽골어과를 졸업한

* 그의 시베리아의 부랴트에 대한 연구로서는 다음과 같은 것이 보고되었다. 「西比利亞に於けるブリヤート人の居住地のと其土俗」『人類學雜誌』 제37권 제10호, 1922년, 동경인류학회, 353~358쪽과 「中部西比利亞旅行記」『人類學雜誌』 제37권 제11호, 동경인류학회, 1922년.

사람으로 나와 같은 국적이다. 정말 부랴트에 대해서는 열심히 조사하고 있고 또 몽골어에 매우 정통하여 부랴트 사람을 알고 있는 사람이 매우 많다. 나는 그 사람 때문에 많은 편의를 얻었다. 이것은 스즈에씨에게 감사할 일이다. 나는 그 사이에 스즈에씨와 함께 부랴트의 지방을 여행하기로 약속을 하였다. 그리고 치타에는 조선은행 출장소가 있어 그곳 사람들이 후루사와[古澤] 영사와 그 외 사람들과 나를 중요 손님으로서 야유회를 열어 주었다. 그래서 인고타강 유역까지 마차를 타고 달려 그 곳의 산림지대에 모단(毛毡)을 깔고 여러 가지 공식 대접을 받고 하루를 유쾌하게 지냈다. 이것은 매우 즐거운 것으로 잊을 수 없는 추억이다.

우선, 치타 조사에 관한 일은 여기에서 끝을 맺고 동지철도(東支鐵道) 연선(沿線)의 민족조사 여행을 마친 후 다시 돌아가 조사하려고 하는 것이기 때문에 17일 오전 10시 기차로 이곳을 출발하기로 하였다.

5. 제다(齊多)에서 하일라얼[海拉爾]로

5-1 _ 다우리야에서

이 때 구로사와(黑澤) 대좌 일행이 만저우리에서 네르친스크 지역까지 횡단하려고 한다는 기획이 있기 때문에 특별차를 내주게 되었다. 나도 그 방면으로 여행을 권유를 받았지만 자신이 맨 처음 생각을 정한 조사 지역의 순서를 실행하고자 어떠한 권유도 뿌리쳤다. 어떻든 다우리야까지 동행하게 되어 대좌와 함께 출발하였다.

기차는 인고타 강과 오논강 사이의 분수령을 횡단하여 달렸다.

산 속의 경치는 기분이 좋다. 벌써 여름도 반 정도 지났으므로 삼림의 푸른 잎 색깔도 물이 떨어질 정도로 매우 푸른 경치이다. 그리고 역들마다에는 러시아 아이들이 산딸기라든가 혹은 야생 과일 등도 팔러 나온다. 대개 삼림지의 모습이다. 그 사이를 기차는 달린다. 산은 중첩되어 있지만 대륙의 산들이기 때문에 울퉁불퉁하지는 않고 부드러운 모습으로 나란히 있다. 오논 강에 도착하여 다리를 건너니 점차로 밤이 되어 기차는 우리들의 꿈을 싣고 전진을 계속하였고 18일 오전 10시 다우리야 역에 도착하였다. 나는 이곳에 종졸과 함께 하차하여 구로사와 대좌 일행과 헤어졌다. 마침 이곳에 일본육군 창고감시병영이 있어서 그곳에 들어갔다. 병영에 대위 모우리 수에히로(毛利末廣)라는 사람이 있으며 많은 것을 돌보아 주었다.

다우리야는 광막한 평야 가운데 다만 병영으로서 큰 건물이 담과 담으로 연결되어 있을 정도이고 그 외 민가는 대체로 없다. 병영은 앞에서도 말한 바와 같이 러시아가 유사시(有事時)에 대비하기 위해 한 군단의 많은 병사를 항상 이곳에 주둔시켰던 것인데 지금이야말로 이곳이 모두 유럽 전선으로 병사들이 파병되고 빈 집이 되어 있다. 병영은 몇 동(棟)인가로 나누어져 모두 연와(煉瓦)로 만든 멋진 건물이다. 이러한 장대한 건물이 황량 적막한 광야 한 가운데 갑자기 서 있다는 것은 어느 정도 흥미롭다. 오른쪽을 보아도 왼쪽을 보아도 단지 평사(平沙)로 된 망망한 평원으로 그 사이에 풀이 겨우 띄엄띄엄 자라고 있을 정도이고 나무는 거의 한 그루도 없다. 보통 인가(人家)도 약간 있는데 다만 당시 병영에 물건을 팔기 위해 정말 적은 상가가 모여져 있을 뿐이다. 지금 이곳은 어떠한가 하면 세묘노프 장군 부하 병사들이 대대로 주둔하고 있는 것이다. 즉 부랴트의 병사가 한 동(棟)을 점유하고 있으며 몽골인 및 다우르 사람의 병사가 다른 한 동을 차지하고 있다. 몽골인 병사라는 것은 일찍

* 오오쿠마 시게노부(大隈重信) 내각은 오오쿠마를 수반으로 1898. 6. 30~1898. 11까지와 1914. 4. 16~1916. 10. 9까지의 일본 내각.

이 오오쿠마(大隈) 내각* 때에 만주에 사변이 일어나고 몽골의 지사(志士)가 그것에 대해 군사를 일으킨 그 몽골군의 패잔자들이 이곳에 와서 있는 것이다. 그 몽골군 가운데에는 대체로 내(內)몽골인 정도이고 외(外)몽골인은 한 사람도 있지 않다. 다만 내몽골에서도 오주목심(烏珠穆沁), 바레인, 아파합납이(阿巴哈納爾) 등 몽골인은 이 가운데 있지 않고 그 외 내몽골인 즉 객나심(喀喇沁), 옹우특(翁牛特), 찰노특(札魯特), 찰재특(札賚特), 아녹과이심(阿祿科爾沁), 과이심(科爾沁), 토묵특(土默特), 오한(敖漢), 내만(奈曼) 및 장자커우(張家口) 부근 몽골인이 들어와 있다. 때문에 이 군대에는 대체로 내몽골인이 다 갖추어 있다고 말해 좋다. 그리고 그 나이는 20세부터 40세까지이다. 그래서 나는 우선 이들 내몽골인들을 측정하려는 생각이 들었다. 실은 이곳에 온 것도 요컨대 체질측정을 기대하고 온 것이다. 이들 내몽골군이 어떻든 만주까지 진격하면서 혹은 사정 때문에 철퇴하고 진퇴에 몰리고 있었던 것을 세묘노프 장군은 의협심에서 그들을 그 부하로 받아들이고 그들도 세묘노프의 덕을 흠모하여 귀복(歸服)한 것이다.

여기에서 주의할 만한 것은 활불(活佛)이다. 몽골인은 이곳에 한 사람의 활불을 받들고 있다. 이것은 정확하게 27, 8세 정도의 한창 좋은 나이의 사람으로 그 밑에 군대가 속해 있는 체제로 되어 있으며 아침 일이 있으면 활불이 무리를 이끌고 몽골을 통일한다는 형세를 보여주고 있다.

다음으로 내몽골인 외에 다우르인이 군대에 들어가 있다. 그들은 치치하얼 부근의 다우르 사람으로 사람 수가 매우 적다. 그들을 통일하는 사관(士官)이 있지 않다. 러시아인 사관이 통솔하고 있었지만 그 사관 중 몽골어를 할 수 있는 사람은 한 사람도 없고 몽골인으로 러시아어를 할 수 있는 사람도 역시 한 사람도 없다. 그 때문에 어떤 일이 일어나도 대체로 영문을 알 수 없다.

다음으로 부랴트의 군대는 브린스키 부랴트와 아긴스키 부랴트 두 연맹으로 구성되어 있다. 이 두 개의 부랴트를 보면 아긴스키 부랴트는 오논 강 유역의 부랴트이고 브린스키 부랴트는 패가이(貝加爾) 호수에 가까운 치타에서 사방에 걸쳐 있는 부랴트이다. 두 부랴트를 비교해 보면 브린스키 부랴트는 러시아인과의 혼혈아가 매우 많아서 풍속관습에 러시아 풍이 많이 보인다. 그러나 아긴스키 부랴트는 이전과 같이 변발(辮髮) 그대로 산발하고 있는 사람이 없고 불상(佛像)을 그려 넣은 작은 상자모양의 것을 목에 걸고 있다. 대체로 혼혈을 볼 수 없어 서쪽의 부랴트는 러시아화되어 있고 동쪽 몽골에 가까운 부랴트는 보다 고유의 풍습을 많이 보존하고 있는 것을 이들 병사들을 통해 알 수 있다.

나는 그 다음 날부터 그들 병사를 측정하기로 하였는데 주로 그들의 머리 모양 및 키에 우선 중점을 두고 많이 측정하였다. 부랴트의 키는 크고 작은 두 조(組)가 있다. 작은 쪽은 내몽골인의 신장에 어느 정도 많이 비슷하다. 그들은 서로 몽골어로 이야기를 하고 있지만 부랴트의 몽골어와 내몽골의 몽골어와는 약간 방언(方言)의 차이가 있으며 다소 대화가 곤란하다. 문어(文語)로 하면 의미가 잘 통한다. 나는 오래간만에 몽골어로 내몽골 사람과 이야기를 하니 유쾌한 기분이었다. 그들 내몽골 병사가 적극적으로 부랴트와 동맹하여 독립의 목적을 달성하려고 하는 이상을 가지고 있는 것을 그들과 몇 마디 이야기를 해보아도 알 수 있다.

다우르 사람은 오히려 퉁구스 사람에 많이 유사하다. 특히 만주인과 닮아 있는데 예를 들면 얼굴이 긴 점이라든가 키가 늘씬한 점 등 만주 사람과 상당히 닮아 있다.

나는 그들을 측정하거나 사진을 촬영하거나 라마의 활불(活佛)을 방문하여 여러 가지 이야기를 나누었다. 그리고 이곳에 있는 러시아의 사관으로부터도 대접을 잘 받고 또 일본 장교 모우리(毛利) 씨 등에게도 많은 신세를 졌다. 이것은 모우리씨에게 감사하지 않으면 안 되는 것이다. 이렇게 하여 이곳의 일은 대략 끝났기 때문에 20일 오전 10시 기차를 타고 만저우리로 향하게 되었다. 모우리씨 및 병사들이 나를 정차장에까지 배송하고 많은 대접을 해 주었다.

5-2 _ 만저우리의 미라지(도수 : 逃水)

다우리야를 출발하여 만저우리로 향하는 도중, 앞과 이어진 광막한 평원 위에 구릉의 굴곡이 완만한 기복(起伏)을 이루고 그 사이로 또 평야가 펼쳐져 있다. 그리고 보이는 끝은 한 그루의 나무도 없고 모래땅이 아니라 풀밭이다. 이로 보아 이 지역은 몽골의 사막과 연속되어 있는 것을 알 수 있다. 다우리야의 남쪽은 몽골지역으로 외몽골의 차신한부(車臣汗部)가 바로 그것이다.

다우리야 역에서 다음 역 시야라슨까지의 사이는 역시 구릉이 기복되어 있는 곳인데 그 구릉 사이로 멀리 호수인지 하천이 흘러가는 것이 보인다. 이것이 바로 그 미라지(mirage— 역자 주)이다. 이전부터 유명한 무사시노(武藏野)의 니게미즈(逃水)라는 것도 이러한 것이라고 생각한다. 이러한 것은 대륙여행에서 종종 인식할 수 있는 것으로 반짝반짝 공기 중에 나타나는 것이다. 그것이 사람 눈에 섬으로 보이거나 물로 보이거나 여러 가지 것으로 보인다. 그곳을 통과한 사람이 이상하게 여기고 가까이 가 보면 갑자기 사라지거나 또 저 너머에 보인다. 무사시노의 니게미즈라고 하는 것도 이러한 것일 것으로 생각한다. 그『무사시노 이야기(武藏野話)』에 이 미라지로써 무사시노의 니게미즈(逃水)를 설명하고 있는 것은 실제와 같이 생각된다. 이와 같이 황량한 평원, 모래와 풀과 완만한 구릉밖에 보이지 않는 지역을 달려 3시 경에 만저우리에 도착하였다. 만저우리 정차장에는 직원이 있을 뿐 그 외의 사람은 보이지 않는다. 내가 도착하였을 때 야마나카(山中) 중위가 나와 주었고 만저우리의 숙사에 머물게 되었다. 중위는 유명한 에도학자(江戶學者) 야마나카 와라이(山中 笑)씨의 아들이다.

다음 7월 21일 만저우리에 머물면서 여러 가지 조사를 하고 또 부근을 약간 걸어 보았다. 이곳에는 앞에서도 말한 바와 같이 후룬뻬이얼(呼倫貝爾) 정청(政廳)의 출장소가 나와 있다. 후룬뻬이얼 정청에 대해서는 모두 하일라얼(海拉爾)을 언급할 때 자세히 서술할 것이지만, 이곳 출장소는 루빈부(府)라 칭하고 있다. 시가에서 20정(町) 정도 떨어진 구릉 위에 단지 하나의 호위문(戶衛門) 분위기를 풍기고 있는 건물이 있고 밖에는 인가가 하나도 없다. 나는 그 출장소를 방문하였는데 입구에는 후룬뻬이얼의 병졸이 지키고 있다. 매우 깨끗한 인상의 병졸로 몽골 개 네, 세 마리 정도도 기르고 있는데 사람이 가까이 가니 이빨을 드러내며 짖는다. 관청은 중국풍의 건물로 입구에는 몽골문자와 만주 문자가 상대하여 표찰이 세워져 있다. 나는 안내를 받아 방을 지나 직원과 대담하였는데 직원은 다우르 사람으로 이곳에는 직원 외에 직원 밑으로 사람과 병졸 등 40명 정도 있으며 많은 사람들이 바라카 몽골 사람이다. 이 출장소는 세금을 징수하기 위한 목적과 러시아 영사 등과의 교섭을 위해 세워진 것이다. 그리고 이곳의 공문서는 모두 만주문자로 사용하고 있는 것으로 보아도 이 부근에는 지금도 만주문자나 그 언어가 그대로 사용되고 있는 것을 알 수 있다.

관청을 나와 잠깐 가니 부근의 구릉 위에 7개의 오보라는 것이 세워져 있다. 이 오보라는 것은 번역하자면 퇴석(堆石)이라는 의미로 즉 적석총이다. 지금은 라마의 것이지만 본래는 그들 고유의 살만(薩滿 : shaman—역자 주)의 제사 장소이다. 이곳 부근에는 돌이 없기 때문에 「나무의 오보」라고 하여 썩은 나뭇가지를 모으고 있다. 이 삭막한 광야의 구릉에 오보와 후룬뻬이얼 정청의 출장소가 있다고 하는 것은 이 지역의 황량한 경치와 상응하여 대륙풍의 몽골 냄새를 풍긴다. 또한 이 부근의 이곳저곳을 거닐면서 해가 저물어가는 창망한 대광원의 기분을 마음이 가는 데까지 맛을 보고 숙사로 돌아와 그 밤은 만저우리에 머물렀다.

6. 하일라얼(海拉爾)과 극동 중심점(重心点)

6-1 _ 이전 요(遼)나라의 추억

그 다음날 22일 일찍 일어나 오전 5시에 아침식사를 마치고 마차로 정차장에 도착하여 7시 기차를 타고 하일라얼로 향했다. 기차가 만저우리를 출발하니까 길가의 경치는 대체로 전날과 다르지 않고 오로지 사막지역을 계속 달려갔다. 그 사이 한 그루의 나무도 없고 황사(黃砂) 위로 띄엄띄엄 풀이 보일 뿐이다. 실로 광막한 경치로 지평선 끝은 시야를 막을 곳이 없다. 그리고 태양 빛이 지평선 위에서 빛나고 미라지(mirage-역자 주)가 여기저기에 보인다. 정오가 되어 하일라얼에 도착하니 주둔대장 히로나까(廣中) 소좌가 우리를 맞이하여 주둔 부의 숙사로 안내하였다. 그날은 하루 종일 숙사에서 이런저런 정리 등을 하였다.

그 다음날 23일 히로나까 소좌와 함께 숙사를 나와 하일라얼 시가 및 교외 지역을 돌아보기로 하였다. 이 하일라얼 마을은 신(新)시가지와 구(舊)시가지로 구성되어 있다. 구시가지라 하는 것은 이전의 하일라얼로서 중국 상인이 매우 많다. 만주조정이 홍안령(興安嶺) 서쪽, 몽골 땅, 시베리아 남동에서 그 세력 중심으로서 만들어진 시가지로 이곳은 이전부터 만주인이 직접 경영하는 관청이 세워지고 중국 상인은 이익이나 그 외의 측면에서 예기치 않게 이곳으로 모인 것이 바로 구시가지이다. 한편 신시가지는 철도 부설로 생긴 마을로 말하자면 정차장 시가지이다. 본래의 하일라얼라고 하는 것은 구시가지 즉, 철도로부터 떨어져있는 지역을 말한다. 신시가지 하일라얼은 주로 철도 직원 및 러시아 영사관에 근무하는 것으로 보이는 사람들이 살고 구시가지 쪽은 중국 상인의 거리로 즉 이전부터 하일라얼의 마을이다. 구시가지는 중국풍의 거리인데 그 상업의 반은 몽골인을 대상으로 한다. 즉 불상 등도 이곳에서 만들고 또 몽골인의 장식품 및 일용품 등도 이곳에서 만들고 있다. 그 때문에 한몽(漢蒙)을 혼합시킨 것과 같은 일종의 색다른 시가지이다. 그 위치는 하일라얼강 유역에 존재하며 우선 지세로 보아서는 형승의 위치를 점하고 있다.

히로나까 소좌 및 호리이(堀井) 중위의 안내로 23일 아침 일찍 신시가지를 나와 어느 묘를 가 보았다. 이곳은 노야묘(老爺廟) 즉, 관제묘(關帝廟)로 멋진 건물이다. 지금이야말로 몽골은 쇠퇴하고 이와 같은 한인(漢人)의 묘가 있는 것이 이상하지 않지만 몽골의 사막지에 이런 크고 뛰어난 관제묘가 있다고 하는 것은 몽골인을 위해 지금 이전의 감정을 억누를 수 없는 것이다. 이 묘에 광서 13년(1887년 : 역자 주)에 만들어진 종이 남아있다. 그 곳을 나온 후 후룬뻬이얼의 위문(衛門)을 방문하여 경의를 표하고 부도통(副都統) 성덕(成德)씨를 면회하였다. 성덕씨는 역시 다우르 사람으로 후룬뻬이얼의 정청이 하일라얼에 설치된 후 이 부근의 지역 사람들은 모두 이 정청의 지배를 받고 있다. 이러한 사실은 다음에 기술하기로 한다. 이 성덕씨는 50세 정도의 다우르 사람으로 몽골어뿐만 아니라 중국어도 가능하고 또 만주문자뿐 아니라 한자도 가능하며 시(詩)도 짓는 사람으로 말하자면 문인 겸 정치가이다. 대개 다우르 사람은 이전부터 문인의 능력이 있어 몽골사람과는 달리 어느 정도 관료 분위기를 풍기는 면이 있다. 칭기스칸에 충성했던 야율금재(耶律禁材)와 같은 사람도 다우르 사람이다. 다우르 사람이 이전의 거란, 요나라의 자손이라고 하는 것은 그들도 이야기하고 있다. 정청에서 여러 가지 이야기를 나눈 후 시가지를 둘러보고 돌아왔다.

오후 6시경 호리이 중위와 함께 다시 정청으로 가서 소론 사람, 다우르 사람, 유리트(칼마타) 등을 모아달라고 해서 사진을 찍기도 하고 측정 등도 하였다.

하일라얼 시가지 뒤편에는 커다란 모래 산이 있어 올라가 보았는데 소나무 등도 자라고 있고 전망도 좋았다. 이 주변에서 진기한 것은 공원으로서 가장 적당한 곳이다. 이곳에 라마교 계통의 사찰이 있어 잠시 그곳에서 휴식하고 사진 등도 찍었다. 산을 내려오다가 토성 터를 발견하였는데 이 토성은 장방형으로 남쪽으로 한 쪽에 입구가 나 있고 그 곳에 또 하나의 문이 있다. 토성의 길이는 100미터, 폭은 60미터이고 벽의 높이는 1미터, 그 폭은 1미터 50센티 정도이고 토벽 밖에 약 1미터 정도의 호(濠)가 둘러져 있다. 이곳은 후룬뻬이얼 정청이 있는 곳에서 서쪽으로 약 300미터 떨어진 지역에 있다. 토성 안에 기와 조각 등도 여기저기 널려져 있고 계단도 여기저기 있으며 도자기 파편, 철편 등도 떨어져 있다. 이 토성의 유래를 중국인에게 물어보니 이곳에는 광서(光緖) 연간(1875년부터 1908년 : 역자 주)까지 건물이 있었다. 그런데 화재를 만나 이같이 폐허가 되었다. 그렇지만 이전에 하일라얼이 생겼을 당시, 다시 말하면 만주 조정이 러시아에 대항하고 또한 몽골의 지배지역으로서 이 하일라얼을 만든 당시에는 이 토성은 매우 중요한 장소였음에 틀림없다. 이 건조물은 강희제(康熙帝)시대 때 우선 청나라의 유물로서 어느 정도 오래된 것이다.

이 토성은 하일라얼강을 따라 생긴 것으로 요컨대 하일라얼 마을은 원래 이러한 곳에서 형성되어 왔던 것으로 생각된다. 러시아와 청나라 사이의 관계와 몽골을 통합한 역사를 보아도 이 토성은 가장 주의를 기울일 만한 가치가 있는 역사적 유적으로 보아야 할 것이다. 토성을 떠나 하일라얼강 연안으로 나와 석기시대의 석기를 하나 주웠고 또 그곳에 짐승 뼈가 묻혀 있는 지층이 여기저기 다소 존재하는 것을 발견하였다. 이러한 석기로 보아 이곳에 석기시대의 사람들이 살고 있었다는 것을 충분히 알 수가 있다. 나는 작년 하일라얼 남쪽 하루하강 유역 즉, 부일노루 호수에서 석기시대의 유물을 주운 적이 있는데 지금 그곳에서 나온 것을 보니 역시 양 지역 사이에 관계가 있는 것을 알 수 있다. 하일라얼에 사는 원주민 측정 등은 어떻든 뒤에 하기로 하고 그날은 우선 숙사로 돌아왔다.

그 다음 날 소론 사람이 사는 곳을 조사해야겠다는 생각이 떠올랐다. 소론 사람의 조사에 대해서는 내가 작년 동몽골 조사 여행 때 부일노루 호수까지 와서 그 다음 하일라얼로 나와 그들을 탐험할 생각이었는데 여행허가증(護照 - 역자 주) 관계로 하지 못했다. 그러나 이번에 할 수 있게 된 것은 나를 가장 유쾌하게 만든 것이다.

이에 소론 탐험에 앞서 한 가지 이야기해 둘 만한 것은 하일라얼와 후룬뻬이얼 정청과의 관계이다. 특히 후룬뻬이얼 정청이 오늘날 하일라얼을 중심으로 만들어져 있다고 하는 것은 어느 정도 주의를 기울일 만한 것이다. 그리고 후룬뻬이얼 정청에 속하는 사람 사이에는 여러 민족이 있는데 예를 들면 소론, 다우르, 오로촌, 바라카, 몽골 및 에리유트, 부랴트 등으로 그들이 모여 하나의 후룬뻬이얼 정청을 세운 것이다. 이것에 대해 어느 정도 흥미가 있어 여기에 약간 언급해 두려고 한다.

6-2 _ 후룬뻬이얼 정청

후룬뻬이얼 정청이라고 하는 것은 흥안령 서쪽 하일라얼을 중심으로 그 주변에 있는 지방을 말하는 것이다. 다시 말하면 북쪽은 헤이룽강 유역까지, 남쪽은 부일노루 호수까지의 지역으로 지리적으로 말하면 헤이룽강으로 유입하는 하일라얼강, 오루다나강 유역이다. 이 지역은 한쪽으로 러시아령 동부시베리아에 접하고 한편으로 북만주 헤이룽강성과 외몽골과의 접합 지점에 있는, 말하자면 삼각 중심점이 되어있다. 그 때문에 각 민족 접촉의 중심점이 되어 정치 경제적으로 매우 복잡한 관계에 있는 지역이지만 여기에 후룬뻬이얼 정청이 생긴 것은 중국 선통(宣統) 3년 즉 1911년으로 만주 조정이 멸망하자 소위 새외(塞外)민족이 크게 동요하여 몽골인이 우선 독립운동을 하자 이어서 그 지방의 사람들도 독립운동을 시작한 것이다. 또한 이 운동에는 러시아 관원이 배후에서 원조의 끈을 조정한 것이지만 결국 1915년 북경에 있는 러시아공사 부르밴스키와 중화민국정부 외교부와의 교섭결과 다시 말하면 1915년 러중조약이 체결되어 이 후룬뻬이얼의 정청이 중국으로부터도 공식적으로 승인된 것이다.

후룬뻬이얼 정청이 러중조약에 의해서 어떠한 권한을 갖게 되었는가 하면 어떻든 표면은 중국의 주권을 존중하고 직접 북경의 중앙정부와 관계를 가지도록 되어 있었지만 헤이룽강성(黑龍江省)의 독군성장(督軍省長)과는 어떠한 관계도 없기 때문에 물론 그 지배도 받지 않고 별도로 대총통(大總統)에 해당하는 부도통(副都統)이라는 관직을 두어 그 정청을 지배하게 되었다. 그것은 중국 각 성(省)의 장관과 똑같은 권력을 가지는 것으로 그 부도통에는 다우르 사람 승복(勝福)이라는 사람이 그 직에 있었다. 또 조세는 어떤 것을 제외하고는 모두 정청이 자유롭게 징수하여 사용할 수 있고 지폐도 정청의 독립권으로 발행하고 포령(布令), 포달(布達)도 마음대로 발령할 수가 있다. 그리고 군대는 정청이 관할하는 사람으로 조직하고 그에게 치안유지를 맡기고 다른 간섭을 하지 않는다. 만일 비상사태가 있어 그 병사만으로 방어가 가능하지 않을 경우에는 부도통이 헤이룽강성의 독군(督軍)과 상담하여 병사를 출전시킬 수 있다. 그렇지만 사태가 진정되면 다른 성(省)의 병사는 즉시 철퇴하지 않으면 안 된다. 그리고 철도부설이라든가 어떠한 사업을 하고자 할 때에는 러시아영사와 상담하지 않으면 안 된다.

　그 다음 정청의 관제는 앞서 말한 부도통의 통제 하에 좌청(左廳), 우청(右廳) 양 관청을 두고 그 장관으로서 좌청은 성덕(成德), 우청은 바가바나라는 사람이 임명되었다. 그 외에 인무성(印務省), 교섭국(외교부), 세무국, 순찰국 및 순방국(巡防局)이라는 관청이 있다. 그리고 지방은 소론 우익, 소론 좌익, 아이특(哦爾特), 진파이호(陳巴爾呼), 파이호(巴爾呼) 우익, 파이호 좌익과 같이 6부로 나누고 각각 총관(總管)이라는 장관을 두어 다스리게 하였다. 이 관청 일체의 경비는 모두 지방조세에서 충당한다. 그것은 어떠한 분야에서 징수하는가하면 가축, 모피, 목재, 광물 및 소금과 같은 것에 과세하는 것이다. 이러한 조직 권한으로 언뜻 본 바로는 중국의 지배를 면할 수 없는 것이지만 그 실제는 러시아의 후원에 의하여 체면을 갖추어 중국으로부터 분리하여 자주 독립을 한 것이다.

　이 지역 내의 인구는 어느 정도인가 하면 그들이 말하는 바로는 3만 명 정도이지만 과연 그 정도뿐인가 아닌가 알 수 없고 크게 보아 3만으로 보아 좋을 것이다. 후룬뻬이얼 정청은 그것을 국제관계라는 관점이든 인류학적인 입장에서 생각해도 매우 흥미 있는 것은 이것이 러시아와 중국과의 중간에 존재하고 그것도 그 민족은 일종 타민족과 다르기 때문이다. 다시 말하면 3만 명 내외의 민중은 앞서 말한 바와 같이 다우르, 소론, 오로촌, 에리유트, 부랴트, 바라카 등 다수의 민족으로 이루어져 있다. 이들 민중가운데 후룬뻬이얼 정청의 중심이 되어 있는 것은 다우르 사람이다. 앞서 언급한 부도통 승복, 내가 만난 좌청 장관 성덕을 비롯하여 관직의 중요한 사람은 모두 다우르 사람으로 그들이 권력을 잡고 있다. 이것은 어느 정도 주의를 기울일 만한 점이다. 다우르라고 하는 것은 이전 거란의 잔족(殘族)으로 이 부근의 우랄알타이 민족 가운데서도 정치적 재능이 가장 뛰어나고 다른 몽골인, 오로촌인, 소론인 등과 어느 정도 성질을 달리하고 있다. 거란족은 중국 오대(五代) 당시 즉, 일본의 다이고천황(醍醐天皇 : 제60대 천황, 재위 897~930 - 역자 주) 시대에 이 부근에서 일어나 후에 요나라를 건설하여 송나라를 압박한 위대한 민족으로 문화도 상당히 발달해 있었다. 그 후예가 즉 다우르 사람이다. 이와 같이 역사적으로 알려진 민족이기 때문에 지금도 다우르 사람은 부근의 민족보다 재능이 많고 지적인 업무에 뛰어나 상당한 업적을 올리고 있다.

대통령격인 승복은 나이와 병 때문에 실제 정국에서 그의 역할을 수행할 수 없어서 좌청의 장관인 성덕씨가 대신 모든 정무를 통할하고 있다. 이 사람은 앞에서도 말한 바와 같이 승복과 함께 중국이나 만주, 몽골 문장도 쓸 수 있으며 언어에도 능통하고 일본인이나 러시아사람 등을 상대로 유감없이 교섭할 수 있는 머리가 좋은 사람으로 다우르 사람의 특성을 발휘하고 있는 대표적 인물이다. 원나라가 몽골에서 발흥하였을 때에 몽골인은 용맹절윤(勇猛絶倫), 전투에 가장 뛰어났었지만 문치(文治)에 있어서는 능력이 크게 떨어져 거란유민 즉, 요나라의 낙무자(落武者)인 야율금재 등도 발탁·채용하여 원나라의 문치 분야에 좋은 업적을 올린 것은 역사적으로 유명한 일이다. 이러한 야율금재와 같은 성격은 지금도 다우르 사람이 가지고 있는 것으로 후룬뻬이얼 정청의 수뇌부터 그 외 요직을 거의 다우르 사람들이 차지하고 있는 것은 우연한 일이 아니다. 이것은 어느 정도 주의를 기울이지 않으면 안 되는 흥미로운 점이다.

그렇다면 다우르 사람이 정청 관내 3만 인구 가운데 어느 정도의 숫자를 점유하고 있는가 하면 겨우 3, 4백 명밖에 있지 않다. 이 소수의 민족으로 후룬뻬이얼 정청의 권력을 잡고 그것을 좌우할 수 있다고 하는 것은 어느 정도 흥미로운 사실이 아닐까. 다우르 사람이외의 사람은 어느 정도의 숫자를 점유하고 있는가 하면 성덕씨가 친절하게 나에게 이야기한 바에 의하면 소론 사람이 3, 4천 명, 오로촌 사람이 3, 4백 명, 에리유트 사람도 마찬가지로 3, 4백 명, 부랴트 사람이 7, 8천 명, 그 외는 모두 바라카 사람이다. 이 정청 안의 사람들은 내가 말한 바와 같이 여러 사람들이 모여 있는 것이지만 그 가운데 이전부터 있었던 토착인은 즉, 이 바라카 사람으로 나머지는 모두 청나라 시대에 외부로부터 이주해 온 사람들이다. 예를 들면 다우르, 소론과 같은 사람들은 흥안령 동쪽 치치하얼(齊齊哈爾) 방면 소위 넌쟝강(嫩江) 유역에서 이곳으로 왔으며 오로촌 사람은 흥안령 중에서 줄곧 물과 풀을 찾고 있었기 때문에 자연적으로 이곳으로 오게 된 것이다. 그다음 부랴트족은 후패가이(後貝加爾) 쪽에서 이주해 왔으며 에리유트족은 오로토라고도 하며 강희(康熙) 연간에 이곳에 사방으로부터 이주해 온 것이 분명하다. 이러한 상황에서 이곳에 가장 오랫동안 있었던 것은 즉 바라칸 사람이다. 바라칸 사람은 원래 몽골인이지만 외몽골에도 내몽골에도 속하지 않는 일종의 특별한 것이다. 때문에 『몽골유목기(蒙古遊牧記)』 등에는 각 연맹 가운데 바라카 사람에 대한 언급은 없으며 그들의 지리적 분포는 부일노루 호수로부터 하일라얼강에 걸쳐 있으며 후룬뻬이얼을 중심으로 하일라얼 북쪽까지 걸쳐 있다. 이전부터 파이호(巴爾呼)의 일부를 이루어 만주 헤이룽강성 장군의 관할에 있으며 직접적으로는 하일라얼 부도통의 지배하에 있었다. 이 부도통의 관청을 그들은 안반이라고 부르고 있었다.

다음으로 하일라얼을 언급해 둘 필요가 있다. 하일라얼은 동지나(東支那)철도노선에 있으며 같은 이름의 역이 현재 설치되어 있다. 이전부터 저명한 시장이었지만 동지나철도가 생긴 이후 다른 지역으로 시장을 빼앗기고 지금은 적막한 상태이다. 철도가 부설되기 전에는 흥안령 서쪽의 무역시장으로서 세렌가강 유역의 흡극도

(恰克圖), 매매성(賣買城), 울란바토르를 제외하면 이 하일라얼이 유일한 것이었다. 그리고 정치적으로는 중국세력의 최북방 근거지라고 말해도 좋을 정도였다. 청나라 초기 그 세력이 북방에 미치자마자 헤이룽강성의 성성(省城) 치치하얼(齊齊哈爾)까지는 쉽게 그 세력을 뻗칠 수 있었지만 일단 그 서쪽으로 뻗어 있는 홍안령을 넘으면 순전히 몽고지역이 되어 청나라 세력은 이곳에 미칠 수가 없었다. 여기에서 청나라는 하일라얼의 지점에 주목하고 하일라얼강 연안에 관청을 설치하고 만주 사람으로 부도통을 주재시켜 그 지방을 다스린 것이다.

청나라가 왜 이 지점을 선택했는가 하면 이곳을 중심으로 두려운 바라카 몽골이 있으며 부근에는 소론, 오로촌 등이 분포하고 남쪽은 몽골의 차신한부(車臣汗部)에 접하고 있으며 그 동남쪽에는 내몽골의 오주목심(烏珠穆沁)이 있다. 이러한 사정에서 그들 족속을 통일하고 또 몽골에 상업적이고 정치적인 권력을 뻗치려 하는 것은 어떻게 해서든 이 지역을 물자집산(物資集散)의 중추로 삼고 만일의 경우에 대비하여 병참의 근거지로 만들 필요가 있었다. 그 다음 오르다나 강을 따라 헤이룽강 연안에 이르니 대안(對岸)은 러시아 영역이고 또 오르다나 강을 경계로 서쪽은 역시 러시아의 후패가이 주이다. 그런 이유에서 그 지역은 몽골과 러시아령 시베리아와 만주 이 세 지역의 경계(境界) 초점이 되어 정치적이고 군사전략적으로 가장 중요한 지역으로 간주된 것이다.

이른 바 만주 안방을 이와 같이 주재시킨 이유이다. 그리고 정치적 중심지가 되자 이익에 빈틈이 없는 중국 상인 특히 산서성(山西省)의 상인들이 곤란을 무릅쓰고 모여들어 정치적 중심과 함께 무역의 중심지가 되기도 하였다.

러시아의 철도 부설 방식은 도시의 소재 여하를 막론하고 광활한 평원이든 초야(草野)이든 일직선으로 부설하는 경향이 있으며 하일라얼도 동지나철도(東支那鐵道)의 노선에 세워져 있다고 하면서도 사실은 약간 떨어져 있다. 이 때문에 신시가지와 구시가지의 구별이 생긴 것은 앞의 「하일라얼에서」에서 언급한 바와 같다. 구시가지에는 지금도 중국인이 3천 명 정도, 몽골인이 천오백 명 정도 살고 있다. 철도가 생기기 전에는 치치하얼과 몽골과의 교통 요충이었고 인마(人馬)의 왕래와 물자 집산이 매우 왕성했지만 치치하얼와 이곳과의 사이에 홍안령의 봉오리가 솟아 있기 때문에 교통은 용이하지 않았다. 그 사이 거리는 일본 리수(里數)로 130리 정도이며 산천이 험한 데에다가 불안전한 도로였기 때문에 중국인이 이곳으로 오는 데 상당한 고충을 겪었던 것은 옛 기록에 남아 있다. 그렇다고 해서 다른 방면의 중국 본부와의 교통을 찾고자 한다면 몽골의 황량한 사막지역을 횡단하지 않으면 안 된다. 이것은 치치하얼보다도 오히려 험한 길이고 통행은 보다 불편하였다. 그러나 어떻든 홍안령 서쪽에서 정치적, 상업적으로 중요한 중심지였기 때문에 이전은 번화한 꽃을 황량한 삭북(朔北) 한 구석에 피운 것이었지만 동지나철도가 생긴 이후부터는 그 주위를 만저우리에 빼앗기는 경향이 나타나 번화한 모습이 점점 사라져 가는 애처로움을 머금고 있다.

    하일라얼이 즉 후룬뻬이얼 정청의 발상지로 청나라가 이 땅을 정복하기 먼 이전부터 요나라 유민으로서 잔존해 온 다우르 사람이 청나라의 멸망을 계기로 독립의 깃발을 들고 중국인 이외의 사람을 꾀어 러시아의 가르침 하에서 후룬뻬이얼 정청을 세운 것이었다. 그러나 불행하게도 그 기초가 아직 굳어지기 전에 러시아가 하루아침에 와해되어 그 후원을 받을 수 없게 되었다. 그것과 동시에 중국은 러시아의 붕괴에 따라 북방에서 활동을 시작하고 1915년 러중조약은 한 조각의 쓸모없는 것이 되어 중국 병사는 하일라얼에 들어와 후룬뻬이얼 정청의 독립 취소를 강요하였다. 결국 다우르 사람의 웅대한 시도도 조상인 요나라를 몽상도 못하고 수포로 돌아가 버린 것이다. 이때 외몽골의 자주(自主)도 중국의 강압에 의하여 취소되고 새외(塞外) 민족은 이전과 같이 중국에 복속하게 되었다. 그리고 중국인의 의기는 이에 한층 힘을 얻어 여러 맹호에 대응하는 것과 같이 전전긍긍하던 그들이 지금은 맹호가 되어 러시아인을 안중에도 두지 않을 정도의 태도를 취하고 있다.

하일라얼이 각 민족의 집합지이기 때문에 각각 다른 언어를 사용하고 있지만 자연적으로 일정한 표준어라고도 말할 수 있는 것이 있어 그것을 사용하면 용무에 불편함이 없는데 그것이 만주어이다. 관청의 공문에는 한문자를 사용하고 있지만 일반인들은 한문을 거의 모른다. 공통으로 알 수 있는 것은 만주어이다. 만주어는 본고장인 만주에서 거의 죽은 언어가 되어 있지만 하일라얼에서는 그것이 표준어로서 가장 유용하게 사용되고 있는 점은 흥미롭다. 왜 만주어가 이곳에서 사용되고 있는가 하면 몽골인은 만주어를 존중하고 중류 이상의 사람은 모두 만주어 문자를 배우고 마침 유럽에서 납정어(拉丁語 : 라틴어-역자 주)와 같이 일종의 존경을 받고 있다. 몽골 사람들이 이 하일라얼에 많이 살고 있기 때문에 만주어가 표준어로 사용되고 있는 것이다. 때문에 프랑스어가 유럽의 통용어가 되어 있는 것과 같이 만주문자로 쓰고 만주어로 이야기 하면 일반 사람이 가장 이해하기 쉽다고 하기 때문에 후룬뻬이얼 정청의 문서도 만주어로 사용하게 되었다. 러시아도 이 점에 주목한 것으로 보여지고 영사나 서기생(書記生) 등 가운데 만주어에 정통한 사람들이 적지 않다. 앞에서 블라디보스톡의 동양학원 만주어과에 대해 이야기한 바와 같이 일반 사회에서는 거의 죽은 언어로 생각되고 있는 만주어를 동양학원에서 가르치고 있는 것은 언뜻 보기에 이상한 것과 같이 생각되지만 하일라얼에 와서 보면 그 의문이 바로 풀리고 오히려 러시아인의 용의주도함을 느끼지 않을 수 없다.

후룬뻬이얼 정청의 관내는 극동 대륙이라는 크기에서 보면 탄환 속 검은 돌과 같은 작은 구역에 지나지 않지만 정치・군사・경제 그리고 인류학적으로 보면 실로 흥미의 중심으로서 주의를 늦출 수 없는 지역이다. 이 구역 내에는 산림도 풍부하고 광산도 상당히 있지만 거의 손때가 묻지 않은 상태이다. 이와 같은 지역이 극동 대륙의 중심에 존재하고 있는 것도 이상한 일이다. 그리고 후룬뻬이얼 정청의 독립은 일장춘몽과 같이 사라져 버렸지만 이와 같은 이상한 대륙의 존재는 극동 대륙에서 주목해야 한다는 점을 염두에 두지 않으면 안 된다. 극동의 풍운은 지금도 혼돈으로서 장래가 어떻게 될지 모른다. 요나라의 유민으로서 다우르 사람, 원나라의 유민으로서 몽골인, 그들은 우세한 러시아인과 중국인 때문에 압도되고 또 교통이 불편한 대륙 안에 있어 세계의 바람을 맞는 일이 적기 때문에 현저하게 자각(自覺)한 모습은 보이지 않지만 아보기(阿保機)나 칭기스칸의 혈통을 이어받고 있는 그들은 언제 어느 때에 분기(奮起)할 지도 모른다. 외몽골은 거의 중국의 지배를 벗어나 있고 후룬뻬이얼의 독립 취소도 아직 여진(餘塵)이 남아 있는 것과 같이도 생각된다. 그 외에 부랴트의 문제 내지 서방의 칼마크 문제 등도 완전하게 소멸한 것은 아닌 것 같이 보인다. 그렇지만 이 곳 저 곳 소란한 오늘날 그 이상한 후룬뻬이얼 정청이라고 하는 것이 극동 대륙의 중심에 일종의 독립국의 모습을 일시적이긴 하지만 만들고 있었다고 하는 것은 우리들이 기억해 둘 필요가 있을 것으로 생각한다.

7. 소론 탐험

24일 소론 사람을 탐험하기 위해 아침 일찍 하일라얼 역에서 승차하여 13리 동쪽의 쟈란테역에서 하차하였다. 이곳은 하일라얼강 상류지역이다. 하일라얼강은 흥안령에서 나와 하류에서 다라이노루, 부일노루에서 흘러나오는 강과 합류하여 오르다나강이 되고 아무르로 흘러 들어가는 것이다. 소론이 분포하고 있는 곳은 어디인가 하면 넌쟝강 유역에 속하는 북쪽 흥안령의 산 속 다시 말하면 헤이룽강성의 묵이근(墨爾根)의 북서쪽이다. 하일라얼 쪽에 속해 있는 것은 그 일부분으로 소론은 실제로 흥안령을 양쪽에 걸쳐 분포하고 있다. 그 하일라얼강 유역에 살고 있는 사람은 그것을 소론 좌익(동쪽 소론)이라 칭하고 운히, 단까라는 두 개의 마을로 구성되어 있다. 호수(戶數)는 전자가 5호, 후자가 10호 정도이다. 소론은 후룬뻬이얼 정청에 속해 있기 때문에 내가 이곳에 가는 것에 대해 소론의 관리가 수행해 주었다. 일행은 이 관리 외에 호리이 중위와 종졸 두 사람이다.

우리 일행이 하차한 쟈란테역은 광활한 평원에 고립한 하나의 정차장으로 부근에는 러시아인의 집이 있지 않을 뿐 아니라 또 원주민도 없으며 중국인은 물론 한 사람도 살지 않는다. 다만 정차장과 관계가 있는 사람들의 집이 한 두채 보일 정도이다. 정차장에서 소론의 차에 타고 출발하였다. 광활한 평원, 망망한 사이사이에 작은 나무가 여기저기 자라고 있는 정도이고 하나의 작은 하반(河畔)으로 나왔다. 다리가 없기 때문에 차를 타고 건너 강을 따라 달렸다. 연안에는 푸른 버들나무가 자라고 있다. 드디어 이 강의 본류에 도달해 건너가 보니 이 강은 커다란 구릉과 구릉사이를 흐르고 있고 그 양안(兩岸)은 넓은 평원이며 그곳에 풀이 무성하고 소, 낙타, 양 등의 목축장이 있다. 넓은 평원, 깊은 곳, 구릉 속에 인가(人家)가 있을 것이라고는 생각할 수 없을 정도의 지형이고 마침 쟈란테 정차장으로부터 3리 정도 깊이 들어가 있는 곳이다. 그리고 이 강의 북안(北岸)에 운히 마을이 있으며 남안(南岸)에 단까 마을이 있다. 이 강은 즉 하일라얼강 상류에 해당하는 것이다. 이 두 촌락에서 벗어나 남서 방향의 구릉 위에 바라카 몽골의 촌락이 있다. 이 세 개의 촌락이 있을 뿐이다. 소론은 처음부터 끝까지 이곳에 토착해 살고 있지만 바라카는 몽골 사람으로 겨울이 되면 이곳에 와 살며 여름이 되면 남쪽으로 내려가 줄곧 물과 풀을 추구하는 생활을 하고 있다. 그러나 바라카는 계절에 의해시 그 위치는 변하지만 겨울에는 반드시 이곳에서 살기 때문에 우선 토착이라고 말해도 좋다. 그 밤은 운히 촌락에서 머물면서 그들의 체질 및 풍속, 습관 등을 조사하였다.

그 다음날 운히 촌락을 떠나 하일라얼강 상류를 건너 단까 마을을 찾았다. 이 촌락 옆에 하안으로부터 44척 정도 떨어진 곳에 수혈(竪穴)이 나란히 있는 것을 발견하였는데 모두 합쳐 4개 정도이다. 그것을 알파벳순으로 보면 A는 길이 10척, 폭 7척이고 그 다음 43척 떨어진 B는 길이 16척, 폭 13척, 깊이 2척 5촌이다. 그다음 9척 정도 떨어진 C는 이것은 정말 둥근 모양으로 길이가 14척이고 깊이가 1척 7촌이다. 그 다음 14척 정도 떨어진 D는 이것도 정말 둥근 모양으로 길이가 17척, 깊이가 13척 3촌이다. 이 부근의 하일라얼강의 폭은 2백 50척 정도, 수면으로부터 해안의 높이가 15척 정도이다. 이 4개는 순전한 수혈 터이다. 이 수혈에 대해서 소론사람에게 물어보니 이것은 이전 소론의 빈곤한 사람이 살았던 수혈일 것으로 말하고 있다. 소론의 가난한 사람들은 멋진 텐트를 가지고 있지 않기 때문에 줄곧 수혈을 파서 그 위에 더러운 텐트를 치고 생활하고 있다. 아마도 이 수혈은 이러한 가난한 사람들이 살았던 터가 아닐까라고 그들은 말하고 있다. 그렇지만 이 수혈은 그 매장방식이나 그 존재 상태로 보아 아무리 보아도 최근의 것이라고는 생각할 수 없다.

어느 정도 오래된 것임에 틀림없다. 당시 무엇인가의 유물이기도 하였을 것으로 생각하고 주의해서 보았지만 어떠한 것도 찾을 수가 없었다. 그러나 이곳에 오래된 수혈이 존재하고 있다고 하는 것은 어느 정도 흥미로운 점으로 혹 이것이 석기시대의 유적일 지도 모른다. 그렇지만 증거가 없기 때문에 어떠한 것도 이야기할 수 없다. 다만 이곳에 수혈이 있다고 하는 것은 그것을 후일의 연구에 맡김과 동시에 하일라얼강 상류지역에서 흥안령을 따라 오래된 수혈이 존재하고 있다는 점을 여기에 말해두며 학자의 주의를 불러일으킬 필요는 있을 것으로 생각한다. 그다음 단까 촌락을 나와 오후 3시경에 바라카 몽골의 촌락에 도착해서 여러 가지를 조사하고 그 밤은 그 곳에서 지냈다.

그다음 26일 계속해서 바라카 조사를 하고 오후 3시경 돌아와 3리 정도의 길을 걸어 쟈란테역으로 돌아와 기차로 하일라얼에 도착해 보니 벌써 저녁이었다. 이것이 소론 탐험의 일정이지만 이 조사의 개요에 대해서 서술해 보고자 한다. 소론 사람에 대한 조사는 체질, 풍속 습관, 언어 등에 걸친 것이지만 그 가운데 풍속습관을 우선 이야기해 보면 소론 사람은 지금도 이야기한 바와 같이 운히 및 단까의 두 촌락에 살고 있으며 호수(戶數)는 양 쪽 모두 합쳐서 15호 정도이다. 이것이 우선 이 부근의 소론이다. 지금까지 소론 사람은 매우 용감하고 영악한 사람이라고 몽골사람으로부터 듣고 있으며 또 소론 사람은 사람을 잘 죽이기 때문에 쉽게 가까이 가지 말라고 중국사람 등도 이야기하고 있다. 그다음 내가 작년 부일노루 호수 부근을 여행하면서 소론에 대해서 들었을 때 소론 사람들의 집은 작은 초가집으로 몽골인과 어느 정도 다르다는 것이었다. 그러나 실제 가서 보니 들은 것과는 어느 정도 다르다. 소론 사람들은 매우 질박한 사람으로 오히려 이 부근에 살고 있는 바라카 몽골사람에서 보면 박눌한 쪽에 가까운 사람들로 애교 등도 없는 것과 같은 이미지다. 그렇게 영악한 사람이라고는 생각할 수 없다.

그들이 살고 있는 집은 어떠한가 하면 이것은 작은 초가집이 아니라 정말 몽골인의 형식으로 소위 몽골 겔이다. 즉 모전(毛氈)을 덮은 둥근형의 가옥이다. 마침 여름이기 때문에 우브슨 겔이 되어 있다. 가을부터 봄까지는 모전을 위에 덮지만 여름이 되어 덥게 되면 모든 위의 모전을 치우고 대신 갈대와 같은 것으로 에워싼다. 그렇게 하면 통풍이 좋다. 비라도 내리면 또 모전을 덮어씌운다. 이러한 것을 보면 일반 몽골인과 조금도 차이가 없다. 즉 소론 사람도 어느 정도 몽골화되어 있다고 생각한다. 우브슨 겔이라는 것은 초가집이라는 뜻이다.

소론 사람들은 집을 덮은 모전 즉 우스끼 용도가 많기 때문에 그 제조도 매우 활발하다. 나는 작년 내몽골을 이곳저곳 여행해 보았지만 이와 같이 모전을 많이 만들고 있는 곳을 보지 못했다. 내몽골에서도 모전은 물론 만들고 있지만 이전처럼 활발하지 않다. 지금 소론의 모습을 보니 어느 정도 몽골풍이 왕성하다고 생각할 수 있다. 소론 부락에 들어가 우선 주목하게 된 것은 모전의 제조에 관한 것이다. 모전을 제조하는 것은 남자가 아니라 모두 여자가 하는 일로 정해져 있다. 그 제조의 순서가 어떠한가 하면 우선 버들가지에서 나온 갈대를 넓혀 그 위에 모전을 만든다. 거기에는 처음 양의 털을 물에 묻혀 어느 정도 스며들었을 때 물에서 건져내 그것을 넓게 편 버들나무의 갈대 위에 한 칸 정도의 길이로 잡아 당겨 손으로 두들긴 후 잠깐 동안 말려 눈다. 그리고 완성되었을 때에 또 물을 뿌려 둘둘 만 스시를 만들듯이 그것을 갈대 가운데 말아서 둥글게 한 후 그 위를 특히 가죽으로 싸서 양 끝에 목봉을 대고 또 갈대로 말고 그 다음 양 끝에 끈을 매어 말에게 당기도록 한다. 마치 둥근 봉을 굴리는 것과 같은 방식이다. 말로 끌게 하기 위해서는 남자가 말에 타고 둘둘 만 갈대의 양 끝에 매단 끈을 말에 메어 단다. 말이 달리면 그것이 둥굴둥굴 회전하여 자연적으로 굳어진다. 그 연결되어 있는 끈은 낙타의 털을 꼰 것이다. 이러한 순서로 만드는 것이다. 이 제조가 매우 왕성하다. 때문에 모전은 부유한 사람들은 새로운 것을 사용하지만 가난한 사람들은 낡고 더러운 모전을 사용하고 있다. 즉 텐트와 같이 나뭇가지를 묶어 그 위에 그을린 더러운 모전을 걸쳐 놓는다. 정말 퉁구스의 텐트와 같은 모습이다.

    그들은 어떻게 살고 있는가 하면 지금 내가 말한 바와 같이 모전으로 덮은 둥근 형의 집, 즉 몽골인과 같은 이미지의 것을 만들고 지붕에는 갓과 같은 나무를 교차하고 밑을 울타리처럼 주위를 두르고 한 쪽에 입구를 만들어 놓았다. 이러한 것들 위에 모전을 걸쳐 덮은 것이다. 그리고 집 안 중앙에 화로를 만들어 놓고 그 옆에 모전을 쌓아 놓고 깊은 곳에는 불상을 장식하고 주위에는 옷장과 같은 옷들을 넣어 두는 상자를 나란히 놓았고 입구의 오른쪽에 부엌 도구를 놓았다.

    그들의 풍속은 어떠한가 하면 두발은 남자가 변발(辮髮), 여자는 어린 아이 때 남자와 같이 머리카락을 잘라 만주풍의 변발을 내려뜨리고 결혼 적령기에 이르면 한 본의 변발을 뒤로 내려뜨리고, 결혼하면 2본의 변발을 뒤로 내려뜨려 그것을 한 곳에 묶어둔다. 그리고 여자는 귀를 뚫어 장식을 한다. 의복은 몽골인이나 퉁구스 등과 같은 이미지의 둥글고 긴 소매[통수(筒袖)]이고 긴 상의를 입고 있으며 바지를 입고 장화를 신고 있으며 이 풍속은 남자도 여자도 대체로 같다. 그리고 반지를 끼는 풍속이 있으며 여자는 귀에 장식을 하고 있다. 모자는 남녀 함께 쓰고 있으며 그 형태도 서로 비슷하다. 모자 색은 대개 갈색이고 거기에 금색을 교차한 테두리를 두르고 있다. 은색(錦色)의 테두리이다.

    음식은 몽골암[麻㴱子]에 차를 섞어 마시는 것이 보통이다. 그것도 그 차 안에는 우유를 섞거나 우유로 만든 일종의 떡과 같이 단단한 것을 잘라 넣는다. 이것은 어느 집에 가도 그것을 용기에 넣어 손님에게 내놓는 것이다. 이 몽골암이라는 것은 그것을 한 번 말려 사용하기 때문에 지금 말한 바와 같이 차를 끓여 우유를 넣어 마시는 것인데, 언뜻 들으면 소화가 잘 되지 않을 것 같지만 줄곧 차를 끓여 마시면 자연히 부드럽게 되어 별도로 수저를 사용하지 않고 먹을 수 있다는 것이다. 즉 잔 안에 말린 몽골암을 넣어 거기에 따뜻한 차를 끓이면 일종 반숙상태의 부드러운 것이 된다. 그것을 다만 들이마시며 먹는 것이다. 이 몽골암은 몽골에서도 일반적으로 사용하는 것인데 소론 사람은 농업을 하지 않기 때문에 그것을 몽골에서 가져오는가 하면 그렇지 않고 하얼빈의 중국인이 몽골암을 만들어 그것을 하일라얼의 중국인 상인이 수입해 와서 그들을 거쳐 소론 사람들에게 파는 것이다. 진품의 몽골암이 되면 몽골 고유의 것인데 하얼빈으로부터 오는 것은 중국 밤이기 때문에 어느 정도 맛이 다르고 단단하여 부드러움이 덜 하다. 또한 몽골암과 고기를 섞어 불에 데운 밥을 내놓는 경우도 있고 또 양고기를 조리해서 먹는다.

집에서 먹을 것을 조리하기 위해서는 냄비를 사용하는데 사용하는 방식이 어떠한가 하면 보통 화로에 3개의 다리가 달린 커다란 곤로[混爐]와 같은 것이 놓여 있으며 그 위에 커다란 냄비가 걸려 있는 것이다. 이 냄비로 우선 차를 끓이고 그 사이에 차의 가지라든가 겨자라든가 부셔지지 않는 잎과 같은 것을 버리고 통 안으로 옮기어놓는다. 손님 앞에 내놓는 것은 통에서 다시 냄비로 옮기거나 차를 끓여 거기에 우유를 조금 넣어 다시 통에 옮긴 것이다. 가난한 사람은 다만 그것만을 마시며 생활하고 있는 사람도 있지만 보통 혹은 보통 이상 수준의 사람은 몽골암을 섞어 마시고 있다. 그다음 몽골암을 넣은 나무그릇이 많이 사용되고 있다. 이 나무 그릇을 몽골어로 모또누아이가라 하여 돈 많은 사람들이 이 그릇을 많이 가지고 있다. 또 여행을 할 때 등은 이 그릇을 자루에 넣어간다. 그릇의 테두리에 은을 두르거나 혹은 그릇 안에 은을 상감한 것 등도 있고 매우 사치스러운 것도 있다.

　　소론사람들 사이에는 아루히 즉 우유로 만든 술이 많이 사용되고 있다. 이 술을 제조하는 방식은 아궁이를 만들고 그 위에 커다란 냄비를 올려놓고 그 냄비 안에 통을 설치하고 통 위에 일종의 물을 넣는 곳을 만들어 접시와 같은 것을 덮고 한 쪽 통에 대롱을 달아 그 통에 우유를 넣는다. 그리고 아궁이에 불을 때어 우유가 점점 증류하여 대롱을 통하여 밑으로 방울이 떨어진다. 그렇게 되면 아루히라는 술이 되는 것이다. 칭기스칸 시절 등에도 술을 사용하는 것에 대해 서술하고 있는 것은 바로 그것이다. 우유가 증류해서 물방울이 되어 떨어지는 곳에 한 장의 판을 부쳐 놓았다. 이 판 한가운데는 구멍을 뚫어 좌우로 소철 잎과 같은 자국을 표시하고 있다. 이 판에 증류 물방울이 떨어져 구멍을 통해 나오도록 되어 있다. 이와 같은 것도 역시 몽골의 옛 풍속이다. 이 술을 담기 위해서 나무에 구멍을 판 것은 내가 일찍이 동몽골의 바레인에서 요나라의 상경(上京) 유적에서 돌로 그것을 만든 것을 본 적이 있다. 그렇지만 어디에 사용한 것인가에 대해서는 나는 생각이 나지 않았지만 지금 소론에 와 있는 아루히 제조 상태를 보니 역시 술을 빚는 도구에 사용한 것이었다.

　　그들의 생활은 목축으로 양, 낙타, 소, 말 등을 사육하고 있다. 때문에 그 생활 상태는 모두 북방적이다. 그 목축은 매우 활발하여 양이 무리를 지어 쫓겨 가는 모습 등 매우 흥미롭다. 말이나 소도 역시 떼를 짓고 있는데 그들을 몰아 하일라얼강에서 물을 마시게 한다. 물을 마신 후에는 다시 목장으로 돌아온다. 많은 가축이 한 무리가 되어 나아갈 때 모래연기를 불러일으키는 것은 이 지역에서 하나의 특색이다. 그 다음 이곳에서는 마차를 많이 만들고 있다. 이것은 자작나무로 만들고 못을 사용하지 않는 방식이다. 마차에는 두 종류가 있다. 하나는 가늘면서 긴 마차이다. 옛날 귀인이 타는 지붕 있는 수레와 비슷한 방식은 사람이 타는 마차이고 길고 가느다란 마차는 화물이나 도구 운반에 사용한다. 이 길고 가느다란 마차는 긴 상자와 같은 차체(車體)로 밑에 바퀴가 달려 있고 이주(移住)할 때 등은 그것에 물건을 싣고 그 위에 누워서 가는 편리한 수레이다. 거기에 그것과 마찬가지로 의복, 집기 등을 넣는 수레도 있다. 이러한 것들은 모두 모전을 위에 덮고 있다. 이주할 때는 귀인이 타던 지붕 있는 수레와 같은 것과 함께 길고 가느다란 마차도 함께 가는 것이기 때문에 큰 성황을 이룬다. 수레는 각자 만들어 놓고 차바퀴는 자작나무 가지를 굽혀 만들기 때문에 그들 집 옆에는 자작나무 가지를 굽혀 차바퀴로 쓰기 위해 말리고 있는 광경이 여기저기 보인다. 수레는 지금 말한 바와 같이 승용, 화물운반용, 가구·집기 수장용 등 용도가 여러 가지이기 때문에 한 집에도 상당한 수레를 가지고 있다. 이들 수레는 평생 어떻게 되어 있는가 하면 텐트 주위의 울타리로 대신 이용되고 있다. 이와 같이 하고 있는 것은 추운 북쪽에서 하나의 풍속으로 볼 만하다. 또 배경과 그들의 상태가 조화를 이루어 하나의 경치를 이루고 있다.

  요컨대, 소론의 생활은 전부 목축으로 농업은 아니다. 목축이기 때문에 가옥은 가볍고 편리한 텐트를 사용하고 있다. 텐트를 많이 사용하고 있기 때문에 모전까지 자신이 만들고 있다. 모전은 양의 털로 만들기 때문에 양이 중요하게 취급되고 있다. 양은 단지 모전을 위해서뿐만 아니라 또 식료로서도 중요하다. 따라서 목축이 왕성하게 행해지고 있는 것이다. 이러한 것을 보면 소론의 풍습은 정말 몽골적이다. 나는 이전 소론을 보고 반은 수렵으로 생활을 하고 있는 사람으로 생각하고 있었다. 그러나 지금 실제 와서 보니 몽골인의 생활과 다름없는 목축생활을 하고 있다. 이 풍속은 바라카 몽골로부터 배운 것인데 어떻든 소론에 몽골의 가마가 미치고 있는 것은 현저한 것으로 말해 좋다. 그들의 이야기에 의하면 소론의 주거 지역은 이전부터 하일라얼강 상류지대로 정해져 있어 옮기지 않는다. 이웃의 바라카 몽골은 날씨가 추워지면 하일라얼 서쪽으로 옮기고 따뜻해지면 다시 이곳에 돌아온다. 이렇게 보면 소론과 바라카 몽골 사이에 서로 다른 점이 존재하는 것을 알 수 있는데 소론은 영주적(永住的)이고 바라카 몽골은 이동적이라고 생각할 수 있다. 현재 내가 소론의 촌락에 머무는 동안 다른 지역에서 이곳에 옮겨온 집이 여럿 된다. 그들은 수레에서 짐을 내리고 그 가운데에 텐트의 골격으로 텐트를 세우고 그 위에 모전을 덮고 그 주위에 수레를 나란히 놓으면 바로 집이 만들어진다. 이것은 후룬뻬이얼 정청 직원의 집이다. 여기에서 재미있는 것은 텐트 입구 양쪽에 빨간 종이에 만주문자로 대구(對句)를 써놓은 것을 걸어놓고 집안에는 커다란 인장을 넣어 놓고 있다. 인장상자를 모포로 씌워 장식하고 있다. 이것은 중국관리 집에서도 흔히 볼 수 있는 것이다. 관리집이라는 것을 나타내는 것일 것으로 그 모포의 색깔은 황색이다. 이와 같이 그들이 이주할 때에는 집을 설치하는 것이 얼마나 간단한 것인가를 알 수 있다.

　그들이 일상 사용하는 기구는 어떤 것인가 하면 목기, 자작나무 껍질로 만든 도구, 모전으로 만든 주머니와 같은 것이 있다. 모전으로 만든 주머니는 어디에 사용하는가 하면 늘 이용하는 작은 도구를 넣는 것으로 사용하고 있다. 소론에 대해서『헤이룽강외기(黑龍江外記)』에 이와 같이 써놓고 있다. 「俄倫春俗, 重鮮食, 射生爲業, 然得一獸, 卽還家, 使婦取之, 不貪多, 亦不以負戴自索倫達呼爾, 舊亦然, 近日漸知樹藝, 闢地日多, 呼倫貝爾依然牧畜爲生, 富在洋馬, 力田者寥寥也」이것에 의하면 오로촌의 가장 동물을 먹는 것을 중요시 여기고 수렵생활을 하고 있다. 그렇지만 한 마리라도 짐승을 잡으면 바로 집으로 돌아와 쓸데없이 잡으려고 하지 않는다. 그다음 색윤달호이(索倫達呼爾)는 최근 점차로 경작에 대해 알게 되었지만 후룬뻬이얼의 그들은 이전과 같이 목축으로 생활을 하고 있으며 재력은 양이나 말이 많고 적음에 있으며 경작에 힘을 다하는 사람은 매우 적다라는 사실을 적고 있다. 이『헤이룽강외기(黑龍江外記)』가 나온 후부터 후룬뻬이얼의 소론 사람이 목축을 주로 하고 있다는 것은 그것으로 알 수가 있다.

그들의 종교는 어떠한가 하면 라마교를 믿지 않고 순전히 샤면의 무당이 있다. 그렇지만 내가 찾은 두 마을에는 무당이 없고 외부에서 온다고 한다. 무당은 모두 여자이다. 어느 집에 가 보아도 샤면의 신을 섬기고 있다. 그것은 모전 위에 낙타의 털을 끈으로 만든 것으로 사람의 형태를 만들어 거기에 눈을 표시한다. 그 폭이 1척 5촌, 길이가 2척 5촌 정도로 두 개를 나란히 놓고 이것이 남녀의 신이라 하여 남자 신의 이름을 "제하스보로한", 여자 신의 이름을 단순히 "보로한"이라 부르고 있다. 그리고 음력 2월 15일에 신의 입에 밤을 붙인다. 즉, 신에게 밤의 신찬을 바치는 일이다. 그 다음 모전 오른쪽에는 마의 끈을 통하여 작은 고깃덩어리를 마치 꼬치와 같이 걸어 놓고 그 밑에는 산양의 털을 부쳐 놓는다. 다음에 왼쪽 끝에는 모전으로 작은 주머니를 재봉질하여 만들어 놓고 그 안에 산양털을 넣어 놓는다. 이것이 소론의 남녀 신으로 어느 집에 가도 그것을 섬기고 있으며 샤면은 이를 위해 제사를 지내기도 하고 기도를 하기도 한다. 이것으로 생각해 보아도 소론은 종교로서 라마를 믿지 않고 있다는 것을 충분히 알 수가 있다. 소론 사람은 이전부터 성질이 사납다고 알려지고 최초 러시아가 청나라를 침입했을 때 만주의 병사로서 가장 활동이 많았던 것은 소론 사람이다. 오히려 만주 병사로서보다도 소론의 병사가 가장 활발하였다. 때문에 까자끼 등도 소론 사람들을 매우 두려워하는 것이다. 이 소론 사람의 활동에 대해서는『헤이룽강외기(黑龍江外記)』외에 이 방면의 것을 서술한 청나라 시대의 책에 자세히 나와 있다. 또 러시아 당시 기록 등을 보아도 소론과 상당히 싸운 내용이 기록되어 있다. 이들 소론 사람은 이번 내가 조사한 하일라얼 상류에 남아 있는 것이 그 자손이다. 그들은 오늘날 몽골화되어 있지만 여전히 일종 박눌한 부분이 있다. 이 후룬삐이얼 가까운 곳에 살고 있는 소론의 두 가지 구분이 있는데 하나를 소론 좌익(동부 소론)이라 말하며 또 하나를 소론 우익(서부 소론)이라 한다. 내가 간 곳은 바로 동부 소론이다. 서부 소론은 거기에서 서쪽 즉 부일노루, 다라이노루 서쪽에 있는 것으로 하일라얼강을 중심으로 말하면 그 남쪽 방면에 있는 소론이다. 소론의 분포는 단지 이 두 가지에 머물지 않고 앞에서도 말한 바와 같이 흥안령 가운데에도 있는 것으로 즉 넌쟝강 유역의 산 속에도 지금 여전히 그들의 부락이 있다. 오히려 이 하일라얼 방면보다도 흥안령 가운데 묵이근(墨爾根) 북쪽에 소론의 존재를 매우 많이 확인할 수 있는 것이다. 즉 넌쟝강 유역이 그 본거지라고 말해도 좋다.

8. 바라카 몽골인 조사

소론 다음으로 이야기하고자 하는 것은 바라카 몽골인이다. 이것은 몽골어로 바라카 몽골(巴爾喀蒙古)화 하는 것으로 인종으로 보면 몽골인에 속한다. 그렇지만 바라카 몽골인은 내몽골에도 속하지 않고 외몽골에도 속하지 않는 전혀 별개의 몽골이다. 이것은 때마침 장자커우(張家口) 북쪽 차하르몽고(察哈爾蒙古)가 내몽골의 어디에도 속하지 않는 것과 같다. 하일라얼의 바라카 몽골은 유명한 『몽골유목기(蒙古遊牧記)』에도 기록되어 있지 않은 것으로 전혀 별개에 속한다. 이것은 오히려 만주인 관청 즉, 하일라얼의 만주 안반 밑에 속하는 몽골이다. 그리고 이것이 네 파로 나누어져 있어 그 분포는 외몽골의 하루하몽골의 북쪽 즉 부일노루 호수로부터 다라이노루 및 하일라얼강을 따라가는 지역이다. 그들은 가축이 매우 풍부하다. 그들의 성질은 매우 합리적으로 소론 혹은 외몽골의 소박한 몽골인과는 도저히 비교가 되지 않는다. 하일라얼 방면이 아니라 그 남쪽의 부일노루 및 하루하강 유역에 있는 바라카몽골은 내가 작년 그 쪽을 여행할 때 여러 번 만났지만 그들도 매우 합리적이고 성질이 매우 사납다. 이것은 나의 저서『몽고여행(蒙古旅行)』을 읽어주기를 바란다.

내가 이번에 방문한 하일라얼 상류의 바라카 몽골도 거기에서 언급한 바 있으며 매우 합리적이다. 예를 들면, 그 지역에 도착하면 반드시 그 지역의 추장 혹은 총대(總代)와 같은 사람이 와서 어떠한 여행허가증을 가지고 있는가, 신분은 어떠한가라는 것을 심문한다. 이러한 것은 다른 몽골인에게는 볼 수 없었던 것으로 바라카 몽골의 특색이다. 또 그들은 앞에서도 말한 바와 같이 가축이 풍부한 관계로 다른 몽골인에게 오만한 구석이 있다. 하일라얼강 상류 바라카 등도 그 부근에 있는 소론 사람을 안중에도 두지 않는 경향이 있으며 오히려 나아가 그들을 몽골화 하고 있는 느낌이다. 또 후룬뻬이얼 정청의 중견이 되어있는 사람은 물론 다우르 사람이지만 그 휘하에 커다란 세력을 가지고 있는 사람은 바라카몽골이다. 때문에 소론에서 보면 그들 바라카 몽골은 매우 높은 위치에 있는 것이다.

내가 이번에 조사한 하일라얼강 상류 바라카는 바라카몽골의 분포로서는 최북부(最北部)에 있는 부락이다. 그 위치는 동쪽으로 하일라얼강이 있으며 한편 구릉과 같은 병풍을 세운 것과 같은 언덕 사이 높은 곳에 있다. 그들 부락은 세 개로 나뉘어 있으며 그 호수는 모두 24호나 25호일 것이다. 그들은 따뜻한 계절은 이곳에 살고 있지만 추워지면 하일라얼 서쪽 평원으로 옮긴다.

내가 머문 집은 이 곳 부락에서도 가장 부잣집으로 그 텐트와 같은 것은 마을 안에서 가장 높은 곳에 설치하고 있다. 이 집은 가축을 많이 기르고 있으며 말만해도 2천 마리 정도를 가지고 있다.

바라카는 소론과 달리 라마교를 믿으며 집안에 라마의 불상을 안치하고 있다. 그렇지만 이것이 내외몽골과 다른 점은 동시에 샤먼도 믿고 있다는 점이다. 즉 반은 불교이고 반은 샤먼이다. 내가 머문 집과 같은 경우는 당시 불상 옆에 소론에 있었던 것과 마찬가지의 남녀 신을 나타내고 있는 모전을 걸어놓고 있다. 그것은 즉 앞서서 소론에 대해서 서술한 것과 같이 샤먼의 신이다. 이러한 것에서 보아 라마를 믿는다는 것은 표면적인 것이고 그들의 정신 상태에서 보면 아직 샤먼을 믿는 사람이라고 말해야 할 것이다.

그들의 기풍은 여러 번 말한 바와 같이 전율적이고 그것도 소론 사람들보다도 교활하다. 특히 여자의 경우도 가장 활발하며 우리들에 대해서도 어느 정도 오만한 구석이 있다. 풍속은 소론 사람이 다른 몽골인과 마찬가지로 긴 소매의 긴 옷을 입고 장화를 신고 있다. 그리고 부유한 남녀는 중국풍의 복장을 하고 있다. 여자는 남자와 마찬가지로 모자를 쓰고 있으며 몸에는 긴 옷을 걸치고 있다. 두발은 두께 2본의 변발을 뒤로 늘어뜨리고 있다. 이점은 다른 외몽골 부분의 바라카 부녀의 풍속과 같지 않은 점에 주의하지 않으면 안 된다. 그렇지만 뒤로 늘어뜨리고 있는 2본의 변발은 그것이 발달하면 부일노루, 다라이노루 부근의 바라카 부녀의 두발과 같은 것이 될 것으로 보인다. 다른 풍속은 남녀 모두 부일노루, 다라이노루 바라카 풍속과 조금도 다르지 않다. 집도 역시 몽골풍으로 또 앞서 말한 소론과 같은 것으로 추워지면 텐트 위에 모전을 깔고 여름이 되면 풀로 엮은 갈대같은 것으로 바꾼다. 이렇게 하면 바람이 잘 통하게 된다.

모전도 많이 제조하고 있다. 이것도 역시 제작은 여자의 몫으로 남자는 여자가 만들어 갈대에 둘둘만 모전을 말에 타고 끌어 그것을 단단히 하는 일을 하고 있다. 여기에서도 수레를 많이 만든다. 그리고 역시 소론과 같이 그것을 모두 집 주위에 나란히 놓아 원형의 울타리 역할을 하고 있다. 음식은 소론과 마찬가지이지만 우유와 함께 차를 넣는 식기는 둥근 통형의 금속으로 만든 것이다. 이것은 내외몽골의 풍속과 같다. 그다음 내가 머무는 동안 어느 두 채의 텐트를 친 집에서 그 입구에 네그루의 나무를 세워 거기에 작은 모전 조각을 걸어놓았다. 이것은 무엇인가하면 자식이 태어났다는 표시로 그것이 있으면 말하자면 다른 사람이 이곳에 들어가는 것을 금하는 것이 된다. 이 모전 조각은 즉 집 앞에 쳐놓는 새끼줄과 같은 효과를 가지고 있는 것이다. 이것을 조선의 풍속이나 일본의 풍속에 비교해 생각해 보면 무엇인가의 관계가 있을 것처럼 생각된다.

바라카몽골은 일반적으로 부유한 사람이 많기 때문에 생활이 풍요로운 것처럼 보인다. 그렇지만 그 가운데는 가난한 사람도 있다. 이러한 것은 소론과 마찬가지로 몽골겔이라는 더러운 모전을 덮은 집에 살고 있으며 여름 겨울 마찬가지이다. 이곳의 부유한 사람으로 말, 양, 낙타 등을 많이 가지고 있는 사람은 제1차 세계대전 이후 그 가축을 팔아 돈을 모은 사람이 많다. 내가 머문 집에서 작년 중국군에게 팔아넘긴 말과 같은 경우는 두 필의 가격이 1,000 루불(로마로프 정부의 지폐이고 일본지폐로 환산하면 100 루불이 1원에 해당한다) 로 또 어제 중국 정부에 팔아 남긴 말은 한 필에 100 루블의 비율이었다. 이러한 점에서 보아도 그들이 얼마나 가축을 많이 가시고 있는가 또 그것으로 얼마나 돈을 모으고 있는가를 알 수가 있을 것이다. 내몽골에서 가축을 많이 가지고 있는 사람은 오주목심(烏珠穆沁)이다. 이 오주목심을 제외하면 이와 같이 많은 가축을 가지고 있는 사람은 내몽골에도 없다. 외몽골에는 가축을 많이 가지고 있는 사람은 있다.

바라카 몽골은 이와 같이 재력을 가지고 있으며 또 이지(理智)가 풍부한 관계로 이 부근의 민족에 대해서 하나의 세력을 가지고 있다. 그 외몽골과 같은 경우도 바라카 몽골을 두려워하고 있다. 후룬뻬이얼 정청을 한때 중국정부가 어떻게든 해보려고 했지만 불가능했던 것도 요컨대 바라카의 세력을 두려워하였기 때문이기도 하다. 이와 같이 세력을 뻗치고 있기 때문에 그들이 부근의 민족이 되어서 오만할 뿐만 아니라 다른 외래인에 대해서도 오만불손한 태도를 보이고 꺼려하지 않는 것이다. 외몽골인은 이 바라카가 있는 지역 안으로 가는 것을 두려워하고 있으며 작년 내가 외몽골에서 바라카 탐험을 갔을 때도 이 때문에 여러 번 불편을 느꼈던 것이다.

이와 같이 후룬뻬이얼 정부 관할 하에 있는 민족은 그 수뇌자인 다우르 사람 외에 주로 소론 및 바라카이다. 특히 바라카는 각 부족 모두 대체로 후룬뻬이얼 정부의 지배를 받고 있다고 해도 좋다. 그 외에 부랴트가 있다. 이 부랴트는 오논강 유역 부근에서 이쪽으로 옮겨온 사람들이다. 그다음 에리유트가 있다. 이 에리유트라고 하는 것은 외몽골 서쪽에 있는 칼마크 몽골의 독특한 사람으로 역시 이곳에 이주해 살고 있는 것이지만 이들은 다른 민족에서 보면 비교적 새롭게 이곳에 온 사람들이다. 그다음 바라카몽골인은 일명 치뿌친이라고 부르고 있다. 이 치뿌친이라고 하는 것은 구(舊)바라카라는 의미로 즉 라마교를 믿지 않는 바라카를 이렇게 부르는 것이다.

그다음으로 주의할 만한 것은 오로촌이다. 오로촌은 홍안령 산속에 살고 있으며 하일라얼에서는 볼 수가 없다. 때문에 나는 지금부터 홍안령으로 깊이 들어가 오로촌이 살고 있는 곳을 탐험할 생각이다.

03

인류학자와 일본의 식민지 통치

1. 오로촌 탐험

1-1 _ 오로촌의 분포

퉁구스 민족의 한 분파인 오로촌(Orochon)의 지리학적 분포는 넌쟝강의 북서(北西), 훙안령 산속으로부터 걸쳐 있으며 북쪽은 아루군강이 헤이룽강으로 합쳐지는 앞 연안까지 미치고 있다. 그들은 순록(馴鹿)을 가축으로 하고 물과 풀을 찾아 이동하는 민족으로 만주에서는 오로촌을 통할하는 관청이 생기고 또 최근에는 학교까지 생겼지만 여전히 유목민이다. 지금은 그 가운데 말을 가축으로 하고 있는 민족도 있지만 본래는 순독이 가축이고 수렵이 그들의 생활이다. 그 때문에 물과 풀을 찾아 이곳저곳 옮겨 다니는 것이다.

오로촌은 남북으로 나누어져 있다. 북쪽의 오로촌은 넌쟝강의 북서로 뻗어 있는 훙안령 산속에서부터 아무르의 대안(對岸) 쪽에 걸쳐 분포하고 있고 남쪽의 오로촌은 묵이근(墨爾根)에서부터 남쪽의 훙안령 산 속에 분포하고 있다. 현재 러시아가 부설한 동지나(東支那)철도가 달리고 있는 훙안령 산속은 남(南) 오로촌 분포 구역에 해당한다. 이 철도가 부설되었기 때문에 오로촌 유목지가 절

그림 8 _ 하바로프스크시에서 동북으로 약 20리(와야토 촌 및 고리도인 부락 세카치·이란 촌 부근) 아무르 하안에 노출된 자연석 위에 조각된 것으로 순록(馴鹿)을 조각한 것이다. 단, 이 바위 면에는 다른 동물 및 사람 얼굴이 조각된 것이 있다. 사람 얼굴은 문신을 하여 그 상태가 일본의 석기시대의 토우의 모습과 너무 유사하다. 로빠친씨에 의하면 이러한 바위 조각은 유사(有史) 이전에 속하며 오늘 그 부근에 거주하는 고리도 등의 모습과는 크게 다르다는 것이다.

단되어 버린 형태가 되었고 그 결과 북쪽 오로촌은 순록을 가축으로 하고 있지만 남쪽 오로촌은 말을 가축으로 하고 있다. 순록의 수가 적게 되고 또 순록을 기르는 것이 곤란하게 되었기 때문에 그렇게 되어 버렸다.

    남쪽 오로촌은 후룬뻬이얼 정청의 관할이 되어 있기 때문에 나는 하일라얼에 머무는 동안 남쪽 끝 오로촌 탐험을 시도한 것이다. 사실을 말하면 후룬뻬이얼 정청으로부터 오로촌 관리의 도움을 받아 좋았지만 그렇게 하지 않고 나는 단독으로 조사에 나서게 되었다. 오로촌 탐험 루트를 정청에 물어보니 포합다(布哈多) 부근이 가장 상황이 좋을 것이라는 것이었다. 포합다는 흥안령 가운데서 동지나철도의 한 정차장이다.

1-2 _ 하꼬네(箱根)*의 분위기 포합다

* 일본 가나가와현(神奈川縣)에서 시즈오카현(靜岡縣)에 걸쳐 있으며, 세계의 복식(複式) 화산의 전형이다.

7월 27일 오후 2시 지나 나는 포합다를 향하여 하일라얼을 출발하였다. 기차는 소론 탐험 때 왕복한 쟈란테역을 통과하니 점차로 올라가는 도로가 되었고 밤이 되어 포합다에 도착하였다. 나는 이 조사에 대해 미리 그 지역에 주둔하고 있는 일본 병참부에 알렸기 때문에 마차로 정차장까지 나와 주었고 마차를 타고 숙소에 도착하였다. 다음날 28일 그 지역에 머물렀고 그다음 29일도 역시 머물지 않으면 안 되었다. 한 가지는 비가 와서이고 또 한 가지는 오로촌 탐험에 필요한 차량과 안내자를 찾는 등의 이유로 이틀을 소비한 것이다. 포합다라고 하는 지역은 마치 일본의 하꼬네와 같은 지역으로 흥안령의 분수점에 위치하고 동서쪽으로 가면 넌쟝강 유역이 되고 서쪽으로 내려가면 하일라얼강 유역이 된다. 그 중간은 고지(高地)로서 주위는 흰 자작나무 산림 등으로 둘러싸여 있으며 숙사 설비 등도 있고 마치 유원지와 같은 모습이다. 중국 상인 등도 가게를 내고 일반 피서지가 되어 있다. 나무와 물이 있고 또 높은 곳에는 공기가 청량하기 때문에 피서지로서는 정말 적당한 지역이다. 이곳은 지금이야말로 크게 북적거리는 곳이 되어 있지만 동지나철도가 부설되기 이전에는 순전히 산림지대로 오로촌의 유목지였다. 그러나 러시아가 철도를 부설하자마자 이곳에 정차장을 세우고 여러 가지로 손을 대었기 때문에 지금에 와서는 모습이 크게 변하여 흥안령 가운데 하나의 행락지와 같이 되어 버렸다.

러시아가 흥안령을 횡단하는 철도를 부설한다고 하는 것은 매우 큰 사업이었음에 분명하다. 만주 조정이 치치하얼(齊齊哈爾)과 하일라얼와 연락을 취하려고 할 때 이 흥안령을 통과하는 것이 얼마나 곤란하였는가는 당시의 기록 등을 보아 확실한 사실이다. 그러나 러시아는 동진(東進)하려는 열망 때문에 어떤 곤란에도 불구하고 만주를 철도로 통하게 하고 드디어 철도로 험악한 흥안령을 돌파한 것이다. 그렇지만 흥안령 돌파 철도 공사가 얼마나 힘든 사업이었는가는 한 번 이곳을 통과하면 분명히 느낄 수 있다. 이곳 철도부설 상태를 보면 무리를 무릎쓴 곳이 많다. 특히 주의할 만한 것으로 그 사이에 한 곳의 터널도 없이 선로는 모두 산위를 달리도록 되어 있기 때문에 선로가 매우 굽어져 있다. 산봉우리에서 산봉우리로 가기 위해 많이 돌아야 하고 물결과 같은 봉우리를 통과하고 있는 것이다. 이것을 보아도 러시아가 흥안령에 철도를 부설한 것이 얼마나 어려운 공사였는가를 알 수 있다. 만약 터널을 설치하면 훨씬 직선적으로 가깝게 갈 수 있을 것이지만 그렇게 되어 있지 않다. 그리고 그 노선 중에 러시아 병사 보초가 여기저기 보이고 이곳을 매우 군사적으로 중시하고 있다. 이것으로 러시아가 이 어려운 공사를 감행한 것도 하나는 교통을 위해서이지만 또 하나는 군사에 이용하고 있는 점도 생각할 수 있다.

1-3 _ 흥안령 안에서의 방황

30일 드디어 준비를 마치고 포합다를 출발하였다. 동행자는 호리이(堀井) 중위, 헌병 상등병 시모데 히라기찌(下出平吉)씨, 두 사람의 종졸 및 나의 종졸 한 사람이고 러시아 마차 두 대를 준비하였다. 말의 주인은 중국 사람이다. 거기에다가 안내자로서 부랴트 한 명을 동행하기로 하였다. 이 말을 준비하는 데 매우 곤란하여 잠시 동안 사용하기로 하였는데 거기에는 조건이 있다. 말 주인의 말에 의하면 오로촌은 매우 영악한 인간이다. 혹시 말을 그들에게 빼앗긴 경우에는 보상을 받고 싶다는 것이다. 이러한 조건으로 잠깐 말을 사용하기로 하였다. 중국 사람은 오로촌을 매우 영악한 사람이라고 생각하고 그들은 밤에 여러 번 중국인 마을로 말을 훔치러 온다고 말한다. 그렇지만 나는 그것을 믿지 않았다. 오로촌은 중국 사람에게는 그렇게 두려운 존재로 보일지 몰라도 우리들이 보기에는 오히려 중국 사람보다도 소박한 쪽에 속한다. 그러므로 나는 조금도 신경을 쓰지 않았다. 안내인 부랴트인의 이름은 도루츠쿠보일이고 부모도 자식도 없다. 그는 중국어뿐만 아니라 러시아어도 가능하며 물론 몽골어도 가능하고 만주어도 조금은 알고 있다. 부랴트인이라고는 하지만 용모를 보면 아무리 보아도 오로촌족과 같은 분위기가 있다. 어느 정도 오로촌족과 부랴트와의 잡종이지 않을까 생각된다. 그 용모는 오로촌족에 닮아 있는데다가 오로촌의 언어도 가능하다.

우리 일행은 오전 7시 30분 숙사를 나와 철도 노선을 따라 계곡으로 나아갔다. 이 지역의 철도는 몽골인 등과도 상당한 관련이 있기 때문에 여기저기에 "이 곳을 통과할 수 없다", "이 곳은 주의하여야 한다"는 문구를 붙여 놓고 있다. 이것은 러시아 문장과 한문과 몽골 문장과 같이 세 가지 문자로 써놓고 있다. 이것은 다른 데에서는 볼 수 없는 현상이다. 우리들이 걷는 길은 마치 비단을 펼쳐 놓은 것과 같이 들풀이 어지럽게 나 있는 평원으로 적색, 청색, 자주색, 흰색이 섞인 난만(爛漫)한 풍경은 대륙이 아니면 볼 수 없는 아름다운 경치이다. 마치 일본에서 다까야마(高山)의 꽃밭을 연상하게 한다. 홍안령은 지금 바로 백화난만(百花爛漫)의 좋은 계절이다. 그리고 선로의 길목을 넘어 점점 가니 평야 사이로 솟은 작은 산을 볼 수 있었다. 부랴트의 안내자는 그것을 '복트 오라'라고 부르고 있었다. 즉 "극락산"이라는 의미이다. 이 지역의 지명에 몽골어가 많은데 포합다(布哈多) 등도 몽골어와 관련이 있다. 이 '복트 오라'를 계속 보면서 풀 들판을 지나 11시 경에 그 산에 드디어 도달하였다. 포합다로부터 이곳까지 2리 반 정도이다. 이곳에서 하차하여 가지고 온 빵 등으로 점심식사를 마쳤다. 이 '복트 오라'는 하나의 작은 바위산으로 마름모꼴을 이루고 있으며 평야에 드러나 있기 때문에 너무 잘 보인다. 몽골인은 전부터 이곳을 '보로한' 이라고 부르고 있는데 보로한이라는 것은 즉 불상이다. 그래서 이 산을 극락산이라고 하는 것이다. 이 부근 역의 이름이 '복도' 인데 이것은 그 산 이름에서 따온 것이다. 몽골인은 이 산을 매우 귀중하게 여기고 있다. 이곳에서 휴식을 취하면서 두 명의 중국인과 이야기를 나누다가 오로촌이 이 부근에 있다는 것을 알았다. 그것은 이곳으로부터 약간 떨어진 화련구(火連溝)에 재목(材木)으로 된 작은 집에 오로촌이 부부와 자녀 모두 세 명 정도 살고 있다는 것이다. 이 정보 때문에 길에서 빛을 찾은 것과 같은 기분이 되어 어떻든 우선 그곳을 찾은 후 마을로 가 볼 생각으로 출발하였다.

    길은 전과 마찬가지로 산과 산 사이의 광야를 가기 때문에 좌우로 어지럽게 핀 아름다운 풀과 꽃을 밀어 헤치며 나아간다. 산과 산 사이는 5리 정도의 거리가 될 것이다. 그 초원을 차로 계속 달려 서서히 나아간 지 2리 반 정도쯤에 작은 집이 있는 곳에 도착하였다. 작은 집은 풀을 쌓아 만든 것으로 실제로 원시적인 집인데 그 안에 중국인 네, 다섯 명이 살고 있다. 그들이 하는 일은 그 주변의 풀을 깎아 건조시켜 그 건초를 차에 싣고 포합다(布哈多)에 가서 말의 사료로 파는 것이다. 이것은 돈을 상당히 벌 수 있는 것이어서 이들이 이러한 산 속에 들어와 사는 것이다. 이곳에 서쪽으로부터 흘러오는 하나의 하구가 있는데 이것이 곧 화련구(火連溝)이다. 하구에 피라미와 같은 물고기가 있기 때문에 일행은 헌병이 가지고 있는 낚시로 메뚜기 등을 먹이로 낚아 보니 많이 잡힌다. 즉 낚시로 산 속의 물고기를 잡는 것은 처음 해 보았다. 이곳에 있는 중국인은 원시적 생활을 하고 있다. 그들은 들에서 어느 풀인가를 뜯어 와서 그것을 차로 만들어 마신다. 시험 삼아 마셔 보니 정말 풍미가 좋다. 잠시 쉬었다가 또 출발하였다. 도중에 만난 사람은 츠스를 따기 위해 온 여러 명의 중국인뿐이다. 츠스라는 것은 풀의 열매로 색깔이 노랗고 마치 일본의 구유미(?-역자 주)와 유사한 것이다. 점점 가니 또 도로가에 작은 초가집이 있고 역시 중국인이 두 명 정도 살고 있었다. 그곳을 지나 장시간이 흐르는 동안 인가(人家)가 전혀 없고 가면 갈수록 망망한 정도였는데 얼마 안 있어 오른쪽에 한 채의 중국인 집을 발견하게 되었다. 시모데(下出) 헌병은 중국인 마부와 함께 그곳에 가서 오로촌에 대해 물어보았지만 그곳에서 앞으로 가면 다만 작은 집이 있다고 할 뿐 하나도 요령을 얻지 못한 채 계속 나아갔다. 드디어 화련구가 다른 강과 합쳐지는 곳에 도달하여 그곳을 건너니 하구 서쪽에 일곱 채 정도의 목재로 지어진 작은 집들이 있었다. 이곳의 집들은 앞의 초가집과 달리 둥글게 지어진 것으로 주인은 러시아 사람이고 거기에 고용되어 있는 중국인들이 여러 명 있었다. 지금은 러시아 사람이 한 명도 살지 않고 중국인 가운데 맹소상(孟昭祥)이라는 커다란 남자가 있는데 러시아어 등도 능히 해독하였다. 우리들은 이곳에서 쉬기로 하였다.

포합다로부터 이곳까지는 9리, 최초의 초가집으로부터는 4리 즉 '복도산'을 한가운데로 하고 한 바퀴 돌아온 듯한 기분이다. 긴 여름의 낮도 벌써 저녁이 되었다. 이곳은 화련구의 해안에 있으며 마을 이름도 역시 마찬가지로 화련구라고 한다. 원래 이곳은 커다란 산림지역이었다. 이 산림으로부터 목재를 베어 비가 많이 내릴 때는 그것을 화련구에 흘려보내 하류로 보낸다. 그 때문에 나무꾼이 사는 작은 집이 생긴 것이고 그 집 옆에 목재나 짚이 많이 쌓여 있다. 우리들은 그 가운데 어느 한 집에서 묵게 되었다. 그리고 오로촌에 대해서 들어보니 지금 이곳에는 살지 않는다고 하여 매우 실망하였다. 그렇지만 그들 이야기 가운데 작년 10명 정도의 오로촌 사람이 말을 훔치러 왔다는 것이다. 발포하여 쫓아버렸지만 오늘 밤에도 올 지도 모른다하면서 이렇게 무장하고 있는 것이라고 한다. 실제 무장하고 있는 것을 보니 오로촌족과 중국인과는 최근 사이가 나쁘고 계속해서 싸우고 있는 상태라는 것을 잘 알 수 있었다. 이야기를 듣고 있자니 중국인이 오로촌을 두려워하는 것은 더 심하여 어느 쪽이 나쁜가 모르게 되었다. 중국인에 의하면 오로촌족은 신호를 보내기 위해 항상 나팔소리로 반드시 함께 모이기도 하고 흩어지기도 하며 그들은 매우 영악한 도적이라고 말하고 있다. 그렇지만 안내자로 동행한 부랴트 사람은 그 이야기를 듣고 웃으면서 이것은 상당히 잘못된 사실이라고 말한다. 오로촌 사람은 매우 온화하며 또 사람 수도 그렇게 많다고는 생각할 수 없다. 이렇게 들어보니 중국인이 우리들을 위협하여 터무니없는 것을 이야기하고 있는 것으로도 생각되지만 중국인이 현재 이렇게 무장하고 있는 모습을 보면 그렇지도 않다. 어떻든 이것으로 오로촌 사람과 중국인이 얼마나 사이가 나쁜가 하는 것을 알았다. 맹소상은 나에게 내일 오로촌 있는 곳으로 간다면 안내를 해주겠다는 약속을 하였다. 이곳은 산 속으로 강을 끼고 있기 때문에 아직 7월 한창 여름인데도 매우 추워 밤에는 한기(寒氣) 때문에 피부가 찢어질 정도이다. 그래서 난로에 짚을 넣어 따뜻하게 하였다.

1-4 _ 오로촌의 존재 유무

7월 31일 아침 출발 시간이 되었는데 어제 밤 안내를 약속한 맹소상이 가는 것을 갑자기 탐탁하게 여기지 않는 태도를 보였다. 그래서 다시 담판하여 어떻게든 안내 승낙을 받고 그 외 25세의 마적(馬賊) 출신의 청년도 동행시키기로 하고 단체 기념 촬영을 한 후 출발하였다. 우선 촌락 앞으로 흐르는 화련구를 건너 산 사이를 동남쪽을 향해 나아갔다. 오로지 계곡 길의 초원으로 그 서쪽 구릉에 치우친 길을 따라 가는 것이다. 점점 나아가니 도달한 침엽수 삼림의 이곳저곳에 낙엽송이 보이고 나아갈수록 그것은 많아졌다. 이렇게 1리 반 정도 왔다고 느꼈을 때 오로촌의 작은 집이 설치된 흔적을 발견하였는데 즉 양쪽에 나무를 교차하여 지탱하고 그 위에 횡목(橫木)을 걸친 화로 터이다. 안내자 부랴트인은 이것은 오로촌의 작은 집이 설치된 터라고 말한다. 아마도 오로촌 사람이 이곳에 노숙하였을 것이다. 횡목에 주선자 등을 걸고 불을 피워 물을 끓인 것처럼 보인다. 그 곳에 노루(몽골어로 쥬루라고 한다)의 뿔 하나가 떨어져 있는 것을 보았다. 이곳은 원래 낙엽송의 산림이었다고 생각되지만 지금은 여기저기에 흰 자작나무가 자라고 있다. 부랴트 사람에 의하면 이 지탱 나무는 수년 전의 것으로 오늘날의 것이라고는 생각할 수 없지만 이것은 오로촌 사람이 아니면 하지 않는 것으로 어떻든 오로촌족이 이곳에 와 있었다는 것은 분명하다고 말하였다.

그 다음 같은 방향으로 조금 가니까 삼림이 울창하여 나아가기 어렵다. 할 수 없이 동쪽으로 돌아 산자락을 가기로 하였다. 길은 차츰차츰 오르막길이 되고 조금 경사가 급한 산길이었다. 이 산림에서 우연히도 석기시대의 토기 한 조각을 주었다. 이 토기는 분명 석기시대의 것으로 재질은 모래흙을 섞어 매우 불완전하게 구운 것이다. 이로 보아 사람이 사는 지역에서 멀리 떨어진 산림 안에도 당시 사람들이 살고 있었다는 것을 알 수 있다. 이것은 이번 여행 중 생각하지도 못한 발견물이다. 대체로 흥안령 가운데 석기시대의 유물이 있다고 하는 것은 내가 일찍이 몽골여행 중에 확인한 것으로 예를 들면 서오주목심(西烏珠穆沁)과 아록과이심(阿祿科爾沁), 찰로특(札魯特), 파림(巴林)과 같은 것이 모두 그러한 것이다. 이곳도 역시 흥안령 북쪽의 연속이기 때문에 결국 흥안령 가운데 석기시대의 당시 사람이 살고 있었던 것을 알 수가 있었다. 이러한 것들은 몽골의 석기시대를 연구하는 데 어느 정도 주의를 기울일 만한 것이다.

점점 올라가 보니 좌우는 흰 자작나무 수풀이다. 이 흰 자작나무 수풀 속을 지나가는 것은 매우 유쾌하고 배경이 매우 좋아 생각지도 않게 그것들을 사진에 담았다. 이곳은 본래 침엽수의 산림이었던 것이 언제인가 불에 타 흰 자작나무가 그 후에 자라나게 된 것으로 생각한다. 아마도 러시아가 동청(東淸)철도를 부설할 때 그 주변의 침엽수를 베어내서 한 때 민둥산이 되어 버렸을 것이다. 청나라 이전까지 이곳은 황폐한 산이 아니었다고 생각한다. 흰 자작나무가 자라고 있는 상태를 보아 그렇게 생각할 수 있다. 이 흰 자작나무 수풀에서 점점 내려와 드디어 계곡사이의 낮은 지점에 도달한 것은 정확하게 오전 10시경이었다. 일행은 잠시 동안 이곳에서 휴식하고 말에게 먹이를 주고 우리들도 가지고 온 음식으로 점심식사를 하기로 하였다. 여기에서 작은 사건이 일어났다. 그것은 안내자의 한 사람인 맹소상이 여기에서 되돌아가겠다는 것이다. 그는 오로촌이 있는 곳으로 안내하겠다고 하여 특히 따라온 것인데 아직 오로촌에 도착하기도 전에 가겠다고 하여 여러 가지 설득을 해도 완강하다. 그리고 그가 말하기를 이곳에서 조금 가면 항봉자구(抗棒子溝)라는 곳이 나오는데 그곳에 러시아 사람이 있기 때문에 그에게 오로촌에 대해 물어보면 좋을 것이라고 하면서 소개장을 써준다는 것이고 어떻게 해서든 함께 가려고 하지 않는다. 그 태도가 얼마나 미운지 동행하는 호리이(堀井) 중위는 허리에 차고 있던 권총을 꺼내 여차하면 한 방 쏘겠다는 몸동작이었다. 마침 활동사진 그대로였는데 나는 그를 달래어 어떻든 그 상황을 해결하였다. 그렇지만 그는 결국 이곳에서 되돌아가고 함께 온 26세의 마적 출신의 청년이 안내자로서 계속 동행하기로 하였다. 그 다음 식사를 하게 되었는데 이곳에 물이 없어서 각자 가지고 온 수통의 물로 목을 적셨다.

식사를 마치자마자 일행은 산간 계곡을 따라 갔다. 좌우 산과 산의 거리는 2정(町) 정도이다. 오른쪽 산은 낙엽송 및 흰 자작나무 등이 여기저기 자라고 있는 밀림의 모습이다. 우리들은 오른쪽 길을 택하여 남쪽을 향해 갔다. 이 계곡은 역시 하나의 초야(草野)로 여름풀이 넓게 무성하게 자라고 있다. 이곳에 하나의 물웅덩이 흔적이 있다. 그 모습을 보니 비교적 최근까지 물이 흘렀던 것으로 보이는데 지금은 물이 완전히 말라 다만 물웅덩이 형태만 남아 있다. 우리들이 헤쳐 나온 풀은 가슴에 닿을 정도의 높이인데 주의해서 보면 차가 통과한 흔적이 있어서 그것을 길안내 표시로 삼아 얼마 동안 나아갔는데 얼마 안 있어 그 표시가 없어져 버렸다. 그래서 일행 중 시모데 헌병, 상등병 한 명과 함께 종졸 한 명이 물웅덩이 건너편과 계곡의 여기저기를 조사하고 풀을 밟고 뭉갠 사람들이 걸어간 흔적을 찾았다. 또 그것을 길 안내 표시로 삼아 나아가다가 이번엔 그 흔적이 양쪽으로 갈라져 어느 쪽인지 모르게 되었다. 그것마저도 또 얼마동안 가니 없어져 버렸다. 이렇게 해서 간 것이 2리 정도, 양쪽 산의 폭이 점점 좁아져 드디어 계곡이 끝나 산과 접하고 말았다.

　하는 수 없이 산 위로 올라보니 그 뒤쪽으로 또 산을 끼고 앞은 약간 넓은 대지로 되어있다. 역시 산림지역으로 나무를 태운 것과 같은 곳이 있고 또 사람이 살았던 곳으로 나무를 벤 흔적이나 작은 집을 지었던 흔적도 있으며 풀을 태워 흙이 드러나 있는 곳도 있다. 이 흙이 드러나 있는 곳은 이상하게도 둥근 모양을 하고 있으며 직경이 한 칸 반 정도이고 불을 태운 흔적도 남아 있다. 부랴트 사람이 말하기를 이곳은 일찍이 오로촌 사람들이 살고 있었던 곳이라고 한다. 풀이 무성한 가운데 둥글게 흙이 드러나 있는 것은 무녀(巫女)가 제사를 올린 장소이다. 그렇지만 지금 오로촌 사람은 이곳에 살지 않는다. 혹은 이 부근에 살지도 모르기 때문에 살펴 보기 위해 나왔으나 얼마 안 있어 돌아왔다. 그 보고에 의하면 풀을 밟아 으깬 발자국이 있다. 그렇지만 아무리 보아도 하루 이틀 전이라는 최근의 발자국이라고는 생각할 수 없다. 그리고 이것은 중국 사람의 발자국이 아니다. 왜냐하면 중국인은 이 부근에 전혀 살지 않기 때문이다. 혹 이 발자국이 오로촌 사람들의 것이라고 한다면 그들은 이 부근에 살고 있다는 이유가 된다. 이것은 하나의 큰 의문이라고 하는 의아심이 우리들 사이에서 일어났다.

점심식사를 마친 후 가는 도중 텅 빈 물웅덩이 너머에 작은 초가집 한 채를 발견하였다. 이것은 러시아 사람이 흥안령의 철도를 부설할 때 이곳에서 재목을 얻기 위해 만든 집인 것 같다. 지금은 사는 사람이 없고 이른바 기둥이 썩어 담이 기울고 있는 비참한 상태가 되어 있었다. 이러한 건물은 바로 중국인의 초가집 등으로 사용된 것인데 그와 같이 버려져 있는 것은 아마도 전에 물웅덩이에 물이 말라버렸기 때문이기도 한 것인가. 일행은 지금까지 오르는 동안에 수통의 물도 점점 없어지고 그다음 어느 쪽으로 가야만 하는지 누구도 아는 사람이 없어져 버렸다. 부랴트 사람은 우리들을 위해 오로촌 사람이 있는 곳을 물어 가르쳐 줄 것으로 생각해 왔는데 그는 하나도 도움이 되지 않는다. 거기에다가 청년도 먼저 돌아가 버리고 말았다. 그리고 햇볕이 머리 위로 내리쬐어 땀이 흘러내렸다. 갈증을 느껴도 마실 물이 없다. 일행은 대체로 힘이 다하였지만 어떻든 물이 있는 곳을 계속 찾아가자고 하여 우선 종졸 두 명에게 물이 있는 곳을 찾도록 하니 나무 그루터기에 물이 고여 있는 곳을 찾았는데 더러운 물이고 말에게 먹일 분량뿐이다. 크게 낙담하였는데 어떻든 말은 아침부터 물을 마시지 않아 매우 지쳐 있었기 때문에 우선 말에게 물을 먹여 기력을 찾도록 했다. 그러나 종졸이 다시 찾아 그 옆에 맑은 물이 솟아나오는 것을 발견하자 일행은 크게 기뻐하고 나도 그 곳에 가 갈증을 해소하고 물통에 물을 가득 담았다. 그래서 크게 용기를 내어 전진을 계속할 수 있게 되었는데 우선 어느 쪽으로 가야할 것인가를 서로 의논하였다. 물이 있는 곳에서 남쪽을 향해 가니 다행히 차가 지나간 흔적이 있어 어떻든 이 흔적을 따라 갔다. 어느 곳이 나올 것인가 구름을 잡는 이야기이지만 이렇게 결심하고 출발하였다. 남쪽으로 남쪽으로 가다가 갑자기 오르막길을 만났다.

이곳은 지금까지 온 지역 중 비교적 나무가 많이 자라고 있는 곳이다. 나무는 역시 흰 자작나무에 낙엽송이 섞인 밀림지역으로 그 사이를 지나가니 곳곳에 흰 자작나무 껍질을 작은 칼로 베어낸 흔적이 있다. 이것은 오로촌 사람이 아니면 하지 않는 일이기 때문에 그들은 최근 이곳을 통과하였는가 아니면 이 부근에 살고 있는 것은 아닌가 하는 의구심을 불러일으키기 시작하였다. 이미 정상에 올랐다. 밑을 내려오니 겹겹산중이 푸른 빛을 띠면서 남쪽에서 북쪽으로 뻗어 있다. 이것은 모두 홍안령의 여러 산으로 자신이 서 있는 산도 그 일부분이다. 우리들은 홍안령이 뻗어있는 방향과 나란히 계속 나아간 것을 알았다. 이곳에서 잠시 휴식을 하고 내려가니 또 계곡이 나와 양쪽에 산이 솟아 있으며 그 사이에 수목이 크게 무성하게 자라고 있고 물 흘러가는 소리가 들린다. 가까이 가서 보니 하나의 물웅덩이로 옥과 같이 맑다. 앞서 말에게 물을 마시게 한 곳에서 이곳까지 2리 정도 떨어져 있다. 웅덩이를 따라 들풀들이 높게 무성하며 우리들의 키를 덮을 정도이다. 계곡 길을 따라 산을 낀 곳에 오로촌 사람이 살았던 것과 같은 흔적이 있다. 이곳에 세 개의 돌이 품(品)자형으로 서 있으며 불을 피운 흔적이 있고 그 옆에 흰 자작나무 껍질을 벗긴 것도 보이고 또 벗긴 껍질을 둘둘 만 것도 남아 있으며 그것을 땔나무로 해놓은 형태도 있다. 또 만주인 등이 사용하는 '우루' 라는 신발 안에 추울 때 넣는 우라풀이 버려져 있고 우루 신발의 끈도 있으며 뒤꿈치를 만 종이 조각도 여기저기 흩어져 있다. 이 우라 풀을 사용한 상태, 흰 자작나무 껍질을 벗겨 사용

※ 명치, 대정기의 유력신문으로 1892년 11월 1일, 구로이와(黑岩淚香)가 동경에서 창간한 일간지이다. 저가격정책으로 동경 제일의 발행부수를 기록하였다. 러일전쟁의 기운이 높아지자 우찌무라 간조(內村鑑三) 등이 비전론(非戰論)을 전개하여 주목을 받기도 하였으나 개전론(開戰論)으로 입장을 바꾸게 되자 우찌무라 등은 회사를 퇴사하는 상황까지 일어났다. 1940년 경영자의 교체 등으로 전쟁 중 신문정비계획정책도 작용하여 폐간하였다. SONY, 일본대백과전서, 2001 Encyclopedia Nipponica 참조.

한 형태와 세 개의 돌을 세워 불을 피운 장치를 하고 있는 방법도 아무리 보아도 오로촌족이 살았던 흔적이 분명하다. 여기저기 흩어져 있는 종이 조각을 주의해서 잘 보니 이것은 1917년에 발행한 『만조보(萬朝報)』※이다. 이렇게 보니 1917년 이후 즉 작년 여기에 살았을 것이라는 느낌이 든다. 특히 동경에서 인쇄한 『만조보(萬朝報)』가 이곳에 들어와 있는 것에서 일본 세력이 흥안령의 깊은 산까지 미치고 있는 것을 느끼니 비나 이슬을 젖은 『만조보(萬朝報)』 조각도 버리기 어렵다는 생각을 하였다. 이것은 아마도 제 3,4단이 출정 중에 있었던 것이 굴러서 이 산중의 오로촌 사람이 사용하게 된 것으로 생각한다. 작년 겨울부터 금년 봄에 이르기까지 사용한 것인 지도 모른다.

　　계곡 중에 지금 불을 피운 장치가 있었던 주변에는 우라풀이 많이 자라고 있다. 대체로 이 우라풀은 야생으로 만주인, 퉁구스 사람이 가장 좋아하는 것이다. 그것은 섬유질이 매우 치밀하고 긴 풀로 겨울 이것을 발에 둘둘 말아 우루신발을 만들어 신으면 조금도 발이 얼지 않기 때문에 만주 사람이나 퉁구스 사람이 많이 사용하는 것이다. 이 우라 풀이 있는 곳에 주거를 정하는 것은 어느 정도 오로촌 사람의 방식이다. 처음은 단지 화로장치가 있는 곳만 보고 있었지만 보다 주의해서 보니 계곡과 하천 사이의 풀 속에 나뭇가지를 지탱 목으로 하고 위쪽에 큰 나무를 얹고 그 위에 원추리[萱 : 난과에 속하는 다년초 — 역자 주]를 지붕에 인 작은 집을 발견하였다. 이것은 마치 두, 세 사람이 잘 정도이고 높이가 약 3, 4 척 정도로 보아 아마도 사냥을 위한 집으로 사용한 것으로 지금 불을 핀 흔적과 서로 관계가 있을 것으로 생각한다. 이곳은 뒤가 산이고 앞에는 작은 하천이 흐르고 사방에 수목이 무성하여 주거로서는 대단히 좋은 곳이다. 특히 우라풀이 부근에 무성한 상황 등으로 보아 그들이 어느 정도 선호한 장소였음이 분명하다. 오로촌족이 여기에 온 것은 작년 말인가 아니면 금년 봄인 것을 알 수 있는데 지금은 유감스럽게도 살고 있지 않다. 그래서 작은 집을 스케치하기로 하고 여러 조사를 한 후에 계곡을 따라 내려갔다.

　잡초가 높이 무성하고 돌이 여기저기 굴러 있는 계곡이기 때문에 차로 가는 것도 걷는 것도 매우 곤란하였다. 오로촌의 사냥용 작은 집이 있었던 곳에서 내려가기를 대략 2리 정도, 날도 저물어 오후 9시경이 되었기 때문에 오늘 밤은 이 계곡에서 노숙하기로 하고 풀을 쳐내고 텐트를 설치하고 불을 피워 몸을 따뜻하게 하였다. 오늘의 일정은 화련구에서 이곳까지 약 9리, 산길을 답파(踏破)한 것이다. 노숙한 장소는 바위산 밑으로 충적토에 둥근 돌이 여기저기 굴러 있고 아침 비가 내리면 앞의 계곡 물이 불어 강바닥이 되는 곳이다. 계곡은 앞서 내려오기 시작한 곳에서 점점 넓어지고 노숙한 장소 등은 앞산까지의 거리가 400미터 정도이고 역시 낙엽송이 여기저기 자라고 있다. 오늘 통과한 곳을 생각해 보면 홍안령의 깊은 곳에 들어가 있는 것을 느꼈고 분수령을 넘어서 온, 힘든 여행이었다.

　8월 1일 텐트에서 아침 일찍 일어나 식사를 마치고 오전 6시에 출발하였다. 아침바람이 시원하게 불어 기분이 매우 좋다. 앞서 전개된 계곡을 건너 저 너머 고지를 향해 나아갔다. 계곡 가운데 흐르는 작은 하천 좌우로 잡초들이 무성하고 그 계곡 밑으로 흐르는 물 때문에 토양이 씻겨 내려 뿌리만이 남아 있다. 때문에 풀이 있는 곳은 높고 풀이 없는 곳은 움푹 들어가 요철이 매우 심하다. 그리고 높게 된 곳에 아름다운 빨간 꽃이 피어있다. 이렇게 요철이 많은 계곡을 차로 가는 것이기 때문에 매우 힘들고 차가 한 번 웅덩이에 빠지면 끌어내기가 쉬운 일이 아니다. 그 때문에 여유를 갖고 겨우 400미터의 계곡을 달리는 데에도 2시간여가 걸렸으며 얼마 안 있어

저 너머 고지에 도달하였다. 이러한 계곡이 있는 곳을 몽골어로 도쿠로군바라라고 한다.

저 너머의 높은 산을 올랐는데, 이곳에는 이[蝨]라든가 파리라든가 모기라든가 하는 곤충류가 무수하게 떼를 지어 우리들의 얼굴을 공격해 온다. 그것을 아무리 내쫓아도 역시 맹격해 와서 일행은 매우 곤란한 지경에 빠졌다. 대개 산림지대에는 곤충이 매우 많은 법인데 이곳도 역시 마찬가지다. 이곳에 도로의 유물을 조사하다가 다행스럽게 하나의 차바퀴 흔적이 있어 그것을 따라 갔는데 갑자기 그 흔적이 또 사라져 버렸다. 할 수 없이 적당히 방향을 정해 나아갔다. 변함없이 모기 등이 습격해 오는 곤란한 상태가 계속 되는 가운데 얼마 동안 나아가다가 한 채의 중국인 가옥을 발견하였다. 안에 들어가 보았지만 아무도 살지 않는 빈 집이었다. 그다음 고지를 내려와서 또 계곡을 건넜다. 계곡 상태는 이전 계곡과 마찬가지이지만 사람 왕래가 때때로 보이고 자주 밟아 길이 단단해서 차는 쉽게 나아갈 수 있었다. 우리들이 계곡을 건너가려고 하는데 건너편 해안에 남자 두 사람이 살금살금 서쪽으로 가는 것이 보였다. 계곡을 넘어 앞의 해안에 다다르니 중국인 가옥 한 채가 있어 안에 들어가 보니 가구나 먹을 것은 있지만 사람은 한 사람도 살지 않는다. 집 부근의 밭에는 양귀비를 많이 심어 아름다운 꽃이 피어 있다. 중국인들은 눈에 띄지 않는 이러한 깊은 산 속에서 아편을 몰래 만들고 있다. 두 사람의 중국인이 지금 이곳을 떠난 것은 우리 일행들을 보고 관리가 체포하러 온 것으로 잘못 알고 도망간 것임에 분명하다. 이렇게 사람의 왕래가 없는 곳에서 위험을 무릅쓰고 아편 밀조를 하고 있다. 우리들과 함께 온 중국인 종자(從者)는 이러한 아편이나 먹을 것이 남아있는 것을 행운이라 생각하여 따가려고 하는 것을 우리들이 달래어 못하도록 막았다. 이 집 앞에 하나의 작은 냇가를 건너니 구릉이 나타나고 작은 냇가가 그 구릉의 소맷자락을 돌고 있는 것과 같이 되어 있는, 즉 삼각형을 이루고 있다. 이 구릉의 소맷자락을 따라 냇가를 따라가면 크게 우회하는 것이 되기 때문에 이 삼각형의 한 모퉁이를 건너기로 하였다. 건너 보니 바로 내리막길이 되어 앞에 평지가 넓게 펼쳐져 있다. 어제 내려온 계곡이 이곳에 이르러 크게 넓어지는 것을 알 수 있었다. 거기에서 1, 2리를 가니 마침 오전 12시경 항봉자구(杭棒子溝)라는 곳에 도착하였다.

　이곳에서 우선 휴식을 하면서 점심식사를 하기로 하였다. 이 항봉자구라는 곳은 옆에 하나의 냇가가 있는데 역시 친빵츠꼬라고 부르고 있다. 어제 내내 좌안(左岸) 혹은 우안(右岸)으로 줄곧 그 강반을 따라온 계곡은 바로 친빵츠꼬였다. 이곳의 지명은 이 냇가에서 이름을 딴 것이다. 이 계반에 러시아 사람 코니야코프가 가지고 있는 집이 있으며 부근의 산림에서 나무를 채벌하고 있다. 감독으로서 러시아 사람이 3명, 중국인이 여러 명 그곳에 살고 있다. 집은 러시아풍의 교창식(校倉式)*으로 세 채가 모여 있고 옆에 흐르는 작은 하천의 물은 맑다. 창고도 있고 모피가 많이 쌓아져 있다. 러시아인 등이 점심식사를 하려고 하는 곳에 우리들이 갔기 때문에 크게 환영하여 소고기나 스프 등을 대접해 주었다. 나는 감사의 뜻으로 사탕과 차 등을 주고 잠시 동안 유쾌하게 서로 이야기를 나누었다. 이곳에서 들어보니 오로촌족은 3년 반 이전까지 이곳에 모피를 가지고 와서 교역을 하였지만 최근에는 오지 않는다고 한다. 이렇게 보면 이 부근은 이전 오로촌족의 유목지였다는 것을 생각할 수 있다. 동지나(東支那)철도가 흥안령을 횡단하여 부설되었을 때 이곳의 산림은 크게 채벌되었기 때문에 오로촌족의 유목지가 없어져 버린 것이다. 그럼에도 3년 반 이전까지 모피를 가지고 교역을 하러 온 것이다. 식사 후 잠시 쉬었다가 오전 1시에 출발하였다. 다시 계곡을 따라가니 산과 산 사이가 점점 넓어지더니 광야가 펼쳐진다. 그리고 방

* 둥근 나무를 수평하게 틈이 없이 겹쳐서 쌓고 밑에서 서로 맞물려서 벽을 만드는 방식

금 휴식을 취한 러시아 사람의 집을 나온 후부터는 도중에 인가 한 채도 없을 뿐더러 사람도 한 사람 만날 수가 없다. 다만 방금 만난 러시아 사람 3명 가운데 한 사람이 말을 타고 야루까지 간다고 해서 동행한 정도이다. 4리 정도 갔을까 평야가 끝나더니 갑자기 험한 산이 눈앞에 보였다. 그곳을 올라 정상에서 약간 휴식을 취하고 앞을 보니 산악이 끝없이 겹쳐 있어 그야말로 인가(人家)가 끊인, 정말이지 심산유절(深山幽絶)의 느낌을 깊게 해 주었다. 험산을 내려가니 또 계곡이 있어 그것을 따라 가니 마침 태양이 서쪽으로 기울기 시작하고 계곡의 바람과 저녁의 서늘함이 피로를 잊게 해주었다. 야루강에 도달하였을 때는 벌써 지는 해의 남은 빛도 사라지고 깜깜한 밤이 되어 오후 10시 겨우 야루역에 도착하게 되었다. 앞의 험산으로부터 이곳까지는 4리 정도이고 계반은 다만 여름풀이 무성하고 수목이 울창할 뿐 적적한 무인(無人) 지역이었다.

이 야루라고 하는 것은 홍안령 안에 있는 정차장의 하나로 나는 기차를 타고 포합다(布哈多)로 돌아가려고 한다. 그래서 호리이 중위는 기차의 발차시간을 알아보러 갔다 오더니 12시경 발차한다는 것이었다. 그렇다면 발차까지 아직 두 시간 정도의 여유가 있기 때문에 출발 준비로서 짐을 정리하고 일행을 두 팀으로 나누어 시모데 헌병은 뒤에 남아 중국인부 등을 데리고 내일 출발하기로 하고 나와 호리이 중위와 두 사람의 종졸 그리고 부랴트의 안내자 등은 오늘밤 기차로 떠나기로 하였다. 이 밤은 달이 없어 캄캄하여 한 치 앞도 분간할 수 없으며 얼마동안 더듬더듬하며 정차장에 도착하였는데 기차가 늦어져 한 시경에 오고 마침 승차한 것이 그 다음날 오전 4시였다. 오늘의 일정은 12리 정도로 이곳에서 우선 오로촌 탐험은 끝난 것인데 요컨대 정말로 "오로촌족을 보지 못한 기록"이 되고 말았다.

1-5 _ 탐험의 결과

이 탐험을 통해서 어떤 결과를 얻었는가를 약간 서술해 보고자 한다. 내가 이번에 조사한 구역은 넌쟝강 상류 홍안령의 산속으로 특히 그 중앙의 척수산맥을 돌파한 것이다. 어떻든 독자는 이것으로 홍안령의 내부 상태뿐만 아니라 러시아인, 중국인이 얼마만큼 이곳에 들어와 살고 있는가 하는 상황, 그리고 동청(東淸)철도의 통과로 홍안령이 얼마나 변화하였는가 하는 것을 약간 알 수 있게 되었을 것이다.

원래 이곳은 오로촌의 분포지대로서 가장 공고한 지역이었다. 러시아 사람이 이 부근에 철도를 부설하기 이전에는 남방 오로촌족은 줄곧 이곳에 물과 풀을 찾기 위하여 임시로 집을 짓고 사냥을 생계수단으로 하고 육식을 하고 모피를 파는 도원적 생활을 즐기며 살았다. 그러나 러시아가 동청철도를 부설하면서 그들의 주거지는 무참히 절단되고 그들의 생활자원이 되는 야수(野獸)의 서식처인 산림은 마구 베이고 하루아침에 그들의 낙원은 파괴되었다. 특히 목재가옥의 침투, 러시아인, 중국인들이 산속 깊이 들어옴으로써 그들은 주거지를 다른 곳에서 찾지 않으면 안 되었다. 이번 탐험에 의하면 그들의 주거지는 뒤로 산을 끼고 앞에 작은 냇가가 있는 것이 보통이다. 그리고 한 가족은 대개 1호인 것 같다. 러시아인의 이야기에 의하면 수년 전까지 모피를 팔러 왔는데 최근은 오지 않는다고 한다. 지금은 네 개 지역에 오로촌 사람이 나무를 교차해서 불을 핀 흔적이나 작은 집을 설치한 것을 보아 그들이 최근까지 어느 지역에 있어서는 작년부터 금년 봄에 걸쳐서 이곳에 와 있었던 것을 알 수 있다. 다만 그 터는 수년 전 같은 것도 있으며 새로운 것도 있지만 결국에는 오래된 것이 많은 것으로 생각된다. 그렇지만 1917년의 『만조보(萬朝報)』가 있었던 것을 보면 또 작년부터 금년에 걸쳐 와 있는 것 같은 곳도 있다. 그리고 사람들이 풀을 밟아 으깬 흔적 등으로 보아 그렇게 오래된 것이라고는 생각할 수 없다. 작년 겨울부터 금년 봄까지인가 혹은 약간 새롭게 느껴지기도 한다. 어떻든 그들은 러시아인, 중국인 등이 채벌을 위해 들어오자 비교적 가까운 산림을 떠나 인적이 드문 흥안령의 척수산맥 산중 깊은 곳으로 최근에 그 거주지를 옮긴 것 같다. 아직도 그 지역에서 유목하고 있는 그들은 순록을 가축으로 하고 있는 사람이라고는 생각할 수 없다. 현재 순록의 발자국도 없을 뿐더러 배설물도 떨어져 있지 않다. 그들이 사냥하기 위해 와서 경우에 따라 중국인의 말을 훔친다고 하는 것인데 그들은 주의를 필요로 하는 사람이다. 슈랭크씨는 오로촌을 남북으로 구별하여 년쟝강 유역 및 흥안령의 그들을 남부오로촌이라고 말하고 남부 오로촌족이 말을 가지고 있기 때문에 "사마(飼馬) 오로촌"이라고 적고 있다. 슈렝크씨의 책이 출간된 당시부터 그들은 이미 순록을 가축으로 하고 있지 않다. 그리고 "순록(馴鹿) 오로촌"은 정말 북부의 그들이다. 그들은 흥안령의 이 부근에 겨울부터 봄까지 거주하고 봄이 끝날 때부터 가을까지 흥안령 북쪽으로 이주할 것이다. 이것은 기후 관계로 그러한 것이 편리하다는 것과 사냥 등의 방법에서도 매우 사정이 좋기 때문일 것이다. 이 점에서 그 몽골인이 여름과 겨울에 이동하는 것과 약간 비슷하다. 하물며 오로촌족과 같이 사냥을 생활로 하는 경우 그 필요성이 가장 클 것이다.

 그들이 추운 계절에 이곳에 거주한다고 하는 것은 그들의 가죽 신발 안에 우라풀을 넣고 신는 것에 비추어 알 수가 있다. 즉 소가죽으로 만든 우루라는 신발을 신고 있는 것인데 이 우루는 만주인, 퉁구스 사람 특유의 것으로 오로촌 사람도 역시 그것을 사용하고 있는 것을 알 수 있다. 특히 자작나무의 가죽을 벗겨 여러 도구를 만들고 그 가죽으로 텐트를 치고 사는 모습이 그들의 특색을 보다 나타내고 있다. 나는 불행히도 이번 탐험에 오로촌 사람을 만나지 못하였다. 소위 "오로촌을 만나지 않은 기록"이 되어 버렸지만 약간이라도 여러 지역에서 그 흔적을 발견할 수 있게 되었고 오늘날 러시아가 동지나(東支那)철도로 홍안령을 횡단하고 또 러시아인, 중국인이 상당히 이 부근에 들어와 있음에도 불구하고 그들이 어느 곳인가의 길을 따라 홍안령 안으로 와서 철도선보다도 남쪽에도 들어와 가을부터 봄까지 수렵생활을 하고 있다는 것을 이 산을 통해 알 수 있게 되었다.

2. 치치하얼(齊齊哈爾) 부근 조사

2-1 _ 만주 풍속을 생각하게 하는 성성(省城)

8월 4일 아침 일찍 포합다(布哈多)로 돌아와 하얼빈으로 가기로 결정하고 우선 치치하얼(齊齊哈爾)로 향하여 오후 9시 동쪽으로 가는 열차를 타고 출발하였다. 이것은 특급 급행열차로 승차하는 데 매우 곤란하였지만 호리이 중위와 함께 편승하게 되었다. 차 안에는 블라디보스톡으로 가는 러시아 사람 등이 있어 그들과 여러 가지 이야기를 나누어 유쾌하였다. 다음날 오전 4시 치치하얼에 도착하여 그 지역에 주재하는 일본병참 사람들이 마중을 나와 사령부에서 아침식사를 마치고 그다음 치치하얼성(城)을 방문하게 되었다.

정차장이 있는 곳도 치치하얼역(驛)이라고 부르지만 본래 치치하얼은 거기로부터 5리 정도 떨어져 있는 곳이다. 러시아가 최초로 동지나철도를 부설할 때 치치하얼 옆에 선로를 설치할 계획이었는데 당시 중국 관헌이 그곳에 부설해서는 곤란하다는 고충을 제시하였기 때문에 그와 같이 먼 곳에 정차장을 설치한 것이다. 실은 가까운 곳에 설치했었더라면 좋았다. 대개 만주의 철도는 많게는 성성(省城)으로부터 매우 떨어져 여기저기 설치되어 있다. 오늘날 보면 시가지와 철도가 떨어져 있다고 하는 것은 매우 불편하지만 처음 중국관헌의 생각으로서는 외국인이 철도를 부설한다는 것은 무엇인가의 위험을 수반하는 것이기 때문에 성성(省城)이나 시가지에 근접하는 것을 거부한 것으로 오히려 그 부설을 달갑지 않게 생각한 듯한 분위기가 있었지만 지금 보면 매우 불편함을 가져다 준 것이다. 치치하얼 등도 역시 그와 같다. 그래서 최근에는 그 불편함을 보완하기 위해서 치치하얼역과 치치하얼성과의 사이에 경편(輕便)철도를 부설하고서야 비로소 쌍방의 교통이 편리해졌다. 이 치치하얼역의 소재지는 본래 인가가 한 채도 없는 초원이었던 탓인지 정차장이 생기면서부터는 갑자기 사람들이 모여 들어 지금은 훌륭한 마을이 형성되어 있다.

오전 9시 경편철도를 타고 치치하얼성으로 향하였다. 노선은 모래 위에 설치되어 있는 다시 말하면 몽골의 사막과 연결되어 있는 곳으로 한 눈에 광활하고 지형은 가장 대륙적이다. 이 치치하얼의 남쪽은 내몽골의 찰빈특기(札賚特旗)이며 넌장강이 그 부근으로 흐르고 있다. 기차의 연선(沿線)을 따라 띄엄띄엄 촌락이 보인다. 특히 거기에는 만주기인(滿洲旗人)의 촌락이 매우 많다. 이렇게 치치하얼에 도착하였는데 그 지역에 주재하는 영사 야마자끼(山崎試一)씨의 마중을 받아 잠시 영사관에 들린 후 일본인이 경영하는 히가시여관(東旅館)에 머물렀다. 오후 시가를 둘러보게 되었는데 안내자로서 영사관에서 아까시(赤司庫太)라는 순사부장을 보내주었다.

치치하얼성은 헤이룽강성의 수부(首府)이며 그 성경성(盛京省)에 있는 봉천(奉天), 길림성에 있는 길림과 같은 격의 것이다. 다만 이곳은 만주의 가장 깊은 곳에 있기 때문에 봉천과는 달리 문화의 영향이 적고 이전의 모습이 여기저기 남아 있으며 중국의 성성(省城)으로서 어느 정도 추억에 어린 듯한 분위기가 있다. 영사의 이야기에 의하면 이곳의 호수(戶數)는 현재 한인과 만주인을 합쳐서 8천호 정도이다. 24,5년 전에는 5천호 정도였던 것을 생각하면 그렇게 크게 증가한 것은 아니다. 다른 성성이나 도회지와 비교하면 진보 정도가 어느 정도 떨어져 있다. 시가지에는 역시 새로운 중국풍이 불고 있지만 아직 무엇인가 이전과 같이 서두르지 않는 중국의 모습을 생각나게 한다. 상점은 대개 한인이 경영하는 것으로 시가(市街)의 상태는 옛 중국의 마을을 보는 것과 같은 느낌이다. 만주인은 대개 시외(市外)에 살고 있다. 이 치치하얼은 흙 담으로 주위를 두르고 사방에 문이 있으며 일본에서 말하는 외부와 교통하고 있는 것인데 이 북문 밖에 만주인이 사는 것이다.
즉 기인(旗人)* 마을이며 일본에서 말하는 사족(士族) 마을이라는 분위기가 있다. 이전은 이 북문 밖은 매우 위력을 떨친 지역이었음에 분명하다.

* 기(旗)는 만주국 여타지역의 최소 행정단위인 현(縣)에 해당한다. 한석정, 『만주국 건국의 재해석』, 동아대 출판부, 2007, 177쪽.

　만주인의 풍속은 지금 남자는 한인과 같이 산발(散髮)하고 있다. 그러나 의복은 쥐색으로 물들인 긴 면포를 입고 무엇인가 뛰어난 면이 있다. 부인은 역시 새로운 머리카락을 묶고 있는 사람도 있지만 많은 사람들은 머리카락을 양쪽으로 나누어 묶는 방식, 그 외 구식의 머리 묶는 방식이다. 발은 크다. 단 만주 부인이 머리카락을 다발모양 등으로 묶고 있는 것을 보면 일본 부인과 거의 변함이 없다. 그 다음 가옥의 모양은 다른 성에서는 볼 수 없는 이전 모습이다. 예를 들면 흙벽을 주위에 두르고 그 중앙에 모옥(母屋)이 있으며 이것에 상대하여 또 방이 있다. 그리고 그 앞에 도리이식(鳥居式)의 문이 있으며 그 문 뒤에는 벽이 있으며 단 그 앞에 신간(神桿)**이 서 있다. 지붕은 초가집으로 위에 천목(千木)이 나란히 있다. 그 지붕위에 화목이 나란히 있고 집 앞에 도리이식의 문이 있는 것은 이세(伊勢)의 대신궁(大神宮) 건물과 어느 정도 닮아 있

** 색윤간(索倫桿)이라는 것으로 긴 나무로 만들어 맨 위에는 까마귀가 와서 먹을 수 있도록 음식을 넣어두는 상자를 올려 놓는다.

다. 지금은 집 주위에 흙 담을 두르고 있지만 원래는 목책(木柵)을 둘렀던 것이다. 이것은 길림성의 장백산 주변의 촌락을 보면 현재 지금도 목책으로 집 주위를 두르고 입구의 문은 도리이식이다. 이 주위의 목책이 없어지면 마침 모옥과 도리이가 떨어져 존재하게 된다. 이세의 대신궁을 보면 가운데에 초가집 지붕의 천목이 나란히 있는 본전이 있고 앞에는 도리이가 서 있고 주위에 벽을 두르고 있다. 이것은 가스가이(春日) 신사도 마찬가지이다. 그 이외 신사의 경우 이 벽이 없어지고 도리이가 본전과 떨어져 따로 세워져 있는 것과 같은 곳이 있다. 일본에서도 이전에는 도리이가 본전 중심으로 되어 있고 도리이 문이 주위의 목책과 이어져 있었던 것임에 틀림없다. 만주인의 가옥에서 그것을 알 수 있으며 이와 같은 점은 어느 정도 주의하지 않으면 안 된다. 일본의 가옥은 남방 형식의 것도 있지만 북방에서도 현재 이와 같은 건축양식이 있다. 요컨대 이곳에 나무가 많은가 어떠한가 하는 문제로 귀착하는 것이다. 띠로 지은 작은 집과 같은 것도 남방의 특이한 것으로 북방에 없다고 말할 수 없다. 또 교창식(校倉式) 건물과 같은 것은 북방에 많이 있다. 특히 장백산 방면, 쑹화강 상류, 아무루 상류에 그것이 많다. 때문에 이것은 남북의 문제가 아니라 요컨대 수목의 문제가 되는 것으로 생각할 수 있다.

    그다음 만주인의 집은 모두 온돌이 있으며 기와 굴뚝이 밖에 서 있다. 이것은 옛날에는 기인(旗人)외에는 허용되지 않았던 것이다. 그다음 곳에 따라 초가지붕 주변에 석회로 파도 모양의 당초(唐草) 모양을 장식해서 붙인 곳도 있다. 이곳에서는 지금 말한 바와 같이 신간(神桿)을 세우고 있는데 이것은 연중 축제 때에 그 위에 주석으로 만든 접시와 같은 것에 돼지고기라든가 무엇인가 먹을 것을 담아 신에게 바치게 되어 있다. 이 신간이 세워져 있다는 것은 그야말로 만주인의 이전 풍습으로 한인 등에는 결코 없는 것이다. 이것은 고조선의 마한 풍습에서도 신간을 세운 것인데 그것과 같은 것이다. 이곳에 사는 만주인은 순수한 만주인으로 그 용모는 얼굴이 얼마간 길고 머리모양은 광두(廣頭)에 약간 가깝거나 혹은 중두(中頭) 등도 있다. 요컨대 만주인은 퉁구스족 가운데에서도 중두에 약간 가까운 머리 모양을 하고 있다고 말해 좋다. 광두도 있지만 광두와 중두 사이의 것이 상당히 섞여 있다는 것은 주의하지 않으면 안 된다.

 치치하얼을 중심으로 분포하는 만주인은 당시 팔기주방(八旗駐防)으로서 편제되어 있었던 것임에 분명하다. 그 때문에 이 부근에는 만주인의 촌락이 여기저기 남아 있다. 만주인의 기질은 한인에 비교하면 어느 정도 온순한 구석이 있지만 어느 사람은 어느 정도 한인화되어 있다. 만주조정이 무너지고 중화민국이 된 이후 만주인의 생활이 어느 정도 어렵게 되었기 때문에 마치 일본 명치유신 후의 사족(士族)이 곤궁한 지경에 빠진 것과 같은 상태가 되어 자신의 가구나 여러 가지를 버리거나 파는 일이 크게 성행하고 있다. 현재 치치하얼 시가의 큰 도로에는 만주기인이 그 가계도(家系圖)까지도 팔러 나와 있다. 그 외에 강희제나 건융제로부터 받은 성훈(聖訓), 어제(御製), 근정요지(勤政要旨)라는 것도 팔고 있다. 나도 그 중 몇 가지를 사 모았다. 만약에 오늘날 만주어로 된 이와 같은 것들을 사려면 치치하얼에서 매우 싸게 살 수 있다. 이러한 것 등을 보아도 만주인이 얼마나 어렵게 살고 있는가를 알 수가 있다. 옛날같으면 매우 귀중하게 여겨 비단으로라도 보관해두는 자신의 가계도조차도 또 황제로부터 특별히 하사받은 가보라고도 말할 수 있는 신필(宸筆)조차도 대체로 이속삼문(二束三文 : 수량이 많아도 가격이 쌈 — 역자 주)으로 팔아넘기고 있는 상황이다. 실로 오늘날 만주인의 상태는 비참한 것이다. 그리고 그들은 지금 일종 특종부락과 같은 것이 되려고 하고 있다. 우리들은 만주인의 집에 들어가 사진을 찍으려고 하면 매우 싫어하고 무엇인가 일종의 의심의 눈으로 보는 경향이 있다. 이것은 어느 정도 중국인으로부터 압박을 받고 있다는 것으로 생각할 수 있다. 만주인은 만주인끼리 교제하며 중국인과는 구별되어 있다. 그 집에 들어가 보아도 궁핍한 사족과 같은 상태로 격식정도는 높고 그 실제는 매우 생활에 곤란을 겪고 있다. 그렇지만 각 가정에는 역시 이전과 같이 요람(搖籃) 등을 기둥나무에 걸고 자식들을 그 안에 넣어 어머니라는 사람이 거기에 끈을 달아 흔들고 있는 것 등은 어느 정도 만주인의 모습을 띠고 있다. 요컨대 만주인을 연구하려고 하면 치치하얼이 가장 좋다.

그다음 시가지 가운데에는 이전의 성벽이 여기저기 남아 있다. 이것은 어느 시대에 신축한 것이기 때문에 이전의 성벽이 별도로 남아 있는 것이다. 그 다음 관제묘(關帝廟)라든가 공자묘와 같은 것도 성 안에 있다. 또 이슬람교의 사원 청진사(淸眞寺)도 이곳에 있다. 나는 이와 같은 곳과 공원 등을 둘러보고 그날은 숙소에 머물렀다. 또한 시가지에 있는 서점을 둘러보았는데 대체로 활자본, 석판본이라는 종류로 이전의 목판본은 매우 적다. 이것은 중국 그 이외의 각지에 있어서도 마찬가지이지만 특히 치치하얼에서는 그러한 느낌을 받았다. 서점에서는 고문헌을 전혀 취급하지 않기 때문에 활자본, 석판본도 대개 학교의 교과서와 같은 것이 많다. 중국인의 사상이 변한 것은 이것에 의해서도 생각할 수 있다. 그 밤은 영사관의 초대를 받아 영사나 직원들과 함께 치치하얼에 관한 여러 가지 이야기를 나누었다.

그 다음날 또 순사부장의 안내를 받아 북문 밖 만주 기인(旗人)의 마을을 조사하고 촬영 등을 하였다. 그것이 끝나고 오후 2시 이번에는 다우르 사람의 조사를 하게 되었다.

2-2 _ 다우르 조사

경편철도를 타고 치치하얼역에서 하차한 후 동지나철도의 선로를 따라 서쪽의 다우르 촌락으로 갔다. 이곳은 앙이계(昂二溪)라는 마을로 호수는 대략 250호이다. 그 가옥은 치치하얼의 만주인과 마찬가지로 초가지붕 위에 천목(千木)을 나란히 세우고 집 앞에 신간(神桿)이 세워져 있다. 집안에는 자녀를 흔드는 요람도 있으며 밖에는 기와 굴뚝도 세워져 있다. 그리고 여자의 풍속은 모두 만주풍으로 머리카락을 양쪽으로 나누어 묶은 방식도 보인다. 이곳 기인(旗人)의 집은 오래된 건물로 만주풍이며 정차장에 가깝게 되면서 산동성 주변의 풍속과 닮아 있다. 이러한 것 등을 보아도 헤이룽강성에도 최근 현저하게 산동사람의 세력이 밀려 오고 있다는 것을 알 수 있다. 이 앙이계라는 마을은 만주인과 다우르 사람이 섞어 살고 있는 곳으로 이 부근의 중국인은 이곳을 다우르 촌락이라고 말하고 있지만 실제 와 보면 그렇지 않다. 그러나 우선, 다우르 사람이 대다수이고 만주인이 거기에 들어가 산다고 보아 좋다. 만주인이 중국인에게 압박을 받아 시기심과 의심이 많게 된 것은 앞에서도 언급했지만 다우르 사람들도 역시 마찬가지이다. 우리들이 이 부근에 와서 여자 혼자 사는 집 등을 방문하면 매우 두려워하며 얼굴색을 바꾼다. 이것에 의해서도 중화민국이 된 이후 한민족이 다른 민족을 압박하고 있는 상태를 쉽게 엿볼 수 있다. 다우르 사람의 풍속은 정말 만주인과 같다.

대개 치치하얼 시가 및 그 부근 일대는 원래는 다우르 사람의 촌락이었음에 틀림없다. 현재 이 부근의 지명에 다우르 언어가 매우 많이 남아있다. 치치하얼 부근뿐만 아니라 넌쟝강 유역은 모두 다우르 사람의 근거지였기 때문에 그곳에 동쪽으로부터 만주인이 와서 그곳을 정복하고 치치하얼을 개척하여 군사와 주민을 이주시켜 이와 같이 다우르 사람과 만주인이 섞여 살게 되었던 것이다. 다우르 사람은 만주인에게 정복당하면서부터 만주의 기인(旗人)에 편입되고 만주 팔기(八旗)에 편입되어 실제 만주화되고 말았다. 그렇지만 이전의 다우르 사람은 넌쟝강 유역에 많이 분포하고 있었던 것임에 분명하다. 그리고 그 북쪽에 소론사람이 있었던 것이다. 이 앙이계(昂二溪)라는 지명 등도 역시 다우르 언어가 남아있는 것으로 생각할 수 있다.

이렇게 나는 치치하얼을 주로 만주인 및 다우르 사람을 대상으로 조사하고 또한 치치하얼의 이전역사를 조사하고 서적을 구입하였다. 치치하얼의 성 안 또는 그 부근에서도 이전의 옛 것이 발굴되었다고 이야기하였지만 나는 그 물건을 보지 못하였다.

최근 이곳에서 지리서 혹은 『치치하얼의 풍속안내』라는 책이 중국 사람에 의하여 출간되어 있지만 불행하게 거기까지이고 『헤이룽강통지(黑龍江通志)』라는 책은 나오지 않고 말았다. 이것은 다른 『길림통지(吉林通志)』 혹은 『성경통지(盛京通志)』라는 것과 마찬가지로 청나라 시대에 출판할 계획이었지만 결국 『헤이룽강통지(黑龍江通志)』만이 출판되지 않고 말았다. 그렇지만 이것에 대해서 소위 『야사』류는 출판되어 있다. 예를 들면 『헤이룽강외기(黑龍江外記)』라든가 하는 책이 그것이다.

어떻든 치치하얼 및 이 부근에 대해 나는 큰 흥미를 가지고 있기 때문에 기회가 되면 다시 조사하고 싶다.

04

인류학자와 일본의 식민지 통치

1. 치치하얼에서 하얼빈으로

1-1 _ 불규칙한 기차

8월 5일 치치하얼에 대한 조사가 끝난 다음 하얼빈으로 가서 그 부근을 조사하기로 하였다. 나는 처음에는 이곳에서 호리이 중위와 함께 배를 타고 넌쟝강을 내려가 뷔두너(伯都訥)를 통과하여 하얼빈으로 가려는 계획이었다. 그런데 불행하게도 금년에는 비가 오지 않아 강물도 말라 배로 가는 것이 불가능해져 유감스럽게도 그쪽으로 가는 것을 포기하였다. 그래서 오늘 오후 6시경 치치하얼에서 하얼빈으로 가는 기차가 있는가를 물어보고 출발하려고 하였는데 도착해 보니 그 기차는 화물차로서 손님을 태우지 않는 것이었다. 대개 요즘은 동지나철도 출발시간이 조금도 일정하지 않다. 이것은 러시아가 와해한 후에 볼셰비키 일파 중 많은 사람이 기차의 역부에 섞여 있으며 또 중국인 역부 등도 거기에 있어 때때로 노동파업을 하고 있었기 때문에 기차가 정기적으로 출발하지 않는다. 그뿐만 아니라 기관차 등이 때때로 파괴되면 그대로 수리도 하지 않아 열차 수가 점점 줄어든다. 그래서 어느 역을 출발하였는가 생각하면 도중에 정차하여 하루도 움직이지 않는 상황도 있고 출발시간이 맞지 않을 뿐만 아니라 도착 등도 몇 시가 될까 도저히 확신하기 어렵다. 이것은 내가 이미 여러 차례 여러 지역에서 경험한 것이다. 그렇지만 하얼빈과 치치하얼 사이에는 아직 부정기적이지만 기차가 운행되고 있는데 그 외의 각 역에서는 대체로 운행이 정지되어 있을 정도이다. 그러한 역에서 오후 6시 기차는 타지 못했지만 밤도 지나 한밤중이 되었을 때 갑자기 기차가 떠난다는 통지를 받고 나는 호리이 중위와 급히 그 기차를 탔다. 그 열차도 역시 화물차로 불편하였지만 달리 방법이 없었다.

    기차는 드디어 발차하여 점점 달리다가 날이 조금 밝았을 무렵 도중에서 완전히 멈추어 버린 것이다. 그리고 앞서 우리들이 타려고 하였다가 타지 못했던 기차가 그 앞에 멈추어 서서 조금도 움직이지 않는다. 이런 식으로 거의 예상할 수 없을 정도이다. 그렇지만 여러 승무원을 달래거나 격려하여 어떻든 오후 3시 반에 출발하게 되었다. 차창을 통해 밖을 보니 일망천리(一望千里), 북만초원(北滿草原)의 경치는 변함없이 광활한 것이다. 다만 이상한 것으로는 마찬가지로 초원이면서 홍안령 쪽 방면은 온갖 꽃이 활짝 핀 꽃밭과 같은 아름다운 경치를 나타내고 있는 것에 반하여 이 주변에는 들꽃이 여기저기 피어 있는 모습을 보기가 매우 힘들다. 도중 역 부근에 도착하니 만주인의 초가집이 여기저기 흩어져 있는데 한인풍의 가옥은 보이지 않는다. 이렇게 보아도 헤이룽강성(黑龍江省) 지방을 처음 만주조정이 개척할 때 이곳에 만주기인(旗人)을 보내 우선 그들의 촌락을 여러 곳에 조성하도록 한 것을 이것으로 알 수 있다. 지금도 여전히 그들의 가옥이나 그들의 풍속이 남아 있는 것은 가장 추억에 어린 것이다.

1-2 _ 하얼빈과 사할린 사람의 활약

이렇게 오후 12시경 하얼빈에 도착하여 일본 주둔군 사령부에서 보내준 마차를 타고 북만(北滿) 호텔에 투숙하게 되었다. 그 다음 7일, 8일, 9일, 10일까지 4일간 하얼빈 시가나 서점을 둘러보기도 하고 또한 그 부근을 조사하는 데 보냈다. 나의 생각으로는 하얼빈에서 동쪽에 해당하는 다음 역 아십하(阿什河)에도 가서 조사할 생각이었다. 이 아십하라는 것은 금나라 시대에 상경의 유적으로 시라또리(白鳥 : 白鳥庫吉일 것으로 생각한다— 역자 주) 박사 등도 갔던 곳이다. 지금도 토성이 남아 있고 그곳에서 여러 유물이 발굴되었다. 원래 만철(滿鐵 : 만주철도주식회사— 역자 주)에 있었던 가와까미(川上)씨 등도 이곳에서 나온 거울 등을 많이 가지고 있다. 이렇게 유명한 역사적 유적이기 때문에 꼭 가볼 생각이었는데 사령부로부터 콜레라가 극심하게 유행할 뿐만 아니라 도둑떼들의 위험이 있기 때문에 우선 연기하는 것도 좋을 것이라고 주의를 부탁하여 할 수 없이 다음에 가기로 하였다.

하얼빈은 쑹화강 유역에 있는 하나의 러시아 시가이다. 이 지역의 쑹화강은 넌쟝강 그 외 여러 지류가 합쳐져 매우 큰 강이 되어 있다. 금나라의 상경이 이 부근에 있다는 것을 보아도 이전부터 이곳이 형승지(形勝地)였다는 것을 생각할 수 있다. 하얼빈이 오늘과 같이 발전하게 된 것도 결코 우연한 일이 아니다. 특히 러시아가 철도의 중심지를 이곳에 둔 이래 점점 발달해 온 것인데 여기에서 한 가지 주의해야할 점은 하얼빈에는 유태인 사람이 매우 큰 세력을 형성하고 있다는 것이다. 하얼빈에 가서 보니 바로 알 수 있었는데 상권(商權)은 유태인(猶太人)들이 점유하고 있고 신문도 유태인들의 것이 세력을 가지고 있으며 경제적으로도 사상적으로도 유태인의 세력이 깊이 뿌리를 내리고 있으며 하얼빈으로부터 나오는 여러 정보 등은 유태인들이 제작한 선전이라고 보아 좋다. 특히 유태인 사람은 중국인과 결탁하여 활발하게 그 세력을 내리는 데 노력하고 있는 것으로 보인다.

최근 러시아 제국이 와해된 이후 중국인은 하얼빈을 중심으로 활동하기 시작하여 대체로 북방이 그들의 활동 근원지가 되고 있다. 일본인도 많은 사람이 이곳에 이주하여 그중에는 상당한 사람도 있지만 중국인의 세력에는 미치지 않는 것으로 보인다. 하얼빈에 대해서 기록한 것은 많이 있고 보통 안내서 등도 자세하기 때문에 여기에서는 생략해 둔다. 다만 잠깐 서점에 대해서 언급하자면 러시아의 서점이 한 곳 있는데 놀라울 정도로 가격이 비싸며 이렇게 가격이 비싼 것은 다른 곳에서는 찾아 볼 수 없을 정도이다. 사고 싶은 책을 물어보니 5, 60원에서 소백원(小百圓)을 지불하지 않으면 안 되었고 팔다 남은 책은 비교적 싸서 본 김에 조금 샀다. 예를 들면 러시아의 동지나철도회사에서 나온 『헤이룽강성지(黑龍江省志)』라든가 원래 치치하얼 병사가 쓴 『지나지(支那誌)』라든가 사할린에 관한 책을 두 세권 샀다. 특히 동지나철도회사에서 나온 책의 경우에는 『길림성지(吉林省志)』는 이미 나와 있어 나는 제다(齊多)의 서점에서 그것을 샀는데 『헤이룽강성지(黑龍江省志)』는 이번에 처음 본 것으로 훌륭한 지도가 거기에 붙어 있고 그러한 것 등이 우선 참고가 된다. 그렇지만 이러한 책도 점점 없어지게 될 것이다.

2. 다시 하얼빈에서 제다(齊多)로

2-1 _ 세 번 넌쟝강을 건너다

하얼빈에서 용무가 끝나서 8월 11일부터 또 제다로 다시 돌아와야 하는데 기차가 경험으로 미루어보면 몇 시에 출발할지 모른다. 정차장에 가보니 승객이 충분히 와 있지만 출발 시간을 몰라 예상을 할 수 없다. 얼마 안 있어 발차하게 되었다. 나는 1등차에 올라 탔는데 두 사람뿐이었다. 한 사람은 나이고, 다른 한 사람은 제다의 재력가로 일본에 견학을 갔던 적이 있는 러시아 사람이다. 그런데 열차를 타긴 하였지만 아직 발차 시간은 모른다. 그 때 일본의 외국어학교(아마도 동경외국어학교일 것이다 — 역자 주) 학생 일행이 제다 방면에서 돌아와서 기차 안에서 만났다. 그들은 그곳에서 장춘(長春)을 거쳐 남만주 쪽으로 돌아가려고 한다는 것이다. 이곳에서 이야기를 들었는데 일본 학자 가운데 중국통의 사람 및 유명한 지리학자들이 시베리아 쪽으로 가려고 하여 어떻게든 하얼빈에 가까운 장춘까지 왔지만 내륙의 위험 때문에 돌아갔다는 것이다. 평소의 큰 소리에 걸맞지 않는 행동이라는 비난도 있었지만 그 이름은 경의를 표시해 둔다.

　　오후 6시 35분 기차가 출발한다는 통지가 있었다. 나는 마침 열차를 타고 있었기 때문에 사정이 좋았다. 기차는 얼마 안 있어 제시간에 출발하여 쑹화강을 건넜다. 강물은 적고 배들은 많은데 닻을 내리고 묶어 놓았다. 쑹화강의 통항선(通航船)은 이곳에서 하류의 삼성(三姓) 지방 및 헤이룽강까지 증기선도 다니고 있지만 올해는 강물이 적기 때문에 왕래가 사정이 나쁘다하여 그와 같이 묶어 두고 있다고 한다. 배가 많은 것을 보아도 얼마나 하얼빈이 수운(水運) 편을 차지하고 있는가를 알 수 있다. 중국의 정크*도 많이 돛대[범장(帆檣)]를 세우고 있다. 잠　　❙ * 중국 교역선
깐 보니 강이 넓고 바다와 같이 보인다. 이것은 섬나라의 생각에서 말하는 것이 아니라 실제 이 주변의 쑹화강은 매우 넓은 곳이다. 강을 건넌 다음의 광경은 만주풍의 대륙적 경치가 전개되어 넓은 평야에다가 곳곳에 버들나무가 있고 인가들이 그 사이에 가물가물 보이며 기복이 완만한 언덕이 고립된 것처럼 여기저기에 보이고 잘

경작된 들판도 시야에 들어왔다. 마치 무사시노(武藏野)의 무라야마(村山) 부근의 경치를 떠올리게 하였다. 나는 이 좋은 경치를 태양이 질 때까지 차창을 통해 질리지 않을 정도로 쳐다 보았다. 그날 밤은 기차 안에서 자고 그 다음날 12일 아침 종줄이 깨워 눈을 떠보니 이미 치치하얼에 와 있다. 이곳에서 신선한 우유를 계속 마시면서 독서 등을 하며 유쾌한 아침시간을 보냈다. 그러나 내가 타고 있는 열차의 마지막 칸에 있던 중국인 승객이 콜레라에 걸려 결국 열차 안에서 죽었다. 이 때문에 다른 차로 갈아타고 10시 20분경에 치치하얼역을 출발하여 넌쟝강을 건넜다.

넌쟝강을 건너는 것은 이것으로 세 번째지만 이번에 특히 그 규모에 놀랐다. 홍안령의 여러 계곡이 모인 큰 강이 넓은 평야 사이를 도도하게 흐르고 있는 광경은 대단하였으며 이것이 쑹화강의 지류일까라고 생각할 수 없을 정도의 커다란 강이다. 강을 건너 앞의 해안에 이르니 서북쪽에 다우르 사람의 촌락이 띄엄띄엄 보인다. 그 다음 역인 부루치토에서 지형이 점점 높아가는 기분이 들지만 여전히 평원적 기분은 잃지 않는다. 보다 나아가니 얼마 안 있어 홍안령 가운데로 진입하여 양쪽에 산이 있고 그 소매 자락에 들국화가 아름답게 여기저기 피어있어 가을과 같은 느낌을 자아냈다. 이 들국화에는 황색·백색 외에 여러 색깔의 국화뿐만 아니라 여랑화(女郎花 : 목련, 특히 백목련의 별칭 — 역자 주), 도라지[길경(桔梗)] 등도 섞여져 있어 정말로 여러 꽃들이 아름다움을 뽐내는 분위기였고 그것들이 점점 바람에 흔들려 빨간색, 황색, 자주색, 백색이 뒤섞인 물결과 같이 흔들리는 모습은 그야말로 아름답다. 또 자란톤 주변에서 그야말로 산과 산 사이를 달리게 되고 정적한 하늘과 땅 사이에 계곡이 구슬을 부수고 흐르는 모습은 넌쟝강 부근의 사막적인 풍경과 비교하면 그야말로 별건곤(別乾坤)에 들어온 기분이다. 그리고 계곡을 따라 푸른 버들나무가 무성하고 또 여기저기 연못에다가 아름다운 들꽃 등도 피어 있다. 기차는 계곡을 따라 가다가 야루역에 도착하였다. 이곳은 지난 날 흥안령에서 방황하다가 겨우 찾아 올라간 곳으로 생각지 않게 당일 겪었던 어려움이 생각났다. 저녁 날이 저물 무렵 포합다에 도착하였다. 이곳도 아쉬움이 많은 역으로 질리지 않을 정도로 바라보았다. 포합나를 나오니 태양이 그야말로 흥안령의 뒷편에 숨어 있고 기차가 암흑의 산길을 불길을 토하며 달리는 모습은 정말이지 멋진 광경이었다.

13일 오전 2시경 하일라얼[海納爾]에 도착하여 이곳에서 며칠 동안 여행을 같이 한 호리이 중위 및 종졸과 헤어지게 되었다. 악수를 하면서 섭섭함을 느꼈다. 나는 잠을 청하고 하일라얼에서 2, 3번째 역에서 일어나 창밖의 새벽광경을 바라보았다. 이곳은 또 지난 저녁의 광경과는 확연히 달라 망망한 모래의 광원, 곳곳에 소나무가 자라고 있어 단조로움을 깨뜨리고 또 여기저기에 완만한 기복의 모래언덕이 있다. 이 주변은 이전에 소나무 숲이었는지 모른다. 이 황량한 모래의 풍경이 만저우리(滿洲里)까지 이어지고 있다. 오후 1시 반 무사히 만저우리에 도착하여 그곳의 수송사령부에 들린 후 그 밤은 만저우리에서 묵었다.

2-2 _ 기차 안에서 부라트 관찰

다음 날 14일 제다(齊多)에 가야 하기 때문에 아침 일찍 일어났다. 하늘에 약간 구름이 끼더니 비가 내렸다. 숙소를 나와 마차로 정차장으로 갔는데 도중에 비가 내려 물이 고인 곳 등이 생겼다. 얼마 안 있자 발차하여 오전 10시 다우리야 부근에 오니 전날 비 때문에 다리가 무너졌는데 임시 공사 덕분에 잠시 후 기차가 다닐 수 있게 되어 있다. 그 때문에 기차는 천천히 달려 그곳을 건너 볼시아역에 도착하였다. 볼시아역은 동지나철도의 연선(沿線) 가운데 하얼빈 서쪽에 러시아 사람들이 가장 많이 거주하는 곳이고 하나의 작은 시가지를 형성하고 있다. 마을의 상태는 모두 러시아풍이고 기차가 멈추자 러시아 사람들이 여러 가지 물건을 팔기 위해 나온다. 그 가운데에는 어리고 귀여운 아이들도 있으며 물건을 파는 모습은 정말이지 시장과 같다. 가지고 나온 물건에는 꽃다발 외에 생선, 빵, 고기 등도 있다.

볼시아역을 나온 후부터는 정말이지 부랴트의 유목지대가 펼쳐져 러시아사람의 모습은 보이지 않는다. 넓은 광원의 이곳저곳에 부랴트의 가옥이 띄엄띄엄 보이고 그 사이로 양, 낙타, 말 등이 느릿느릿 움직이고 있는 모습이 마침 기차 안에서 적당한 시야로 들어온다. 동지나철도는 보는 방식에 따라 어느 정도 흥미롭기 때문에 러시아 사람들이 "동진(東進)"이라는 일념에서 인가도 한적함에도 불구하고 곧바로 철도를 부설한 것은 정말 통쾌하다. 현재 볼시아역으로부터 각 정차장에서는 좀처럼 타고 내리는 사람도 없을 정도이다. 또 볼시아역으로부터는 지금 언급한 바와 같이 길을 따라 부랴트의 텐트가 점점 많아진다. 나는 그 텐트의 숫자가 어느 정도인가 기차 안에서 하나하나 세어 보았다. 우선 불시아역에서 하드브라시크역까지의 사이를 보니 최초의 집단이 9호, 다음이 5호, 3호, 그 다음부터 7호라는 식으로 모여 있다. 이것이 그야말로 부랴트 사람들의 유목지이다. 지형은 넓은 사막지대이며 그 사이 여기저기에 기복한 구릉이 있고 옆에 작은 하천이 흐르고 있다. 부랴트를 보려고 생각하면 이곳을 지나는 기차 안에서도 주의해서 보면 대체적인 상태를 충분히 엿볼 수 있다. 동지나철도 주변에서의 역은 그야말로 부랴트를 위해 부설된 것이다. 또 하드브라시크역 부근에도 역시 부랴트 텐트가 5개 설치되어 있고 옆에 연못이 보인다. 이것은 아마도 가축에게 물을 마시게 하기 위한 곳일 것이다. 텐트를 세어 보니 4, 6, 3, 6, 3, 3, 4, 2 그 다음부터 쭉 많게는 17, 1, 3, 10, 1, 4, 5, 6 또 많아져서 20, 2, 2, 4, 1, 이것이 하드브라시크역에서 비루카역까지 사이에 볼 수 있었던 텐트의 수이다. 그 가운데 러시아인의 가옥이 몇 채 있었는가 하면 겨우 6채뿐이고 그것도 띄엄띄엄 있다. 이러한 것들을 보아도 그 사이가 그야말로 부랴트의 유목지라는 것을 생각할 수 있다.

비루카역은 비루카 강의 강반에 설치된 정류장으로 비루카강은 오논강으로 합쳐지는 강이다. 비루카강으로부터 또 부랴트의 텐트를 세어보니 2, 10, 20, 8, 3 이렇다. 이것은 오논강반까지 확인할 수 있었던 것으로 그 가운데 러시아인의 가옥은 3, 10, 4호뿐이다. 이러한 현상이 오논강의 지류가 되면 러시아인의 집이 조금 많아지게 되다가 이곳의 철교를 건너 오논나야역에 오면 그야말로 크게 변하여 러시아인의 부락이 되며 호수 600, 인구 2천이다. 이곳에 중국인이 54호, 조선인이 4호, 일본인이 4호, 철도 종업원으로서의 일본인 65명이 산다. 이곳은 이전에도 이야기했듯이 하일라얼 이북에 도착하여 지형이 그야말로 크게 변하여 별천지에 들어온 듯한 느낌을 받는 곳이다. 하일라얼 교외 사막이 펼쳐지는 넓은 광원에다가 점점 늘어나는 소나무가 있는 곳에서 만저우리 부근의 사막지대 사구(砂丘)가 기복하는 곳 그리고 부랴트의 유목지대로서 광막한 초원에 이르기까지 말하자면 하늘이 드높고 들판이 망망한 만목황량(滿目荒凉)한 몽골 사막이 이어지다가 한 번 오논강을 건너면 바위가 나타나고 산이 우뚝 솟고 나무가 무성하고 푸른 산과 수목들이 눈앞에 새롭게 펼쳐진다. 러시아인들이 이 하반을 골라 우선 집합지로 삼은 것은 잘 한 일이다. 앞에 오논강의 흐름이 푸르고 이곳에 철교가 있어 다리를 건너니 산이 나타나고 흰 자작나무 등이 아름답게 푸른 잎 냄새를 풍기고 있다. 지형도 경치도 그야말로 크게 변한 모습이다. 그 다음 기차는 산지를 나아가 8월 15일 오전 10시가 지나 다시 제다에 도착하였다. 일본 주둔군 사령부로부터 크게 환영을 받고 일본인이 경영하는 나고야(名護屋)여관에 묵었다.

3. 제다박물관(齊多博物館)

3-1 _ 4일 동안의 조사

8월 15일부터 18일까지 4일간 나는 제다에 머물면서 여러 가지 조사를 하기도 하고 서점을 훑어보기도 하고 흥미가 매우 많이 일어났다. 이 제다에 머물면서 내가 가장 주의해서 연구한 것은 그 지역 박물관의 진열품이다. 나는 가장 열심히 조사한 박물관에 대해서 지금부터 약간 서술해 보고자 한다.

이곳 박물관은 기와로 지은 2층의 멋진 러시아풍 건물이다. 이 박물관도 시베리아의 다른 주와 마찬가지로 후패가이주(後貝加爾州)의 지학협회(地學協會) 지부가 관리하고 있으며 러시아의 지학협회와 관계를 가지고 있다. 이곳에 진열되어 있는 물품은 동물, 식물, 광물인데 특히 동물, 광물이 주가 되어 있으며 또한 지질도(地質圖) 등도 진열되어 있다. 이것들은 모두 후패가이주에서 채집한 것이다. 따라서 후패가이주의 박물학적 지식을 얻고자 하는 사람은 박물관에 가보면 된다. 이 박물관도 현재 박물학적 표본 이외에 인류학적, 고고학적 진열품도 있는데 그것을 두 가지로 나눌 수 있다. 하나는 토속학적 구분이고 또 하나는 고고학적 구분이다. 토속학적 구분에는 부랴트에 관한 것들이 매우 많으며 그들의 풍속, 습관에 관한 것은 대략 진열되어 있는데 특히 그것들의 진열에 인형을 이용하고 있다. 또 라마교의 풍속이나 그 경전 외에 불상 및 그 의례에 쓰이는 기구(器具) 등도 진열되어 있다. 부랴트의 상황을 알려고 하면 그 부근에 가면 된다. 또한 그 부근에 살고 있는 퉁구스족의 풍속도 역시 인형으로 묘사되어 있다. 또 야쿠트스크주의 야쿠트족의 풍속, 습관도 매우 많이 표현되어 있다. 야쿠트 방면의 인형 등도 있으며 또한 무당이 쓰는 가면 등도 있어 매우 흥미롭다. 야쿠트의 풍속, 습관을 알려고 하는 사람은 역시 이 박물관에서 보는 편이 좋다. 그다음 고고학적인 것은 우선 유사이전(有史以前) 및 역사시대의 것이 있다. 유사이전의 것은 석기시대의 것이며 역사시대의 것은 돌궐시대부터 거란, 원나라의 것까지 진열되어 있다. 그러므로 이 고고학부의 것을 보면 후패가이주(後貝加爾州)의 고고학적, 역사적인 것들은 대체로 알 수 있다. 그리고 이러한 고고학석의 재료는 어디에서 채집하였는가하면 이것은 대체로 전부 오논강 유역에서 획득한 것이다. 나는 우선 유사이전 즉 석기시대의 것부터 적어보려고 한다.

3-2 _ 석기시대

이곳에 진열되어 있는 것은 오논강 유역의 것이다. 그래서 이 방면에 대한 것들은 우선 석기, 골기(骨器), 토기 이 세 종류이다. 석기에는 돌도끼, 돌로 만든 끌, 돌화살, 돌창, 머리를 깎는 데 쓰는 돌칼, 갈돌, 돌 절굿공이, 돌절구 등이다. 우선 돌도끼부터 말하면 이곳에 있는 돌도끼는 마제와 타제 두 가지가 있다. 마제 쪽은 주로 네브라이트의 구슬로 만들어진 것들이 많다. 그 두께는 얇고 그 중에는 조선에서 나오는 것과 같은 구멍이 달린 돌도끼 및 그 구멍이 달린 돌도끼와 보통 돌도끼와의 중간 형태 등이 있고 독고형(獨鈷形)의 돌도끼와 같은 것도 존재하고 있다. 그다음 타제 돌도끼는 어떠한 것인가 하면 그것은 일본에서 나오는 타제 돌도끼에 속하는 것이다. 이것을 보면 타제로서는 공교함이 어느 정도 결여되어 있다. 그다음 도끼와 창 사이의 중간과 같은 것도 존재한다. 그 가운데에서도 지금 언급한 바와 같이 마제 쪽은 대체로 모두 네브라이트 즉 녹색 빛의 구슬로 만들어져 있다. 이것은 이르쿠츠크 박물관에서 본 패가이 호수의 서쪽 즉 에니세이강 상류의 것과 어느 정도 많이 유사하다. 그다음 그들의 원료는 어디에서 가지고 왔는가 하면 이것은 아마도 다른 네브라이트 산출 지방에서 가지고 왔을 것이다. 이곳의 박물관에는 크고 둥근 느낌을 주는 네브라이트 덩어리가 진열되어 있다. 이 발견지는 설명문에 의하면 야쿠토스크의 어느 지방에서 가지고 온 것이다. 즉 후패가이주에 가까운 곳이다. 이 돌의 둥근 부분을 보니 아마도 강바닥에 있었던 것이라는 생각이 든다. 당시 석기시대의 인간이 강바닥에서 이러한 종류의 돌을 주워서 돌도끼로 만든 것으로 보인다. 그렇다면 반드시 암석을 깨부수어 온 것이 아니라 강바닥에 있는 네브라이트를 찾아낸 것으로 보인다. 우선 석기는 이 정도이다.

다음으로 돌살촉은 어떠한 형태를 하고 있는가 하면 이것은 일본, 몽골, 시베리아의 에니세이강 유역에 있는 것과 같은 타제 돌살촉으로 하나라도 마제 돌살촉은 보이지 않는다. 그리고 타제 돌살촉 – 결제(缺製) 돌살촉의 형태를 보니 어느 것은 긴 삼각형으로 자루가 없는 것, 어느 것은 긴 삼각형으로 자루가 있는 것, 어느 것은 삼각형으로 한쪽 날을 가진 것, 그 다음으로 반월형의 것 등이 있다. 이 돌살촉은 자루가 없는 것이 많다. 대부분 자루가 없는 것이 보통으로 자루가 있는 것은 드문 편이다. 그 다음 돌칼은 몽골에 있는 것과 유사하다. 돌칼은 패가이 서쪽에서도 나오지만 그것은 형태가 크다. 또 중국 투르키스탄(土耳其斯坦)에서 나오는 것은 역시 크다. 그러나 이 박물관에 있는 돌칼은 작은 것으로 오히려 흥안령 부근 몽골의 것과 어느 정도 유사하다. 또한 돌칼은 모두 구슬의 단단한 돌로 만든 것이다. 이것이 역시 몽골 및 패가이 방면 내지 중국 투르키스탄 방면의 것과 많이 닮아 있다. 돌칼은 이러한 방면에서 상당히 만들어졌다는 것은 가장 주의할 만하다. 또한 단단한 돌을 깨부수어 여러 물건을 만들고 있다. 이러한 것들도 이 방면 하나의 특색일 것이다.

그 다음 석기 가운데 돌로 만든 고리가 상당히 있다. 이 돌로 만든 고리는 양쪽에서 긁거나 어떤 것은 주판의 구슬과 같이 만들거나 어떤 것은 차바퀴와 같이 그 가운데에 봉을 끼워 무기로도 사용한 것으로 보이고 원시적 농구로 사용한 것과 같은 것이라든가 또 추장이 지휘하는 이른 바 형벌에 쓰이던 도끼라는 것과 같은 것에 사용하였을 지도 모르는 것 등이 상당히 있다. 이와 같은 돌 한 가운데 구멍을 뚫어 돌망치로 사용한 것으로 큰 것도 있는가 하면 작은 것도 있다. 이러한 석기들은 역시 이 지방의 하나의 특징이라고 말해 좋다. 그 다음으로 돌 맷돌이 있다. 이 맷돌에 손잡이가 양쪽에 붙어 있는 것, 한 쪽에 붙어 있는 것, 그 다음 하나도 붙어 있지 않은 것이 있다. 그것에 대해 돌 방망이가 있다. 위쪽이 가늘고 아래쪽이 두껍게 되어 있는 망치형의 방망이다. 이 맷돌과 방망이가 마침 사정에 맞게 나와 있기 때문에 아마도 이 방망이로 맷돌 안의 물건을 잘게 부수었을 것이다. 이와 같이 맷돌과 방망이가 함께 존재한다는 것은 역시 이 지방의 석기시대에 있어서 석기의 특색이라고 생각한다. 그 다음 막대 모양의 둥글고 긴 돌로 양끝을 뽀족하게 하여 무엇인가 그것으로 찌르는 듯이 만든 석기도 나와 있다.

그 다음 흥미 있는 것으로서는 남자 성기모양의 돌막대기가 나와 있다. 여기에는 완전한 것 또 파편으로 되어 있는 것도 많이 있다. 조금 완전한 것은 뽀족한 부분이 약간 두들겨져 있다. 당시 이 지방에는 남근 숭배가 행해졌을 것으로 생각되며 이는 어느 정도 흥미로운 사실이다. 지금까지 남근 숭배는 남방 풍습이라고 이야기되어 왔지만 이곳에서 이와 같은 것이 나온 것을 보면 북방에도 역시 유사(有史) 이전의 당시부터 이 풍습이 있었다고 보인다. 그뿐만 아니라 북방의 고고학적 사실에서 남근 숭배가 있었다는 것은 이미 네덜란드의 고고학자 달구렌씨가 그와 같은 것을 에니세이강의 석기시대에 관한 논문에서 언급한 바 있다. 또 동(東) 몽골의 노합하(老哈河)에서도 남근 숭배라고 생각되는 것과 같은 형식의 것이 존재하고 있다. 이것은 내가 몽골에 관한 논문에서 서술한 것이다. 이로 보면 흥안령 동쪽으로부터 오논강의 유역, 그리고 패가이의 서쪽에 이르기까지 석기시대 당시 남근 숭배가 행해지고 있었다는 생각이 든다. 이 오논강의 석기시대에 있어서 어느 정도 주의할 만한 것은 이 남근형의 갈돌이나 절굿공이와 같은 것이 상당히 많이 존재하고 있다는 것이다. 이러한 것은 역시 이 지방에서 간과할 수 없는 하나가 될 것으로 생각한다.

거기에서 이곳의 골기(骨器)는 사슴 뿔 및 사슴 뼈로부터 나오는 것으로 어느 것은 사슴의 뿔을 가늘고 뾰족하게 깎았다. 이것은 아마도 부엌칼 등으로 사용하였을 것으로 생각한다. 또한 뼈로 칼 몸의 모양을 하고 있는 것도 있고 침(針)의 모양을 하고 있는 것도 있고 혹은 조각해서 톱을 만든 것도 있다. 이것은 아마도 오논강 유역에서 물고기를 찌를 때 사용한 것으로 생각한다. 이와 같은 골기들이 역시 상당히 남아 있다. 일본에서 골기는 패총 밖에 있지 않다. 밖에 있으면 모두 썩어 없어져 버린다. 그러나 이곳에서는 패총이 없는 곳에 존재하고 있는 것은 어떠한 이유인가. 결국 토지가 사막지로 건조한 상태이기 때문에 한 번 사막에 묻히면 비교적 오래동안 보존될 수 있었던 것이다. 이곳에 골기가 이와 같이 남아 있는 것은 그것을 증명해 주고 있을 뿐만 아니라 석기시대 당시 골기가 많이 사용되었다는 사실을 생각할 수 있다.

이 진열품 가운데 정사각형의 가늘고 긴 돌이 있으며 그 각 면에 길고 가는 홈을 몇 개인가 조각해 놓았다. 이 돌은 어디에 사용하였을까. 이것은 구슬을 깎는 데 사용하였거나 아니면 여자의 머리에 꽂는 돌로 만든 장식품 그 외 장식품 등에 둥근 모양을 낼 때라든지 앞을 뾰족하게 하기 위한 것에 사용되었을 것으로 생각한다. 이른 바 구슬 만들기에 사용한 돌이다. 이 돌은 조선의 석기시대에서도 나오고 있다. 또 일본의 원사(原史)시대에 곡옥(曲玉), 관옥(管玉)을 다듬고 깎을 때 사용한 말하자면 구슬 만들기 돌과 어느 정도 많이 비슷하다. 이즈모(出雲) 등에서 이것을 신사(神社)에서 제사지내고 있는 곳이 있다. 이와 같은 석기가 이곳에 존재하고 있는 것을 보면 석기시대에 여자의 머리장식에 구슬을 사용하고 있었다는 것을 함께 생각할 수 있다.

다음으로 석기시대의 유물로서 주의할 만한 것은 토기이다. 오논강 유역에는 토기는 석기와 함께 나온다. 이곳에 진열하고 있는 토기는 대개 파편 형태가 대부분이고 완전한 형태는 매우 적다. 매우 작은 파편은 유리병에 넣어 관람자의 편의를 고려하고 있다. 그 가운데 완전한 형태에 대해서 언급해 보자면 밑에 받침대가 있고 그 위에 토기가 놓여 있다. 아마도 원래는 어느 받침대 위에 낮고 둥근 것을 올려놓고 그것이 달라붙은 것과 같은 형태가 되어 있었을 것이다. 그 위의 토기 언저리에는 다른 흙을 써서 위로부터 뾰족하게 내민 언저리를 만들고 거기에 여기저기 모양을 내고 있다. 그 다음 그 밑의 허리 위쪽에는 뾰족하게 내민 하나의 줄 모양이 둘러쳐 있는데 이것은 장식이다. 토기는 모두 적갈색으로 유약을 바르지 않고 낮은 온도에 구워낸 것이다. 이 토기는 일본의 야요이식(彌生式) 토기 등과 많이 비슷하다. 현재 야쿠토스크주의 야쿠트 사람은 지금 이러한 형태의 것을 만들고 있다. 또한 다른 파편에는 어떠한 것이 있는가하면 손잡이가 있는 것이 있으며 점선(點線)이 그어져 있는 것이 있고 거기에 문양을 내고 있는데 문양은 모두 기하학적인 것으로 즉 점점(點點)이든가 아니면 원과 같은 것이다. 그다음 어느 것은 우자판(羽子板)*과 같은 형태로 획을 긋고 두드린다. 이렇게 하면 장기판형의 것이 나온다. 이러한 것도 있다. 또 쇄모목(刷毛目)**을 그은 것도 있다.

* 목이 짧은 테니스라켓 모양.

** 붓모양.

이러한 토기 등에 대해 말하자면 동몽골의 것과도 비슷하며 또 만주, 조선의 것과도 유사하다. 어떻든 당시 여기에 살고 있었던 사람은 석기나 골기뿐만 아니라 토기를 사용하고 있었음은 분명하다.

우선 이렇게 이 박물관을 개괄적으로 보면 이와 같은 사실을 인정할 수 있다. 이러한 사실은 후패가이주에 있어서 중요한 사실이다. 그리고 몽골과 패가이 서쪽과 연결시키는데 그 중간지대의 것이 어떻게 보일까하는 연구에도 흥미롭다. 이렇게 보면 오논강 유역의 석기시대의 색채는 에니세이강 유역과도 관련이 있으며 동몽골과도 관련이 있고 또한 남쪽의 중국 투르키스탄의 것과도 관련을 가지고 있다. 그러니까 중간의 지점에 있는 것이다.

3-3 _ 역사시대의 부(部)

다음으로 역사시대의 것으로 옮겨 보도록 한다. 우선 돌궐시대는 어떠한가 하면 그것은 돌궐시대의 것이 주이지만 물론 그 이전의 것도 포함되어 있는 것으로 생각된다. 이를 넓은 의미에서 고(古)돌궐시대라고 말하고 싶다.

이 시대 유적으로서 우선 주의를 기울일 만한 것은 그루간 고대이다. 그루간이라고 하는 것은 고대의 묘이다. 이 묘가 오논강 유역에 매우 많다. 이곳 박물관에는 그 사진을 두, 세장이나 진열해 놓고 있고 또 그림도 걸려 있다. 이를 보면 얇은 돌을 옥벽과 같이 장방형으로 나란히 세우고 그러한 묘 가운데에 사람의 유해를 넣고 위를 흙으로 덮은 것이다. 또 그 유해 옆에 죽은 사람의 애장품이나 무기 등을 부장품으로 묻는다. 거기에서 나온 것은 말하자면 고(古)돌궐의 것들이다. 이곳 박물관에 수집되어 있는 것은 모두 이러한 곳에서 나온 것으로 보아 틀림없다. 러시아에는 그것을 그루간이라고 부르고 있다. 이 그루간은 단지 오논강 유역뿐만 아니라 에니세이강 유역에도 매우 많다. 현재 이르쿠츠크 박물관에 있는 유물에도 이 그루간에서 나온 것들이 많이 있다. 이러한 에니세이강 상류라든가 혹은 세렌가강 유역 및 오르곤강 유역에도 그것이 많이 남아 있다. 오논강 유역의 것도 역시 이러한 것들과 같은 것이라고 생각할 수 있다.

　이 그루간에서 나온 것들은 어떠한 것인가 하면 청동, 구리 및 철로 만든 기물(器物)이다. 우선 이곳에서 볼 만한 것은 그들의 단검(短劍)이다. 이것은 뾰족하게 된 양날을 가지고 있으며 거기에 자루가 달려 있다. 말하자면 투르크검(土耳古劍)이라고 하는 종류의 것으로 에니세이강 상류에서 나오는 것과 어느 정도 크게 유사하다. 다음으로 이곳에서 나오는 것 가운데 주의할 만한 것은 무기와 화살촉이 많다는 것이다. 화살촉에는 철과 구리의 것이 있으며 그 형태도 여러 가지이다. 특히 재미있는 것은 그 가운데 세 날개식 화살촉[삼익식촉(三翼式鏃)]이 있다는 것이다. 이 세 날개식 화살촉은 에니세이강 상류에서도 나오는 것으로 말하자면 스키트식 화살촉이라 칭하는 것이다. 이러한 것들이 에니세이강으로부터 오논강에 걸쳐 당시 행해지고 있었던 것을 생각할 수 있다. 이 화살촉 가운데 여러 가지 형태가 있는데 그것이 과연 고돌궐의 것인지 아니면 이후 원나라의 것이 섞여져 있는지 일괄적으로 말할 수 없다. 그렇지만 화살촉의 형식은 에니세이강 유역의 것과 매우 닮아 있다. 또 화살촉 가운데는 내가 동몽골에서 채집한 철 화살촉과 같은 이미지의 것이 있다. 이곳 박물관에서는 특히 이러한 것 등을 분류하지 않고 모두 한 가지의 것으로 나열하고 있다.

　또한 이곳에 갑옷의 파편으로 나온 것이 있다. 이것은 모두 무장한 말의 파편이다. 갑옷과 못 그대로 남아있는 것이 있고 또 갑옷에는 가죽 끈을 통과시킨 구멍 흔적이 있다. 구멍은 세 개 뚫려 있는 것도 두 개 뚫려 있는 것도 또 하나 뚫려 있는 것도 있으며 또 크고 작은 것도 있다. 이렇게 보면 당시 무장한 말들이 상당히 사용된 것으로 생각할 수 있다. 이것은 동몽골에서도 에니세이강 상류에서도 확인할 수 있는 사실로 또 더 나아가면 말갈(靺鞨) 특히 일본의 원사시대에서도 그 사실이 확인된다. 현재 이 무장한 말은 티베트에서 오늘날 아직도 볼 수 있다. 이것은 극동 민족에게 매우 독특한 것으로 결코 중국으로부터 들어온 것은 아니다.

다음으로 주의할 만한 것은 마구(馬具)가 상당히 많다는 사실이다. 고삐[비(轡)]라든가 등자[등(鐙) : 말을 탈 때 디디고 올라가는 제구−역자 주]라고 하는 것들이 매우 많다. 등자에는 여러 형태의 다른 것이 있다. 고삐 등도 어느 정도 변해 있다. 이런 것들을 보면 오논강 유역에 당시 살고 있던 사람이 말을 상당히 많이 사용하고 있었던 것을 알 수 있다. 그리고 또 이러한 것 등을 묻을 때 말도 역시 묻었다는 것을 생각할 수 있다. 하물며 그곳에서 등자가 나오고 도검(刀劍)이 나온다고 하는 것을 보면 그루간에 묻힌 주인 또 그들의 당시의 심리상태도 어느 정도 일본인과 많이 비슷한 면이 있다. 즉 무장한 대로 매장한 것이다. 이러한 것 등은 어느 정도 일본의 원사시대의 고분 매장방식과 관계가 있는 것으로 생각된다. 특히 마부가 많이 만들어져 있었던 것은 매우 주목할 만하다.

이것을 보면서 생각나는 것은 일본 신슈(信州)의 고분이다. 신슈의 고분에서는 다른 유물과 함께 마구가 나온다. 이것은 그루간에 볼 수 있는 사실과 어느 정도 비슷하다. 이러한 것 등은 말하자면 북방의 영향을 보여주고 있는 것으로, 즉 저 세상에 가는데도 무장하고 갈 필요가 있다고 하는 신앙이 서로 비슷하다. 이로 보아 나는 고돌궐시대의 그루간에 마구가 많은 것은 어느 정도 흥미롭다.

또 이 그루간에서 나온 것 가운데 도끼라든가 칼[협(鋏)]이라든가 작은 칼 등과 같은 것도 있으며 또 오래된 거울 특히 포도경(葡萄鏡)과 같은 것도 보인다. 그 다음 구리로 만든 장식품 즉 머리장식, 귀 장식, 귀거리 등과 같은 것도 있다. 명적(鳴鏑 : 쏘면 공기에 부딪쳐 소리가 나게 만든 화살 − 역자 주)도 두 개 정도 나열되어 있다. 이 명적 중 하나는 구멍이 뚫려 있는 것이고 또 하나는 미완성품이다. 이와 같이 완성 전의 것들이 있다. 이 명적의 재료는 뼈이다.

그다음 거란이나 원나라의 유물이 역시 이곳에서 볼 수 있다. 특히 거란이나 원나라의 토성에서 나온 것으로 기와라든가 연와라든가 혹은 그 때의 토기, 도기(陶器) 및 화살촉이라든가 검 등과 같은 것도 있다. 그 가운데서도 주의할 만한 것은 이곳에서 나온 기와로 내가 이전에 동(東)몽골의 시라무렌강 유역에서 요나라의 상경 유적에서 발견한 기와와 같은 것이다. 이것은 아마도 몽골시대 초기인가 거란 당시 것이 아닌가 생각된다.

이상으로 보면 오논강 유역에서도 석기시대 당시부터 거란, 원나라 등에 이르기까지 상당한 문화가 존재하고 있었던 것으로 생각된다. 특히 그루간을 통해 본 문화는 어느 정도 색채가 있고 이러한 것 등은 에니세이강 유역 등과도 상당한 관련성을 가지고 있는 것이다.

그 다음 또 한 가지 여기에서 주의할 만한 것은 오논강 유역에 화강암으로 된 자연 동굴이 남아 있는 것이다. 이 동굴은 자연적으로 일종의 석실(石室)과 같은 것이 되어 천장과 안벽이 만들어져 있다. 그 안벽에 조각되어 있는 문자를 스케치하여 이곳 박물관에 진열하고 있는데 그것은 한 장의 그림이다. 그것을 보면 여러 문체의 문자가 있다. 즉 고(古)돌궐 문자와 같은 것도 보이는가 하면 또 위그르 문자와 같은 것도 보이고 특히 티베트와 같은 문자도 보이는데 이 베낀 방식은 확실치 않다. 이것은 원물석면(原物石面)이 풍화작용을 받고 있는 것 때문에 이와 같이 분명치 않은 것인가 알 수 없지만 어떻든 나는 거기 써진 대로 베끼어 보았다. 그렇게 해서 보니까 만약 고돌궐문자가 이 가운데 있다고 한다면 역시 그루간과 같은 시대의 것이 있게 된다. 또 그다음 이후의 위구르 및 티베트 문자와 같이 순서대로 되어있다고 한다면 이것은 적어도 수나라에서 당나라에 걸친 것으로 생각한다. 티베트 문자와 같은 것이 쓰여 있는 것을 보면 그 이후의 것일까, 그 문자를 무엇 때문에 이와 같이 암굴의 벽에 새겼는지 크게 의문을 품지 않을 수 없다. 그렇지만 그것과 비슷한 예는 일본에도 있다. 즉 인하타(因幡)의 시오미무라(鹽見村)의 사까타니(坂谷)에서도 화강암의 자연 바위집의 안벽 위에 이와 같은 문자가 새겨져 있다. 그것은 한문자(漢文字)와 같다. 혹은 홋카이도 오타루(小樽)의 테미야(手宮) 암굴 벽에도 고돌궐의 문자가 새겨져 있다. 이러한 것 등은 서로 관계가 있는 것으로 생각된다. 이곳에 사람을 묻고 후에 벽에 무엇인가 그 유래라도 적은 것인지 모르겠다. 어떻든 이러한 식으로 암굴 벽에 문자를 조각하는 일이 당시 행해지고 있었다는 것은 생각할 수 있다.

3-4 _ 정치범 관장

대략 이곳 박물관을 조사하면서 내가 처음 기대하고 있었던 것은 그 관리자로서 전문가가 있을 것이라는 것이었다. 그러나 실제 이곳에 와 보니 전문가는 없다. 그리고 지금 이 박물관을 관리하고 있는 사람은 의외로 러시아의 3월 당원이었던 혁명가로 그 때문에 국사범자(國事犯者)로서 이곳에 유배되어 와 있는 것이다. 그는 이와 같이 정치가이지 과학자가 아니기 때문에 이곳의 진열품을 충분히 알지 못한다. 그가 본국에 있었을 때에는 활발하게 과격사상을 고취하였지만, 지금은 그것과 반대의 생각을 하고 있다. 그의 말에 의하면 자신이 처음 과격주의를 주창하였을 때는 이론이었고 오늘날과 같은 비참한 결과를 가져올 것이라고는 꿈에도 생각하지 않았다는 것이다. 그러나 지금은 과격주의를 실행한 모습을 보니 무지무능(無知無能)의 다수들이 상당히 위세를 이용하여 오히려 비참할 정도의 참해(慘害)를 불러일으키고 있다. 그 때문에 자신은 지난날의 언동을 크게 후회하고 이론을 고조(高調)하려고도 하지만 우선 그 실행의 결과가 어떠한 것인가를 깊이 생각하고 자신을 걸지 않으면 어처구니없는 잘못을 일으킨다는 것을 뼈저리게 느꼈다고 말하고 있다.

이 관장과 친하게 지내고 있는 도리이(鳥井)라는 사람이 제다(齊多)에 살고 있기 때문에 그 사람의 소개로 나는 두 번 정도 이 관장을 방문하였지만 유감스럽게도 자리에 있지 않아 만날 수 없었다. 그래서 할 수 없이 진열품 조사는 거기에 첨부되어 있는 설명서에 따라서 그것을 아는 방법밖에 없었는데 설명서에는 다만 이 유물은 오논 유역에 존재하고 있었다는 것 정도만을 적어 놓고 있을 뿐 오논강의 어느 주변인가 구체적으로는 하나도 적어 놓지 않았다. 나는 실제로 지금 서술한 바위 동굴 벽에 새겨져 있는 문자 내지 그 외의 유물 등에 대해서도 이곳 전문가에게 듣지 않으면 안 되는 부분이 상당히 많았지만 유감스럽게도 이렇게 되어버려 도저히 들을 수가 없었다.

어떻든 제다박물관의 진열품이 각 시대의 유물들을 상당히 망라하고 있다는 것은 후패가이주를 연구하는 사람에게는 매우 중요한 것이다. 이러한 유물들을 통하여 우리들은 고고학적으로 어느 측면까지 그 당시의 것을 추지(推知)하여 살필 수 있는 것이다.

4. 오논 하류의 탐험

4-1 _ 마고츠이 역(驛)의 새벽

나는 제다박물관의 조사를 위해 여러 번 그곳을 왔다 갔다 하고 있는 동안 그 유명한 오논강 유역이 이곳 진열품과 상당한 관련성을 가지고 있다는 것을 알고 반드시 오논강 유역을 여행하여 실지(實地) 조사를 해 보고 싶다는 생각이 들었다. 또한 이것은 전에 제다에 도착한 당시부터 이미 그러한 생각을 하고 있었던 터인데 지금 제다 박물관의 조사와 그 외의 용무가 끝났으므로 드디어 그것을 실천하기로 하였다.

이 탐험여행에서 당시 제다에 주둔해 있던 세묘노프 장군에게 소개장을 받는다든가 여러 가지 편의 제공을 부탁하고 또 부랴트어도 가능할 뿐만 아니라 그 방면 지리에 밝은 장군 부하 코사시크를 붙여주었다. 또한 몽골어를 아주 잘하는 제3사단 장교 스즈에(鈴江 : 鈴江萬太郎 ─ 역자 주)* 대위와 동행하게 되고 그의 종졸 한 사람 및 나의 종졸 악미(渥美權藏), 이렇게 다섯 사람이 드디어 여행 준비를 하고 8월 19일 오후 2시에 출발하기로 하였다. 다행히 이 때 세묘노프 장군이 블라디보스톡에 가게 되었고 특별기차를 내주기로 한다는 것이어서 그것을 타고 훈훈한 대우를 받게 되었다. 장군의 부관(副官) 일본인 세비 에이타로(瀨美榮太郞)라는 사람도 기차에 동승하였다. 세비씨는 나와 같은 고향 사람으로 아나미구니(阿波國) 아나미군(阿波郡) 시(柿)노하라(原) 사람이다. 또 나와 동행한 스즈에 대위도 역시 같은 고향 사람으로 사카노군(坂野郡) 출신이다. 아나미 출신의 세 사람이 만나 기차 안에서 여러 가지 고향 이야기로 꽃을 피웠다. 이야기를 하고 있는 동안 기차는 달려 밤 12시 반에 마고츠이 역에 도착하였다. 우리들 일행은 이곳에서 내리지 않으면 안 되기 때문에 세묘노프 장군 일행과 서로 건강을 기원하며 헤어지게 되었다.

이 마고츠이 역은 넓은 들판에 유일하게 하나의 정차장이 있을 뿐이고 우리들은 내리긴 하였지만 머물 수 있을 만한 집도 없다. 정차장의 건물도 협소하여 쉴 만한 대합실도 없다. 할 수 없이 건물 밖에서 옆으로 누워 밤바람이 부는 가운데 잠을 청했다.

* 군인으로서 시베리아에 파견되어 활동하면서 시베리아의 부라트족에 관한 연구를 수행하였고 그 성과를 동경 인류학회의 『人類學雜誌』에 발표하기도 하였다. 대표적으로 「시베리아에서의 부라트인의 거주지와 그 토속」(인류학잡지 제37권 제10호, 1922년)과 「중부시베리아여행기」(인류학잡지 제37권 제11호, 1922년)가 있다.

8월 24일 아침 일찍 눈을 떠 보니 이 정차장은 그야말로 광막한 들판 가운데 한 채의 집일 뿐 사방은 다만 부랴트의 목초지이다. 정차장 앞에 부랴트의 집이 한 채 있을 뿐 그 외는 어느 하나 시야를 막는 것은 없다. 나는 이 날의 목적은 아긴스키 부랴트 맹(盟)*의 관청을 방문하고 그 곳에서 여러 가지 이야기를 나누고 편의를 제공받는다는

* 몽골의 행정구획의 하나로서 몽골어로 치구루칸 혹은 아이마크라고 한다. 청나라는 내몽골을 지배한 후 기(旗) 위에 맹(盟)을 두고, 그것으로 내몽골을 여섯으로 나누었다. 또 17세기 말 외몽골이 청나라에 귀속되자 거기에 4개의 맹을 두었다. 현재 중국의 내몽골 자치구에만 보이는 행정구획으로 시, 현, 기(旗) 위의 행정조직으로서 8개의 맹이 설치되어 있다. SONY Encyclopedia Nipponica 2001 참조.

것인데 그곳까지 가기 위해서는 이곳에서 일본 거리로 9리 정도를 걷지 않으면 안 되었다. 그런데 그 9리 사이에는 인가가 한 채도 없다고 하여 매우 곤란하였다. 그래서 앞에 있는 부랴트 집으로 가서 차(車)를 제공받기로 하고 사정사정 부탁하였다. 그런데 그 집의 부인이 밖에 갔다 와 있고 남자는 아무도 없는데 자신이 마차를 몰아 우리들을 태워 준다고 하여 그것을 부탁하기로 하였다. 그 여자는 러시아식의 불완전한 마차에 우리 일행을 태우고 자신은 앞의 마차 자리에 허리를 걸치고 채찍으로 말을 몰아갔다. 이러한 활발한 행동은 몽골 부인이 아니면 도저히 볼 수 없는 모습이다.

4-2 _ 그루간의 발견

마차는 지금 광활한 들판 지대를 오로지 달리고 달려 아긴스코에를 향하고 있는데 이 주변은 모두 부랴트 유목지로 한 쪽은 풀이 무성히 자라고 있고 대체로 수목이라는 것은 없고 또 인가 한 채도 보이지 않는다. 다만 바람에 풀이 물결을 칠 때마다 그 사이에서 방목되는 소나 말 등의 모습이 어른어른 보일 정도이다. 이곳은 오논 강으로 흘러 들어가는 아가강 유역으로 우리들은 그 강 끝을 지나고 있는 셈이다. 이 지역은 평평한 대초원이기 때문에 하천이 어디로 흐르고 있는지 조금도 알 수 없다. 어디를 보아도 다만 풀이 넓게 나 있는 경치이다. 이러한 곳을 점점 나아가니 길 옆 수풀 중에

돌을 나란히 세워둔 장소가 여기저기 보인다. 그리고 때마침 2리 정도 갔을까 생각한 곳에 멋진 돌을 주위에 둘러놓은 유적을 발견하였다. 차에서 내려 그것을 조사해 보니 이것은 분명히 고대의 분묘로 러시아인이 말하는 그루간(Kurgan)이다. 이러한 그루간이 에니세이강 유역이나 패가이(貝加爾) 호수 부근에 있다는 것은 책을 통해 이미 알고 있었는데 처음으로 이곳에서 실물을 보니 기분이 매우 유쾌하였다.

이 그루간의 구조를 말하면 질부석(秩父石)과 같은 얇고 푸른 돌을 나란히 세우고 장방형으로 둘러싼 윤곽을 드러내고 있다. 이 분묘는 크고 작음이 각각 있지만 대략 무리를 형성한다. 그 가운데 내가 본 한 무리에 대해 말해 보면 그것은 6개 정도의 묘로 이루어져 있다. 그 가운데 하나를 말하면 길이가 2미터 50, 폭이 2미터 정도이다. 그리고 돌의 높이는 대개 일정한 높이로 담과 같이 주위를 둘러치고 있지만 왜 그럴까, 북쪽을 향한 3장의 돌만이 밖의 주위 돌보다도 높고 크다. 어느 것은 높이가 70센티미터, 폭이 50센티미터이고 그 다음은 높이가 60센티미터, 폭이 40센티미터이다. 그리고 다른 것은 대개 높이가 일정하고 그 반 정도이다. 돌의 두께도 대개 일정하여 13센티미터 정도이다. 묘의 방향은 자석을 대어 보니 동서남북이 매우 정확하다. 이것은 일본의 홋카이도에 있는 둥근 모양의 돌 울타리라 하는 것 혹은 스톤 서클(stone circle)이라 하는 종류에 속하는 것으로 그야말로 분묘이다. 이것이 이와 같이 무리를 이루고 있는 것을 보니 이곳에 한 가족 혹은 종복(從僕)들이 순사(殉死)한 묘라고 말할 수 있다. 이러한 묘들은 가능하면 집합적으로 존재하고 있는 것으로 생각된다.

이 묘에 대해서 보다 구체적으로 설명하면 그 무리는 다섯 가지로 구성되어 있으며 중앙의 두 가지는 같은 위치가 서로 접근하고 있으며 그 다음 남쪽으로 16보(步) 정도 떨어져서 또 두 묘가 존재하고 있다. 또 중앙의 묘로부터 북쪽으로 48보 정도 떨어져서 하나의 묘가 있다. 그 구조는 전과 마찬가지로 돌을 흙에 넣고 장방형으로 벽과 같은 것을 만든 것이다. 아마도 옛날에는 그 가운데에 시체를 묻고 그것과 함께 여러 가지 부장품도 넣고 흙을 덮었을 것이다. 그렇지만 주위에 둘러 서 있는 돌 벽 윗부분은 이전부터 나와 있는 것으로 생각된다. 즉 돌 벽을 주위에 두르고 그 안에 사람을 묻는다는 형식이다. 그 중앙에 두 개 나란히 있는 곳에서 대체로 40보 정도 동쪽으로 정확하게 떨어져 한 개의 돌이 서 있다. 그 높이는 1미터 35센티이고 폭은 남쪽을 향하고 있는 쪽아 40센티미터, 서쪽으로 향하고 있는 쪽이 20센티미터, 북동쪽은 어느 정도 둥글게 되어 있다. 이 돌은 다만 한 개 서 있는 것으로 묘로는 생각되지 않는다. 주의해서 보니 이 북동쪽의 폭이 20센티미터 정도로 위쪽에 뱀눈의 이중도(二重圖)가 조각되어 있다. 보다 잘 보니 서쪽 방면에도 조각되어 있어 즉 서로 상대하고 있다. 이 돌기둥은 도대체 어떠한 것인가 하면 그것은 맨힐(Menhil)의 종류로 즉 스탠딩 스톤(Standing Stone)이다. 이러한 묘표(墓標) 또는 묘 옆에 이와 같은 한 개의 돌을 세워 거기에 방선상(放線狀)을 나타내고 있는 태양(일본의 히노마루[日の丸]와 같은 것)이 이곳에 있는 것과 같이 원 안에 또 하나의 원이 있는 것과 같은 이중도를 조각하고 있는 것이 많다. 에니세이강에 있는 것은 태양 모양으로 방선상을 나타내고 있다. 그 중에는 사람 얼굴을 조각하고 있는 것도 있다. 무엇 때문에 이러한 방선상의 태양 혹은 뱀눈과 같은 것을 조각하고 있는가하면 이것은 태양숭배의 표징으로서 그것을 조각한 것이고 또 일면에는 악귀를 쫓는다는 의미도 있다. 태양숭배의 의미를 조각하는 것은 남양제도(南洋諸島)의 풍습으로 북방에는 없다고 말하는 일본학자가 있지만 그렇지 않다. 에니세이강으로부터 패가이에 걸쳐서 아직 그 서쪽에 걸쳐 어느 방면에 태양신을 돌로 새기고 묘의 상징으로 삼고 있는 예는 많다. 오논강 유역의 그루간에 있어서 하나의 입석(立石)에 조각하고 있는 이중도는 이것은 태양신의 약식(略式)으로 즉 에니세이 방면에 있는 것과 똑같다. 이렇게 보면 이곳에 묻혀 있는 사람도 에니세이 쪽에 묻혀 있는 사람도 시대가 같은 것으로 생각할 수 있다.

또 이 묘에서 여러 가지 도검(刀劍), 기타 유물이 많이 나온다. 그 유물은 철로 만든 것도 동으로 만든 것도 있다. 제다박물관에는 이 방면에서 나온 것이 많이 진열되어 있으며 또 이르쿠츠크 박물관에도 미누퉁구스의 박물관에도 에니세이강 상류에서 나온 것이 많이 진열되어 있다. 이러한 유물들이 있었던 장소는 고대 투르크인(土耳古人)의 묘로 에니세이강 유역으로부터 이 오논강 유역에 걸쳐 있는 곳에서 발견된다. 당시 투르크인이 여기에 많이 살고 있었던 것은 이것으로 충분히 알 수 있다. 지금 아침 출발한 마고츠이에서 아긴스코에 마을까지 9리 정도의 거리 안에 그야말로 황막한 하나의 초원으로 인가도 수목도 없고 다만 우마, 낙타 등의 유목지가 있는 이러한 무인(無人) 지역에 그루간이 이렇게 여기저기 존재하고 있고 또 이곳에 태양신을 새긴 입석군(立石群)이 존재하고 있는 것을 보아도 고대 이 지역에 투르크 사람들이 많이 살았던 것을 생각할 수 있다.

이와 같은 식으로 나는 조사에 많은 시간을 보냈다. 사람이 살지 않는 지역이지만 나에게는 큰 관심을 불러일으킨 초원이다. 이곳 조사를 마치고 점점 나아가니 또 여기저기에 그러한 묘가 있다. 그들 묘들은 누가 남긴 것일까, 부랴트 사람에게 물어보니 그들 중 사정을 잘 아는 노인들의 이야기에 의하면 이것은 그들의 것이 아니라 그들의 조상이 오기 전에 이미 있었던 것이라고 이전부터 전해 내려져 온다고 한다. 그러면 이러한 묘를 무엇이라고 하는가 물으니 그들은 그것을 칭하여 구소초론(Kuso-choron)이라고 말하고 있다. 부랴트 언어로 구소는 묘, 초론은 돌을 의미 한다. 그들은 그것이 묘라고 하는 것을 알고 있다. 또 이곳에서 여러 물건이 나오고 있는 것도 알고 있다. 제다에서 세묘노프 장군으로부터 들은 것인데 그는 어렸을 때 이곳에서 자주 놀았으며 여러 가지 것들이 흙속에서 나왔다고 한다. 그야말로 실제이다. 이와 같은 식으로 점점 거슬러 올라가 보면 오논강 유역에 투르크 사람들이 묻혀 있는 그루간이 많이 존재하고 있는 것을 알 수가 있다. 그다음 원듀루구라는 곳에도 세 개 정도의 묘가 있다. 하나의 묘를 중심으로 좌우에 7보 거리로 두 개의 묘가 있다. 이것들 역시 일족의 묘일 것으로 생각한다. 다음으로 원듀루구로부터 아긴스코에 사이에 마침 이와 같은 묘를 또 일군(一群) 발견하였다. 이곳에는 묘가 여덟 개 정도 모여 있고 모두 작은 언덕 위에 있다.

4-3 _ 아긴스코에

이와 같은 조사를 하고 오후 2시 15분에 아긴스코에에 도착하였다. 마고츠이부터 9리 사이에 있는 커다란 초원을 지나 처음으로 사람이 살고 있는 곳에 온 것이다. 계절적으로 비가 막 내렸는데, 오늘 밤은 이곳에 묵을 생각이다. 아긴스코에의 부랴트 관청 맹(盟) 즉 아이마크(Aimak) 관청을 방문한 이유는 세묘노프 장군으로부터 소개장도 있고 또 여러 가지 부탁하고 싶은 것도 있었기 때문이다. 관청 직원들은 크게 환영해 주었고 묵을 장소도 관청에서 이웃 러시아 사람 집을 정하여 그곳에 머물도록 해 주었다. 아긴스코에 마을은 아긴스크 맹 지방에서 중심지이다. 주민은 부랴트 사람이 주를 이루며 러시아 사람도 약간 살고 부랴트 사람과 러시아 사람의 혼혈아도 살고 있으며 러시아 사람의 상점도 약간 보인다. 부랴트의 호수는 120호, 러시아인은 겨우 20명 정도, 가옥은 4채이다. 마을 안에는 그리스 정교회의 커다란 교회당이며 부랴트 사람의 학교도 있다. 학교의 학생은 모두 부랴트 사람인데 그 선생은 부랴트인 세 명과 러시아 사람 두 명이다. 그다음 아긴스크 맹의 관청도 있는가 하면 맹 밑에 있는 기(旗)−호시야우의 관청도 있다. 제1차 세계대전 이후 특히 과격파가 발호한 이후 이곳으로는 어디에서든 물자가 들어오지 않기 때문에 적막한 마을이 되어 버렸지만 전쟁 이전은 상당히 번창하였던 것으로 생각된다. 그때는 러시아뿐만 아니라 중국으로부터도 물자가 이곳으로 모여 부랴트의 각 촌락으로 분배되었을 것으로 생각한다. 마을 상태를 말하면 부랴트 사람의 집은 모두 교창식의 건물이고 기와로 지은 서양식 가옥은 매우 적다. 그렇지만 그리스 정교회 사원의 건물은 정말 멋진 것이다.

여기에서 한 가지 주의해야 할 것은 부랴트 이외의 중국령(領) 몽골이라면 기(旗)의 관청이 있는 곳에는 왕이 있다든지 혹은 각 왕 가운데에서 선발된 맹(盟)장이 있고 대개 왕부(王府)가 있다. 그러나 부랴트에는 러시아에 정복된 후에는 왕이라고 하는 것이 없기 때문에 맹의 관청이 있다고 해도 보통 직원이 이곳에 있는 것에 지나지 않는다. 이것이 다른 내몽골, 외몽골의 기 등과 크게 성질을 달리하는 것이다. 그다음 아긴스크 맹 밑에 있는 약간의 기(旗)−호시야우도 통괄하고 있기 때문에 이 마을에는 아긴스코에 전체를 총괄하는 맹의 관청 및 아긴스코에 1기의 관청도 이곳에 있어서 맹에 관한 모든 업무는 이곳에서 취급하도록 되어 있다. 그리고 관청이라고 해도 몽골의 왕부 등과 같이 엄연히 권위적이라고 하는 것은 없고 목조 건물 안에 책상을 놓고 사무를 보고 있을 뿐이다. 사무 시에 쓰이는 문자는 러시아 문자 외에 부랴트 문자(즉, 몽골문자)도 사용하고 있다. 그렇지만 맹의 직원도 기의 직원도 모두 부랴트 사람이고 러시아 사람은 한 명도 없다.

나는 마을 여기저기를 걸어다니며 무엇인가 러시아 물건이 있을까 살펴보았는데 아무 것도 없다. 오히려 식료품 때문에 곤란해

하고 있을 정도이다. 숙소나 식료품 가게 등도 이전에는 상당히 번창했었던 것이지만 지금은 모두 휴업상태이다. 내가 묵은 곳의 집주인은 54, 5세 가량의 러시아 사람으로 부부와 자녀가 있으며 정말로 소박하고 온화한 사람이다. 이 주변의 사정 등을 잘 이야기해 주었고 나에게 참고가 되게도 벽에 붙어있는 후패가이주의 지도나 또 이 지방의 농업, 목축 등에 관한 책 및 이 부근의 사진 등을 주었다. 러시아 쪽에서는 대학 교원 즉 프로패서(professor- 역자 주)라고 하면 대단히 존경을 받기 때문에 우리들에게도 일본의 프로패서라는 식으로 호의를 베풀고 여러 가지 물건을 준 것이다. 어떻든 가능한 한 환대를 해 주었다. 그다음 이곳에 러시아의 우체국이 있다. 여러 가지 시끄러운 시기여서 어느 정도 불안하였지만 괜찮다고 해서 우편물을 내 보여주었다. (이 우편물은 모두 도착하였다.) 그다음 또 수집하려고 생각하였지만 앞으로의 여행사정도 있고 비도 내릴 것 같아 1박 하기로 하였다.

　대략 이 마을은 일대 초원 안에 있지만 마을 가까이에는 몇 종류인가 수목이 보인다. 이것은 아가강 지류를 따라 형성된 시가지이기 때문이다. 그 나무는 주로 버들나무이다. 또 곳곳에 오이 종류를 심어 놓은 것을 보았다. 이 마을은 요컨대 부랴트의 시가지로 거기에 러시아 사람이 들어가 살고 있다고 말해 지장이 없다.

4-4 _ 라마 사원

　그 다음날 아침 일찍 일어나 보니 비는 다행히 그쳐 있었다. 그러나 날씨는 구름이 많이 보여서 어떻든 서둘러야 하는 여행이기 때문에 점심식사를 마치고 출발하였다. 오늘은 아긴스코에의 라마묘를 향하여 가는 것이다. 아긴스크 맹의 관청은 우리들을 위하여 상당한 편의를 제공하고 특별히 차를 내어 주었을 뿐만 아니라 부랴트의 확실한 직원을 한 사람 붙여 주어 상황이 매우 좋았다. 일행은 여러 대의 차에 나누어 타고 짐도 1대의 차에 싣게 되었다. 도중에 비가 내리기 시작하였지만 그렇게 방해받지 않고 마을에서 그리 멀지는 않은 라마 사원에 도착하였다.

이 사원은 아긴스키다산이라고 부르는 것으로 아긴스크 맹 전체의 사원에 해당한다. 그 경내에 하나의 묘가 있는데 그것은 4개의 사원이 모여 있는 것으로 그것을 총칭하여 아긴스크 맹의 사원이라고 한다. 4개의 사원 외에 부속부(附屬部)가 있다. 사원 안에는 천 명 정도의 승려가 살고 있으며 사원 및 부속부 외에 승려의 종자가 살고 있는 한 건물이 있어 사원 마을이 생긴 것과 같다. 이곳에는 세속적인 사람들은 들어올 수 없고 그야말로 승려들이 살고 있다. 승려들은 업무가 끝나면 모두 각자의 집으로 돌아간다. 사원 안에는 장엄한 서역풍(西域風)의 금박을 많이 칠한 훌륭한 건물들이 있고 당 한 가운데에는 불상과 그 좌우에 보살이 나란히 있고 천장에는 멋진 덮개가 내려져 있다. 부랴트인이 정말이지 절에 돈을 걸고 있는 것을 알 수 있다. 이 사원의 건축 및 불상, 불구(佛具) 등은 어느 나라 사람들에 의하여 만들어졌는가 하면 불구는 중국인이 만든 것도 있지만 건축이라든가 많은 불상들은 모두 부랴트 사람들 자신들이 만들고 있다. 절에서는 매일 독경과 의식이 매우 활발하게 이루어지고 있다. 일본에서도 진언(眞言)이나 천태종이 성행하였을 때는 예산(叡山)이라든가 다카노(高野)라든가 그 외의 사원도 그러하지만 특히 천태(天台), 진언(眞言)과 같은 것은 절 부근에 사원 마을이 생겨 자연히 상태가 달라진다. 나는 이 라마묘 부근의 사찰 마을을 보면서 다음과 같은 생각을 하였다. 만약 이곳에 모인 사람들을 이용하여 일을 하였다면 할 수 없는 것이 없었을 것이라고. 그 예산(叡山)의 연역사(延曆寺)가 여러 번 승병을 일으켜 말하자면 무가(武家)에 반항한 것도 이와 같은 사정일 것으로 생각하였다.

이 라마를 총괄하는 것은 부처의 재생(再生)이라고도 말할 만한 것이 있는데 선발된 라마의 총주관(總主管)이 일반적으로 라마를 지배하는데, 그것이 활불(活佛)로 다라이라마에 해당된다. 이 활불은 부처의 재래(再來)라는 것과 같이 생각되어 상당히 존경을 받으며 그 사람이 죽으면 후보자를 선발하여 계승하도록 한다. 이 활불은 종교상 주권자임과 동시에 또 스스로 부랴트의 주권자가 되어 있으며 그 밑에는 보좌 역할을 수행하는 여러 중추적인 승려도 있다. 때문에 부랴트는 때마침 내·외몽골 혹은 티베트에서와 같이 그야말로 정교적(政敎的)이며 세속인은 그 지배를 감내하고 있다는 것에 지나지 않는다. 부랴트는 라마불교가 매우 성행하기 때문에 기부도 상당히 성행하고 있다. 때문에 어디에서든 절은 거대하며 승려의 생활 모습은 세속인보다도 약간 사치스럽다. 방 안도 굉장하여 숙박을 하면 상당히 기분이 좋다. 매우 정중한 대우를 받았을 뿐만 아니라 절 안도 모두 보여 주었다. 그다음 그 밤은 그곳 사람들이 1박을 했으면 하는 바람이 있어 할 수 없이 머물기로 하였다.

　이 부근에 쌴뻬론이라는 부랴트 사람이 살고 있다. 그 사람은 러시아학교를 졸업하였고 학식이 상당하여 부랴트 사람으로서는 사물에 대한 지식을 가지고 있는 사람이다. 부랴트 사람 중에는 그 외에도 여러 학자가 있어 부랴트의 것에 대해 다각도로 고찰이 이루어지고 있다. 그중에는 농학사(農學士)도 있는가 하면 법학사(法學士)도 있으며 독서 계층도 상당히 많다. 이들 학자들은 어떻게 해서든 부랴트 사람을 독립시키고 싶다는 희망을 가지고 있으며 이 쌴뻬론씨도 역시 그러한 사람 중 한 사람이다. 일본에 학생을 보내 교육을 받게 하고 싶다 등과 같은 생각을 가지고 있는 사람이다. 그렇지만 일본의 당국자는 그것을 허용하지 않기 때문에 어떻게 해서든 그 희망을 달성하고 싶다고 큰 걱정을 하고 있었을 뿐만 아니라 부랴트 사람은 지금 민족이 없어지고 말 거라는 것도 걱정하고 있었다. 예를 들면 백인으로부터 전염된 화류병(花柳病)이라든가 폐

결핵이라든가 그러한 악성의 병이 부랴트 사람에게 상당히 많다. 지금 예방하지 않고 만연되면 결국 부랴트 사람은 절멸할 지도 모른다. 내가 부랴트 사람에 대해서 물었을 때에 그는 그와 같이 감개에 어린 이야기를 하였다. 이와 같은 생각이 젊은 싼뻬론만이 아니라 조금 생각이 있는 부랴트 사람이라면 모두 마찬가지다. 또 어느 젊은 부랴트 사람은 라마의 지배를 벗어나 자신 등 세속인이 모든 것을 하고 싶다고 생각하고 있는 사람도 있다. 또 라마교가 보다 성행하게 되는 것을 우려하는 사람도 있다. 왜냐하면 라마신도가 되면 아이를 가질 수 없다. 또 인구가 적은 부랴트인이 인구가 더 줄어들게 될 것이라고 매우 걱정하고 있다. 싼뻬론씨는 매우 생각이 진보된 사람으로 우선 부랴트의 새로운 사람이라고 생각된다. 그처라고 하는 사람도 역시 다른 부랴트의 부인과는 매우 성격이 달랐다. 이르쿠츠크 방면에 유학하여 영어 등도 연구하고 있다. 그것을 보아도 그들 지식계급의 부랴트인은 어느 정도 진보된 생각을 가지고 있고 보통 부랴트 사람과는 크게 다르다.

　　이와 같이 절 안을 둘러보기도 하고 또 여러 이야기를 듣기도 하면서 그 밤은 그곳에서 머물렀다.

4-5 _ 고개에서 손 모아 절하기

　　다음 22일 이곳을 출발하여 하천을 따라 나아갔다. 도로의 광경은 어제와 달랐고 바라보니 대초원에서 소와 말이 거닐고 있다. 풀은 길이가 짧아 소와 말이 먹기에 적당하다. 이 부드러운 녹색 풀을 펼쳐 쌓아 놓은 듯한 평평한 대초원을 가벼운 아침바람과 함께 마차를 타고 달려가는 것은 그야말로 유쾌하다.

　　부랴트인은 일반적으로 풀을 대단히 중요시 여긴다. 들판의 풀을 천연 그대로 자라게 하는 것이 아니라 가능하면 보호하여 모두 인간이 밟고 있는 토지에 소와 말 사료에 적합한 풀을 번식시켜 이 대평원을 거의 풀밭으로 조성하고 있다고 말해도 좋을 정도다. 풀의 높이는 지금도 언급한 바와 같이 우마가 먹기에 적당한 정도로 균일하다. 부랴트인은 이 풀을 시야카라고 부른다. 그리고 방목하고 있는 우마가 자유롭게 먼 곳을 가더라도 곤란하고 또 언제까지라도 같은 장소에서 풀을 다 먹어도 곤란하기 때문에 한 쪽의 풀을 다 먹어치우기 전에 우마를 다른 쪽으로 옮기고 그곳에 풀을 번식시킨다. 이렇게 하기 위해 방목지에 긴 울타리를 설치하는데 부랴트 사람들은 이 울타리를 호시야라고 부르고 있다. 이 부근의 하천에는 버들나무(몽고어로 바루카스)가 많이 자라고 있는데 그것은 긴 울타리의 재료로 쓰인다.

점점 나아가니 아가강 연안을 거슬러 올라가는 오르막길이다. 이 주변이 되면 아가강이라고 하기보다는 아가강의 지류 또또보르도강이다. 이 연안을 따라가서 그런지 점점 위로 올라가면 갈수록 자작나무나 그 외의 수목이 많이 보였다. 지금까지의 대초원과는 지형이 달랐고 점차로 산 속으로 들어가는 것 같은 기분이 들었다. 오늘 아침 절을 나와서부터 또또보르도강의 연안을 나아가고 있는 동안 역시 그루간의 흔적이 여기 저기 보인다. 만또또로가이라는 곳 앞에서 그루간의 무리를 두 개 정도 보았다.

이렇게 7리 반 정도(즉 70 로리〈露里〉) 오니 또또보르도라는 마을에 도착하였다. 이 마을은 60호 정도의 부랴트 촌락이다. 이곳에는 교창식의 집이 있으며 가축 등도 많이 기르고 있다. 이곳에서 차를 세우고 점심식사를 하기로 하였다. 이 마을은 부유한 집이 많고 부랴트 학자 츠비코프씨는 이 마을에서 출생하였다. 따라서 학문도 왕성한 활동을 보이고 오토아지시 · 살가고린이라는 학교가 세워져 있는데 학생 수는 25명 정도이고 그 가운데 여학생은 두 사람이다. 선생은 부랴트 사람이고 부랴트 언어 및 러시아 언어를 가르치고 있다. 이곳에 오후 1시에 도착하여 어느 부랴트 사람 집에서 점심식사를 하였다. 지금까지는 러시아 사람 집에서 머물든가 라마교 사찰에서 머물렀기 때문에 식사는 러시아식, 사찰식이었는데 이곳에 와서 처음으로 보통의 부랴트 사람의 식사를 하게 되었다. 그 음식은 만두밀가루로 만든 빵과 같은 것과 그 다음 우유에 차를 넣은 것 등으로 그야말로 몽골지방과 같은 것이다. 식사하면서 여러 가지를 듣고 2시 20분경에 출발하였다.

다시 또또보르도강 상류를 따라 갔다. 도로는 점점 오르막길이 되어 자작나무가 작으면서도 수풀을 이루고 있는 사이를 지나 드디어 하나의 고개를 오르게 되었다. 그 고개에 적석총, 즉 몽고어로 오보가 있고 그 옆에 약간 큰 버들나무 한 그루가 자라고 있다. 부랴트 사람은 이 고개를 오르내릴 때마다 그 나무 가지를 향해 절을 하고 여러 가지 물건을 걸어 놓고 있다. 예를 들면 옷자락이 있는가 하면 목면자락도 있고 혹은 종이와 같은 것도 있고 여러 가지인데 이러한 것들을 나뭇가지에 묶어 놓은 것이다. 때마침 스가하라 미찌마사(菅原道眞)의 노래에 "이번에는 폐물도 그대로 놓아두고 절을 하니 단풍이 든 금신(錦神) 그대로여라"라고 쓰여 있듯이 헤이안조(平安朝) 시대에 여러 가지 색지를 폐물(幣物)에 이용한 것이 생각나고 일본의 고대에도 고개를 넘을 때에 손을 모아 절을 한 것과 같은 것이 부랴트에서도 행해지고 있다는 것에 큰 흥미를 일으킨다. 이 고개를 넘을 때에 손을 모아 절을 하였다는 것은 오로지 부랴트뿐만 아니라 내외 몽골인 또는 조선인 사이에서도 현재 이루어지고 있다. 이러한 것은 동아시아 민족에게 보이는 공통점으로서 연구 상 매우 흥미롭다고 생각한다.

이 고개를 넘어 점점 내려가니 나무가 점차로 적어지고 다시 초원지가 되고 지형이 넓은 초원으로 전개되었다. 초원지와 동시에 부랴트 사람들의 촌락이 여기저기 보였다. 집은 역시 나무로 만든 교창식이고 소, 말이나 낙타 등을 기르고 있는 나무 울타리가 여기저기 설치되어 있다. 이 주변은 실제로 순수한 부랴트의 촌락 모습이다. 이렇게 점심식사를 한 곳에서 45 로리(露里) 정도 와서 함니간, 부랴트 기(旗)의 자쁘마토마이라는 촌락에 도착하였다. 이곳은 기(旗)의 관청이 있는 곳으로 우선 그 관청을 방문하여 그곳에 머물기로 하였다.

오늘 이동한 거리는 약 75로리, 이 마을에 도착한 것은 오후 6시 10분경이었다. 이 마을은 한편 구릉적인 산을 끼고 그 끝자락에 관청이 있다. 관청은 부랴트풍과 러시아풍을 절충한 것과 같은 건물이고 직원은 한 사람도 없었다. 우리들이 왔다하여 마을 사람들이 말을 타고 직원을 부르러 갔다. 비로소 직원이 와서 오늘 밤의 숙박을 상담하였는데 관청에는 어떠한 준비도 되어 있지 않기 때문에 가까운 곳에서 여러 가지 것들을 거두어 와서 식사를 마쳤다. 이 관청 부근에 3채의 브리아트 인이 살고 있지만 어느 정도 빈촌에 물자가 넉넉지 않다. 관청 옆에 티베트 문장으로 온마니바츠토메훈이라고 불교의 감사 문구를 새긴 석비가 서 있다. 일행인 꼬사시크는 그것을 가리켜 매우 오래된 것이라고 말하고 있다. 그는 그 티베트 문자인 것을 몰랐다가 확실히 티베트 문장으로 온마니바츠토메훈을 새긴 것이다. 약간 세월이 흐른 비문과 같이 생각되었다. 나는 숙박소를 정해 놓고 여러 채의 가옥에 대한 생활 상태를 조사하기도 하고 또 부근을 약간 조사하여 보았다. 이곳에도 역시 5개 정도 그루간이 남아 있다.

이 마을은 물이 없는 장소로 보이고 우물을 파고 있다. 대체로 부랴트뿐만 아니라 어느 몽골 사람이라도 자주 우물을 판다. 이 우물은 가축에게 마시게 할 뿐만 아니라 또 자신의 음료수로도 사용하는 것이다. 몽골어 가운데 호또카라는 단어가 있는데 그것은 우물을 의미한다. 마을은 몽골어로 아일이라고 한다. 마을이 되기 이전에 천(泉)이라는 지명이 대단히 많다. 이것은 여러 채가 모여 있는 곳으로 그곳으로 점점 인가가 모이면 촌이 된다. 이것은 일본에서도 이러한 곳이 있을 것으로 생각한다. 예를 들면 와이즈(和泉)이라든가 나까이즈(中泉)라든가 어느 우물이라든가 혹은 동경 부근의 무사시노(武藏野)에서도 물과 관계한 지명이 많다. 즉 물이 나오는 곳에 인간이 모여 점점 그것이 촌락이 되어 가는 것이다. 이곳 등도 역시 그러한 예에서 우물을 파고 있는 것이다. 나는 이 우물 부근에서 석기를 하나 발견하였다. 천연석의 양쪽을 타결(打缺)한 것으로 망추(網錘 : 그물의 추－역자 주)로 사용한 것임에 분명하다. 지금 이 주변에는 호수도 하천도 없는데 이 돌이 존재하는 것을 보면 전에는 작은 하천인가 물구덩이가 있었지만 나무가 채벌되면서 토지가 건조해졌기 때문에 물이 점점 없어졌을 것으로 생각한다. 이 석기는 분명히 석기시대의 것으로 그 당시부터 이곳에 사람이 살았던 것을 알 수 있다.

  이 관청이 관할하고 있는 함니간, 부랴트 호시야우라는 이름은 어디에서 유래하여 붙인 것인가를 물으니 함니간이라는 것은 퉁구스에 관한 것이다. 부랴트 사람의 이야기에 의하면 이 지역은 본래 퉁구스의 지역으로 말하자면 함니간이 거주하고 있었던 곳인데 우리들의 조상이 그것을 정복하여 그 지역을 빼앗았다는 것이고 함니간이 거주하던 토지라는 의미에서 그 이름을 붙인 것이라고 말하고 있다. 그러한 것 등은 흥미로운 예로 퉁구스가 이전 이곳에 살았다는 것을 이것으로 알 수 있었다. 대체로 퉁구스는 후패가이주(後貝加爾州)에 지금도 살고 있는 것인데 부랴트 부근에 사는 퉁구스는 대개 부랴트에 정복되어 버렸고 부랴트화되고 있다. 부랴트가 퉁구스에 비하여 두렵고 사납다고 한 것도 역시 이로써 알려진 것이라고 생각한다. 이곳의 관청에는 5명의 직원이 있다. 그들의 이야기에 의하면 이 호시야우 중 호수가 약 1200, 인구가 6천 명 정도라는 것이다. 과연 그러할까 생각이 드는데 어떻든 그렇게 이야기하고 있었다.

4-6 _ 연달아 있는 긴 울타리

23일 오전 8시 50분 자쁘마토마이 마을을 출발하였다. 이 주변은 그야말로 초목지의 평원이었고 모전(毛氈)을 깔라놓은 것과 같은 푸른 풀 위를 밟고 지나간다. 도중 여기저기에 부랴트의 촌락이 보였다. 점점 나아갈수록 멀리 하천의 흐름이 은빛 뱀과 같이 가로질러 가고 있는 것을 알 수 있었다. 이것은 즉 오논강으로 우리들이 지금 오논강 연안을 따라 계속 걸어가고 있는 것을 알았고 또 그 강반에 도달하는 것도 그렇게 멀지 않구나 하는 것도 알았다. 이렇게 영시 20분에 하나의 커다란 라마묘가 있는 곳에 도착하였다. 이 묘는 즉 도쿠신다산이라 부르는 사찰이다. 지금 아침 출발한 곳에서 이곳까지 일본 거리로 계산하면 5리(20로리)이다. 이 부근은 평야 망망하고 어떠한 시야를 가리는 것 없지만 다만 이러한 절이 수풀 가운데 높이 솟아 있다. 절은 금벽 찬란(金碧燦爛)한 서역풍의 구조이고 승려도 많이 있다. 이곳에서 환대를 크게 받았다. 절은 어느 정도 오논강 가까운 곳에 있다. 그래서 나는 미리 세묘노프 장군으로부터 오논강반에 유적이 많이 있다는 것을 듣고 있었기 때문에 그 장소가 어디인가 승려들에게 물어 보았는데 도무지 요령을 얻지 못하였다. 그런데 승려의 장로가 신도 중 중심적인 사람에게 물어 구리 화살촉을 가지고 오게도 하고 혹은 동으로 만든 기린 모양이나 여러 색깔의 물건을 가지고 오게 하였다. 이 동으로 만든 촉(簇)은 역시 그루간에서 나온 것임에 분명하다. 이 촉은 오논강반으로부터 나오는 촉의 일종이고 또 에니세이강의 상류 패가이(貝加爾)호수 부근 내지 동몽골에서 나오는 것과도 관계가 있는 것이다. 그 다음 동으로 만든 기린은 어느 곳인가의 장식이었을 것으로 생각하였다. 이것은 아마도 송나라의 것 혹은 원나라의 것인지도 모른다.

그 주변은 원나라의 발상지이며 또 원나라가 명나라에게 패한 후 퇴각한 곳이기도 하며 원나라 사람에 의하여 일종의 취락을 형성하고 있었던 곳이기 때문에 그 때의 것으로 생각된다. 이 동으로 만든 기린이 나온 장소는 지룬강 유역이라고 말하고 있다. 장로는 기념으로 그 두 물건 및 경문(經文) 1질을 나에게 선물하였다. 이곳에서 절 안을 보기도 하고 여러 가지의 것을 듣기도 한 후 오후 12시 경 또 출발하였다.

그 다음 주로 오논강 연안을 향하여 나아갔는데 절에서 대체로 반리(半里) 정도 가서 드디어 도착하였다. 연안 위에 서서 바라보니 역사적 연고가 풍부한 강은 당시의 이야기 속에 조용히 흐르고 있다. 강의 폭은 대체로 100미터, 강 가운데에는 곳곳에 작은 모래 섬[주(洲)]이 생겨 있으며 강 주변에는 버들나무가 자라고 있어 신록의 색이 진하여 불타고 있다. 강 건너편을 보니 하나의 촌락이 있으며 호수가 100호 정도이고 그 사이에 교회 지붕이 높이 솟아 보였다. 물으나마나 러시아 사람의 촌락으로 그리스 정교회의 회당이라는 것을 알았다. 이 주변의 앞 연안은 모두 러시아 사람의 촌락 도울가이꼬이며 호수는 100호 정도 있는데 부랴트 사람은 거의 살지 않는다. 이 앞의 연안을 따라 강 위쪽으로 거슬러 올라가니 세묘노프 장군이 태어난 고향에 도착하는 것이다. 아꾸시아도 그 서쪽에 있다.

강을 접하여 하나의 구릉이 있다. 그곳에는 그루간이 매우 많다. 그 분포의 일단(一端)을 말하면 하안에서 100미터 정도 떨어져 강과 병행하여 하나가 존재하며 또 하나는 그보다 북쪽으로 11미터 정도 떨어진 곳에 있으며 또 다른 하나는 그보다 북쪽 2미터 떨어진 곳에 있고 나머지 하나는 그 북방 5미터 정도 떨어진 곳에도 있다. 즉 이 네 개의 그루간이 서로 무리를 이루고 있다. 그 방향은 동서남북으로 향하고 있으며 동서로 길게 남북으로 좁게 장방형을 이루고 그와 같이 돌의 열(列)이 주위를 둘러싸고 있다. 그리고 그 위치는 대개 기복이 있는 구릉 정상이며 그곳에 무리를 이루고 있다. 이것을 보아도 이곳에는 원래 투르크 민족이 상당히 번창하고 있었다는 것을 알 수 있다.

이 구릉에는 특히 석기시대 유물도 존재하고 있다. 예를 들면 석촉의 파편이라든가 혹은 돌칼의 파편 등도 조금 주웠다. 석기시대의 사람도 이 구릉 위에서 살고 있었다는 것을 알 수 있다. 이 구릉은 오논강 북쪽에 위치하며 남쪽은 강을 끼고 앞의 연안 멀리 펼쳐지고 있으며 경치가 매우 좋다. 때문에 오래 전부터 사람이 사는 장소로서 가장 주목을 받았을 것이다. 이곳과 앞의 연안과의 교통은 어떠한가 하면 물론 다리가 없기 때문에 부랴트 사람은 항상 말을 타고 건너 다녔다. 때문에 가능하면 물이 약간 얕은 곳을 골라 왕래하고 있다.

이 구릉의 조사를 끝내고 오논강을 따라 가기 시작했다. 도로 혹은 구릉을 오르고 내려가기도 하고 혹은 하천의 물가를 걷기도 하였다. 물가에는 앞에서도 언급하였듯이 버들나무가 자라고 있으며 그것을 헤치고 나아가는 일은 매우 힘들었다. 구릉 위에는 나무가 없지만 하천에는 나무가 무성하며 특히 하천 언저리에는 버들나무가 빽빽히 자라고 있다. 그러므로 하천 혹은 하천 언저리를 걸어가는 것은 상당히 쉽지 않았다. 그렇지만 이 버들나무는 부랴트 사람에게는 매우 중요한 것으로 그 가축을 에워싸고 있는 담장을 만드는 데 쓰이는 주요한 재료이기 때문이다. 그 담은 앞에서도 약간 언급하였듯이 몇 리쯤 되는 긴 사이를 연결하는 것으로 말하자면 긴 울타리를 이루고 있다. 이렇게 구릉과 하천 언저리를 번갈아 계속 나아가니 하천의 대안(對岸)에 있는 러시아 사람이나 부랴트 사람 등이 풀을 깎아 말리고 있는 것과 같은 모습을 때때로 보았다.

5리 정도 가니 함하꾸또라는 촌락을 통과하였다. 이곳에서는 드물게도 텐트를 친 둥근모양의 집 즉 몽골 순수의 가옥을 볼 수 있었다. 지금까지 도중에 본 부랴트 사람의 집은 대체로 러시아식으로 변화한 교창식 건물이었지만 이곳에서 처음으로 모전으로 친 말하자면 몽골 집을 보고 오래간만에 친구를 만난 기분이 들었다. 이 마을의 호수(戶數)는 매우 적었지만 그 가옥은 모두 몽골 겔 즉 몽골집의 건립방식이다. 이 마을 부근에도 그루간이 이곳저곳에 남아 있고 오보도 열두 개 나란히 있다. 오보라고 하는 것은 말하자면 적석(積石)을 말하며 중국인의 퇴석으로 열두 개가 나란히 서 있다. 그러나 그 중앙의 한 개는 나무를 모아 쌓은 것이고 그 밖은 모두 돌을 겹겹이 쌓았다. 오보에는 나무 오보와 돌 오보가 있는데 이 주변에는 강반의 나무가 있기 때문에 나무로 오보를 만들었을 것으로 생각한다. 또 부랴트 사람이든 몽골 사람이든 돌이 많은 곳에는 돌 오보를 만들지만 돌이 전혀 없는 곳에서는 나뭇가지를 모아 오보를 만드는 경향도 있다. 이 오보 옆에 두 구릉이 발달하고 있으며 그 위에 역시 그루간이 남아 있다.

그 다음 함하꾸또를 통과하여 다시 2리 반(10 로리)을 가니 구니에도다사안이라 부르는 절에 도착하였다. 시간은 4시 50분, 이 절은 역시 공막(空莫)한 구릉 위에 세워져 있고 주위는 그 어느 것도 시선을 막을 만한 것은 없다. 이 주변의 구릉은 모두 흙과 모래로 섞여 있고 암석은 거의 없다. 오늘 통과한 구릉은 모두 그러하기 때문에 이곳에 있는 절의 대석(臺石) 등은 어디에서 가지고 왔는가 하면 많은 경우는 그루간의 돌을 뽑아 사용하고 있는 것이다. 이 절은 그렇게 큰 절은 아니지만 멋진 건축으로 역시 티베트풍으로 금박을 입히기도 하고 적색이나 청색으로 극채색(極彩色)을 하여 화려하다. 사방이 삭막하여 단조로움이 극도에 달한 삭북적(朔北的) 광경 사이에 이 금벽 찬란한 라마 묘가 있는 것은 실로 푸르름 속에 홍일점이라는 것과 같은 기묘한 느낌을 불러일으킨다. 이 절에는 승려가 100여명 가량 있으며 불상을 섬기고 있다. 그 주승(主僧)을 소츠토놈세베군이라고 부르는데 호의를 가지고 우리들을 대우해 주었다. 절 안에 원(院)이라는 곳이 뒤에 하나 있다. 이것은 본전보다 약간 높은 곳에 떨어져 있으며 이곳에 라마의 황신(荒神)을 제사 지내고 있다. 전당 한 가운데에는 거울을 걸어놓았고 그 좌우에는 궁시(弓矢)를 짝을 지어 놓기도 하고 또 창(槍), 도(刀), 법나패(法螺貝), 곰의 가죽, 호랑이 가죽 등 여러 가지 것들을 나란히 걸어놓고 비단과 같은 것도 늘어 뜨려놓았다. 그 외 화살촉 등과 같은 것도 있고 그 가운데에는 명적(鳴鏑 : 쏘면 공기에 부딪혀 소리가 나는 화살의 일종—역자 주)도 보였다. 이 전당을 보면 우리들은 실로 흥미롭지만 그 중앙에 거울을 걸어 놓고 좌우에 황신을 제사지내고 맹수의 가죽 등을 나란히 걸어놓고 또 여러 가지 무기를 장식하고 있는 것을 보면 두려운 느낌도 든다. 이와 같은 것은 라마교적이지만 또 무속적인 부분도 있고 황신이 탈을 불러일으킨다 하는 것과 같은 생각에서 제사를 지내고 있다고도 생각되며 또 전신(戰神)으로 숭배하고 있다고도 생각할 수 있다. 이러한 것 등은 일본의 신사(神社)나 신의 사상을 연구하는 데 필요하다. 이러한 것은 지금까지 많이 보았지만 이러한 장소에서 보는 것은 처음이다.

이곳에서 여러 가지를 조사하고 6시 20분에 출발하여 또 오논강을 따라 나아가기를 1리 반 정도(5로리), 길옆에 건물의 흔적이 있다. 그것을 부랴트 사람으로부터 들으니 본래 이곳에 함하쿠또절[寺]이 있었다고 한다. 이 주변에 인가는 좀처럼 보이지 않고 광막한 풀밭이다. 이곳에 그루간이 3개 정도 있는 것 같았는데 잘 조사해 보니 그 외에 5개 정도 있다. 얼마 또 가니 한 개가 더 있다. 그보다 더 가니 또 7개를 발견하였다. 그로부터도 4-2-1이라는 식으로 길마다 그루간을 계속 보면서 나아가는 동안에 기러기가 많이 내려와 쉬고 있었다. 기러기가 내려오는 것은 물을 마시기 위한 것으로 부근에 물구덩이가 여기저기에 있으며 또 커다란 연못도 있었기 때문이다. 볼또힘또롬이라고 부르는 그 연못의 직경은 200미터, 주위 900미터 정도이다. 연못가에서는 낙타나 소 등이 한가롭게 쉬고 있다. 연못의 물은 얕아 밑이 들여다 보일 정도이다. 확실하게는 보이지 않으나 물고기가 있는 것 같다. 이 연못가에도 그루간이 하나 있었다.

점점 나아가니 지형은 점점 광활한 평원에 들풀이 무성하였고 그 사이에 버들나무로 엮어 만든 울타리가 길게 연장되어 있다. 말하자면 유조변장(柳條邊牆)과 같은 것으로 이 버들나무 담은 매우 볼 만한 것이다. 즉 한 편은 오논강의 연안을 기점으로 쭉 북쪽으로 멀리까지 울타리가 설치되어 있으며 그 끝을 알아 볼 수 없을 정도이다. 원주민에게 물어보니 거의 정확하게 100로리의 담이라고 한다. 100로리라고 하면 일본의 25리 정도에 해당한다. 그 가운데에서도 앞서 이야기한 바대로 많은 가축이 방목되고 있는 것으로 그 출입문이 있다. 이와 같은 연장된 변책(邊柵)에서 즉 만리장성 등이라는 사상도 나오는 것이다. 대개 북방민족은 이와 같은 광대한 토지에 산이라든가 하천이라든가 하는 자연적 경계가 적은 곳에 경계를 삼고자 어떻게 해서든 이와 같은 것을 만들지 않으면 안 되었다. 그리고 이것으로 가축이 다른 곳으로 달아나는 것을 막고 한 편 목초를 보호하여 울타리에서 울타리로 순차적으로 가축을 옮겨가기 위한 편의에서 나온 것이다. 이와 같은 긴 울타리가 여기저기에 설치되어 있다. 이 긴 울타리가 발전되면 긴 둑이 되며 그것이 다시 발전하면 긴 성(城)이 되는 것으로 이 울타리는 정말로 원시적인 것이다. 이러한 적막한 길을 거슬러 올라가는 동안 해는 점점 서쪽으로 기울어 오후 8시 반경 보로단곤, 하타타라는 마을에 도착하였다.

이 마을은 자그마한 부랴트 부락으로 호수는 12호 정도이고 촌장은 센뻬유단지노라는 사람이다. 촌장의 집은 교창식 건물이고 그 외의 집은 교창식도 있지만 텐트도 있다. 우리들은 그 촌장 집에서 묵게 되었다. 집은 넓고 멋지며 대우도 매우 간절하였다. 주인은 양 500마리, 우마 100마리 이상을 사육하고 있는 재력가이다. 촌 부근은 목초가 부드럽고 짧게 자라고 있는 평탄한 토지이며 앞에서도 서술한 바와 같이 청색의 모전을 넓게 펼친 것과 같은 기분 좋은 곳이다. 이곳에서도 여러 가지 것을 듣기도 하고 조사도 하였다.

4-7 _ 영웅산에 오르다

8월 24일 오전 9시 30분에 출발하였다. 행선지는 역시 오논 강 반이다. 조금 나아가니 작은 연못이 있는 마니토토롬이라는 이름이다. 연못에 회학(灰鶴)이 많이 내려와 노닐고 있다. 내가 세어 본 것만 67마리이다. 대략 이 부근은 오논강에 가까울 뿐만 아니라 여기저기에 물웅덩이가 있기 때문에 학이 내려와 먹이를 찾고 있는 것이다. 이 학을 부랴트어로 토토츠크라고 한다. 이 때 우리 일행의 까자끼 병사가 그것을 잡아 오늘밤 식탁에 올리겠다고 해서 잡아보려고 했지만 새들이 너무 영리해서 날아가 버렸다. 조금 있으니 한 마리만 잡아 그것을 차 끝에 묶어 달았다. 그렇게 하니 부랴트의 직원 및 부랴트 사람이 그것에 크게 항의하였다. 대개 부랴트 사람은 살생을 상당히 싫어하고 있다. 양 등은 간단히 죽여 그 고기를 먹고는 있지만 다른 새 종류를 죽이는 것은 살생이라 하여 기피하고 있다. 이것은 몽골 사람과 같다. 우선 살아있는 피를 뽑는 것을 싫어하고 그것을 죽인 것이므로 보다 불쾌한 감정을 일으켰다고 보인다.

5로리 정도 나아가니 그루간을 7개 정도 보았다. 또 나아가니 물가에 8개 정도 그루간이 무리를 이루고 있으며 또 조금 나아가니 이번에는 15개 정도가 무리를 형성하고 있다. 또 조금 가니 다시 20개 정도의 그루간이 있었다. 이와 같이 오논강 유역에는 그루간이 상당히 많다는 것을 알았다. 마고치역을 나온 후 이 오논강 유역은 가는 곳마다 그루간이 없는 곳이 없다. 대개 물이 있는 곳은 사람이 모이는 곳으로 오논강 및 그 지류가 횡단하는 이 지방이 옛날 그들 민족이 많이 살고 있었던 곳이라는 것을 생각할 수 있었으며 그루간이 많이 존재하는 것이 알려졌다. 이 주변은 어제 본 바와 같이 버들나무 가지로 엮은 긴 울타리가 여기저기에 있었다.

지금까지는 구릉을 오르기도 하고 내려가기도 하여 오논강을 따라 갔지만 얼마 안 있어 멀리 건너편 연안에서 높이 200미터 정도의 구릉을 발견하였다. 그 위치는 한 편 강에 접하고 한 편은 넓은 평원을 끼고 있어 그야말로 경치가 좋다. 이 주변은 일대 광활한 평야임에도 불구하고 그 구릉만이 특히 200미터의 높이로 우뚝 솟아 있어 특히 사람의 눈길을 끈다. 물어보니 어떠한 인연을 가지고 있는 산이다. 몽골사람들은 이 구릉을 박카톨하타라고 부르고 있다. 하타라고 하는 것은 산을 의미하는데 나무가 없는 붉은 바위산 등이 솟아 있는 것을 하타라고 한다. 박카톨이라고 하는 것은 용감한 사람이든가 영웅을 의미한다. 그러므로 박카톨하타라고 하면 영웅산을 의미하게 된다. 어느 원주민이 이전 어느 영웅이 이 산 위에 살고 있었다라고 말하고 있다. 또 어느 사람은 그것에 덧붙여 칭기스칸이 이곳에 성(城)을 가지고 있었다고 말한다. 어떻든 이 박카톨하타는 한편 오논강에 접하고 있고 한 편 평원을 끼고 있어 아무리 보아도 경치가 좋은 곳이기 때문에 이전에 성으로 사용되었을 것이라는 점을 생각할 수 있다. 또 그 구릉은 화강암으로 구성되어 있고 방어하기에 가장 적합하기 때문에 무엇인가 방어지대라는 것을 연상시킨다. 지금은 이 구릉 정상에 라마 탑이 서 있고 그 좌우에 상대하여 또 각각 탑이 4개씩 즉 8개의 탑이 서 있다.

이 구릉에도 석기시대 당시부터 사람이 살았던 것으로 보이며 그 위에서 돌칼이나 화살촉의 파편 등을 주울 수가 있다. 나는 완전한 형태의 것을 줍지 않았지만 여러 가지 만들다만 미완성품이 대단히 많다. 그것은 모두 견고하고 아름다운 돌을 골라 만든 것으로 이러한 파편은 얼마든지 주울 수 있다. 이와 같은 여러 점에서 보아 이곳은 이전부터 하나의 요새이며 석기시대 당시에도 요새로서 이용되고 또 역사시대에 들어서서도 요새로서 이용되고 있었다는 것으로 생각할 수 있다. 그 지형을 잘 관찰해 보니 한편 오논강에 접하고 있는 쪽은 강이 자연적인 참호를 형성하고 있기 때문에 그대로 되어 있지만 강에 접하지 않는 쪽은 구릉의 산록에서 천연의 지형을 응용하여 둑과 같은 것이 쭉 연결되어 있다. 이것은 무엇인가 역사시대에도 중요한 곳이었다는 점을 생각할 수 있다. 이것은 몽골어의 후룸일 것이다.

 이 구릉 조사를 마치고 점점 나아가니 호라이또람이라는 연못이 있고 그 연못가에는 역시 그루간이 하나 있다. 다시 나아가니 진기하게도 강을 따라간 곳에 또간쪼론이라는 큰 암석이 드러나 있었다. 오논강 유역에 와서 처음 이러한 암석을 본 것이다. 이 부근에 부랴트 사람의 촌락이 있으며 집이 7채 정도 보인다. 이 암석이 있는 곳에서 사진을 촬영하였다. 암석 밑은 곧바로 오논강으로 그 앞 연안에는 러시아인의 촌락이 띄엄띄엄 있고 그 촌락을 츠야츠에프스키라고 한다. 어젯밤 머문 곳에서 이곳까지 5리 반 정도이다. 이곳에 그루간이 여덟 개 정도 있다. 이 마을에서 잠시 휴식한 후에 이번엔 오논강을 떠나 서쪽으로 향했다. 도중에 구칠긴노루라는 연못이 있고 그 부근은 넓은 풀밭이다. 다시 나아가니 두세 채의 부랴트의 집이 있으며 낙타 떼가 21마리 정도 여기저기에서 움직이고 있다. 그다음 브일존따이또룸이라는 커다란 연못 부근에도 역시 14개 정도의 그루간이 있다. 이 연못가에는 가축이 많이 모여 있고 물가에는 학 등이 많이 노닐고 있다. 이곳을 통과하여 역시 전과 같은 넓은 초지를 가로질러 점점 서쪽으로 향하였다. 이와 같이 한편 하프츤오라는 산을 멀리 바라보면서 오후 4시 반에 하라가나토보로츠크라는 곳에 도착하였다.

　이 하라가나라고 하는 것은 나무이름으로 다시 말하면 이 마을 이름은 하라가나라는 나무가 있는 마을이라는 의미이다. 오늘 이동 거리는 12리, 해는 아직 하늘 높이 떠있지만 그 마을에 머물기로 하였다. 마을은 작지만 교창식의 집 등이 있으며 우리들이 머문 곳은 부랴트의 부유한 집으로 주인은 러시아어에도 능하고 정말로 러시아통이다. 식사 후 주인으로부터 여러 가지 이야기를 듣고 또 선물로서 털이 달려있는 명적(鳴鏑 : 쏘면 공기에 부딪혀 소리가 나는 화살의 일종 – 역자 주)의 화살 하나를 나에게 주었다.

4-8 _ 연못의 연자화
　　(燕子花 : 붓꽃과에 속하는 여러해살이 풀 – 역자 주)

　8월 25일 오전 10시 반에 출발하였다. 도로는 어제와 마찬가지로 넓은 풀밭이다. 얼마 가니 하분가이킨토롬이라는 연못을 만났다. 이 연못 부근에 몇 채의 부랴트의 집이 보이고 이 주변 연못에는 창포가 많이 피어 있다. 창포를 부랴트어로는 사히루즈라고 부른다. 대체로 북쪽의 연못에는 창포가 많이 피어 있으며 일종의 정취를 더해 삭막한 경치를 어느 정도 완화시켜주는 효과가 있다. 이곳의 창포도 매우 아름답게 피어있고 나도 모르게 발을 멈추어 잠시 바라보았다. 물론 이것은 계곡에 있는 창포이다. 이 연못을 지나 넓은 풀밭 평원 즉 부랴트가 말하는 타라를 횡단하여 오후 1시 15분경 하라고이라는 곳에 왔다. 이 풀밭을 걷는 것은 40노리 즉 일본의 10리이다. 그리고 부랴트의 쥬가하타라는 마을에 가서 그곳에서 약간 휴식을 취하였다. 그 마을은 10채 정도 그 가운데 부유한 집에 가서 휴식을 취하였다. 이 지역의 집은 주로 나무를 엮어 만든 건물이다.

　나는 부랴트의 건물을 설명할 때 다만 교창식이라는 추상적인 것만 말하고 집 구조에 대해서 이야기하지 않았다. 지금 이곳을 기회로 약간 이야기를 해보려고 한다. 우리들이 잠깐 휴식을 취하고 차를 마신 집은 지상으로부터 천장까지의 높이가 1장, 오행(奧行)은 2칸, 폭은 3칸이고 나무를 조립해서 만든 집이다. 입구는 동남쪽으로 향해 있으며 안에 들어가 보니 어떠한 구획도 없고 다만 한 칸으로 가장 깊은 구석에 침상이 있으며 거기에서 서북쪽 구석에는 옷장이 놓여 있고 그 위에 불상 등을 제사지내고 있다. 또한 좌우 벽에 접한 곳에도 옷장이 나란히 세워져 있다. 다음에 입구에서 들어가 오른쪽에는 여러 가지 식기류 즉 우유를 넣은 통과 같은 것 그리고 도마와 같은 식사 도구 등이 놓여 있다. 집 한가운데에는 2로리(농가 따위에서 마루 바닥을 사각형으로 도려내고 방한용 취사용으로 불을 피우는 장치 - 역자 주)가 있으며 그것을 둘러싸고 나무로 만든 토대가 놓여 있다. 그 실내의 배치는 그야말로 중국령 내· 외몽골과 다르지 않다. 다만 내·외몽골(만주 및 중국본성에 접하고 있는 지방은 제외한다)에서는 텐트를 치고 있는 것이 부랴트에서는 교창식으로 되어있다는 것만 다를 뿐이다. 집의 높이는 약 1장, 손님이 왔을 때에는 불단이 있는 쪽으로 앉게 하고 주인은 그 다음에 앉는다. 그와 같이 내부의 배치는 그야말로 몽골식이지만 건축 방식이 목조의 교창식이 되어 있는 것은 까자끼의 건물에서 온 영향일 것인가 또 다른 민족의 건물로부터의 영향일 것인가 어떻든 이전은 모두 내·외몽골과 마찬가지로 텐트를 치고 살았던 것이 지금은 교창식(둥근 나무와 판으로 하는 것 두 종류가 있다)으로 되어 있기 때문에 어느 정도 그것에서 변화되어 왔다는 점을 생각할 수 있다. 지금 이 부근에 목재가 적지만 옛날 부랴트가 처음 이곳에 도착하였을 때는 아마도 산림지대였을 것이다. 그 산림을 베어 오늘날과 같은 교창식이 된 것인가 매우 의문이지만 어떻든 오늘날은 그 지역에 목재가 적기 때문에 건축 재료는 모두 패가이 호수 방면에서 나무를 운반해 오도록 되어있다.

그로부터 손님을 향응할 때 내놓은 것은 역시 우유를 넣은 차가 주된 것이고 또 버터 등을 발라 내놓는다. 차는 중국으로부터 들여온 전차(磚茶) 혹은 홍차 등을 준비하고 있다. 사탕은 각사탕을 이용하고 있다. 그 점 등은 다소 러시아화된 부분이기도 하다.

휴식을 마치고 오후 3시 10분 출발하였다. 오전과 마찬가지로 풀밭을 횡단한다. 풀은 부드럽게 잘 자라고 있으며 가축이 먹는 데 가장 적절한 것처럼 보인다. 가축의 모습은 보이지만 사람은 도무지 만날 수 없다. 이렇게 휴식한 곳에서 12로리 즉 일본의 3리 정도 걸으니 처음으로 수달이라는 마을에 도착하였다. 이 마을은 16채, 모두 텐트를 친 몽골식이다. 이것은 주로 부자가 아니라는 점과 같은 관계도 있을 것이다. 그렇지만 그 검고 더러운 모전을 사용하고 있는 가운데 2채 정도는 새롭고 흰 모전을 사용하고 멋진 텐트를 치고 있었다. 이것은 지금까지 보지 못한 것이다.

대체로 내외 몽골식에서는 흰 집이라고 하면 새로운 모전을 사용하고 있는 집으로 부자를 의미한다. 또 검은 집이라고 하면 오래되고 더러운 모전을 치고 있는 집으로 가난한 사람을 의미하고 있다. 내가 몽골 여행 중 몽골인은 여러 번 나에게 말하는 바로는 그 집은 검다, 저 집은 희다는 것. 즉 그의 집은 가난하고 혹은 부자라는 것을 보여주는 말이다. 이 수달 마을의 부랴트 집은 모두 텐트이며 그 가운데 2채만 지금 말한 바와 같이 흰 텐트로 부유한 집이다. 지금까지 경과한 부랴트 촌락은 대체로 모두 목조 가옥이었는데 어떻게 이 마을은 텐트를 치고 있는 집뿐인가 하면 우리들이 말하면 순연한 몽고풍으로 그들의 이전 풍속을 유지하고 있는 것이라고 보는 것이지만 실제는 여러 사정이 있어 토지 관계상 영주하는 것이 가능하지 않다든가 혹은 유목생활이라고 하는 관계로 이렇게 텐트를 치고 살고 있는 것일 것으로 생각한다.

수달 마을을 통과하여 점점 나아가니 오로우얀나야 역(驛)에 가까워졌다. 그 곳에서 촌락이 여기저기 띄엄띄엄 보이고 지금까지와 같이 사방이 가린 것 없는 광활하고 삭막한 광경이 엷어져 점점 사람이 사는 마을이 나온 것과 같은 느낌이 들었다. 상태가 어느 정도 지금까지와는 점점 달랐다. 도중에 갑자기 비가 내리기 시작하여 차를 서둘러 오로우얀나야로 향해 오후 6시 비가 그치기 전에 얼마 안 있어 도착하여 그 곳에 주둔하고 있는 일본 병참사령부로 들어가 숙박하게 되었다. 그래서 퉁구스 민족의 조사를 제외한 다른 것, 오논강 유역의 탐험을 마쳤기 때문에 우선 빌린 말이나 안내를 해 준 부랴트 사람 및 세묘노프 장군이 붙여 준 꼬사시크 등과 오늘 밤 이곳에서 1박한 후 헤어지게 되었다. 약 1주일간 이동, 삭막한 광원의 여행생활을 같이 한 사람들과 드디어 헤어질 시간이 되어 다소 감개무량하였다.

05

인류학자와 일본의 식민지 통치

1. 퉁구스 탐험

1-1 _ 부랴트화한 민족

8월 26일 오논강 유역을 동행한 부랴트 사람 및 코사시크와 헤어지고 나 그리고 스즈에(鈴江) 대위와 종졸 두 사람이 일행이 되어 이 부근의 퉁구스 촌락을 조사하기로 하였다. 말을 빌리기로 하였는데 정말 말이 오지 않는다. 여러 가지 시도를 한 결과 얼마 안 있자 말이 왔고 오전 12시 15분경 오로우얀나야를 출발하였다. 서론을 언급하는 부분에서 이야기하겠지만 이곳은 부랴트의 언어로 서서츠크라고 부른다. 원래는 역시 부랴트의 부락으로 앞의 연안지방과 교통의 요충지이며 종래에는 번창한 지역이었다. 그곳에 러시아인이 와서 부랴트 사람을 쫓아내고 오늘날의 오로우얀나야가 생긴 것이다.

오늘도 오논강을 따라 나아간다. 이곳은 바위산이 많고 오논강은 그 바위산 사이를 흐르고 있기 때문에 통행이 매우 곤란하다. 얼마 안 있어 강 끝 잘라진 절벽 자락을 빠져나와 오후 1시경 츠갈다산이라 부르는 라마교의 절에 도착하였다. 그 사이 이동한 길은 12

리로리. 이 라마 묘를 중심으로 작은 마을이 형성되어 있으며 부랴트의 기(旗)의 관청도 있다. 이 마을은 오늘날 매우 적막해져 버렸고 또 부랴트의 관청 등도 과거 과격파에게 습격당한 이후로 어느 정도 황폐해 있었다. 이 관청에서 잠시 휴식을 하고 말을 교체하고 삼두마차로 다시 오논강을 따라 나아갔다.

강가는 초지(草地)여서 오전보다 나아가는데 곤란하지 않다. 하늘모양이 변하여 비가 때때로 내리고 점점 추워지기도 하여 어떻든 마차를 서둘러 몰아 퉁구스 촌락을 향해 사람이 없는 들판을 오로지 달리고 달려 오후 7시 시아라훈테라는 퉁구스 부락에 도착하였다. 벌써 날은 저물어 실내에서는 사진을 촬영할 수 없기 때문에 퉁구스 사람을 밖에 세워 잠시 촬영하였다. 오로우얀나야로부터 이곳까지 오늘 이동한 거리는 약 12리이다.

이 시아라훈테 부락은 지금 퉁구스족이 4채 살고 있다. 그 가옥은 부랴트풍의 교창식과 옛날 몽고풍의 텐트라는 두 가지이다. 또한 후자는 별도로 작은 집을 지어 간단한 집과 같은 것을 만들고 있다. 이곳 퉁구스 실내의 배치는 부랴트와 조금도 다르지 않다. 가구는 자작나무 껍질로 만든 것이 많다. 즉 우유를 넣은 그릇*이라든가 통(桶)과 같은 것도 모두 자작나무 껍질을 구부려 만든 것이다. 실내를 보니 동물가죽 등도 걸려 있고 또 천장에 어린아이의 요람을 매달라 어머니가 그것을 흔들어 아이를 잠재우고 있는 것과 같은 모습도 보인다. 구석에는 역시 라마 불상도 제사지내고 있다. 이곳 퉁구스의 풍속, 습관은 모두 부랴트식으로 변하고 부랴트와 거의 다르지 않다. 그들은 또 고유의 퉁구스어를 잊어버려 모두 부랴트어를 사용하고 있다. 이것은 그들이 부랴트에게 정복당한 결과이다. 이 주변에서 동북 방면에 걸쳐서는 퉁구스족이 여기저기에 분포하고 있는데 이곳에서 300로리 나아가면 비로소 퉁구스어를 말하는 정도가 된다

* 원문에는 마게모노(まげもの)라고 표현되어 있다. 마게모노는 노송나무, 삼목 등의 얇은 판자를 구부려 만든 그릇을 말한다.

고 한다. 이 마을에는 노인이 보이지 않는다.

이 부근에는 원래 퉁구스 사람들이 많이 살고 있었지만 부랴트인에게 정복당한 결과 많은 사람들이 다른 지방으로 도망가고 남은 사람들이 오늘날 이곳에 사는 그들과 같이 부랴트식으로 변해 있는 것이다. 이것은 일종의 특종 부락과 같은 곳으로 부랴트 사람은 그들을 특종 취급하고 있는데 예를 들면 오늘날 부랴트 직원들은 이곳에 와서 담배를 피우는데도 불을 그들에게 빌리려고 하지 않으며 그들의 집에 들어가는 것조차 좋아하지 않는다. 얼마나 그들이 부랴트 사람들로부터 경멸을 당하고 있는가를 알 수 있다. 그들의 생활은 목축을 주로 하고 있고 가축의 우유 등으로 여러 가지 음식을 만들고 있다. 그다음 부랴트가 그들 퉁구스를 함리간이라고 말하고 있는데 그들 자신들도 그 단어를 사용하고 있다.

이곳에서 여러 가지 조사를 하고 밤도 늦게 되었지만 모험적으로 오후 9시 반 이곳을 출발하였다. 달도 없고 깜깜한 밤에 겨우 별빛에 의지하여 초지의 광원 위를 마차로 달린 것이다. 밤이 밝아짐에 따라 냉기가 된 몸에 잠시 동안 모포를 둘러 추위를 막았는데 얼마나 흘렀을까 나는 흔들리는 마차 안에서 잠을 재촉하여 잠이 들었다. 이렇게 다음 27일 오전 3시 한밤 중 츠갈이라는 곳에 도착하였다. 퉁구스 마을로부터 이곳까지는 본래 왔던 길을 다시 돌아간 것이다. 이 왕복 20리, 이곳에 부랴트의 직원들은 잠자리에 들지 않은 채 우리들을 기다리고 있었다. 이 직원에게 안내를 받아 츠갈의 라마 묘에 갔다. 라마의 승려는 매우 환대해 주었고 만두 등 맛있는 음식을 받아먹고 오늘밤은 이곳에서 묵었다. 오늘 걸은 곳은 오로지 오논강 주변으로 아무도 살지 않는 초원지대이다. 도중에 역시 그루간의 흔적이 여기저기에 있고 또 그보다 앞선 석기시대의 유적도 있었고 그곳에서 당시의 유물을 약간 주웠다.

1-2 _ 츠갈강 상류

8월 27일 절의 승려로부터 라마교와 그 외 여러 가지 것에 대해 들었다. 이 절에 사는 승려는 1,000명 정도로 승려가 살고 있는 호수는 200호, 하나의 절 마을을 형성하고 있다. 오후 1시 반 이곳을 출발하였다. 도중에 그루간 두 개를 보았다. 또 본래의 길을 거슬러 올라가 2시 40분 오로우얀나야에 도착하고 잠시 휴식을 한 후 오후 6시 반 이번에는 제다 쪽으로 돌아가지 않고 스레텐스크로 가게 되었다. 이렇게 기차로 오로우얀나야를 출발하여 오후 11시 반 카루이므스카야에 도착하여 1박을 하였다.

다음 날 28일 오전 3시 기차를 타고 카루이므스카야를 출발하였다. 아직 어두운 아침이기 때문에 잠을 자고 있던 중에 우루리카역에 도착하여 눈을 떴다. 벌써 밤은 밝아 창밖의 경치는 쾌청하다. 카루이므스카야를 출발하여 기차는 인고타강을 따라 달리고 있었는데 오논역에 오니 이곳에 오논강이 인고타 강으로 합류하여 물의 양이 풍부할 뿐만 아니라 강의 폭도 넓어지고 이름도 시루카 강으로 변하였다. 우루리카역은 즉 시루카 강가의 정차장이다. 창에서 보니 카루이므스카야 부근과는 어느 정도 경치가 달랐고 산과 산 사이가 넓고 그 토지가 잘 개간되어 있고 러시아인의 촌락이 여기저기에 보이고 특히 현저하게 주목을 끄는 것은 러시아 일류의 사원이 민간 사이에 높이 솟아 있는 것이다. 그리고 밭에는 여러 가지 농작물이 잘 재배되어 있고 특히 마령서(馬齡薯 : 감자의 일종 — 역자 주), 보리가 많이 심어져 있다. 이러한 광경은 그야말로 러시아 농촌의 풍경으로 어제까지 본 넓은 초원에 화창하고 망망한 하늘에 때때로 소와 양이 노닐고 있는 것을 보는 것 외에 좀처럼 사람도 만나지 않았던 몽골적인 유목지의 풍경과 비교하면 별천지에 들어와 있는 느낌이 든다. 그리고 이 개간된 평야를 가로질러 시루카강이 은빛 뱀이 달리는 것과 같이 흐르고 있으며 하안에는 푸른 버들나무가 자욱한 연기와 같은 것을 담고 있고 그 위를 넘어 강 가운데에 충적층의 삼각주가 여기저기에 형성되어 있는 것이 보인다.

    기차는 점점 나아가 뿌리스꼬와야역으로 갔다. 이곳은 유명한 네르친스크와의 분기점이다. 네르친스크와 이곳과의 거리가 1리 반 정도여서 기차 안에서 멀리 그것을 볼 수가 있다. 네르친스크는 러시아가 동방 경략(經略)의 초기 헤이룽강 유역에서 중요한 근거지였고 청나라 강희제(康熙帝) 때에 유명한 네르친스크 조약을 맺은 곳도 이곳이며 당시 양국 사절이 회합한 건축물도 현재 남아 있으며 또 그 건축물이 진열소로도 사용되고 있기 때문에 나는 어떻게든 가서 조사하고 싶었지만 일정이 바빠서 유감스럽지만 나중에 가보기로 하였다. 이 부근으로부터 강은 점점 넓게 된다. 기차는 처음부터 끝까지 하안을 따라 달려서 오후 11시 스레텐스크에 도착하였다. 이곳에도 일본 주둔군의 병참사령부가 있기 때문에 나는 그곳을 방문하여 그곳에 머물게 되었다.

1-3 _ 스레텐스크

    스레텐스크의 시가는 시루카 강가에 있으며 멋진 마을이다. 이 시가는 시루카강을 끼고 저쪽과 이쪽 양 해안에 걸쳐 있으며 양쪽이 각자의 이름을 가지고 있다. 즉 강의 왼쪽 해안에 있는 것은 스토레텐스크이고 오른쪽 해안에 있는 것은 스레텐스크라고 부른다. 내가 도착한 것은 왼쪽 해안 즉 강의 북쪽에 있는 스토레텐스크로 이곳은 직원의 마을이다. 이곳은 산을 깎아 만든 마을로 관청을 중심으로 직원들의 관사가 나란히 있으며 지형은 어느 정도 높고 전망이 좋은 곳이다. 그로부터 오른쪽 해안 강의 남쪽에 있는 스레텐스크는 상업도시로 시가는 하안(河岸)의 충적층 위에 세워져 산록으로부터 대체로 10정(町) 정도 떨어진 곳이다. 이 시가의 교통으로서는 시루카강의 커다란 나루터가 있으며 철사를 양쪽에 매어 거기에 배를 달고 왕복하고 있다. 그 배는 편평하고 폭이 넓고 위에 방이 있다.

시루카강은 이 주변에서 폭 300미터 즉 160칸 정도이며 깊이는 평균 12척이다. 스레텐스크시가 있는 충적층은 하안에 생긴 것이지만 오래된 충적층처럼 보인다. 이곳은 강의 수평면에서 10척 정도 높게 되어 있다. 이 충적층이 무너진 하안에 고대 유적이 있으며 토기 파편이 그 층 가운데 존재하고 있다. 나는 그곳에서 갈색의 유약을 바르지 않고 그대로 구운 토기파편 세 개를 주웠다. 이것은 손으로 빚은 것으로 손가락 자국이 나 있다. 내가 발견한 것은 허리 및 입구 부분의 파편이다. 이것은 정말로 석기시대의 것으로 시루카 유역에 석기시대 사람이 살고 있었다는 것은 이러한 유물로 알 수 있는 것이다. 이렇게 보면 오늘날 스레텐스크 시가가 있는 충적지는 석기시대에 이미 존재하고 있었다는 것을 알 수 있다.

스레텐스크는 상당히 번창한 마을로 인구 만 명 정도의 러시아풍 도시이다. 이곳에 교회당도 있고 극장도 있다. 거리는 5단인가 6단으로 되어 있다. 지금은 전쟁 중으로 러시아인도 어느 정도 곤란한 생활을 하고 있지만 밤이 되면 일주일간 몇 번인가 극장도 열며 번창한 지역이다. 제1차 세계대전 이전에는 상당히 경제적으로 풍부한 큰 도시였을 것으로 생각한다. 이곳은 헤이룽강의 기선(汽船)이 나오는 곳으로 하바로프스크 및 하구의 니콜라예프스크로 정기적으로 왕복하고 있으며 한 편 철도와 연계하여 동부 시베리아의 교통에서 가장 중요한 곳이다. 이곳은 도츠크가 있고 겨울에 헤이룽강이 얼어 운행이 가능하지 않는 동안에는 배를 넣어 두는 장소이다. 나는 이곳에 머무는 동안 하룻밤 극장에 가서 연극을 보았다. 톨스토이의 「밤의 힘」 등을 보여주고 있었다. 나는 조사하면서 헤이룽강 하항(下航) 준비에 착수하여 드디어 9월 2일 이곳을 출발하여 하바로프스크로 향하게 되었다.

2. 헤이룽강 하항(하나)

2-1 _ 시루카 협곡의 절경

내가 지금까지의 여행 조사는 블라디보스톡 부근 및 북만주 일부를 빼놓은 나머지로 주로 몽골과 연계되는 에니세이강 유역 및 오논강 유역이었지만 이번엔 방향을 바꾸어 천고비밀(千古秘密)로 닫혀 있었던 헤이룽강 유역을 조사하려고 한다. 헤이룽강은 말할 필요도 없이 극동의 커다란 강으로 스타노보이 산맥 동쪽의 물은 모두 그곳으로 흐른다고 말해 좋다. 넓고 넓으며 크고 긴 흐름 1,500해리, 하구 부근에 이르러서는 거의 바다와 조금도 다를 바가 없다. 이 유역의 대부분은 숙신인(이후의 읍루, 물길, 말갈 여진) 즉 퉁구스족이 분포하는 곳으로 지금도 그 종족이 크게 나누어 존재하고 있다. 이 유역은 장기간 비밀로 폐쇄되어 있었을 뿐만 아니라 또한 러시아의 비밀정책으로 쉽게 외부사람이 이 지방에 들어가는 것이 허용되지 않아 그 구체적인 진상은 도저히 알 수가 없었다. 일본 학자, 학생 등 매우 소수이지만 하바로프스크보다 상류의 지방을 여행한 사람도 있는데 하구까지를 통하여 헤이룽강 전체를 여행한 사람은 일본에서도 아직 거의 없다. 나는 내일부터 헤이룽강의 손님이 되어 여기저기 연안을 조사하고 부라고뷔센스키에서 마주 보이는 해안의 아이훈(愛琿) 부근, 그리고 하바로프스크 및 하구의 니콜라예프스크까지 가려고 한다.

9월 1일 드디어 헤이룽강 하항 준비를 정돈한 후 밤이 되어 기선을 타고 그 밤은 배 안에서 지냈다. 다음날 2일 오전 8시 배는 기적을 울리며 출발하였다. 그 시간 그 지역은 모두 옴스크 정부 시계의 시간을 표준시로 하여 말하자면 옴스크 시간이라고 부르고 있었다. 배는 외륜(外輪)의 증기선이었고 배 이름은 아도밀알마카로프라고 한다. 이것은 아무르강을 오르내리는 객선으로 정말 훌륭한 구조이다. 객실은 위층과 아래층으로 구분되어 있는데 1등실은 위층에 있다. 1등실은 각각 방이 별도로 있고 식당도 약간 넓을 뿐만 아니라 거기에 피아노도 있고 어느 정도 유쾌하다. 내가 배를 탔을 때 스토레텐스크의 관청에서 한 사람의 종졸을 붙여 주었다. 1등실 손님은 나 외에 유태인 부부, 러시아인 부부 및 자녀 세 사람이다. 그다음 또 러시아 세관 관리 부부도 올라탔다. 일본인으로서는 나 혼자이기 때문에 그로부터 며칠 동안 일본어를 말할 수 없었다. 그래서 여행 중 회화책 등으로 암기한 러시아어라든가 또 그들이 약간 프랑스나 독일어를 알고 있기 때문에 이러한 언어를 사용하여 어떻게든 그 시간 동안을 도움이 되도록 하였다. 밑의 보통실 쪽에는 러시아 사람이 대다수이고 그 외 조선 사람이라든가 중국인도 타고 있으며 또 러시아 투르키스탄에서 온 회교도 신자 터키 사람들이 터키 복장을 하고 두 사람 정도 타고 있다. 그다음 또 별실에는 러시아의 음악사(音樂師) 및 관리 등도 타고 있으며 식당이 열렸을 때 그러한 여러 사람들이 들어오기 때문에 정말 북적대고 재미가 있었다. 또 일행 중 유태인 부인이나 세관 관리 부인 등은 때때로 피아노 등을 연주하기도 하여 배 가운데 무료함도 어느 정도 달랠 수 있었다. 나는 이러한 식의 여행을 계속하였다.

배는 스토레텐스크를 출발한 후 헤이룽강 상류가 되는 시루카강[십이객하(什爾喀河)]을 내려가는 것이다. 오늘 하늘은 구름이 끼어 있지만 양 해안의 경치는 매우 아름답다. 해안 위의 수목은 낙엽송인지 흰 자작나무인지 울창하게 무성한 수풀 사이로 러시아 사람의 촌락이 여기저기 보인다. 촌락이 있는 곳은 모두 충적층의 낮은 지대이지만 그 외 지역은 양 해안의 산이 강을 따라 있는 곳이 많고 강 해안은 바위가 노출되어 있는 탓인지 단애(斷崖) 절벽이 되어 있고 그 사이를 시루카 강물이 빠른 흐름으로 혹은 심연(深淵)이 되기도 하거나 파도를 일으키거나 완만하게 여러 가지 변화를 일으키며 흘러간다. 그 단애 절벽이 되어 있는 곳은 1854년에 이곳을 통과할 때 그것을 본 대로 스케치한 마크(Richard Maack)* 씨의 그림과 꼭 닮아 있다. 단애(斷崖)의 바위는 보라색을 띠고 있으며 그것이 물 위에 비추니 한층 아름다운 색으로 변한다. 이러한 곳을 줄곧 바라보면서 가는 기분이 매우 좋다.

* Richard Maack. 러시아 지리학협회의 지원으로 1850년대 두 차례에 걸쳐 아무르강 유역 원정을 수행하였다. 테사 모리스-스즈키 지음 / 임성모 역, 『변경에서 바라본 근대 : 아이누와 식민주의』산처럼, 2006 참조.

배는 이곳저곳 도착하여 물건이나 손님을 태우기도 하고 내려놓기도 한다. 스토레텐스크에서 60로리 정도 가니 보또에스까야라는 곳에서 연료를 실었다. 대체로 헤이룽강의 기선은 다른 것과 달리 석탄이 아니라 모두 짚을 태운다. 그 연료는 대개 송재를 이용하기 때문에 기선이 도착하려고 하는 곳에는 소나무를 베어 쌓아 놓는다. 그곳으로 배를 도착시켜 연료를 싣고 달린다. 그 연료가 없어지면 또 그곳에서 연료를 싣고 준비해 둔다. 이것은 이 주변에 침엽수의 수풀이 매우 풍부하기 때문에 그러한 것이 가능하다. 이것은 아무르의 바다기선의 한 가지 특색이다.

이날 밤에 비가 내렸지만 곧바로 날이 개었다. 양 해안의 경치가 좋은 것은 앞에서도 언급하였지만 수목의 미관(美觀)도 역시 좋은 경치를 한층 더해 주는 한 가지이다. 오늘도 헤이룽강 상류의 계곡은 벌써 가을 색채가 상당히 짙다. 흰 자작나무의 잎은 이미 황색을 띠고 있으며 낙엽수의 잎도 이미 황색 빛을 띠려는 참이며 조(蔦 : 담쟁이 넝쿨의 일종 — 역자 주)와 같은 것은 진홍빛을 태울 정도이다. 그 사이에 침엽수는 오로지 푸르고 푸른 녹색 빛이다. 이곳은 홍색, 황색, 청록색이 섞이어 한 폭의 비단과 같이 이어져 있거나 보라색의 암각(岩角)에 점철하여 소매 문양을 물들인 것과 같이 되어 있다. 그리고 이것이 시루카강의 조용한 흐름 위에 비추고 있는 모습은 어떻게든 형용하기 어려운 좋은 경치이다. 특히 양 해안의 산허리가 서로 좁아져 긴 협곡을 이루고 있는 것은 수 십리 사이에 전혀 인가가 없고 적적한 태고(太古) 시절과 같은 깊은 지역으로 그곳에 그림과 같은 산수(山水) 수석(樹石)이 있기 때문에 그 사이를 배를 타고 내려가는 것은 그야말로 선경(仙境)에 들어간 느낌이 들었다. 그 밤은 다른 손님과 차 등을 마시며 서로 이러한 경치에 대해 이야기를 나누었다.

이 러시아의 바다기선에 대해 한 마디 하고 싶은데 배 안에서의 식사는 아침은 빵에다 차가 나온다. 12시가 되면 양식이 두 종류 나오고 나중에 차가 들어온다. 대개 이 배의 식사에서는 스프라도 두 번 먹을 수 있으며 그 외의 요리도 모두 그러하다. 그러므로 비교적 양이 많다. 낮 3시에 또 차가 나온다. 차는 사모와루라는 은으로 만든 탕기를 가지고 와서 그 옆에 차를 넣는 용기를 두고 거기에 더운 물을 부어 마시도록 되어 있다. 이것은 러시아에서 일종의 특색이다. 저녁에는 또 저녁 식사가 나온다. 이와 같이 아무르강 배에 타고 있는 기분은 매우 좋다.

2-2 _ 배 안에서의 인종(人種) 관찰

그다음 배 손님에 대해서 약간 인종학적으로 주의해 보고자 한다. 이 배에 타고 있는 유태인은 모두 부유층이다. 그 얼굴을 잘 보면 일본인과 많이 닮아 있다. 예를 들면 그 가운데 남자 한 사람과 같은 사람은 원래 동경제국대학 지질학교실에서 조수로 있던 모씨와 나의 친구 모씨의 딸과 가장 많이 닮아 있다. 즉 쌍꺼풀을 가진 눈이나 눈의 색깔이 약간 옅은 갈색을 띠고 있는 점 등에서 특히 나의 친구 자식의 검은 눈 색깔이 가장 많이 닮아 있다. 그 다음 콧대가 아름답게 굴곡적이고 코의 갈라져 있는 곳 등은 유태인 형식의 가장 독특한 점으로 이러한 것 등을 많이 닮은 측면은 일본인에게도 있다. 나의 집 가까이에 살았던 유태인 부인 등이 일본인이 아닌가라고 생각될 정도로 많이 닮아 있다. 그들이 슬라브 사람이 아닌 것을 잘 알 수 있다. 그와 같이 유태인 유형이 일본에도 있으며 앞에서 언급한 바와 같이 눈이나 코 등(等)까지 많이 닮아 있는 것은 어떠한 이유일까. 일본인은 본래 대륙에서 들어왔지만 이와 같은 셈족과 같은 유형이 섞인 것은 후에 들어왔는 지 모른다. 그리고 그것이 격생유전(隔生遺傳)으로 나오는 것이 아닌가. 이전부터 중앙아시아에 이란 민족이 살았던 것은 분명하다. 그러나 지금 또한 이곳에 그들이 살고 있다. 또 현재 몽골인이나 터키 사람 가운데에서도 이러한 유형은 종종 찾아 볼 수 있기 때문에 대륙과 인종적 관계가 깊은 일본에 이와 같은 셈족 인종의 유형이 남아 있는 것이 아닐까. 일본의 아이누족도 셈족과 조금 가까운 민족이기 때문에 이와 같은 혼혈이 존재해 오고 있는 것이 아닌가. 나는 인류학자이면서 상당히 놀랐다. 화가가 너무나 좋은 경치를 만나면 그림을 그리지 않고 붓을 놓았다는 말이 있다. 자신은 이와 같은 이유는 없다고 생각하고 있었는데 사실 있는 것에 나는 실로 놀랐다. 고르돈 부인이 일본인 가운데에 유태인종이 있다는 주장에 대해 나는 여러 번 반대설을 주창하였던 것이다. 그러나 최근 유태인과 만나 나의 친구 그것도 이름을 지적해도 좋을 정도로 많이 닮았다는 점을 발견한 것이다. 이것은 어떠한 관계가 있는가. 나는 실로 화가가 붓을 놓았다고 할 정도로 이상하게 생각한 것이다. 이것은 하나의 감정에 지나지 않지만 어떠한 자료에도 이것에 대해 부가해 둔다.

2-3 _ 중국인의 뗏목

9월 3일 침실에서 나와 보니 이미 1등실 식당에 손님들이 모여 있다. 나는 빨리 옷을 입고 식당으로 가서 모두와 함께 아침 차를 마셨다. 이렇게 하고 있는 동안 배는 워크로이스카야라는 곳에 도착하여 전과 마찬가지로 물건과 손님이 오르고 내리며 오전 9시 반 이곳을 출발하였다. 연안의 풍경은 어제 본 것과 같이 단애 절벽과 침엽수, 낙엽송, 흰 자작나무 등이 띄엄띄엄 보이고 이러한 풍경을 좌우로 바라보면서 시루카의 푸른 강을 내려갔다. 이 주변은 산맥이 여기저기 하천에 솟아 있으며 산맥을 따라가는 하천은 무엇인가 굽어 있으며 배는 오른쪽으로 가는가 하면 갑자기 또 왼쪽으로 바뀌고 그때마다 양 해안의 경치가 변하여 흥미롭다. 이렇게 하다 보니 워크로이스카야라는 곳에 왔는데 이곳에서 처음으로 뗏목을 만들고 있는 모습을 보았다. 그것은 3본(本) 조합도 있으며 혹은 8본 조합도 있다.

워크로이스카야에는 러시아의 관청이 있으며 직원이 사는 집 및 교창식 민가가 2, 30채 정도 있고 중국인의 집도 있다. 여기에서 주의할 만한 것은 구마모토현(熊本縣) 출신의 일본 여성 한 사람이 이곳에 살고 있는 것이다. 이러한 헤이룽강 상류의 적적한 마을에 약한 여성이 혼자 와 살고 있으리라고는 생각조차 못했고 실로 놀랍다. 점점 이야기를 들어보니 중국인에게 팔려 중국 사람의 처가 되어 있다. 이렇게 되기까지에는 여러 가지 혹독함을 겪었고 비참한 세월도 보낸 것 같은데 불쌍한 생각이 든다. 어떻든 이렇게 하여 일본 여자가 헤이룽강 상류 그것도 적적한 이곳까지 들어와 살고 있다는 것을 알았다. 이곳 앞 해안에 중국인 마을이 있고 15, 6채 정도로 중국풍의 집이 보이는데 나는 시루카강을 내려간 이후 이곳에 와서 처음으로 중국풍의 집을 본 것이다. 앞의 해안은 즉 중국령 헤이룽강성이다.

시루카강은 워크로이스카야에 와서 오른쪽 해안에 하일라얼 쪽에서 흘러오는 아루군강[액이격납하(額爾格納河)]과 합쳐지고 이곳에서 이름을 따서 아무르라고 새롭게 부르게 된 것이다. 그리고 아루군강과 합쳐진 후 강의 폭도 넓게 되고 물의 양도 물론 어느 정도 많아지게 되었다. 이곳은 또 왼쪽 해안에는 러시아령 후패가이주와 헤이룽강주(黑龍江州)의 경계가 되며 오른쪽 해안에서는 네르친스크 조약에 의하여 아루군강을 경계로 서쪽은 러시아녕 후패가이주, 동쪽은 중국의 헤이룽강성이 되며 다시 헤이룽강을 경계로 해서는 북쪽이 러시아의 흑룡주, 남쪽이 중국령 북만주 헤이룽강성이 되는 것이다. 그 때문에 북쪽 연안에서는 러시아의 촌락이 있으며 남쪽 연안에는 중국 촌락이 있고 겨우 가까운 거리를 사이에 두고 풍속, 인정, 언어 모두 크게 달라 어느 정도 기묘한 느낌이 든다.

이렇게 6시 10분 이구나시나라는 곳에 왔다. 앞의 해안은 즉 중국의 막하(漠河)라는 시가지이다. 양쪽 모두 주민이 많고 집의 숫자도 상당히 많다. 이곳 해안에 뗏목을 많이 연결해 놓았는데 중국인이 그것을 타고 아무르를 내려가는 것을 보았다. 뗏목은 커다란 것으로 그 위에 풀을 엮은 안뻬라식이고 만든 집이 두 채 있다. 밑에는 하천물이 뗏목으로 스며 들어오고 있기 때문에 뗏목 위에 별도로 나무를 나란히 하여 물이 들어오지 않도록 마루를 만든 것이다. 그리고 집 밖에 불안전하지만 낮은 담을 만들어 그 안에 말 세 마리를 기르고 있었는데 뗏목 안에 말을 자유롭게 놓아먹이고 있는 것과 같다. 뗏목을 움직이기 위해서는 나무로 만든 커다란 노가 있다. 이 노는 뗏목을 조정하는 것으로 도착지에 가면 그것도 역시 재목으로 팔리게 된다. 이와 같은 것은 아무르의 대단히 오래된 습관과 같이 생각된다. 중국인은 이 주변에서 나무를 채벌하여 그것을 뗏목으로 조립하여 하류 쪽으로 옮기고 있다. 그것을 어디로 옮기는가 하면 주로 부라고뷔센스키의 대안(對岸)이 되는 헤이허(黑河)라는 신도시로 옮기는 것이다. 부라고뷔센스키의 대안에는 이전부터 유명한 아이군성(愛琿城)이 있어 헤이룽강가에서 중국의 중요한 군사 진지였는데 최근 그 부근에 헤이허라는 시가지가 생긴 이후 아이훈(愛琿)이 쇠퇴한 데 반하여 헤이허가 대단한 세력으로 계속 발전하고 있다. 지금 헤이허는 왕성하게 집을 짓고 있기 때문에 그 건축용 목재로서 이 주변의 산림이 상당히 채벌되어 이와 같이 뗏목으로 계속 운반하고 있는 것이다.

그다음 노우요크마루스까야라는 커다란 마을에 왔는데 그 앞 연안에 중국인이 하천에 접한 구릉에 동굴을 파고 살고 있는 것을 보았다. 이것도 역시 목재를 채벌하기 위해 와 있는 것인데 이러한 혈거가 이곳에 5호 정도 있다. 이 주변에는 충적층이 발달해 있기 때문에 동굴을 파기에 편리하다. 1호에는 대개 두 세 사람씩 살고 있는데 동굴의 깊이가 8척, 폭도 8척, 앞에 입구를 내고 높이는 4척 정도이다. 안쪽에 판자를 깔아 침상으로 삼고 입구 왼쪽에 음식을 익혀 먹을 수 있는 공간을 만들고 오른쪽에 물건 넣는 곳을 만들어 놓았다. 그리고 동굴 안에 닭 등도 기르고 있다.

이 동굴 및 강 연안에 뗏목을 매어놓고 있다. 그 뗏목을 보니 긴 통나무 12개를 조합한 것으로 그것을 조합하는 데에는 칡덩굴을 사용하고 있다. 이곳 중국인은 또 통나무배를 만들고 있다. 그것은 소나무를 잘라 만든 것으로 길이가 4칸, 폭이 2척, 깊이 1척 정도이고 대개 두 사람이 탄다. 배의 높이는 1척 3촌이다. 중국인이 아직 원시적인 생활을 하고 있는 것이 약간 흥미롭게 생각된다. 이 주변에 유사 이전의 유적이 있을까 생각하여 여러 가지 주의해서 조사해 보았는데 석기, 토기류는 조금도 보이지 않았다.

막하(漠河)를 나와서부터 헤이룽강 경치가 보다 좋다. 양 해안은 역시 나무가 울창하고 그 사이에 기괴한 암석이 여기저기 드러나 단애절벽을 이루고 강물이 그것에 닿아서는 물결을 일으키기도 하고 연못도 되고 여러 가지 변화를 일으키며 흘러가고 있다. 대체로 촉나라의 삼협(三峽)을 배를 타고 가는 것과 같은 느낌이 든다.

올려다보는 절벽이 배를 압도하고 있는가 생각하면 거기에 침엽수나 낙엽송 등이 뻗어있거나 솟아 있는 등 여러 가지 형태로 자라고 있다. 특히 저녁 무렵의 경치가 한층 좋다. 붉은 빛의 하늘, 녹색의 나무, 단애절벽이 서로 비추어 하나의 그림과 같은 느낌이 드는 밤이다. 9일의 달이 떠오르고 강 위에 금빛 파도가 일고 양쪽 해안의 산은 꿈속에서와 같이 달빛에 잠겨 있다. 나는 이 밤 처음으로 헤이룽강의 달을 감상할 수 있게 되었다. 오후 8시 저녁식사를 하고 있는 동안 비가 갑자기 내렸다. 놀라 하늘을 보니 역시 달은 하늘에 빛나고 있고 비는 바로 멈췄다. 일시적인 소나기가 밤에 내린 것이었다.

2-4 _ 강 위의 통나무 배

9월 4일 어젯밤은 마음 편하게 잠을 잤으며 눈을 떠 보니 배는 짙은 안개 때문에 나아갈 수 없고 강 위에 정박하고 있다. 그래서 식당으로 가 차를 마셨다. 나 외에 손님이 두 사람 정도 와 있었다. 그들과 이야기하고 있는 동안 안개가 걷혔기 때문에 배는 닻을 올리고 나아가 오전 10시경 제린다라는 곳에 도착하였다. 그곳에서 물건과 손님을 태우고 내린 후 다시 출발하여 아루바진에 도착하였는데 아루바진은 러시아와 청나라 관계에서 역사적으로 유명한 곳이다. 이곳은 넓게 발달한 구릉 위에 마을이 형성되어 있고 인구도 매우 많으며 활발한 지역이다. 지형은 높이 쌓은 대(臺)가 연안을 따라 넓게 발달한 곳으로 이러한 지형은 지금까지 좀처럼 볼 수 없었다. 이곳에 도착하였을 때 비가 많이 내려 처음으로 비가 내린 아무르강을 볼 수 있었다. 멀고 가까운 경치가 자욱한 빗속에 보였다가 혹은 사라지고 넓은 강물이 비 때문에 뿌옇게 되어 점점 거대하게 보이는 상황 등 무엇이라고 표현할 수 없는 좋은 경치를 드러내고 있다. 비가 내리는 데도 배는 점점 하류로 향해 갔다. 오늘 통과한 곳에 오르나와라는 곳과 그 부근에 오르도이라는 곳이 있다. 오르도이는 일명 세루도나와라고도 한다. 이곳은 오로촌의 거주지로서 주의할 만한 곳이다. 지금도 이 부근을 조금 들어가면 오로촌 사람이 살고 있다. 그렇지만 해안가의 좋은 장소는 중국인이나 러시아인에게 빼앗긴 상태이다. 시루카강과 아루군강의 합류지점에서 이 부근까지 전에는 오로촌 사람의 분포지로서 유명한 곳인데 지금은 그렇지 않다.

지금은 뗏목을 내려놓고 있는 광경을 많이 보았는데 특히 세린다 마을의 해안에는 뗏목들이 모여 정박하고 있으며 그중에는 말을 실은 것도 있다. 그 뗏목을 조정하고 있는 것은 역시 중국인이다. 오늘 진기했던 것은 통나무배를 이용하여 헤이룽강을 오르내리고 있는 모습을 목격한 것이다. 이 통나무배를 젓고 있는 것은 중국인인가 러시아인인가 멀리서 보았기 때문에 잘 모르겠지만 혹은 오로촌 사람이 아닌가 생각한다. 이 주변은 전에도 언급하였듯이 오로촌 사람의 분포구역으로 헤이룽강으로 흘러들어오는 지류를 거슬러 올라가면 대개 오로촌 사람이 살고 있기 때문에 혹은 그들이 통나무배를 타고 헤이룽강에 와 있는 것인지도 모른다. 그들의 통나무배는 통나무를 2개로 갈라 중앙을 파낸 것인데 대개 세, 네 사람을 태울 수 있다. 헤이룽강에서 통나무배를 젓고 있는 모습은 지금까지 보지 못하였는데 그들은 어느 정도 주의할 만한 것으로 생각한다.

오늘 밤은 식당이 매우 북적거렸고 많은 이야기를 나누었다. 잠자리에 든 것은 오후 2시경이었다.

2-5 _ 선객(船客)의 기념회

9월 5일 비, 가랑비 속을 배는 나아가고 아침 차를 마신 후 얼마 지나니 오전 8시 40분경 에루마꼬프라는 곳에 도착하였다. 이곳에서 비가 멈추어 태양 빛을 마주하게 되었다. 그다음 시마노아라는 곳에 정박하고 있으니 하류 쪽에서 역시 아무르강의 객선이 거슬러 와 만났다. 이 배에 일본 장교나 병졸들이 타고 있는 것을 보았다.

밤이 되니 비가 또 많이 내렸다. 여러 손님들은 무료한 나머지 식사 후 이야기를 점점 활발하게 주고받았다. 손님 중 러시아 청년 한 사람이 있었다. 그는 블라디보스톡의 부유한 실업가의 자식으로 옴스크의 상업학교 학생이다. 옴스크로부터 돌아가는 길에 3등실에 타고 있는 것이다. 이 청년과는 전부터 여러 가지 이야기를 나누고 있었는데 오늘 밤은 특히 많은 담화를 나누었다. 이 청년은 약간 프랑스어도 가능하며 상업을 공부하고 있지만 문학, 미술에도 취미가 있고 회화나 소설에 관한 이야기 등을 하는 것을 좋아한다. 그는 졸라(에밀 졸라-역자 주)의 『파스칼 박사』등을 줄곧 읽고 있었다. 이것은 프랑스어로 된 원본이 아니라 러시아 문장으로 번역한 것으로 그 번역문과 원서와를 비교하는 것에 대해서 여러 가지 이야기를 나누었다. 그 청년에 의해서 그 지방의 사정이나 지명 등을 아는 데 상당한 편리를 얻었다. 또 부인 음악사 친구 중에 부인(婦人) 시인(詩人)이 있어 여러 가지 것을 듣기도 하고 이야기를 나누기도 하였다. 벌써 부라고뷔센스키가 가까워 온다고 하는 것이기 때문에 오늘 밤 축배를 들자는 이야기가 나와 1등실의 손님이 가지고 온 것으로 음식파티를 열게 되었다. 과격파가 출현한 이래 모스꼬나 뻬토로그라도 등과 교통이 끊기고 극동 러시아에는 물자의 결핍이 심하여 통조림도 어떤 것도 없다. 다행히도 이 기선에는 러시아제 포도주 상등품(上等品)이 저장되어 있어서 그것을 양보 받아 배에서 가능한 한 음식 파티를 열어 축배를 들었다. 이것은 이번 나의 여행 가운데 영원히 기억에 남을 기념이다.

2-6 _ 이 부근에 거주하는 여러 민족

이 부근에도 아무르강에서 약간 들어가면 오로촌 사람이 살고 있다는 것이다. 현재 이곳에서 그렇게 멀지 않은 중국 헤이룽강성의 묵이근(墨爾根)에 오로촌의 학교가 있다. 또 어제 3일에 통과한 막하의 산 속에는 오로촌 사람이 살고 있으며 그다음 치치하얼에서 헤이허에 이르는 사이에 다우르 사람이 살고 있다. 이 다우르 사람이 가장 많이 모여 살고 있는 곳은 넌쟝강의 오른쪽 해안이다. 그곳에 다우르 사람의 학교가 설치되어 있다. 그다음 막하 및 호마이(呼瑪爾)에는 끼린 사람이 있다. 끼린(Kilin)이라고 하는 것은 역시 퉁구스의 한 종족이다. 이 부근까지는 오로촌 사람이 살며 그다음 하류 쪽은 끼린 사람의 분포지가 되어 있으며 이 갈라지는 곳 즉 쑹화강이 헤이룽강으로 합류하는 부근 부라고뷔센스키의 밑에서부터 고리도(Golid) 사람이 살고 있는 것이다. 이 끼린이라고 하는 것은 또 일명 마네구루(Manegur)라 한다. 이 주변은 마크나 슈렝크 등 여러 사람이 탐험 당시 마네구루나 오로촌 사람 등과 만난 곳이다. 그렇지만 나 이외에 러시아 사람이나 중국인이 계속해서 들어왔기 때문에 그들은 모두 산 속으로 쫓기어 들어가 버린 것이다. 그러므로 나는 배로 통과한 곳에서는 이들 원주민들을 만날 수가 없었다.

9월 6일 비가 멈추지 않고 배는 빗속을 나아가 오후 1시경 부라고뷔센스키에 도착하였다. 2일에 스레텐스크를 모두 보았기 때문에 정확하게 5일간의 항해였다. 배가 해안에 계류하자마자 나는 비를 무릅쓰고 상륙하여 이곳에 주재하고 있는 일본 병참사령부를 방문하여 숙박하게 되고 매우 좋은 대우를 받았다.

06

인류학자와 일본의 식민지 통치

1. 브시(市)와 그 박물관

1-1 _ 흑룡주의 중심점

부라고뷔센스키는 흑룡주의 수도이며 인구도 많고 상업도 활발하고 각종 관청도 있으며 상당히 아름다운 시가(市街)이다. 이곳의 위치는 아무르 북안(北岸)이며 한 쪽에 제야강을 끼고 그 계곡 때문에 야쿠츠크주와의 교통 요충지이기도 하고 또 한 쪽으로 중국령(中國領) 헤이룽강성 치치하얼과의 왕래 교차지이기도 하여 흑룡주(黑龍州) 가운데에서 경치가 가장 뛰어난 지역이다. 이곳의 발달은 제야강 계곡의 금광 발굴과 깊은 관계가 있으며 그 금광의 발달로 물자거래가 활발하게 되고 그 사업과 관계가 있는 유력한 사람들이 이곳에 많이 살고 있다고 하는 상업 중심지라는 점에서 일본의 오사카(大阪)와 비슷하고 흑룡주의 수도가 되어 있는 것은 우연한 일이 아니다. 이곳으로부터 하류에 있는 하바로프스크가 관청의 시가지라면 부라고뷔센스키는 상인의 시가지이다. 그리고 헤이룽강을 사이에 두고 중국 북만(北滿) 당시의 중요한 군사지였던 아이군(愛琿)과 가깝게 서로 마주보고 있으며 최근에는 바로 앞 연안에 헤이허(黑河)의 시가지가 계속 크게 발달하고 있다. 그 헤이허로부터도 아이군으로부터도 묵이근(墨爾根)을 통해 치치하얼로 나갈 수도 있으며 중국과의 관계에서도 중요한 곳이다. 나는 이 시가지에 9월 6일부터 13일까지 머물었고 여러 학자들을 방문하기도 하고 박물관에서 여러 가지 표본을 스케치하거나 조사하기도 하고 또 역사·고고학적 조사를 한 다음 서점을 돌아다니면서 도서를 구하는 등의 일을 하기도 하였다.

  이곳은 상인의 시가지일 뿐만 아니라 문화 도시로서 도서인(圖書人)들도 상당히 모여 있는 곳이다. 때문에 상업으로 활발하지만 그 안에 무엇인가 차분한 도시로서 예를 들면 오사카풍에 교토식(京都式)도 함께 갖추고 있는 것과 같은 분위기가 있다. 그렇지만 지금은 전쟁 중이어서 러시아인의 정신적 상태도 말이 아니고 상업도 대체로 시들어져 가고 있는 모습이다. 그리고 중국인이 대안(對岸)의 헤이허로부터 많이 흘러 들어와 그쪽이 오히려 세력을 얻고 있다. 중국인이 헤이허로부터 흘러 들어와 있다고 하는 점도 중요시해야 하지만 의외로 중국인들이 세력을 얻은 이유가 있다. 대체로 이곳에서는 중국인이 거류하면서 집을 소유하는 일은 절대로 허용되지 않았지만 최근 과격파가 생긴 이후 이 집이 외국인의 집이라고 하게 되면 과격파라도 참견할 수 없다고 하는 이유에서 중국인을 유수거(留守居)에 부탁한다든지 특별히 집을 빌려 주는 것과 같이 하여 중국인들이 많이 흘러 들어와 있는 것이다. 그렇지만 일단 흘러들어온 중국인은 후일 러시아 사람이 그 퇴거(退去)를 원해도 쉽게 움직이는 것이 불가능하게 되는 것은 아닌가. 끈기가 있는 중국인은 일단 이곳에 터를 잡은 이상은 러시아인의 쇠퇴에 따라 앞으로 점점 상업 활동을 하게 될 것으로 생각한다. 현재 앞 연안에 헤이허의 급격한 발달을 보아도 이와 같은 생각이 든다.

  어떻든 경치가 좋은 위치를 점한 헤이룽강 중류의 중심지이지만 현재의 부라고뷔셴스키는 과격파의 쟁란(爭亂) 이후 상당히 쇠퇴하여 이전의 모습을 찾아볼 수 없게 되었다. 이곳에 커다란 상회(商會)로서 츄린이나 아루베르토라는 것이 있지만 지금은 겨우 조금 남은 물품 및 일본이나 미국으로부터 약간 오는 물건으로 잠시 영업을 이어가고 있는 것 같은 모습이다. 또한 문화와 동반되는 서점과 같은 것도 전쟁 이후 대개 휴업상태에 있을 정도이다. 이 시가에서 떨어진 곳에 바자가 열리고 있는 말하자면 고물(古物) 시가지로 여러 가지 물건들을 팔고 있다. 이곳 등은 침체한 부라고뷔 중에서도 우선 발전하고 있는 곳이다. 그렇지만 시장에서 매매하고 있는 물품은 부자들이나 그 외 시민이 생활에 궁핍하여 팔기 위해 내놓은 가구가재(家具家財)가 대부분이어서 실로 불쌍한 생각을 불러 일으킨다. 요컨대 오늘날의 부라고뷔셴스키는 잠시 휴식을 하고 있는 것에 지나지 않는 것이다.

내가 이곳에 상륙한 것은 학자 방문이라든지 박물관 조사가 목적이었다. 또 유적이 있다면 그것도 조사하고 토착민족이 있으면 그것도 연구하고 싶었던 것인데 이 부근에는 토착민족이 없고 또 유적도 이곳에서 약간 떨어지지 않으면 없기 때문에 도서관이라든가 박물관에서 조사하는 것 외에는 방법이 없었다. 나는 이것에 대해 조금 언급해 보고자 한다.

1-2 _ 나와 구로치킨씨

처음 이 부라고뷔셴스키 시가지에 지금 우리들과 같은 일을 해오고 있는 학자가 있을까 살펴보았는데 우선 두 사람 정도 있었다. 한 사람은 이곳 국민도서관에 근무하고 있는 구로치킨이라는 젊은 학교선생으로 도서관장도 겸하고 있다. 나는 그 사람을 만나 보았는데 그는 학교선생이지만 민속지(民俗誌)에 대단한 관심을 가지고 있으며 전에 야쿠토스크주에 가서 터키민족인 야쿠트족

(Yakuts)을 조사한 적도 있다. 그는 그 때 찍어온 사진들을 많이 가지고 있으며 그로부터 야쿠트 사람의 사정이나 이 부근 민족 등에 관한 여러 가지 이야기도 들었다. 그는 친절하게도 자신이 찍은 야쿠트 사진들을 아낌없이 나에게 주었다. 이것은 어느 정도 러시아 사람의 기질이 화끈하다는 면을 보여주는 부분이다. 그로부터 받은 야쿠트 사진들은 캐비닛판(4·6판-역자 주)보다 약간 큰 것으로 매우 많다. 그 사진들은 그들의 생활 상태를 하나하나 찍은 것으로 예를 들면 종교형식에서부터 일상의 식생활, 가옥, 주거에 이르기까지 찍은 것으로 야쿠트 사람의 사정을 알 수 있을 정도이다. 따라서 나는 그것으로 어느 정도 얻은 바가 있었다.

대체로 이 부근의 학자는 흑룡주에 관한 연구보다도 오히려 야쿠트주에 관한 연구를 하고 있는 사람이 많다. 이것은 왜냐하면 이 부라고뷔센스키 옆을 흐르고 있는 제야강은 야쿠토스크주와 흑룡주의 경계가 되는 스타노보이 산맥에서 흘러 나와 그 강을 거슬러 올라가면 야쿠토스크주로 나갈 수 있기 때문에 두 지역 사이에 유일하다고 말할 수 있는 교통로가 되어 있다. 그리고 이 상류에는 유명한 금광이 있으며 그것을 탐험하기 위해서는 자연히 야쿠트 사람과 접근할 수 있는 기회도 많다. 야쿠트 사람도 역시 물질교환을 하기 위해 이 교통로를 이용해서 부라고뷔 쪽으로 왕래하는 사람도 많기 때문에 어떻게든 부라고뷔 사람의 호기심을 사서 경계선을 횡단하여 저 너머를 조사해 보려는 생각이 드는 것은 당연하다. 그 때문에 이곳에 사는 학자들이 야쿠토스크주에 대한 인류학적, 박물학적 연구를 시도한 결과가 흑룡주학회의 보고서로 출간되고 있는 것이 많다. 구로치킨씨가 야쿠토스크주에 간 목적도 역시 순수한 학술적인 목적도 있었지만 무엇인가 그러한 의미도 포함하고 있었을 것이다. 이 시가지에서 구로치킨씨를 제외하면 우리들과 이야기할 수 있는 학자는 없다. 그가 유일한 사람이기 때문에 장래 서로 편지를 주고받자고 약속하고 또 그는 이곳에서 출판한 여러 과학서적, 보고서, 논문 등을 모아서 나에게 주었다. 그때 그는 이와 같은 것은 매우 필요하지만 지금은 입수할 수 없다든가 등 여러 가지 것을 가르쳐 주었기 때문에 이곳 학회의 학자가 출간한 보고서, 논문 등을 대체로 알 수 있었다. 또한 흑룡주에 관한 동·식물, 기상보고, 여행기 등도 그 덕분에 얻을 수 있는 만큼 얻었다. 이것에 대해 나는 구로치킨씨에게 이 책을 통해 감사의 뜻을 표시해 둔다.

1-3 _ 숨겨진 박물관

다음으로 말하고자 하는 것은 박물관이다. 이곳 박물관은 작은 건물로 찾기 어렵다. 당시 육군관헌이 제작한 부라고뷔 시가지 지도 등에는 구체적으로 어디에 무엇이 있는가하는 것을 적어 놓고 있는데 이곳의 박물관에 대해서는 적어 놓고 있지 않다. 이것을 보아도 그들이 얼마나 학술에 관심이 적다는 것을 알 수 있다. 이것은 모든 관헌을 가리키는 것은 아니고 그중에는 이러한 사람도 있다는 말이다. 물론 군사 쪽에서 말하면 박물관의 있고 없음과 같은 것은 사사로운 일이었을 것이지만 지도로 만든 이상은 이러한 문화적 시설의 유무 등도 망라하여 빠뜨리지 않았으면 생각한다. 이렇게 보면 이 박물관은 내가 발견한 것이라고 말해도 좋을 정도다.

이 박물관에는 지금 전문가라고 하는 사람은 없고 또르마체프라는 54, 5세의 사람이 관리하고 있다. 이 사람으로부터 이곳에 진열되어 있는 물품을 보고 또 스케치하는 것 등을 허락받았다. 그는 친절한 사람으로 이 박물관에 대해서 잘 가르쳐 주기도 하고 주의도 해 주었다. 아마도 이 박물관을 찾은 사람은 일본인으로서 내가 처음인 것처럼 생각된다. 많은 사람들이 부라고뷔센스키에 박물관이 있다는 것을 알고 있지 않은 것 같다.

그림 9 _ 하바로프스크 박물관의 진열품. 상부 2단의 토기(중앙의 동으로 만든 대야를 제외한다)는 유사 이전부터 역사시대에 걸친 것. 유리 상자 안에 있는 것은 이전 하바로프스크 부근의 헤이룽강변에서 철교를 설치하는 공사 중 고분에서 발굴된 것으로 중앙은 두개골, 좌우는 철로 만든 실제의 갑옷, 두개골 위에 열거되어 있는 것은 철제 화살, 앞에 있는 것은 철제의 소도(小刀)이다. 이 인체는 갑옷을 입은 채 매장된 것으로 그 옆에 도검(刀劍), 촉(鏃), 특히 토기도 발견되었다. 이상은 말갈 활동시대의 것으로 추정된다.

1-4 _ 토속적 방면

이 박물관은 역시 흑룡주 지학협회(地學協會)의 부속으로 인류학, 고고학적 물품뿐만 아니라 그 외의 과학에 관한 물품도 진열하고 있다. 그 진열품 가운데 나의 전공과 관련한 것은 규모가 매우 작은데 우선 두 개로 나눌 수 있다. 하나는 토속학이고 또 하나는 고고학이다. 토속학 쪽의 진열은 야쿠트 사람에 관한 것이 많다. 야쿠트 사람 이외의 것은 다우르 사람의 무속풍속을 보여주는 것이다. 내가 보고 진기하게 생각한 것은 야쿠트 사람의 토속풍이다. 이곳에는 야쿠트 사람에 관한 것이 어느 정도 주의를 불러일으켰고 그것에 관한 물품들이 상당히 수집되어 있었다.

구로치킨씨가 찍은 사진도 역시 이곳에 걸려 있다. 또한 나에게 가장 진기했던 것은 다우르 사람의 무녀풍속을 진짜인형으로 표현하고 있었던 점이다. 인형은 사람 몸과 같은 크기로 만들었으며 그 외에 머리장식을 하고 의상을 입히고 도구를 가지고 있다. 이것은 모두 실물 그대로 사용하고 있다. 이러한 것 등은 어느 정도 참고가 되는 것으로 나는 이것을 통해 다우르 사람의 무녀 전반을 잘 알 수가 있었다. 오늘날 다우르 사람은 점점 중국화되어 고유의 풍속 습관이 계속 상실되고 있지만 이곳의 박물관은 이전 시대에 채집한 것이기 때문에 비교적 그들 고유의 옛 풍속을 볼 수가 있다. 다우르 사람의 무녀풍속, 그 의식, 도구, 기도방식이라고 하는 것은 그 인형을 통해서 이야기할 수가 있다. 이것은 이 박물관에 있어서 유일한 토속품으로서 가장 중요할 것으로 생각한다. 이 다우르 사람은 흑룡주 쪽이 아니라 오히려 중국령 헤이룽강성, 넌쟝강 유역에 사는 그들이다. 그들이 거울을 가지고 있는 것, 머리 양식, 가슴 부분, 그 외 신체에 여러 가지 장식을 하고 있는 상황 등 다우르 사람의 옛 모습을 떠올리게 하여 흥미롭다. 우선 우리들의 주목을 끈 토속품은 다우르 사람의 무녀 인형이다.

1-5 _ 고고학적 방면

다음으로 고고학 쪽을 이야기해 보고자 한다. 이곳에 진열하고 있는 것은 주로 유사이전, 즉 석기시대의 것만이고 그것을 채집한 지방은 하바로프스크 부근으로부터 헤이룽강을 따라 거슬러 올라간 지방 시루카강에 이르는 사이 즉, 헤이룽강 중류지역에서 채집한 것이다. 중요한 것은 석기와 토기로 나는 진열되어 있는 것만을 혹은 스케치하기도 하였다. 나는 이것에 대해서 약간 이야기하고자 한다.

우선 석기부터 이야기하고자 한다. 첫째는 돌도끼이다. 돌도끼에는 이곳에 마제와 타제 두 종류가 있다. 마제 중에는 완전히 갈아

그림 10 _ 하바로프스크 박물관 진열품.
사진에 보이는 8개의 토기는 모두 유사
이전(석기시대)의 유물이다.

만든 것과 자연적으로 강바닥에서 갈아진 것을 약간 두들겨 거기에 날을 붙인 것이 있다. 그리고 후자의 천연 마제에 약간 인공을 가한 것이 많다. 이것은 반마제(半磨製)라고도 말할 수 있는 것이다. 이러한 마제 돌도끼의 형태에는 대소(大小) 두 가지가 있다. 그리고 여기에서 주의해야 하는 것은 작은 형태의 많은 것은 네브라이트와 유사한 것과 같은 돌조각으로 만든 것이라는 점이다. 이것은 매우 진기한 것이다.

다음으로 타제 돌도끼는 어떠한가 하면 하원석(河原石)으로 만든 것이다. 아마 헤이룽강 유역 강바닥의 사리석(砂利石)일 것으로 생각한다. 자른 방식 및 그 형상은 무사시(武藏)의 다마카와(多摩川) 연안에서 발견되는 돌도끼와 많이 닮아 있다. 또 그 가운데 끌의 모양을 하고 있는 것도 있다. 이 타제 돌도끼는 요컨대 일본의 타제 돌도끼와 형태면에서 매우 비슷한 것은 분명하다. 그 다음 소형의 마제 돌도끼는 오논강 또는 에니세이강 상류 지방의 네브라이트석과 크게 비슷하다는 느낌이 든다.

그 다음 석포정(石庖丁)은 한 개의 파편이 진열되어 있는 것을 보았다. 이것은 점판암과 같은 것을 갈아 거기에 날을 붙인 것이다. 이것은 조선, 만주 주변에서 나오는 것과 어느 정도 형태가 비슷하다. 그 다음 돌칼은 날카로운 옥질(玉質)의 돌을 얇게 베끼어 그 양 끝의 날카로운 곳을 이용한 것이다. 이 돌칼은 동몽골이나 오논강 유역에서도 나오는데 이곳 돌칼의 특질은 그보다 형태가 매우 크고 그 큰 형상은 중국, 투르키스탄(土耳其斯坦)의 그것과 유사하다. 또 에니세이 강 상류의 것과도 닮아 있다. 이것은 주의를 요하는 점이다. 그 다음 이 돌칼의 자르는 방식은 가장 공교한 것으로 그 형태에도 여러 가지가 있으며 돌칼이 아닌 것과 같은 형태를 하고 있는 것도 있다.

그 다음 돌화살촉은 모두 타결한 것으로 말하자면 타제 돌화살촉이다. 그리고 그 형상은 대개 긴 삼각형이고 자루가 없는 것이 많다. 그렇지만 그 하부에 자루와 같은 것이 붙어 있는 것도 있다. 이곳의 돌화살촉은 지금 언급한 바와 같이 모두 타제이지만 그 중에는 날카로운 돌을 잘 갈라 거의 마제와 같이 보이는 것도 있다. 이것은 어느 쪽으로 분류하여야 할 것인가, 마제 돌화살촉으로 들어갈 수 없는 것도 아니고 또 타제 돌화살촉으로 들어갈 수 없는 것도 아니다. 어떻든 이러한 중간의 것도 섞어져 있다.

그 다음 돌송곳[석추(石錐)]도 있고 또 돌창[석창(石槍)]도 있다. 이 돌창 가운데 삼일월형(三日月形)으로 굽어 타결되어 있는 것도 있다. 이것은 야마또(大和) 카와우찌(河內) 주변에서 나온 것 중 이런 형태의 것도 있는데 그것과 많이 닮아 있다. 그다음 돌을 둥글게 해서 그 주위를 두드려서 날을 붙인 것이 있다. 그다음 돌을 단원형(短圓形)이나 꺾인 가지와 같은 식으로 갈아 만든 후 그 한 가운데에 구멍을 뚫은 것이 있다. 그다음 돌망치[석퇴(石槌)]가 있다. 그 형태는 위쪽이 가늘고 밑이 매우 두껍게 되어 있으며 가장 두껍게 된 끝 쪽에 홈 자국이 있다. 이 돌망치는 물건을 부수거나 갈거나 하는데 사용한 것으로 생각된다. 그 다음 그물추도 나온다. 즉, 헤이룽강 유역에서 어업을 할 때 그물 끝의 추이다. 이것은 두 형식이 있으며 하나는 한 가운데에 홈을 만든 것, 또 하나는 양측을 타결한 것이다. 그다음 돌 장식품이라고 생각되는 것으로 가늘고 긴 돌 한 쪽이 굽어 곡옥(曲玉)과 같이 되어 있는 것이 있다. 이것은 곡옥의 종류에 속하는 것으로 목의 장식으로 사용한 것이 분명하다.

다음으로 토기이다. 토기는 어떠한 식인가 하면 이것은 일본의 야요이식 토기와 같은 종류에 속하는 것으로 모두 손으로 반죽하여 유약을 바르지 않고 그대로 구운 것이다. 그것을 구운 방식을 보면 적갈색의 흙을 개어 구운 것이다. 이곳에 모여 있는 토기는 모두 파편으로 완전한 형태는 없다. 즉 언저리 부분에서는 선을 두르고 있으며 하부 끝에는 손가락 자국 등이 남아 있다. 모양은 모두 기하학적이고 선을 그은 것 혹은 선이 정확하게 열십 문자(文字) 문양을 하고 있는 것, 또 그 외 여러 기하학적 문양을 넣고 있는 것 등을 볼 수 있다. 또 그 가운데에는 무명옷[布] 문양을 누른 것과 같은 것도 있는가 하면 사각형의 문양을 넣은 것도 있다. 이 사각형 문양과 같이 보이는 것은 망치[퇴(槌)]와 같은 것에 자국을 내고 가볍게 쳤을 때에 그러한 문양이 만들어졌다고 생각된다. 그다음 털을 쓸어 생긴 문양을 가진 것도 있다. 이 토기의 형태는 조선, 만주의 것뿐만 아니라 몽골이나 에니세이강, 오논강 유역의 것과도 닮아 있다. 특히 이것은 일본의 야요이식 토기와 공통적이다. 이것은 헤이룽강 중류지방에서 당시 사람들이 토기를 만들었다는 증거이며 또한 이 사실은 그들의 과거를 이야기하는 데 가장 중요한 것이다.

1-6 _ 유사(有史) 이전의 중간지대

부라고뷔센스키 박물관이 진열하고 있는 표본은 우선 이러한 식이다. 이러한 것 등에 의해서 판단하건대 이 헤이룽강 중류지방의 유물은 만주, 조선의 것과 헤이룽강의 상류, 그리고 후가이주(後加爾州) 쪽의 것 등이 섞여 있는 것과 같은 형식을 보이고 있다. 이것은 우리들이 가장 주의할 만한 것이다.

이것을 구체적으로 말하면 장춘(長春) 이북, 함경도 이북은 이 지방과 모종의 관계가 있는 것으로 생각된다. 함경북도 및 장춘 이북은 별도로 일종의 구역을 형성하고 있는 것으로 생각된다. 그리고 헤이룽강 상류 및 오논강, 에니세이강 상류는 또 이 방면과 유사한 측면도 있다. 석기 종류에서 말하자면 오히려 후자 쪽에 속하는 것으로 생각된다. 이렇게 보면 헤이룽강 상류지방 및 그 서쪽 방면과 이 방면과는 당시 무엇인가의 교통 왕래라든가 그 외의 사정이 있었던 것으로 생각된다. 이것은 단지 그 형태가 비슷하다는 것뿐만 아니라 재료로서 네브라이트 돌을 이용하고 있는 것으로 보아 상당히 관계가 있는 것으로 생각된다. 또한 네브라이트와 닮은 돌을 갈아서 사용하고 있다고 하는 것도 역시 헤이룽강 상류지방에서 볼 수 있다. 이 네브라이트와 닮은 돌을 갈아서 사용하는 풍습은 일본의 홋카이도[북해도(北海道)] 오꾸하(奧羽) 지방 등에서도 보이는데 마찬가지로 네브라이트와 닮은 녹색의 아름다운 돌을 사용하고 있다. 이러한 점도 이 방면과 모종의 관계를 가지고 있는 것으로 보아야 하지 않을까 생각한다.

그렇지만 이 석기 가운데에도 석포정(石庖丁)이 존재하고 있는 점 및 마제 돌도끼와 닮은 것과 같은 돌도끼가 조금 있는 점 등 이것은 오히려 블라디보스톡, 뽀시에츠또 방면 및 조선, 남만주의 것과 닮아 있다. 이렇게 보면 이 방면은 헤이룽강 상류지대와 만주, 조선 방면과의 중간지대에 있는 것이다. 역사시대에서 보면 이 주변은 흑수말갈(黑水靺鞨)이 있었던 곳인데 그보다 훨씬 이전의 유사이전, 그것도 석기를 사용하고 있었던 당시에도 이와 같은 사실이 있는 것이다. 이것은 또 하바로프스크 외의 방면을 조사한 결과와 비교하여 나중에 구체적으로 언급해 보고자 한다.

일본의 홋카이도 오꾸하 유물과도 다소 유사한 측면이 있지만 이곳에서 아이누 계통의 토기는 하나도 나오지 않고 모두 야요이식 토기와 비슷하다. 이 점은 앞으로 일본을 연구하는 데 주의할 만한 점이다.

2. 아이훈(愛琿) 탐험

2-1 _ 쇠퇴의 길을 걷는 아이훈

나는 부라고뷔센스키에 머무는 동안 기회를 보아 대안(對岸) 북만주의 아이훈 지역을 조사하기로 하였다. 아이훈은 헤이룽강 남안(南岸)에 위치하며 멀리 브라고뷔 시(市)와 서로 마주보고 있고 전부터 군사 · 외교적으로 유명한 곳이다. 이곳은 배후에 넌쟝강 유역을 끼고 묵이근(墨爾根)을 중간에 두고 치치하얼(齊齊哈爾)과 교통을 연락하고 있기 때문에 북만의 중심에서 헤이룽강안(岸)으로 나오기 위해서는 이 도로가 유일한 교통로이다. 따라서 부라고뷔를 대상으로 한 러청(露淸) 무역에서 중심지뿐만 아니라 군사 · 외교적으로도 함께 북만(北滿)의 중요한 군사요지라고 이야기되고 있었다. 그런데 최근에 부라고뷔 시 바로 앞 해안에 헤이허(黑河)라는 현이 생기고 그 시가지가 급격히 발달하여 헤이룽강 중류지대(中流地帶)의 무역은 이곳이 중심이 되었고 그 영향을 받아 아이훈은 매년 쇠퇴하고 있다. 오래 동안 북만의 중요한 군사 요충지라고 이야기되던 아이훈의 위상은 앞으로 헤이허에 빼앗기고 말 것이다. 시

세의 변천은 어쩔 수 없다는 것은 분명하다.

헤이허가 세상에 알려지게 된 것은 그야말로 최근의 일이다. 그것은 급격히 발달하여 지금도 보다 크게 계속 발달하고 있다. 따라서 가옥 건축이 크게 활발하고 앞에서 언급한 바와 같이 헤이룽강 위의 뗏목은 대부분 이곳을 도착지로 해서 흘러가고 있는 것이다. 이와 같이 헤이룽강가의 중심 시장이 되었기 때문에 현(縣)도 생기고 일본도 최근 영사관을 신설하고 사까히가시(坂東) 영사(領事)가 그 역할을 담당하고 있다. 헤이허라는 곳은 만주 사람은 본래 그것을 하람렌이라고 불렀다. 그것을 중국어로 번역하면 헤이허이다. 즉 헤이룽강이라는 명칭이 이 지역의 이름에 남아 있는 것이다. 요컨대 헤이룽강이라는 명칭은 만주 사람의 하람렌이라는 말과 관계를 가지고 있을 것이다. 이 하람렌이 이 지역의 원래 이름으로 중국인은 지금 그것을 헤이허라고 부르고 있다. 이전은 만주 계통의 사람이 이곳에 토착하여 있었을 것인데 지금은 그들은 없고 모두 이주해 온 중국인 정도이다. 그렇지만 이전부터 매우 중요한 지역이었을 것으로 생각한다. 이 시가지는 대안(對岸)의 부라고뷔센스키와 같이 하안(河岸)의 충적층 위에 형성되어 있다. 그래서 부라고뷔시(市)로부터 아이훈으로 가기 위해서는 배로 앞 해안의 헤이허에 도착하여 거기에서 하안을 육행(陸行)하여 가는 것이 순서로 되어 있다. 이전은 헤이허로 건너지 않고 부라고뷔 시(市)로부터 흐름에 따라 바로 아이훈으로 갔던 것이다. 헤이허는 아이훈 상류에 위치하며 일본 리수(里數)로 약 7, 8리 떨어져 있다.

2-2 _ 헤이허에서 아이훈으로

내가 아이훈에 간 것은 9월 11일이다. 우선 기선으로 부라고뷔 시로부터 헤이허를 건너 영사관의 사카히가시(坂東) 영사를 방문하여 여러 가지 상담 등 사전 모임을 갖고 오후 1시 10분차로 타고 종졸과 두 사람이 헤이허를 출발하였다. 헤이허에서 아이훈까지는 7, 8 중국 리(里), 그 사이는 거의 충적층의 평원으로 곳에 따라 구릉이 약간 기복해 있는 적막한 곳이다. 그리고 헤이허를 나온 후 중국 리수(里數)로 8리 정도의 사이에는 전혀 인가가 없는 평원으로 그곳을 지나니 비로소 하나톤이라는 20호 정도의 촌락이 시야에 들어왔다. 이것은 다우르 사람의 촌락으로 집 지붕에 모두 천목(千木)을 엮고 있는 방식은 내가 앞서 치치하얼 부근에서 본 다우르 사람의 집과 같다. 그곳의 부인 모습을 보니 역시 만주 사람과 같이 양쪽으로 나누어 머리를 묶고 긴 의복을 입고 다리가 길고 멀리서 천목을 세워 놓은 지붕 등을 보니 약간 일본과 같은 느낌이 든다.

또 나아가니 100호 정도의 스치야지라는 마을이 보였다. 이 마을은 우선 이 부근에서는 규모가 큰 편이다. 이곳은 거의 만주 사람의 마을로 다만 극소수의 중국인이 섞여 살면서 소매상을 하고 있을 뿐이다. 이곳에서도 초가지붕 위에 천목을 나란히 세우고 있는 것이 흥미롭다. 마을 외곽에 작은 냇가가 하나 있고 냇가 옆에 촌락이 형성되어 있는 것으로 보아 냇가가 있어 촌락이 생겼을 것이다. 이와 같은 식으로 광막한 평원에 촌락이 있다고 하는 것은 얼마나 이 토지가 넓은가 하는 것을 생각할 수 있다. 이곳으로부터 아이훈까지는 중국리로 50여리이다.

얼마 동안 가니 구릉고개가 있어 고개를 다 넘으니 하나의 묘(廟)가 있다. 묘 앞에는 역시 도리이(鳥居)가 서 있다. 묘의 초가지붕 위에는 천목이 걸려 있다. 이러한 것 등은 대체로 일본의 신사(神社)와 같은 느낌이 든다. 이곳에 도착한 것은 오후 3시경으로 정상에서 내려다보니 헤이룽강이 눈앞에 흐르고 있다. 그렇지만 이곳에서 강가까지는 중국리로 6리 떨어져 있다. 아이훈은 그보다 중국리로 36리가 된다. 고개를 내려가니 또 하나의 촌락이 있다. 이곳도 역시 만주 사람들의 촌락으로 순찰국(巡察局)이 설치되어 있다. 이러한 것 등을 생각해 보면 이 헤이룽강성 일대는 만주 사람 혹은 다우르 사람의 본거지로 중국 사람이 들어온 것은 최근이라는 것을 알 수 있다. 이곳을 지나치면 주로 왼쪽에 헤이룽강을 따라 나아가게 되고 마을이 있기도 하고 평원이 나오기도 한다.

점점 나아가 중국 병사가 주둔하고 있는 토성에 도착하였다. 이곳은 한편으로 헤이룽강에 접하고 있고 다른 쪽은 모두 평원으로 둘러싸여 있다. 들어보니 이곳은 이전의 아이훈이며 오늘날 아이훈은 여기에서 옮겼다고 한다. 지금은 다만 평원 가운데 하나의 토성이 남았으며 병사들이 약간 있을 정도이고 민가는 한 채도 없다. 이전에는 이 토성을 중심으로 상당히 인가도 있었을 것으로 생각되지만 지금은 흔적도 없다. 이렇게 하여 오후 5시 반경에 아이훈성에 도착하였다.

2-3 _ 아이훈 잡관(雜觀)

아이훈성은 헤이룽강의 남쪽 해안에 있으며 현재의 호수는 400호 정도이다. 이곳에서 들으니 오늘날 아이훈은 명치 37년(1904)에 새롭게 형성된 시가지로 이전부터 알려진 아이훈은 다른 곳에 있었는데 명치 34년(1901) 러시아 병사에 의하여 불에 타서 전부 없어졌기 때문에 이곳에 새로운 아이훈을 세워 옮겨온 것이라고 한다. 이전의 아이훈은 상당히 번성하였고 호수가 5,000호, 인구가 15,000명이나 되었던 것으로 보이는데 오늘날은 그 십분의 일도 되지 않는다. 그뿐만 아니라 최근 상류에 헤이허 시가지가 발달했기 때문에 이곳은 점점 쇠퇴해가는 상태이다. 이곳에는 현이 설치되고 토성도 구축되어 있다. 시가지에는 탑과 같은 것도 있으며 묘(廟)도 있으며 그 건물은 매우 멋지다. 시골풍의 시가지도 있지만 북만(北滿) 깊은 곳 러시아를 마주보고 있는 곳에 이러한 시가지가 있다는 것은 진기할 정도이다. 현의 관청 외곽에 학당(學堂)도 있으며 병영도 있고 순경 등도 여기에 주재하고 있다.

　12일 밤은 아이훈에서 머물렀고 그 다음날 우선 성(城) 안을 견학한 후 이곳에 사는 만주사람 서(徐)씨를 방문하였다. 그 사람은 아이훈현(愛琿縣) 안에 있는 구마루(呼瑪爾)라는 곳의 교령(敎領)이며 그 관하에 오로촌 사람이 살고 있으며 오로촌의 관청도 있다. 따라서 그는 오로촌의 사정에 정통한 사람으로 그에게 오로촌에 관한 여러가지를 물어 많은 사정을 알 수가 있었다. 서씨의 말에 의하면 오로촌은 지금 2,000명 가량 살고 있으며 거기에서 구마루로부터 중국리로 100리 떨어진 곳에 뿌또호라는 마을이 있다고 한다. 그곳은 아이훈현의 관할 하에 있으며 오로촌의 학당이다. 그다음 묵이근(墨爾根) 차로(車路)를 이용하여 그곳은 아이훈으로부터 중국리로 300리 떨어져 있으며 오로촌의 관청이 설치되어 있다. 그 부근을 약간 들어가 보니 오로촌 사람이 많이 살고 있다는 이야기였다. 교령인 서씨는 만주 사람으로 여러 가지 감상을 이야기한 가운데 한족에게 어느 정도 공격을 당하여 매우 곤란한 것 같은 느낌이며 만주인은 이미 어찌 할 수 없는 지경에 이르렀다고 스스로 탄식하고 있었다. 그 사람은 만주 사람의 관리로서는 머리가 좋은 사람으로 연령은 50세 정도이다. 나는 여전히 그 사람에게 헤이룽강성의 만주 사람은 어느 정도 있는가를 들어보니 4만 명에서 5만 명 정도 있을 것이라고 한다. 또 길림성의 만주 사람은 어느 정도인가 물으니 우선 4,5천 명 정도일 것이라는 이야기였다. 이 서씨가 말한 인구는 그렇게 틀림이 없을 것으로 생각된다.

　아이훈의 마을을 보기 위해서는 탑 위로 올라가 보는 방법이 가장 좋다. 탑 위에 올라가니 아이훈의 마을이 한 눈에 들어왔으며 또 가까이 헤이룽강이 흐르고 있는 모습과 그 건너 러시아의 상태도 멀지만 볼 수 있었다. 아이훈의 마을은 시가지를 걸어보는 것만으로도 멋지게 보이지만 탑 위에서 밑으로 보면 빈 공간이 많이 보인다. 멋지게 보이는 것은 관청뿐으로 마을 사이에 밭이 여기저기 보이고 무엇인가 적막한 느낌이 든다. 어떻든 아이훈의 마을은 새롭게 생긴 마을이기 때문에 절이라든가 묘도 모두 새로운 것으로 오래된 유서가 있는 것은 없다. 역사적으로 유명한 아이훈으로서 부족한 느낌이 든다.

그다음 시가를 걷고 있으니 퉁구스의 끼린 사람이 머리에 장식 등을 하고 일종 색다른 분위기의 사람을 만났다. 또 시가지에서 음식점을 운영하고 있는 일본 사람이 있었는데 주인은 이세(伊勢) 출신이고 아내는 구마모또현 출신이다. 제1차 세계대전 이전부터 이곳에 와서 영업을 하고 있는 것이다. 북만주 치치하얼 건너 편 노령(露領)과 마주보고 있는 이러한 먼 곳에 일본인이 유일하게 한 가구뿐이고 가게를 열고 있다고 하는 것은 어느 정도 진기한 이야기이다.

여전히 아이훈의 마을은 충적층과 홍적층의 토지 사이에 걸쳐 있기 때문에 그 홍적층이 되어 있는 곳을 점점 조사해 보면 무엇인가 유물이 발견되지 않을까라는 생각에서 보았는데 어떤 것도 발견되지 않았다.

2-4 _ 귀로의 기화(奇禍)

아이훈에서 대략 용무가 끝났기 때문에 2시 18분 어제 온 길을 거슬러 돌아가게 되었다. 어느 정도 가니 낡은 아이훈성이 있다. 성이라고 해도 지금은 단지 작은 진흙으로 만든 정사각형의 벽으로 그 안에 중국 병사가 있을 뿐이다. 토성이라고 하는 것은 오래된 아이훈성이 남은 것으로 만주 병사 등이 주재하고 있었던 것이다. 지금은 병영이 있을 뿐 다른 인가 한 채도 없고 전부 황폐해진 넓은 평원이다. 한편에는 헤이룽강물이 묵묵히 흐르고 있다. 작년 러시아 병사 때문에 타버렸을 때의 것을 회고하면 감개무량하였다. 그래서 나는 이곳을 기념촬영하기로 생각하고 적당한 위치를 잡아 자리를 잡았으나 아무리 해도 렌즈 안에 다 담을 수 없다. 넓은 토지에 단지 한 채의 병영이 있기 때문에 정말 생각대로 되지 않아 사진기를 어느 정도 접근시켜서 바로 병영 앞에서 촬영하였다. 이렇게 하니 성안에서 병졸이 나와 우리 등을 둘러싸고 종졸에게 따져 물었다. 그들이 중국어로 말하는 것을 들으니 그것도 군 관리 지대에서 허락도 받지 않고 촬영하는 것은 금지되어 있다고 하면서 상당히 강고하게 포위하였다. 나는 그들에게 결코 그런 것이 아니라고 답하고 오래된 역사적 유물을 기념하기 위해서 촬영하는 것이고 어떠한 군사적 목적이 있는 것이 아니라고 여러 가지 해명을 해 보았지만 아무리해도 듣지 않는다. 어떻든 아이훈의 본 수비대 본부까지 와 달라고 강경하게 요구해 왔다. 여러 가지 문답하고 있는 사이에 이곳 수비대장이 나왔다. 독일에 가 있었던 사람으로 보이며 독일어로 설명하고 국제공법에서는 어떠한가 라든가 여러 가지 이유를 늘어놓고 병영을 촬영하는 것은 금지되어 있다고 말한다. 나는 언어가 통하지 않는 것 같은 몸짓을 가장하였지만 어떻든 함께 와 달라고 하기 때문에 할 수 없이 또 원래의 아이훈으로 함께 갔다. 그리고 병영에서 여러 가지 서로 이야기를 한 결과 앞의 것이 오해라고 하는 것을 알고 웃음으로 끝났다. 그렇지만 나는 이 때문에 쓸데없는 시간을 소비한 것을 후회하였다.

　그래서 어떻든 양쪽 모두 서로를 이해하고 4시 46분에 아이훈을 출발하여 원래 왔던 곳을 거슬러 올라가 7시 10분경 어제의 정상에서 휴식하고 고개를 넘어 헤이허를 향해 평야를 나아갔다. 벌써 날은 저물고 어둔 밤이 되었다. 음력 18일에 보는 달이었는데 하늘에 구름이 끼어 있어 빛을 볼 수 없고 어둠 속에 말을 달려 오후 9시경 헤이허에 도착하였다. 날이 새었기 때문에 부라고뷔시로 향하는 배도 없고 할 수 없이 그 지역에서 영업하고 있는 일본인 집에 묵었다. 그리고 그 다음 날 13일 아침 배로 헤이허를 출발하여 부라고뷔센스키로 돌아와 여러 가지 남은 조사 등을 하면서 그날을 지냈다.

3. 헤이룽강 하항(下航), 둘

3-1 _ 광활하고 뛰어난 경치

9월 14일 부라고뷔센스키에서 기선을 타고 하바로프스크로 향했다. 배는 정오 11시에 출항한다고 하여 여유롭게 짐을 정리하여 탔다. 배의 이름은 안톤베레죠우스키라고 하며 역시 외윤선(外輪船)의 연료를 태워 가는 배이다. 출항 시 여러 사람들로부터 배송을 받았다. 오늘 이곳에서 1등실에 탄 손님은 그곳에서 크게 우회하여 제다(齊多) 방면으로 간다는 러시아 부부도 2쌍 있고 블라디보스톡의 러시아 상인도 탔다. 보기 드물게 일본 상인 부부도 그 배를 타고 있어서 나는 오래간만에 배 안에서 일본어를 이야기할 수 있었다.

헤이룽강 상류는 앞서 말했듯이 양안(兩岸) 산맥의 강에 치닫고 있는 곳이 많고 기암(奇巖) 괴석수(怪石水)를 끼고 풍경이 정말 기묘하고 험하였는데, 부라고뷔센스키가 가까워 오면서부터 산맥은 점차로 하안에서 멀어지고 헤이룽강은 점점 평야 가운데를 흘러가는 것처럼 되었다. 따라서 강의 폭이 매우 넓게 되고 곳곳에 작은 섬이 생겨 거기에 수목이 자라고 경치가 광활하여 별도의 풍취가 있었다. 부라고뷔센스키를 나와서부터는 이 광경이 한층 전개되고 양안에는 산이 전혀 보이지 않고 광막한 충적층이 끝이 보이지 않을 정도로 발달해 멀리 구름과 이어져 있다. 그리고 헤이룽강의 물은 제야강과 합쳐져 물의 양이 점점 증가하고 도도하게 이 대평원을 가로질러 흐르기 때문에 정말로 웅대호장(雄大豪壯)의 느낌이 들었다. 하안에는 곳곳에 잡초 혹은 작은 버들나무들이 적당하게 보일 뿐이다. 얼마 동안을 내려가니 어제 갔던 아이훈성(愛琿城)이 오른쪽 해안에 보이고 가깝게 가서 보는 것보다도 멀리서 보는 편이 오히려 아름답게 보인다. 배는 점점 나아가 전과 마찬가지로 이곳저곳에 들리고 물건과 손님들을 내려주기도 하고 태우기도 하고 연료를 싣기도 한다.

3-2 _ 소싱안링(小興安嶺)의 협곡

9월 15일, 어제 밤의 꿈을 조용히 실은 배는 점차 강을 내려가 니콜리스카야, 인노겐체브스카야, 뻬시코 등을 지나갔다. 이 뻬시코에 오니 지세(地勢)가 또 바뀐다. 양안(兩岸)의 넓고 넓은 평야가 점점 높아지더니 산이 해변과 가까워 온다. 그리고 기암괴석(奇巖怪石)이 강을 끼고 앞서 상류에서 본 것과 같은 협곡의 경치가 펼쳐진다. 이 산은 바로 소싱안링이다. 이것은 서남쪽에서 시작하여 이곳에서 헤이룽강을 가로지르는 것이다. 지금까지 넓게 흐르고 있던 헤이룽강이 갑자기 좁아져서 양편에 솟아 있는 산 사이를 통과하기 때문에 곳곳에 급한 흐름과 소용돌이가 보일 뿐만 아니라 현애절벽(懸崖絶壁)이 그 위에 생기고 오래간 만에 멋진 산수의 풍치를 맛볼 수 있게 되어 매우 유쾌하였다. 이 주변의 경치는 러시아의 마크씨 등의 여행기에도 그림이 실려 있고 이곳을 통과한 사람이 줄곧 이 절경을 칭찬하고 있어서 미리 예상하고 있었던 것인데 오늘 눈앞에서 그것을 보니 보다 아름다움을 느꼈다. 이것은 헤이룽강이 부라고뷔시 부근으로부터 그야말로 평야 사이를 흘러 약 140해리나 산이 보이지 않다가 이곳에서 갑자기 소싱안링이 강을 횡단하게 되어 앞의 모습이 크게 바뀌기 때문이다.

대(大)홍안령은 몽골 쪽에서 북쪽으로 뻗쳐 있으며 아루군강의 동쪽을 따라 그 합류지점에서 헤이룽강을 횡단하는 것 외에 한편 치치하얼의 서북방향으로 뻗어서는 넌쟝강과 쑹화강 사이의 분류령을 이루어 이곳에 이르러 별도로 헤이룽강을 횡단하는 것이다.

이 지세 관계상 이 넌쟝강이 헤이룽강 가까운 곳에서 발원하면서 의외로 반대측의 남쪽으로 흘러가는 것이다. 그렇기 때문에 홍안령이 넌쟝강의 수원(水源)지방으로부터 뻗어 만곡하여 이곳으로 왔다고도 말할 수 있으며 또 한 편으로는 홍안령이 이 아루군강 쪽에서 발단하여 있는 것이라고도 말해 좋다. 이 주변의 산 계곡에서 하안으로 접해 있는 곳에 꼬삿크 촌락이 띄엄띄엄 있다. 삐시꼬라는 것은 즉 꼬삿크 촌락이며 어느 정도 커다란 마을이다. 흑룡주에는 꼬삿크 촌락이 크게 발달하고 있으며 도중 도달하는 곳에 보이는 촌락은 모두 꼬삿크인들이 생활하고 있는 곳이다.

다음 배는 점점 협곡 사이의 급류를 타고 내려가 양안의 기경(奇景)을 천천히 다 보기도 전에 점점 날이 저물어 저녁이 되고 저녁노을이 엷게 뻗치기 시작하자 한층 양안의 경치가 아름답게 변화하는 것을 계속 보면서 밤을 맞이하였다.

3-3 _ 시호테아린령에 가까워지다

9월 16일 배는 점점 나아가 협곡을 나왔다. 협곡을 나오니 강의 폭이 또 넓어지고 양안의 충적층이 점차로 발달하고 소싱안링의 산들이 강으로부터 점점 멀어지더니 드디어 구름 사이로 숨어버리고 말았다. 그 대신 대평야가 전개되고 강의 폭은 점점 넓어지게 되고 모래섬이 또 여기저기 보인다. 얼마 안 있어 쑹화강이 헤이룽강으로 합류하는 지점에 왔다. 쑹화강은 길림성과 헤이룽강성 즉 북만주에서 거의 전부의 물을 담고 있는 강이기 때문에 수량은 매우 풍부하고 이전부터 헤이룽강과 본류를 겨눌 정도였다. 이 쑹화강이 함께 되면서부터 헤이룽강의 폭은 크게 되었고 그러면서 커다란 호수 가운데를 흘러가는 것과 같은 느낌이 든다. 그리고 두 강의 물이 떨어져 합쳐지는 곳은 줄곧 파도가 크게 일어 배는 갑자기 흔들리는 기분이 든다. 헤이룽강의 물은 본래부터 탁해 있지만 쑹화강과 함께 된 이후부터는 점점 더 탁해져 다갈색(茶褐色)의 물이 도도하게 하늘 끝까지 흘러가는 상태여서 그야말로 하나의 장관이다. 특히 양안의 평원은 한층 광활하며 지평선이 어디까지 발달하고 있는지 알 수 없을 정도이다.

이 쑹화강의 합류 지점에서 얼마 가니 미하일세메노프스까야라는 촌락이 있다. 이 곳에 오니 비로소 앞에 먼 산이 눈썹을 그리고 있는 것과 같이 옆으로 펼쳐져 있다. 이것은 즉 연해주를 옆으로 뻗치고 있는 시호테아린 산맥이다. 긴 헤이룽강의 항로도 얼마 안 있으면 연해주에 계속 다가가고 있다는 것을 알고 이 산의 북방을 따라 우수리강이 흐르고 헤이룽강으로 흐르는 것 등을 상상하였다. 그 사이에 비가 내리고 이슬비 때문에 어두운 저쪽으로 시호테아린의 검은 눈썹과 같은 모습이 엷게 펼쳐지고 있는 모습을 보니 일종 형언할 수 없는 아름다움을 느꼈다.

이 미하일세메노브스까야 부근으로부터 퉁구스족의 한 분파인 고리도가 분포하고 있는 것 같다. 이 슈렝크씨나 마크씨 등 여러 사람이 탐험했던 시대에 그 부근에서 그들을 만나고 있다. 또 최근 러시아에서 나온 「헤이룽강수로지(黑龍江水路誌)」에도 이 부근에 고리도 사람들의 거주에 대해 기록하고 있다. 그 다음 쑹화강을 거슬러 올라가니 목단강과 쑹화강의 합류지점인 삼성(三姓)으로 갈 수 있는데 이 사이의 연안 즉 쑹화강 유역에는 중국화된 고리도가 살고 있다. 이렇게 보면 이 부근에도 호수이지만 역시 중국화된 고리도 사람들이 살고 있을 것으로 생각한다. 현재 오래된 책에 그들의 거주에 대해 기록하고 있다.

이렇게 해서 16일도 저물고 17일 아침 너무 졸리어 아직 일어나지 않고 있는데 그 사이에 배는 하바로프스크에 도착하였다. 때는 오전 6시경이었다. 비는 약간 그쳤다. 상륙하려고 하였는데 검역이 끝나야 한다고 하여 잠시 배에서 검역관이 올 때까지 기다렸다.

07

인류학자와 일본의 식민지 통치

1. 하바로프스크에서

1-1 _ 정치적 도시

9월 17일 아침 배 안에서 검역관이 오는 것을 기다리고 있었는데 아침 시간이 이른 때문인지 공무원이 쉽게 오지 않는다. 기다리다 지쳐있는데 다행히도 육군 병참부(일본 주둔군)에서 오전 7시 반에 우리들을 마중하기 위해 사람이 나왔고 얼마 안 있어 상륙하게 되었다. 하바로프스크의 시가지에 들어가 일본인이 경영하는 다케우찌(竹內)여관에 숙박하였다. 나는 이 날부터 28일까지 12일 동안 하바로프스크에 머물렀다. 내가 이곳에서 할 일은 이것으로 다 되었다고 말할 수 없고 남은 것은 어떻든 하류의 니콜라예프스크 방면 즉 헤이룽강 하구까지 갔다가 다시 이곳으로 돌아와 조사할 생각이다. 그래서 우선 처음 시작으로서 이곳에서 조사를 한 것이다.

나는 이곳에서 여러 일을 하였다. 지금 그것에 대해서 언급하기 전에 우선 하바로프스크의 위치를 이야기하고자 한다. 대체로 하바로프스크의 위치는 헤이룽강의 동안(東岸)에 있으며 지세는 구릉으로 이루어져 있다. 시가지는 그 구릉 위에 있기 때문에 눈앞

* 니콜라이 무라비요프(Nikolai Nikolaevich Muraviyov, 1809~1881)는 1847년 황제 니콜라이 1세의 신임을 얻어 동부시베리아의 총독에 등용되어 적극적인 극동정책을 펼쳤다. 황제의 의향이 네르친스크조약으로 중국 영토가 된 아무르강 지방의 탈환에 있음을 알고 1850년 니콜라예프스키를 건설한 뒤 크림전쟁을 계기로 청나라 영역의 헤이룽강을 항행하며 러시아인을 이식했다. 1858년 청나라와 아이훈조약을 강제로 체결하여 헤이룽강 이북을 러시아 영토로 만든 공적으로 백작 작위를 받았으며 1860년 베이징조약으로 연해주까지 얻었다. 테사 모리스-스즈키 지음 / 임성모 역, 『변경에서 바라본 근대 : 아이누와 식민주의』산처럼, 2006 인용.

에 헤이룽강을 내려다 볼 수 있다. 그리고 서쪽에는 우수리강이 흐르고 헤이룽강과 연결되어 있다. 즉 우수리강과 헤이룽강의 합류지점에 하바로프스크 시가지가 있는 셈이다. 이곳은 이전부터 연해주·흑룡주 두 주의 총독이 있던 곳으로 그곳을 개척한 사람은 러시아의 동방경략가로 유명한 무라비요프*이다. 최근 유명한 곤다츠치라는 총독도 이곳에 살았다. 하바로프스크의 위치는 정확하게 헤이룽강의 중심지이며 하류의 니콜라예프스크 방면으로도 상류의 부라고뷔센스키 쪽으로도 또 우수리 유역을 통하여 블라디보스톡 쪽으로도 교통연락의 중추가 되어 있는 이른 바 요충지이기 때문에 러시아가 동방경영을 할 때 가장 중요하게 생각한 곳이다. 그러므로 이곳에는 총독 관사를 비롯하여 병영을 중심으로 관청 건물이 가장 많으며 또 연해·흑룡주와 관계가 있는 각종 관청이 이곳저곳에 있다. 그 헤이룽주의 부라고뷔센스키는 앞에서도 이야기한 바와 같이 상인들의 시가지이지만 이곳은 공무원들의 시가지이다. 정말이지 장엄한 건물들이 이곳에는 많다. 또 이 도시는 이러한 관청을 기초로 발달한 것이기 때문에 상인들도 역시 어용상인이라는 데에서 발달한 것이다. 이곳에는 사범학교도 있는가하면 여학교도 있으며 병사학교도 있고 박물관도 있는가하면 도서관도 있다. 나는 이 하바로프스크에 와서 가장 주의를 기울인 것은 박물관과 도서관이다. 박물관은 지학협회(地學協會)의 관할하에 있으며 연해주, 헤이룽주의 표본들이 많이 수집되어 있고 꼭 우리들이 들리지 않으면 안 되는 박물관이다. 또 도서관에는 두 주(州)와 관련한 보고서, 논문 등을 상당히 수집해 놓았으며 이것도 우리들이 살피지 않으면 안 되는 것들이다. 특히 하바로프스크의 시가지는 러시아인들의 도시이지만 시가지로 나와 작은 천이 있는 주변을 한 번 걸어보면 러시아인이 아닌 퉁구스 민족이 여기저기에 살고 있다는 것을 알 수 있다. 예를 들면 고리도와 같은 사람들이 바로 그들이다. 그 때문에 이 하바로프스크에 와서 그들 고리도를 연구하는 것도 가능하다. 그다음 여러 가지 이런 조사를 하는 데는 연해주, 헤이룽주 두 주의 중심이기 때문에 매우 편리해서 나는 이 하바로프스크를 본거지로 조사를 시작한 것이다. 그 기간은 앞에서도 말했듯이 정확하게 12일 동안이다.

1-2 _ 박물관

우선 박물관에 관한 것부터 맨 처음 이야기해 보고자 한다. 이곳 박물관은 동부시베리아에서 모범적 박물관이라고 이야기될 정도이며 진열된 표본은 매우 충실하다. 이 박물관은 연해주 흑룡지학협회의 관리 하에 있으며 오히려 진열소(陳列所)라고 말해도 좋다. 건축은 2층 건물로 1층에는 동·식물 고고학의 진열품이 있으며 2층에는 토속품에 관한 진열장이 있다. 나는 이 박물관을 조사하는 데 이전 이곳 관장이었던 인종학자 아루세네프가 블라디보스톡에 와 있어서 그 사람으로부터 소개장을 받아 이곳에 왔기 때문에 매우 편리하였다. 또 하바로프스크에 주재하는 스기야마(杉山) 영사도 소개장을 써주었다. 특히 그 사람은 내가 이곳에 도착한 그 다음날 즉 18일에 나와 함께 박물관을 방문하여 여러 가지 알선을 해 주었다.

이곳 박물관을 오늘날 관리하고 있는 사람은 베네지크라는 육군 장교이다. 그는 인류학에는 문외한이지만 이러한 것에 다소 흥미를 가지고 있는 사람이다. 나를 위해서 진열장에 관한 것을 이야기해 주었고 그 후 자유롭게 이곳에 와서 표본을 가깝게 만져보기도 하고 스케치하기도 하고 제멋대로라 할 정도로 여러 가지 편의를 제공해 주었다. 나는 그 다음날부터 자주 이곳에 와서 조사하겠다는 것을 약속하고 이 박물관을 출입하였는데 즉 19일, 20일, 23일, 24일, 25일, 26일, 27일 이렇게 7일 동안이다. 이 박물관의 관리인으로서 노인부부와 자녀들이 살고 있는데 노인부부는 매우 소박한 사람들로 이전 슬라브 민족의 성질을 가지고 있다. 러시아의 소설 등에 자주 등장하는 이들이 이와 같은 유형일 것이라고 생각될 정도로 친절한 사람들이다. 내가 가니 바로 열쇠를 가지고 와서 진열소의 어느 곳이든 열어 주었다. 또 탁본을 할 때 등에도 물을 가지고 오는가하면 여러 가지 편리를 제공해 주었다.

1-3 _ 진열품의 개관

이 박물관의 진열에 대해서 언급해 보면 그 종류는 두 가지로 나눌 수 있다. 하나는 고고학적 진열이고 또 하나는 토속학적 진열로 이 두 가지로 구성되어 있다.

토속학적 표본은 주로 퉁구스 계통의 것들이다. 예를 들면 고리도, 오로치, 마네구루, 만주인과 같은 것이고 그 외의 민족에 있어서도 캄차구루, 축치, 까리끼 등의 토속품이 진열되어 있고 또 길랴크라든가 아이누 민족의 것도 약간 있다. 그리고 조선인, 일본인의 것 등도 있다. 요컨대 이곳 박물관에 가보면 헤이룽주, 연해주, 캄차카주 및 만주, 조선, 일본의 것 등도 볼 수 있다. 그야말로 극동의 토속학적 진열로서 어느 정도 좋은 상태이다. 그렇지만 진열로서 좋은 것은 동부시베리아 정도이고 일본 등에 관한 것은 쓸모가 없다. 이곳 일본에 관한 것 중 많은 것은 명치시대 다까도시(芳年) 화백시대의 그림이나 게따(일본의 나막신 — 역자 주)라든가 베개라든가 하는 것들이다. 다까도시가 그린 금회(錦繪) 등도 진열되어 있다. 우리들은 오히려 당시 일본을 보는 것과 같은 기분은 들지만 일본을 지금 이러한 시대로 생각하여 보아서는 매우 곤란하다. 당국자인 러시아 사람의 설명에 의하면 돈이 없어서 새로운 표본을 수집하는 것이 불가능하다고 한다. 조선인이나 중국인에 관한 것도 있다. 중국인에 관한 것은 주로 길림성의 것이나 헤이룽강성의 것으로 사찰이나 묘 주변의 분포품(分捕品)인지 매입품인지 모르겠지만 이러한 곳의 상(像)이라든가 장식이라든가 하는 것도 이곳에 진열되어 있다. 이러한 진열품들은 우선 그렇게 가치가 있는 것같이 생각되지 않지만 다만 지금 말한 바와 같이 동부시베리아에 있어서 원주민의 토속품은 매우 중요하며 또 매우 귀중한 것이다. 또 그들의 풍속, 습관을 나타내기 위해 실제 크기의 인형에 실제 의복이나 모자, 신 등을 입혔다. 그 외에 동부시베리아의 여러 원주민의 것은 일상적인 식기를 비롯하여 모자, 의복류, 배, 사냥도구 등이 진열되어 있으며 특히 샤머니즘에 관한 도구, 신상(神像) 등이 진열되어 있다. 이것은 매우 진귀한 것으로 내가 구할 수 없는 오래된 시기의 것도 있다. 사정이 이러하기 때문에 하바로프스크 박물관에 들어가 그것을 잘 주의하여 스케치 등을 하면 한 권의 동부시베리아에 관한 토속학적 책이 된다. 이것은 꼭 보아두지 않으면 안 되는 것이다. 애석하게도 이러한 진열품에 대한 설명책자가 준비되어 있지 않다. 블라디보스톡 박물관에는 간단한 설명책자가 준비되어 있었지만 이곳에는 없다. 그림엽서도 이전에는 있었던 것 같은데 지금은 남아 있지 않다. 우선 토속품은 이러한 상태에 있다.

그다음 고고학에 관한 것은 어떠한가 하면 우선 이곳 표본을 보니 세 시대로 나눌 수가 있다. 하나는 유사(有史) 이전 석기시대, 다음은 말갈시대, 그 다음은 금(金)−여진(女眞)시대가 그것이다. 석기시대의 것은 헤이룽강 유역, 우수리강 유역, 연해주 해안지방, 사할린에 관한 것들이 수집되어 있다. 거기에는 석기라든가 토기라든가 골기와 같은 것이 있다. 그다음 말갈시대에 관한 것은 헤이룽강에 철교를 설치하였을 때에 그 부근에서 발견된 묘에서 나온 것들이 진열되어 있다. 예를 들면 죽은 사람이 갑옷과 투구를 걸치고 무기를 옆에 두고 매장되어 있는 모습이 전부 나와 있다. 또한 거기에 있었던 무기나 금구(金具) 등도 나와 있다. 이러한 것 등은 말갈시대(혹은 발해)의 것이다. 그 다음 금 － 여진의 것들이 매우 많다. 이것은 우선 동기, 철기류로부터 장식품이나 고전(古錢) 등뿐만 아니라 석비(石碑) 및 그 석비의 대석(臺石), 그리고 기와 등과 같은 요·금나라의 것들이 진열되어 있다. 이러한 시대의 표본들은 많게는 니꼴리스크에서 가지고 온 것이다. 또 헤이룽강 하류의 치루에서 발견된 관음당(觀音堂)의 연화(煉瓦) 파편이라든가 탑에 있었던 연화라든가 기와 등이 진열되어 있다. 이러한 유물들을 통해서 보아도 이 지방의 고대의 상태를 잘 알 수 있어서 나는 날마다 그것을 조사하기도 하고 스케치하기도 하는 데 시간 가는 줄 몰랐다. 지금까지 이와 같이 귀중한 표본들이 있음에도 불구하고 일본학자들은 한 번도 그것에 주의를 기울이지 않았다. 그 이유의 하나는 러시아가 오랫동안 쇄국주의를 취하여 사람들이 사진기를 휴대하고 들어오는 것을 금하였는가 하면 혹은 스케치를 해서도 안 된다든가 여러 가지 의심의 눈초리로 보고 있었기 때문일 것이지만 또 하나의 이유는 일본학자들이 이러한 진열품에 대체로 주의를 기울이지 않고 있었다고 말해야 할 것이다. 이러한 표본들은 실로 흑수말갈(黑水靺鞨), 그 이전 발해시대 내지는 금 － 여진의 것을 보여주는 것으로 나는 이것에 의해서 상당히 얻은 바가 많았다. 이것에 대해서는 어떻든 다시 니콜라예프스크에서 돌아왔을 때에 구체적으로 조사해 볼 생각이기 때문에 그 때 다시 이 진열품의 가치에 대해서 이야기해 보고자 한다.

1-4 _ 하바로프스크의 도서관

그다음 도서관으로 이것도 박물관 부근에 있다. 이 도서관은 작은 건물이지만 상당히 많은 책이 소장되어 있다. 나는 연해, 흑룡 두 주 및 그 외 시베리아에 관한 책들을 이곳 관리인 바비코라씨의 안내로 보았다. 나는 지금까지 책 이름만 알고 있었을 뿐 실제 어떠한 내용인가는 몰랐던 것도 이곳에서 확인할 수가 있었다. 다만 목록에는 있지만 도서관에는 책이 없는 경우가 있어 아쉬웠다. 예를 들면 유명한 미츠텐도루프씨의 『시베리아 기행』과 같은 경우 본문은 있는데 그림이 없다. 또 마크씨가 저술한 아무르에 관한 보고서 등도 본문은 있는데 그림은 없어져 버렸다. 이와 같은 것을 이곳에서 확인할 수 있었다. 이곳 관리인 바비코라씨는 전문가는 아니지만 많은 친절을 베풀어 주었다. 나에게 이 도서관의 카탈로그를 선물로 주었다. 또 이 지방에서 출판한 학회의 보고서 등도 조금 선물로 받았다. 그 가운데 곤다츠치 총독의 『아무르 거주 원주민의 통치에 대한 시정(施政) 의견』이라는 것은 매우 재미있다.

이 박물관 및 도서관이 있는 곳은 총독 관청과 연결된 높은 구릉 위이고 밑으로 헤이룽강이 흐르고 있다. 구릉 위에는 흰 자작나무가 무성하며 그윽하고 미묘한 분위기를 자아낸다. 또한 이 구릉의 한 구석에는 무라비요프의 동상이 세워져 있다. 동상은 손에 망원경을 가지고 멀리 중국 쪽을 바라보고 있는 모습으로 어떻든 무라비요프의 포부를 묘사한 용감한 모습이다. 이곳은 매우 전망이 좋다. 나는 다께우찌 여관에서 이곳에 올 때마다 멈춰 서서 그것을 바라보노라면 눈 밑에 우수리강과 합쳐진 헤이룽강이 도도하게 하늘 끝까지 흐르고 있는 모습, 그 양안에 발달된 충적층이 광막하게 이른 바 구름과 연기가 돌아다니는 시베리아 들판의 위대한 광경에다가 당시의 영웅 무라비요프가 이곳에 서서 그 얼마나 웅대한 마음을 고무하였을까를 떠올리기도 하고 한적한 흰 자작나무 사이를 거닐며 생각에 잠기기도 하여 매우 유쾌하였다. 이 주변은 이렇게 앞에는 헤이룽강의 거대한 흐름과 광막한 평야를 바라볼 수 있는 것 외에 뒤로는 시호테아린 산맥이 멀리 눈썹을 펼친 것과 같이 가로질러 있고 그야말로 무엇이라고 표현할 수 없는 쾌활한 경치이다. 러시아가 이곳을 선택해 극동경영의 중심지로 삼은 것은 적절한 것처럼 생각된다. 이곳에는 커피가게 등도 있으며 의자에 앉아 커피나 홍차를 마시며 그 경치를 충분히 맛볼 수 있고 그 밑으로 헤이룽강을 오고 가는 배가 도착하기도 하였다.

1-5 _ 잡관(雜觀)

또한 내가 하바로프스크에 머물면서 한 일은 책을 모은 것이다. 내가 묵고 있는 다께우찌 여관 이웃에 있는 러시아 서점은 서점이라고 하지만 작고 특히 러시아 내란 때문에 새로운 책이 들어오지 않고 우선 모두 낡은 책이라고 해도 좋을 정도이다. 그래서 나는 틈만 나면 서점으로 가서 책을 훑어보았다. 종종 가기 때문에 드디어 서점 주인과 친하게 되고 사다리 등도 걸쳐 주어 마음대로 안쪽의 책까지 볼 수 있도록 되었다. 당장 필요한 책은 이것을 계기로 샀지만 지금 생각해보면 쉽게 손에 넣을 수 없는 책이 많이 있었다. 하바로프스크는 책을 모으는데 상황이 좋은 곳이고 지식계급이 의외로 많이 살고 있다. 또한 이 서점 이외에 하바로프스크의 작은 서점이 두 군데 있는데 건물의 폭이 2칸, 건물의 안쪽 길이가 1칸 반 정도의 책장이 놓여 있는 작은 것이다. 내가 종종 간 서점도 그렇고 위의 두 군데의 서점도 모두 이곳에 있는 것이 아니라 다른 곳에 거주주택이 있어 아침 서점에 와서 밤이 되면 문을 닫고 거주 주택으로 돌아가는 것이다. 이 주변에 가게는 대개 이렇게 되어 있다. 가게 그 자체에서 살고 있지 않고 밖에 거주하고 아침이 되면 나와서 장사를 하는 사람이 많다. 내가 할 일은 박물관과 도서관을 조사하는 것 외에 이와 같은 서점을 돌아보는 것이었다. 요컨대 러시아에는 어떠한 책이 전문적으로 나와 있는가 하는 것을 살펴보는 일과 인종, 역사나 지리에 관한 책을 가능하면 모으는 일이었다. 이것은 우리들의 연구에서 가장 중요한 것이다.

다음으로 주의할 만한 것은 하바로프스크에서 약간 떨어져 헤이룽강 해안에 접해있는 곳에 러시아 해군 본거지가 있으며 선거(船渠 : 도크) 등도 형성되어 있는 것이다. 이것은 제1차 세계대전이 일어나기 전에 러시아가 헤이룽강의 수군을 약간 충분히 확장하려는 계획 하에서 그 본거지를 이곳에 설치한 것이다. 그것은 이곳이 니콜라예프스크 및 헤이룽강 상류지방과의 중심점으로서 가장 중요한 위치를 점하고 있었기 때문에 이른 바 이곳을 진수부(鎭守府)로 삼은 것이었다. 설비가 충분히 갖추어져 있으며 만약에 앞으로 이 기관이 점점 발달하게 되면 일본 해군이 이곳에 들어오는 것을 충분히 막을 수 있었을 것이라고 생각한다. 지금은 이곳에 일본 해군이 들어와 있다. 나는 이곳에 주둔하고 있는 일본 사령관 등에게 많은 신세를 졌고 여러 가지 편의를 받으면서 이 부근을 조사하게 되었다.

1-6 _ 하바로프스크 부근의 유사(有史) 이전 및 말갈시대의 유적

하바로프스크 부근에는 보새(堡塞)와 같은 유적이 있다. 또 보새의 유적을 응용하여 토성과 같은 것도 쌓았다라는 느낌의 유적이 있다. 이러한 것 등은 어느 시대의 것인지 모르지만 모두 말갈 혹은 적어도 금 − 여진의 것이 아닌가라고 생각한다. 이것은 자연적인 구릉을 응용하여 방책인지 무엇인지를 적절하게 설치하여 둥글게 혹은 사각 모양으로 일종의 방어지대를 만든 것이 아닌가 생각한다. 이 부근에 돌기되어 있는 곳은 이 곳뿐이다. 석기시대라는 관점에서 말하면 치야시(?−역자 주) 유적과 같은 것으로도 보인다. 또 역사시대에 있어서는 그것을 토대로 방책으로도 설치한 것은 아닐까 생각한다. 이러한 지형은 아무리 생각해도 이와 같은 것들이라고 생각한다.

　그다음 해군의 본거지가 되어있는 사령관의 관사 부근을 거닐어 보니 이상하게도 그곳에서 일본의 축부토기(祝部土器 : 스에노우시와)와 같은 성질의 토기 파편을 주울 수가 있었는데, 매우 진귀한 것이다. 그리고 그것이 한대(漢代) 만주의 요동부(遼東部) 주변에서 나오는 이른 바 와기(瓦器)보다도 일본의 축부토기에 가장 많이 닮아 있다. 이러한 토기는 그야말로 일본의 축부토기와 비교할 만한 가치가 있고 시대도 혹은 같은 시대의 것인지도 모른다. 이곳에 이러한 토기가 존재하고 있다고 하는 것은 당시 이와 같은 일종의 문화가 있었다는 점을 보여주는 것이다. 이 부근에 고분도 있었던 것 같은데 지금은 거의 파괴되어 버렸다. 현재 헤이룽강에 철교가 설치되어 있는 곳 앞으로 만두형의 흙 묘 가운데에서 갑옷을 입고 있는 인골 등이 나온 적이 있다. 이 갑옷을 입은 인골은 지금 하바로프스크 박물관에 진열되어 있다. 갑옷 외에 투구도 입고 있으며 창도 옆에 두고 칼이나 화살 등도 있었다. 이 갑옷은 철제의 알맹이 갑옷으로 투구도 또한 열매를 모은 것과 같은 것이다. 이와 같은 것이 이 부근에 존재하는 것을 생각해 보면 흑수말갈의 중심지가 이 구릉 위에 있었던 것은 아닐까. 오늘날 하바로프스크는 연해·흑룡 두 주의 본거지가 되어 있는데 옛날에도 역시 그러했을 것으로 생각된다. 이렇게 보면 고대에서 흑수말갈이라고 하는 것의 중심지는 역시 이 하바로프스크 부근이었던 것으로 생각한다. 이곳의 지형이 헤이룽강의 중심점에 위치하며 상류, 하류를 사이에 두고 있음과 동시에 가까운 곳에 유입하는 쑹화강이나 우수리강과도 관계를 가지고 있는 이른 바 형승지(形勝地)라는 점에서 그러한 판단이 든다.

　또한 하바로프스크 부근에 유사 이전 즉 석기시대의 유적이 여기저기에 존재하고 있다. 여기에서 주의할 만한 것은 헤이룽강에 설치되어 있는 철교의 나루터에 존재하고 있는 유적이다. 이 주변 헤이룽강의 폭은 3천 미터나 되는데 거기에 다리를 설치한 것은 대단한 대공사이다. 그래서 그 공사 때 이 부근의 토지를 깎아 내렸을 때 여러 가지 물건들이 그 가운데서 나왔다. 발굴된 유적은 단층 상태이다. 나는 그곳에 가서 조사를 하고 여러 토기, 석기를 채집하였다. 이 석기와 토기는 하바로프스크 박물관에 진열되어 있는 것과 같은 종류의 것으로 석기에는 돌창, 돌화살촉, 돌도끼 등도 있으며 토기에도 여러 가지 것들이 있다. 이렇게 보면 말갈시대의 것뿐만 아니라 그보다 오래된 유사 이전 즉 석기시대에도 이 헤이룽강 및 해안 부근에 사람들이 많이 살고 있었다는 사실이 많이 알려져 있다. 이러한 것 등은 매우 중요한 유적일 것으로 생각되고 나의 연구에서도 가장 주의를 기울일 만한 장소이다. 이곳을 점점 거슬러 올라가 조사해보면 그 도서관이나 박물관이 있는 구릉 위에서도 역시 토기가 발견되었는데 이것 역시 유사 이전의 것이다. 이렇게 보면 오늘 무라비

그림 11 _ 흑룡주 고리도의 부부와 아이들

요프의 동상이 세워져 있는 곳에서 총독 관사 및 박물관, 도서관 등이 세워져 있는 일대야말로 석기시대 사람들이 살고 있었던 장소이다. 이전부터 종종 "역사는 반복한다"라고 말하지만 하바로프스크 지역도 어느 정도 석기시대 당시부터 사람들의 주요한 거주지였다고 하는 것을 이것을 통해서 알 수 있다.

2. 고리도 사람에 관한 탐험

2-1 _ 퉁구스의 대단한 민족

하바로프스크 부근은 러시아인을 제외하면 고리도 사람의 분포지대이다. 대개 고리도라고 하는 것은 퉁구스 민족의 한 작은 분파로 쑹화강과 헤이룽강의 합류 지역에도 우수리강을 포함하여 하바로프스크 주변에 많이 분포하고 있고 또한 헤이룽강의 하류 소피스크의 위 지역까지 걸쳐 있어 매우 넓은 분포이다. 오늘날 퉁구스 민족은 헤이룽강 일대 지역에 분포하고 있지만 그중에서도 고리도 민족이 가장 많다. 그들은 이와 같이 다른 민족보다도 많고 더욱 더 분포지역이 넓기 때문에 그들은 퉁구스 민족 중에서도 대단한 민족이다. 그 관계로 그들 각각이 사용하고 있는 고리도 언어가 이 부근 거주 각 퉁구스 분파 사이에 표준화되어 있다. 그들은 다른 방언을 가지고 있지만 그 방언으로 통하지 않을 때는 고리도 언어로 말하면 각자가 서로 알 수 있을 정도이다.

고리도는 중국뿐만 아니라 러시아에도 분포되어 있다. 이전 만주 사람과의 관계에서 그 풍속, 습관은 만주화되어 있는 곳이 매우 많다. 예를 들면 그 가옥이라든가 의복 또는 장식은 오히려 중국화되어 있다고 하기보다는 만주인화되어 있다고 하는 표현이 맞을 정도이다. 그런데 러시아에 정복된 다음부터 최근은 또 어느 정도 러

그림 12 _ 헤이룽강반 고리도인의 가옥과 교창식의 높은 창고

시아화된 느낌이 든다. 종교와 같은 것도 그들 고유의 샤머니즘을 버리고 이슬람교로 돌아간 사람들이 많다. 그다음 두발 등도 여자는 옛 풍속을 지키고 있지만 남자는 대개 산발하고 있는 것 등이 현저한 변화이다.

2-2 _ 수택(水澤)의 거주

그들은 이전부터 두 가지로 구별되어 있다. 하나는 우수리의 고리도이며 또 하나는 아무르강의 고리도이다. 이 둘 사이에 다소 풍속적인 차이가 있었다. 예를 들면 그들이 선호적으로 장식을 하는 모양은 고리도에게 일정한 형식이 갖추어져 있어 우수리의 그들에게는 우수리의 취향이 있으며 아무르의 그들에게는 아무르의 취향이 있다. 그 외에 조각한 것 또는 의상의 재봉 모습 등에서도 한 번 보아 그것은 우수리의 고리도다 저것은 아무르의 고리도다 구별이 가능하다. 그러나 이러한 풍습은 18, 9년, 20년 전부터 아무르와 우수리 사이의 구별이 없어져 버렸다. 이 구별이 점점 없어졌다고 하는 것은 하바로프스크 박물관의 관리자인 베네지쿠또씨로부터 들은 이야기이다. 그러나 하바로프스크 박물관에 진열되어 있는 채집품은 구별이 없어지기 전에 채집된 토속품이기 때문에 구별이 되어 있다. 이 부근 헤이룽강을 따라 작은 천들이 있는 곳에는 적지만 고리도 사람들이 살고 있고 이 하바로프스크 부근에도 살고 있다. 대개 하바로프스크 부근의 헤이룽강 양안은 충적층의 토지가 발달되어 있으며 그곳에 작은 천이 많이 흘러 들어와 있기도 하고 또 헤이룽강물이 거미집을 지은 것과 같이 가로와 세로로 들어와 있고 혹은 곳곳에 호수 상태를 이루고 있다. 이러한 작은 천이나 물이 있는 곳에 고리도 사람은 촌락을 만들었으며 어업으로 생활을 하고 있다. 대개 고리도 사람을 비롯하여 (오로촌의 사냥하는 사람을 제외한 나머지는) 모두 물에 접한 곳에 사는 것이 보통이다.

2-3 _ 퉁구스 하안(河岸)의 고리도 사람

나는 하바로프스크 부근의 고리도 촌락을 조사할 목적으로 퉁구스강 연안에 살고 있는 그들 부락을 방문하였다. 그곳에 가는 데 일본해군에서 포함(砲艦)을 내 주어 그것을 타고 가게 되었다. 이 포함이 정박하고 있는 해군 본거지는 전에도 말한 바와 같이 헤이룽강의 철교에서 약간 북쪽으로 치우친 곳에 있다. 이곳에서 헤이룽강의 본류를 거슬러 올라가 퉁구스강으로 들어가는 것이다. 그 주변은 지금도 말한 바와 같이 충적층의 토지가 매우 발달해 있으며 그 사이에 헤이룽강물이 거미줄을 친 것과 같이 흘러 들어가 있으며 하천이 여기저기에 종횡하고 있기 때문에 한 번 그곳에 들어가면 자신이 어디에 있는가 안내자가 없으면 모를 정도이다. 그래서 러시아인 안내자를 고용하여 오전 7시 파견된 두, 세 사람의 해군 병사와 함께 부두를 출발하였다. 지금 말한 바와 같이 얼마간 헤이룽강의 본류를 거슬러 올라가 그로부터 퉁구스강으로 들어갔는데 어디로부터 들어왔는지 전혀 알 수 없다. 양안(兩岸)은 충적층으로 그곳에 버들나무 등이 자라고 있다.

퉁구스강으로 흘러 들어가 얼마 동안 거슬러 올라가니 오른쪽으로 고리도 촌락이 있다. 그곳에 그들의 집이나 창고[고창(高倉)]가 보인다. 그 촌락을 통과하니 이번에는 러시아인의 집 한, 두 채와 조선인 집도 한, 두 채 정도 강가에 있으며, 물고기를 잡으며 생활하고 있다. 고리도 사람들의 생활은 물론 어업이며 이곳에서 연어나 송어를 잡고 있는 것이다. 이 부근은 강의 폭이 가장 넓으며 강 물고기를 잡는 데 매우 좋은 곳이기 때문에 그들은 활발하게 낚시를 하며 생활을 하고 있다. 그들의 생활이 풍요로운 것을 보고 조선인이나 러시아인도 이 퉁구스 강에 와서 어부 생활을 하고 있는 것이다. 그들은 오히려 고리도인화되어 있는 것 같은 느낌이 들었다. 고리도 촌락 밑에는 고리도족이 통나무배를 타고 물고기를 잡고 있는 모습이 보인다. 또 두 개의 나무를 강 가운데에 세우고 거기에 그물을 치고 물고기를 잡고 있는 방법도 매우 흥미롭다. 이러한 것을 계속 조사하면서 배가 나아가는데 강의 만곡이 심하여 오른쪽으로 높아졌다가 왼쪽으로 기울어졌다가 하는 곳에 도달하였다. 그곳을 빠져나와 지금 아침 배가 출발한 곳에서 정확하게 24 노리(露里) 떨어진 니콜라예프스크라는 곳에 도착하였다.

이 니콜라예프스크는 러시아인의 재목점(材木店)이 있는 곳으로 주로 재목업과 관련이 있는 사람들이 모여 사는 마을이어서 재목업 때문에 생긴 마을이라고 말해도 좋다. 호수는 65호 정도이고 이러한 퉁구스 강을 거슬러 올라간 곳에 이와 같은 마을이 생긴 것은 최근의 일로 이전은 없었다. 이 강의 상류로부터 나무를 베어 이곳으로 운반하고 이곳에서 여러 가지 정리를 하고 하바로프스크 방면으로 실어 나르는 것이다. 이곳은 충적층의 토지로 매우 한적한 곳이다. 이곳에 도착한 것은 정오경이지만 오후 1시 10분경 귀로(歸路)에 올라 앞서 온 강을 내려가 이곳저곳 고리도 촌락에 들러 조사하였다.

그 니콜라예프스크로부터 퉁구스 강이 헤이룽강으로 유입하는 하구까지 정확하게 고리도 촌락이 4개 혹은 5개 정도 있는데 모두 어업으로 생활을 하고 있다. 이와 같은 촌락은 영주하고 있는 형태도 있는가하면 어업 때문에 임시적으로 생긴 장소도 있다. 영주하고 있는 장소에는 가옥과 고창 등이 반드시 있다. 그렇지만 단지 임시적 어업을 위해 와 있는 장소는 연어 가죽의 텐트를 치고 있기도 하고 혹은 헝겊 텐트를 치고 있다. 이 텐트라고 하는 것은 나무를 조합시키고 위로부터 연어 가죽이나 헝겊 등을 둘러치고 있는 것으로 매우 간단한 방식이다. 이곳에 살고 있는 사람은 부부에 자녀 정도이다. 그곳에는 반드시 통나무를 얽고 있다. 물고기는 해안에서도 잡지만 배를 타고 잡으며 어획(漁獲)이 매우 풍부하기 때문에 그것으로써 생활이 가능하다. 이 마을이 있는 곳은 모래섬[저(渚)]과 토지와 그렇게 큰 고저(高低) 없이 물과 거의 스칠 정도로 접해 있는 매우 낮은 곳이다. 이것은 최근 생긴 충적층으로 주위에 버들나무 등이 자라고 있다. 이러한 곳에서 그들은 생활하고 있는 것이다. 나는 이곳에 들러 여러 언어를 들어보기도 하고 신체를 측정하기도 하고 풍속, 관습을 조사하고 토속품 등도 많이 수집하였다. 어떻든 고리도에 대해서는 구체적인 것은 발표할 예정이지만 우선 오늘 이와 같은 곳에 가서 조사하였던 것을 언급해 둔다. 그리고 저녁 헤이룽강안(江岸)의 해군사령부에 도착하여 숙박하였다. 이 정도로 우선 하바로프스크 부근의 고리도 촌락을 방문한 것이다. 이 방면에 사는 고리도의 상태는 모두 이와 같은 것이라고 보아 좋다. 우수리 방면의 고리도는 어느 정도 중국화되어 있고 쑹화강 방면에 사는 고리도는 거의 중국인과 그들 사이에 구별이 되지 않는다.

러시아에서는 하바로프스크에서 니콜라예프스크에 이르는 사이에 있는 헤이룽강 유역의 원주민의 분포를 잘 알 수 있다. 길랴크족이 어디에 사는가, 고리도인이 어디에 사는가라는 것을 명백히 알 수 있다. 그렇지만 이 그림은 전문가가 그린 것이 아니기 때문에 수로도(水路圖)로서는 정확한 것으로 생각되지만 원주민의 분포를 보면 길랴크와 고리도 둘 밖에 없다. 아무군 유역에 마네구루가 산다든가 그 하구에는 네꾸다가 산다고 하는 것은 기록되어 있지 않고 모두 고리도라고 기록되어 있을 뿐이어서 측량가 등이 멋대로 쓴 것이다. 그러나 수로도로서는 매우 구체적인 것으로 유일하게 좋은 그림이라고 말해 좋다. 그것에 의하면 니콜라예프스크로부터 계산하여 30노리의 상류부터 길랴크가 분포하기 시작하여 하구에까지 걸쳐 있는 것으로 되어 있으며 30노리 이상은 모두 고리도의 분포 구역으로 기록되어 있다. 이것은 어떻든 참고할

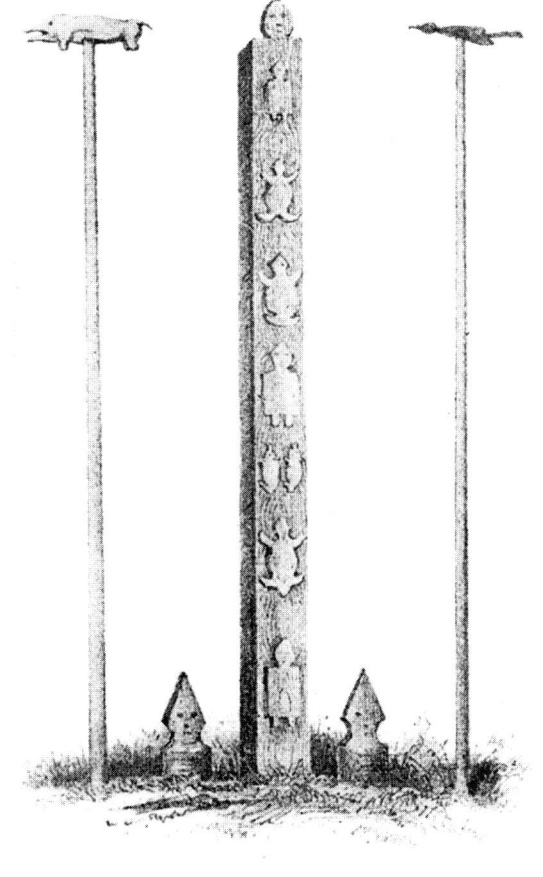

그림 13_쑹화강 하구 부근에 거주하는 고리도인의 문 앞에 세운 신간(神桿)이다 (마크씨의 도판에 의함). 이러한 신간은 만주인도 조선인도 이전부터 세운 것으로 모두 샤머니즘에서 유래한 것이다.

만한 가치가 있다.

2-4 _ 하바로프스크의 학자

그다음 하바로프스크에 사는 학자는 어떤 사람이 있는가 하면 우선 인종학자로서 아루세네프씨가 있었는데 그 사람은 블라디보스톡으로 가버리고 이곳에는 없다. 원래는 하바로프스크 박물관 관장이었다. 그는 유럽의 인류학회나 기타 회원 또는 통신원 등으로 활동을 하고 있다. 그는 퉁구스족 특히 고리도 사람에 관한 연구에 어느 정도 정통하고 또 오루치 사람에 관한 연구에도 열심이다. 그는 이전에 우수리강 유역을 여행 조사한 결과를 하나의 논문으로 내 놓았으며 또 종래 있었던 슈렝크씨의 분포도가 잘못되어 있다고 지적하고 연해주 해안의 원주민 분포도를 만들었다. 그다음 또 한 사람 주의할 만한 사람으로 아루베루또리쁘스키라는 사람이다. 그 사람은 젊은 사람으로 내가 머무르는 곳에 종종 찾아 왔다. 이 사람은 폴란드 출생이며 이르쿠츠크로부터 표류하다가 이곳에 온 사람이다. 이 사람은 토속학자로서 부인은 영국 사람이다. 그리고 고리도의 토속을 전문적으로 연구하며 종종 부인과 함께 배를 타고 고리도 부락을 방문하며 지난번에도 퉁구스강에 갔었다고 한다. 그 기행은 하바로프스크 신문에 게재가 되었다. 또한 매우 간단한 것이지만 『시베리아의 토속』이라는 것도 저술하였다. 이 사람은 폴란드 출신이기 때문에 순수한 러시아 사람들에게는 호감이 가지 않는 듯하다. 또 그 자신도 러시아 학자에 대해 매우 비판적인데, 특히 아루세네프씨의 연구를 매우 매도하며 그는 어떠한 것도 모른다고 말하고 있다. 이와 같은 유형의 사람은 일본에도 있지만 이러한 사람들은 어떻든 사람을 칭찬하지 않는다.

리쁘스키씨로부터 여러 가지 이야기를 들었다. 이 사람은 어느 정도 유쾌한 남자로 그 이야기는 요컨대 아무르강 유역의 퉁구스족

문화는 티베트 쪽 문화의 영향을 받은 것이라고 하면서 그것에 대한 여러 증거를 들면서 이야기를 하였다. 그리고 오늘날 이러한 연구를 하는 학자는 연해주나 헤이룽강에는 없고 이르쿠츠크에는 살고 있다고 한다. 그리고 지금도 언급한 바와 같이 부인과 함께 원주민의 배를 타고 이 부근의 고리도 촌락에 가서 조사를 하여 고리도 풍속, 습관에 대한 조사는 많이 한다고 한다. 그뿐만 아니라 고리도의 언어도 어느 정도 조사하고 있으며 예를 들면 블라디보스톡의 동양학원이 출판한 『고리도 어휘』라는 책이 있는데 그에 의하면 이것은 매우 잘못되어 있다고 한다. 그 이유를 물으니 순수 고리도만의 언어가 아니라 사마기루의 언어 등도 거기에 들어가 있는 등 마치 엉뚱한 내용을 말하고 있다는 것이다. 어떻든 고리도의 토속적 조사 및 그 언어 조사는 슈렝크씨의 조사에 의하지 않으면 안 되지만 불행하게도 자신은 슈렝크씨의 책을 가지고 있지 않다고 한다. 이와 같은 것에 대해서 여러 가지 것들을 들었다. 이 사람의 의견은 매우 참고가 되는 이야기다. 어떻든 이 사람은 부인과 함께 연구를 하고 있다고 하는 점에서 주의할 만한 가치가 있다.

08

인류학자와 일본의 식민지 통치

1. 헤이룽강 하류(셋)

1-1 _ 연안의 고리도 사람

9월 28일 아침 바자에 가서 물건을 사려고 생각하고 있었는데 군사령부의 부관으로부터 전화가 걸려와 배는 오늘 오후 니콜라예프스크로 출범하기 때문에 오전 9시경까지 배에 승선하라는 것이었다. 그래서 우선 당장 짐을 챙겨서 배에 오르게 되었다. 모레가 되면 정말 멋진 배가 니콜라예프스크로부터 올라오기 때문에 그 객선을 타고 갈 생각이었는데 벌써 점점 겨울의 추위가 닥쳐오기도 하고 가능한 한 빨리 가고 싶어서 이 배를 타게 되었다. 이 배는 화물선을 객선으로 대신 사용하고 있는 것이어서 통상적인 객선에서 보면 상당히 더럽지만 할 수 없이 그것을 탔다.

배는 정확하게 정오에 출발하여 무라비요프 동상이 서 있는 고지(高地) 밑을 지나 지난번에 갔던 치야시가 있는 구릉과 철교 밑을 통과하였다. 강가는 충적층이 어디까지든 발달하여 산을 볼 수 없고 그야말로 광활한 택국(澤國)과 같은 경치이다. 일등실에는 나 혼자 있고 2등실에는 이번 니콜라예프스크의 우체국 직원으로서 부임하는 모씨와 그 지역 헌병대의 통역 일본인과 모두 합쳐 세 사람으로 그 외는 러시아 사람 정도이다. 오늘 밤 승선한 러시아 병사들은 모두 무장하였다. 그리고 러시아 군조(軍曹)와 같은 사람이 와서 일본 병사에게도 무장할 것을 부탁하였다. 이것은 연안에 과격파가 있어 이 배를 습격할 지도 모르고 배 안에 과격파로 보이는 사람도 승선해 있다는 것이어서 이러한 경계를 하게 되었다. 이러한 일 때문에 무엇인가 기분이 차분하지 않았다. 낮 동안 나는 갑판에 나와 양안의 경치를 바라보고 있었는데 날이 저물어 달도 뜨지 않고 어느 것도 보이지 않게 되어 침실로 돌아와 잤다.

9월 29일 오전 8시 침실을 나와 세면을 하고 식당으로 갔는데 이 배는 실로 불결하여 서비스를 하는 사람도 중국인이다. 서비스를 하는 사람이 러시아 사람이라면 매우 좋겠는데, 중국인은 실로 불결하다. 대개 아무르의 객선은 서비스를 하는 사람들이 여자들인데 이 배의 서비스는 중국인이다. 할 수 없이 아침 차를 마시고 갑판을 산보하였다.

강의 양안 지역은 이전과 마찬가지로 광막한 충적층이 발달하였고 수목은 상당히 자라 있었다. 또 강 가운데에는 새로운 모래섬이 상당히 발달되어 있고 이 모래섬이 생기면 그 위에 나무가 자라고 또 어느 때인가 물에 씻겨 내려가 모래섬의 형태가 없어져 버리고 만다. 또 모래섬이 생기면 나무가 자란다. 이렇게 헤이룽강의 모래섬의 발달은 현저하여 생기고는 없어지고 없어지고는 생긴다는 것을 반복하고 있기 때문에 이 주변의 모래섬 위의 수목은 높이가 대체로 일정하다. 그리고 나무는 버들나무들이 많다. 이것은 마미야린죠(間宮林藏)씨의 『동달기행(東韃紀行)』에도 기록되어 있는데 나는 지금 그것을 목격하고 역시라고 생각했다. 이 모래섬 및 양안의 수목은 지금이야말로 바로 단풍이 막 물들어있다. 아직 푸른 것, 막 노란색이 된 것, 진홍색으로 불타고 있는 것과 같은 것, 여러 색깔이 뒤섞어 있어 정말 보기가 아름답다.

오후 1시 경 또로이치꼬에 도착하였다. 이 주변 양안의 지형이 다소 변하여 산의 지대가 되어 구릉이 발달해 있는 이곳에 러시아의 시가지가 있다. 이 부근에서부터 동쪽으로 산맥이 뻗어 있는 것이 멀리 보이는데 이것은 역시 시호테아린의 연속이다. 이곳을 출발하면서부터 양안에 고리도 사람의 가옥이 여기저기에 보였고 고리도 사람이 통나무배를 타고 헤이룽강을 계속 오르내리고 있는 것을 보았다. 이러한 광경을 보면서 마루무시꼬에, 우루꼬에, 진스꼬에 등을 지나가는데 이들 사이에 러시아 촌락이 있을까 생각하면 고리도 촌락이 있고 고리도 촌락이 있는가 하면 또 러시아 사람들의 촌락이 있다. 즉 러시아 사람들의 촌락과 고리도 사람들의 촌락이 섞이어 형성되어 있기 때문에 기묘한 풍경이다. 이 주변에 활발하게 생활하고 있는 고리도 사람들의 모습이 보인다. 그들은 모두 헤이룽강의 해안에서만 살고 있을 뿐 깊이 들어가 살고 있지 않다. 이것은 그들만이 아니라 러시아 사람들도 그러하다.

이 때 바람이 불어와 헤이룽강 물의 파도가 높이 치고 배가 심하게 흔들리게 되었다. 유석(流石)에 큰 강이라는 것을 느끼게 해주었다. 헤이룽강은 우수리강과 합쳐진 이후

그림 14 _ 쑹화강 하구 부근에 거주하는 고리도인의 겨울 가옥(마크씨의 도판에 의함). 만주인의 그것에 유사한 점에 주의해라. 문 앞에 신간을 세우고 신간 꼭대기에 새 모양을 놓는다. 이와 같은 것은 오늘날 여전히 조선에서도 볼 수 있다.

강의 폭은 보다 넓어지게 되고 이 주변이 되면 점점 확장되어 드디어 커다란 호수에 도달한다. 그야말로 수량이 늘고 수면이 넓고 잔잔하고 해안 위의 풀과 나무를 구별도 할 수 없을 정도이다. 이 주변으로 오는데 우리들의 배는 거의 물 위에 떠있는 것과 같은 느낌이었다.

1-2 _ 유삐타즈(魚皮套子)의 승선

9월 30일, 아침 일어나 나가 보니 배는 중(中) 에리제니똔보스키에 와 있다. 차를 마시고 갑판에 나와 양안의 상태를 잘 보고 있는 동안 배는 시시각각 진행하여 하(下) 니지똔보에 왔다. 이 주변에 오니 양안의 지형이 점점 변하여 산맥이 하안으로 가깝게 다가서고 강에 임하여 암석이 노출되어 있는 곳도 보인다. 러시아인은 모두 구릉 지대에 살고 있는 것에 비해 고리도인은 충적층 지대에 살고 있다. 즉 러시아인은 높고 건조한 좋은 지역에 살며 원주민은 낮고 습한 나쁜 토지로 쫓겨나 살고 있는 것과 같이 보였다. 그러나 한편 생각해 보면 원주민은 어업으로 생활을 하고 있기 때문에 편의상 자연적으로 물에 가까운 낮고 습한 충적층에 살고 있는 것이다. 이것과도 관계가 있다고 생각한다. 이 주변에도 원주민은 통나무배를 타고 이곳저곳으로 노를 저어 돌아가는 모습, 이것이 일종의 경치(景致)를 더해주고 있다. 그 다음 해안 위의 수목은 모두 단풍이 들어 아름다운 풍경을 드러내고 있다. 또 단애절벽이 곳곳에 강을 끼고 일종 협곡과 같이 보이는 곳도 있다. 어제 본 호수와 같은 헤이룽강은 이곳에 이르면 또 갑자기 좁아져서 물의 흐름은 화살을 쏘는 것과 같이 경치는 변한다.

이와 같이 시에레호아루무에 왔을 때에 한 사람은 물발(物髮), 한 사람은 변발로 구레나룻을 한 남자, 두 사람만이 나무배를 타고 러시아 사람과 함께 본선(本船)에 도착하였다. 그 때 갑판에 있던 중국 선객(船客)이 '유삐타즈[魚皮套子] 유삐타즈'라고 목청을 높였다. 즉 고리도를 말하는 것이다. 나는 중국인이 저술한 만주에 관한 책 등을 읽었을 때에 유삐타즈라고 써 있는 것을 보고 매우 흥미롭게 느꼈는데 이번 또 이곳에서 유삐타즈라는 단어를 들었기 때문에 그 중국인과 불완전하지만 중국이로 이야기해 보았다. 이 중국인은 지금 니콜라예프스크에 정박하고 있는 중국 군함에 용무 때문에 가고 있는 관인(官人)으로 그 사람보다 나이 먹은 상관도 동행하고 있었다. 모두 해군과 관계가 있는 관인들이다. 이 두 사람은 몇 명의 종자(從者)를 이끌고 있으며 무엇인가 의미가 있는 것 처럼 보였다. 그렇지만 그들은 이야기하는 것을 매우 좋아하여 적극적으로 여러 가지 이야기를 나누었다. 이 부근에도 원주민의 촌락이 이곳 저곳에 보이며 배가 도착하니 러시아 사람도 나오는가 하면 원주민도 나오기 때문에 원주민을 연구하기 위해서는 반드시 강 해안에 깊이 들어가지 않아도 배를 이용하여 어떻든 상당히 연구할 수 있다. 나는 다소 이렇게 관찰을 하였다. 그 다음 세라구스크에 왔을 때 해는 점점 저물었는데 우리들이 타고 있는 배는 전과 마찬가지로 이곳에 들리고 저곳에 들렸다가 다시 나아가 스하노프카에 배를 대고 연료를 실어 넣었고 얼마 동안 닻을 내리고 1박을 하게 되었다.

1-3 _ 고리도와 길라크의 경계

10월 1일 아침 일어나 나가 보니 배는 마찬가지로 어제 저녁 그 곳에 있었다. 이것은 짙은 안개가 있어 한 발자국도 움직일 수 없었기 때문이다. 헤이룽강은 굴곡이 많고 또 곳곳에 얕은 하천이 있으며 어둠 때문에 배가 나아갈 수 없었다. 그래서 정부(政府)는 강의 모래섬에 삼각형의 기표(記標)를 세우고 거기에 숫자를 새겨 두었다. 이것은 배의 항로를 표시하는 것으로 그것을 따라 가지 않으면 얕은 하천으로 올라가는 경우가 있다. 이를 깜박 잊고 가다가는 위험하다. 이 기표가 있더라도 역시 안내가 없으면 갈 수 없는 곳도 있다. 이것은 얕은 하천은 종종 변하여 기표정도를 맞추는 것이 불가능할 때도 있기 때문이다.

오전 8시 10분 얼마 있으니 짙은 안개가 걷혔기 때문에 스하노프카를 출항하였다. 안개는 걷혔지만 적은 비가 내렸고 배는 역시 어둠침침한 가운데를 가게 되었다. 이렇게 친메루마노프를 거쳐 소프스크에 도착하였다. 소프스크로부터 다시 마린스크로 갔고 배는 그곳에서 닻을 내렸다. 이 마린스크에는 길랴크족이 매우 많이 살고 있기 때문에 나는 상륙하여 그들에 대해 여러 가지 조사를 하고 또 그들로부터 자작나무 껍질로 만든 삿갓 등 여러 가지 물건을 구매하였다. 그다음 마린스크를 출발하여 오후 9시경 보로스꼬에 왔다. 그곳에서 배를 탄 러시아인이 많이 있다. 나는 이곳에서 취침하였는데 얼마 지나 배는 짙은 안개 때문에 정박하게 되었다.

10월 2일 오전 7시반경 배는 출발하였다. 보제미하이로스꼬에 라는 곳에 오니 배를 그곳에 두 시간 정도 정박하면서 연료를 실었다. 나는 그 시간을 이용하여 상륙하였다. 이곳에 커다란 사찰이 있는데 미까에루의 상(像)을 현관으로 걸어 놓고 있다. 시가지는 매우 넓다. 나는 구릉 위에서 석기를 주웠다. 이곳에 석기시대의 사람들이 살았던 것을 확인하였다. 길랴크 사람들이 이 주변에 살고 있어서 나는 그들에 대해 약간 조사를 하였다. 이곳으로부터 하류의 연안은 거의 모두 길랴크 사람들의 촌락이다. 그들이 촌락 앞에 있는 강에 배를 띄워 물고기를 잡고 있는 방법 등이 손바닥 들여다보듯이 보인다. 나는 어제와 오늘 길랴크족의 생활 상태를 어느 정도 주의 깊게 볼 수가 있었다. 이곳을 출발하여 안네니스까야우오지데라는 곳에 오니 그곳에서 길랴크족이 배를 탔고 나는 그들로부터 여러 토속품 등을 구입하였고 그들에 대해 약간 듣기도 하고 조사도 하였다. 배는 이윽고 10월 3일 오전 1시경 니콜라예프스크의 부두에 도착하였다. 되돌아보니 9월 2일 헤이룽강 상류인 시루카강가의 스레텐스크를 출발하여 배의 최종 도착지인 니콜라예프스키에 도착하기까지 1개월 하고도 이틀, 그 사이 부라고뷔시에 머문 이틀과 하바로프스크에 머문 열흘을 제외하면 모두 20일간의 긴 여정으로 헤이룽강 전체를 돈 셈이다.

2. 니콜라예프스크시(市)에서

2-1 _ 어항으로서의 니콜라예프스크시

10월 3일 선객에 대한 검역이 끝나고 나는 함께 탄 사람들과 상륙하여 곧바로 수비대를 방문하였다. 그러나 니콜라예프스크의 일본 수비대에는 병참부는 들어와 있지 않다. 그래서 하사 이하는 병대(兵隊)의 숙사에 머물 수 있지만 장교 이상 및 같은 대우를 받는 사람은 밖에서 숙박하지 않으면 안 되게 되어 있다. 그 때문에 이곳 수비대장의 소개로 유명한 거류상인, 시마다(島田)씨 집에 묵게 되었다. 시마다씨의 집은 멋진 건물로 실내 장식 등도 매우 멋졌으며 시마다씨가 멋진 신사풍의 생활을 하고 있다는 것을 알 수 있다. 머무는 동안 계속 그 집 신세를 지게 되었다. 오후 시마다씨의 안내로 마차를 타고 일본 영사관을 방문하여 주임이 되는 부영사 이시다(石田寅松)씨 등과 얼마 동안 서로 이야기를 나눈 후 영사관 직원의 안내로 츄린의 상점, 그 외에 니콜라예프스크의 바자 등을 구경하고 시가지를 산보하였다. 오래간만의 육상도 보였다.

니콜라예프스크 시가지는 연와로 지어진 건물들이 있지만 그것은 주로 관청 등으로 일반 상가는 목조가옥이 많다. 즉 교창식의 서양식 건물이다. 시가지는 헤이룽강에 접해 있고 가장 혼잡한 곳은 강안을 따라 공원이 있는 지역이다. 그 외는 대개 조용하며 사람들이 적다. 일본 병사가 주둔하고 있는 병영은 시가지에서 어느 정도 떨어져 있는 반면에 일본 영사관은 강에 접한 복잡한 마을에 있다. 니콜라예프스크를 창설한 노베루스키의 동상이 공원에 세워져 있다. 그 위치는 헤이룽 강안 위에 있으며 그 주변에는 풀이나 꽃 등을 심어 놓은 한가하면서 우아한 곳이다. 시가지는 원래 어업을 토대로 발달한 곳이기 때문에 부라고뷔센스키 혹은 하바로프스크와는 분위기가 크게 다르다. 즉 상업도시와 같으면서도 대개 어업도시이다. 그다음 한 마을의 거리 밑에 해당하는 강 쪽에 있는 낮은 곳에는 중국인, 러시아인, 조선인 등이 짐을 나란히 놓고 바자가 열리고 있으며 여러 고기 종류나 야채 등을 팔고 있다. 그곳이 곧 배가 도착하는 곳으로 되어 있다. 니콜라예프스크에는 아루베루또라는 커다란 상관(商館)이 있는데 전쟁의 영향으로 당시 거의 물건들을 가지고 있지 않은 상태이고 오히려 시마다 상회(商會) 등이 일본의 잡화를 취급하고 있어 가장 번창하고 있는 것으로 보였다. 시내에는 다방이 한 채 있고 그 옆에 활동사진관도 있다. 또 시가지의 한 가운데에 원래 노베루스키가 머물고 있었던 집도 그대로 남아 있으며 그 당시 사용된 대포가 그 집 앞에 높여져 있다. 그 집의 구조를 보면 담이 매우 낮고 통나무로 조립한 교창식 건물로 그는 이러한 곳에 살았다고 생각될 정도의 사람이다. 그러나 이것이 잘 보존되어 이전의 모습을 생각하게 하는 측면이 있다. 그다음 일본 주둔군의 병영이 있는 곳은 원래 러시아 병영이 있었던 곳으로 매우 형편없는 장소이다. 요컨대 니콜라예프스크 시가지는 미완성품으로 앞으로 발달할 곳으로 생각한다.

또 강을 사이에 두고 동쪽으로 중국인 마을이 있다. 그곳에 어느 정도 중국인이 살고 있으며 중국의 극장 등도 있다. 러시아인은 자주 중국인을 배척하려고 하였지만 그들은 쉽게 물러나지 않는다. 그래서 이럭저럭 오늘날까지 온 것이다. 그다음 중국의 포함(砲艦)

이 최근 니콜라예프스크에 와서 정박하고 있다. 그것에 대해서 마을 사람들의 이야기를 들으니 최근까지 일본 군함이 여기에 있었는데 일본의 군함이 물러가게 되자 중국 포함이 이곳에 대신 들어와 있다는 것이다. 일본 군함이 물러갈 때 군사행동이 있었으나 할 수 없이 돌아갔다고 한다. 일본거류민이나 관헌 그 외의 사람들은 겨울 동안에도 있을 것을 부탁하였지만 듣지 않았고 그것을 매우 안타깝게 생각하고 있는 분위기이다.

3. 치루 및 길랴크 탐험

3-1 _ 치루의 역사적 유적

10월 4일 나는 이 부근의 촌락 및 상류 치루에 가서 조사하고자 수비대에 이야기를 하니 수비대에서는 상당한 호의를 보였고 나를 위하여 작은 증기선을 내어주었고 통역으로 나까무라 수에기찌(中村末吉)씨, 호위로서 내가 데리고 있는 요시다(吉田) 종졸 외에 4명의 병사를 붙여 주었다. 이 배는 소코로호라는 70톤 정도의 증기선이다. 오후 1시 일행과 함께 그것을 타고 출발하였다. 출발 전에 비가 왔었는데 해가 높이 오름에 따라 날이 개어 드디어 좋은 날씨가 되었다. 점점 강을 거슬러 올라가 오후 7시경 타푸타라는 곳에 도착하여 연료를 실었다. 날도 저물었으므로 오늘밤은 이곳에서 정박하기로 하였다. 니콜라예프스크로부터 상류 75노리 떨어진 곳이다. 일행은 배 안에서 잤는데 오늘밤은 날씨가 좋아 달이 밝고 바닷물이 달빛에 파도치는 아름다운 광경이었다.

10월 5일 오전 6시경 타푸타를 출발하였다. 오늘은 좋은 날씨로 따뜻하여 기분 좋게 강을 거슬러 올라갈 수가 있었다. 오전 9시 치루에 도착하여 상륙하였다. 치루는 명나라 시대에 동방경략을 위해 등한시할 수 없었던 곳으로 유명한 노아간도사(奴兒干都司)가 이곳에 설치되었고 또 영령사(永寧寺), 관음당(觀音堂)도 있으며 그 당우(堂宇) 건립의 유래를 새겨 놓은 비석도 2기 세워져 있던 곳이다. 이곳의 위치는 뒤로 작은 산이 있으며 앞은 헤이룽강에 접하고 한 가운데에 하나의 하천이 흐르고 강으로 흘러 들어가고 있다. 인가는 낮은 곳에 있으며 러시아인의 촌락뿐 아니라 길랴크의 촌락도 있으며 러시아인은 밭농사를 하고 길랴크인은 어업에 종사하고 있다. 이곳의 길랴크인은 매우 넉넉히 살고 있는 듯이 보인다. 뒤의 작은 산은 그 한 부분이 헤이룽강으로 치닫고 있고 하나의 구릉이 그곳에 발달해 있다. 즉 강에 접하여 절벽을 이룬 구릉이 솟아 있다. 그 구릉 위에 관음당이나 석비 등이 세워져 있던 것이다. 관음당은 일찍이 없어져 버렸지만 석비는 명치(明治) 초기까지 이곳에 세워져 있었는데 후에 옮겨져서 지금은 블라디보스톡 박물관에 보존되어 있다. 강이 흐리고 있는 낮은 곳에 노아간도사(奴兒干都司)의 관청이 있었기 때문에 지금도 흙 가운데에서 당시 중국인이 사용한 도자기 파편 등이 나온다. 또한 언덕 위에서도 당우(堂宇)의 기와나 벽돌탑의 남은 부분 등이 여러 가지 나온다.

    길랴크 치루의 구릉은 앞에 헤이룽강을 끼고 있음과 동시에 한편에는 유명한 아무군강이 그 끝을 흘러 헤이룽강으로 흘러들어가고 있다. 그 두 강이 합류하는 모퉁이에 구릉이 단애(斷崖)를 이루고 있다. 길랴크족은 이 구릉을 치루바하(Tir-baha)라고 부른다. 그것은 어떤 의미인가 하면 바하라는 것은 바위를 가리킨다. 치루라는 것은 절벽이다. 즉 "바위의 절벽"이라는 의미에서 치루바하라 이름을 붙인 것인데 그 밑의 바하라는 단어가 제거되고 지금은 단지 치루라고만 부르고 있다. 러시아 사람도 처음부터 그것을 치루라고 말하는 데 익숙해져 있다. 중국인도 이전 특림(特林)이라 기록하고 있는 것은 이 이름이다.

이곳은 어느 정도 조사에 흥미를 느끼는 곳으로 하나는 인류학적으로 또 하나는 고고학적으로 조사할 수 있다. 고고학상 조사는 헤이룽강과 아무군강의 합류지점에 강을 접하여 연장되어 있는 구릉이다. 오늘날은 이 구릉 위에 이나켄치스키라는 사원이 세워져 있다. 이 강에 접한 낭떠러지 절벽 위에 사원이 있는 것을 헤이룽강 쪽에서 멀리 보면 경치가 매우 좋다. 이전에도 역시 그러하였을 것으로 생각된다. 이곳에 사원이 생긴 것은 42, 3년 전의 일로서 부라고뷔센스키의 제분업자 치치야꼬프라는 사람이 건립한 것이다. 이 사람은 돈을 모은 기념으로 그것을 세우고 그 날이 정확하게 이나켄 성인(聖人)의 축일이 되는 러시아력(曆) 10월 26일에 해당하기 때문에 그 성인의 이름을 따서 사원 이름으로 한 것이다. 이러한 것이기 때문에 러시아 사람이 사찰을 세운다는 것과 같은 방식은 어느 정도 불교 등과 유사하다. 이 사원이 세워져 있는 곳은 관음당이 있었던 장소이다.

　관음당이 있던 장소는 강에 접한 절벽 위로 그 옆에 2기의 비문이 세워져 있으며 비문과 묘(廟) 사이에 또 하나의 벽돌 탑이 세워져 있던 것이다. 이곳에 탑을 세우고 있던 것은 마미야 린죠(間宮林藏)씨의 『동달기행』에도 보이고 있으며 또 1850년경에 이곳으로 러시아 사람들이 도착하였을 때에도 탑이 세워져 있어 그것을 스케치한 것이 오늘날 남아 있다. 치루에 거주하는 러시아 사람의 이야기에 의하면 비문은 지금 블라디보스톡 박물관으로 가 있는 2기 외에 또 하나 세워져 있었다고 한다. 이곳에서 비석을 블라디보스톡으로 옮길 때에 두 개는 온전히 배에 실었는데 하나는 구릉 절벽 밑으로 떨어뜨려 연못 밑으로 가라앉아 버렸다고 한다. 그래서 학자들은 연못에서 들어 올렸더라면 좋았을 것이라고 말하고 있다.

　이 구릉 위에 지금의 이나켄치스키 사원이 세워지기 이전에 하나의 비구니 절[尼寺]이 있었다는 것을 러시아 사람들은 전하고 있는데 그것은 영령사, 관음당이 잘못 전해진 것일 것이다. 어떻든 구릉이 강 가운데 솟아 있고 절벽이 바로 파도에 접해 있는 지형은 어느 곳에서 보아도 사람의 주목을 일으키기 쉬우며 일종의 장엄미를 나타내고 있기 때문에 사원을 세우기에는 가장 적당한 장소이다. 명나라 초기에 영령사, 관음당이 세워지고 그것이 또 선덕(宣德) 연간(1426~35 : 역자 주)에 다시 지어지고 러시아인 시대가 된 후 지금도 현재 훌륭한 사찰이 세워져 있는 것은 우연이 아니라고 생각한다. 이 산수의 아름다움과 사원 건물이 조화를 잘 이루어 무엇이라 말할 수 없이 기분이 좋은 곳이다. 하물며 이전 탑이 있고 그것이 나무 사이로 높이 우뚝 솟아 있던 광경은 보다 위엄 있는 모습이었을 것이다. 하바로프스크로부터 흑룡의 긴 강을 내려와 적막한 병사 촌이나 원주민의 촌락이나, 아무 것도 없고 적막한 들판이나 습지의 늪과 못만이 눈에 익숙한 것은 한 폭의 산수화를 펼친 것같은 치루의 구릉을 보아서는 완전히 눈을 뜬 것과 같이 기쁜 느낌이 든다. 이러한 곳은 상류에서 하구까지 긴 여정에서 전혀 볼 수 없는 광경이다. 마미야씨도 당시 이 밑을 통과하면서 정말 큰 감흥을 일으켰을 것으로 생각한다.

　　이 치루의 구릉은 아무리 보아도 이전부터 사람이 살고 있던 곳으로 보인다. 그것은 이곳을 점점 조사해 보니 석기시대의 유물 즉 돌도끼 등도 나오고 토기 파편도 나온다. 이렇게 보면 이 구릉은 유사(有史) 이전부터 사람이 살았다는 것을 생각할 수 있다. 또 한족이 명대 초기부터 이곳에 와서 지역을 개척하여 노아간도사를 설치하기도 하고 또 신앙의 표적으로서 영령사, 관음당을 세운 것 등은 크게 주의를 기울일 만하다. 한족(漢族)의 생각으로는 당시는 현재의 하바로프스크보다도 이곳을 가장 중요시하고 있었던 것으로 보인다. 그 다음 구릉 위는 관음당이 있던 곳이고 노아간도사가 있던 곳은 밑의 낮은 곳이다. 오늘 헤이룽강으로 흘러 들어가는 작은 하천이 있는 주변이 그 유적으로 생각된다. 나는 구릉 위에서 탑이 있던 자리를 발굴하였더니 벽돌 파편이 많이 나온다. 그 벽돌에는 모양이 나 있는데 당초(唐草) 모양 등이 많이 보인다. 이러한 것 등은 어느 정도 참고가 되는 것이다. 이 탑은 처음 러시아 사람이 이곳에 왔을 때까지는 파손되어 있었는데 여전히 세워져 있었다. 그것은 러시아 사람이 쓴 당시의 기록 및 그림에 의해서도 알 수 있다. 그러나 러시아 사람은 후에 그것을 완전히 파괴하고 말았고 벽돌 파편 등은 그것을 하바로프스크, 부라고뷔센스키, 블라디보스톡 등 각 주의 박물관으로 분배한 것으로 생각된다. 이와 같이 황폐된 곳인데 또한 이곳을 발굴해 보니 아직 흙에서 벽돌이 여럿 나오며 조선의 한강 유역에도 그것과 닮은 벽돌 탑이 있다. 그 다음 관음당이라고 생각되는 곳을 발굴해 보니 그곳으로부터는 완전한 기와가 나오고 그것은 지붕에 얹은 기와로 그 중에는 기와에 용을 새기기도 하고 귀면(鬼面)을 새긴 것 등이 나온다. 또 나는 러시아 사람이 이곳에서 발굴한 불상과 관계가 있었던 것으로 보이는 벽돌로 만든 인물의 다리를 양도받았다. 그 다음 석비가 있었던 곳은 — 영락(永樂)과 선덕(宣德)의 비문을 조각한 것 — 헤이룽강에 접한 돌출된 곳이다. 그 다음 노아간도사의 유적은 지금도 서술한 바와 같이 밑의 충적층으로부터 약간 완만하게 올라가 있는 것과 같은 곳으로 지금은 밭이 되어 있다. 이곳에서는 도자기 파편이 나온다. 즉 청자 파편이라든가 색이 바랜 도자기 파편이라든가 이러한 것이 떨어져 있다. 송나라의 동전이나 영락전 등이 있지 않을까 생각하여 찾아 보았는데 그것은 얻을 수 없었다. 러시아 사람들에 의하면 벽돌을 깐 묘와 같은 것을 발굴해 본 적도 있다고 한다. 그것은 아마도 명나라 사람을 매장한 묘와 같이 생각된다.

노이간도사의 노이간(奴爾干)은 중국어가 아니다. 또 비문에 여진 문자나 몽골 문자도 새기고 또 비문 중 한인 이외의 인명이 많이 보이는 것을 생각하면 이곳은 본래부터 여진 지역이며 몽골인(원나라)이 이미 세력의 중심지였던 것도 알려져 있다. 한족은 요컨대 그들의 집단지에 다시 온 것에 지나지 않는다.

3-2 _ 길랴크족의 풍속, 습관

치루의 역사·고고학적 조사를 마치자마자 이번에는 길랴크 조사로 옮겼다. 길랴크족은 작은 하천이 있는 한 쪽에 살고 있으며 (이전의 노이간도사의 부근) 이곳에 사는 그들은 어느 정도 러시아화되어 있다. 생활은 역시 길랴크풍이지만 의복, 집의 구조 등은 어느 정도 러시아화된 길랴크족이다. 나는 그들을 방문하여 그 신체를 측정하기도 하고 풍속, 습관 그 외의 것에 대해 여러 가지 조사를 하고 특히 러시아 사람의 안내를 받아 길랴크족을 매장한 묘로가 보았다. 이 묘는 길랴크 촌락보다도 어느 정도 떨어진 안쪽에 있으며 잡목(雜木) 수풀 속을 이곳저곳 밟아 헤치며 가는 것이다. 묘라는 것은 나무로 만든 작은 감(龕)으로 길이는 2척 2촌, 폭은 1척 7촌 정도이며 그 가운데에 일종의 신상(神像)의 대표가 되는 것과 같은 것으로 헝겊 조각에 금박 장식 등을 한 것을 두고 거기에 여러 가지 제물을 차려 놓았고 또한 신전에 바치기 위한 폐(幣 : 삼, 종이, 오리) 다발도 함께 놓았다. 이러한 것이 이곳저곳에 있는데 이것은 모두 그들의 묘이다. 그들의 묘는 길랴크족이 화장(火葬)을 하였을 때의 뼈 가루를 모아 묻은 것으로 그 위에 방금 말한 바와 같이 감(龕)을 세운 것이다. 길랴크족은 다른 민족과 달리 죽은 사람을 화장하는 풍속이 있다. 이 묘는 도판으로 제시한 것이 그것이다.

그 다음 여러 가지 조사를 하고 또 치루의 구릉을 하나 넘어 그 건너편의 헤이룽강의 돌출한 곳에도 길랴크족의 촌락이 있기 때문에 그곳에 가 보았다. 집은 2, 3채밖에 보이지 않지만 이곳 집 짓는 방식은 순전히 이전 방식으로 짓고 있다. 들어 보니 지금으로부터 대체로 100년 전의 건물이고 모두 교창식(校倉式)으로 나무를 조립한 것으로 지붕은 나무를 포개어 겹치고 위에 조각한 천목(千木)을 나열하고 있다. 입구의 문 등도 조각을 하고 있다. 이 건물은 실로 마크나 슈렝크 두 사람이 당시에 서술하고 있는 길랴크족의 집과 조금도 다르지 않다. 이러한 집은 마크나 슈렝크가 여행하였을 때에도 있었던 것 같고 또 마미야(間宮林藏)씨가 이 부근을 걸었던 때에도 이 집이 있었을 것으로 생각된다. 이 집 가운데에는 여러 조각물이나 일상적인 집기(什器) 등도 두고 있다. 그리고 그 집기 등에도 하나하나 모양을 조각하고 있다고 하는 것과 같은 이전의 풍습이 있다. 이 길랴크족의 풍속, 습관은 어느 정도 우리들의 참고가 되는 것이다. 나는 이곳에서 인형이라든가 여러 가지 조각된 집기 등을 채집하였다.

그 다음 이 부근에 있어서는 어업을 할 때 자작나무로 만든 배를 많이 사용하고 있다. 나는 이 배도 사들여 가지고 돌아와 현재 대학의 교실(동경제국대학 이학부 인류학교실로 생각한다 ― 역자 주)에 보존하고 있다. 자작나무 배를 사용한다는 것은 이 주변 길랴크족의 독특한 점으로 사할린의 길랴크족은 이러한 배를 사용하지 않는다. 이 주변에서는 통나무배와 자작나무를 굽혀 만든 배 두 가지를 사용하고 있다.

이곳에 70여세로 생각되는 길랴크의 노인이 살고 있는데 그의 이야기에 의하면 이전 러시아인이 아직 오지 않았을 때에 자신의 아버지 등은 1년간은 사할린의 관청에 가고 1년간은 쑹화강의 삼성(三姓)에 가서 여러 물건들을 교역하기도 하고 받아 오기도 한다면서 당시 생활이 풍부하였음을 이야기하고 있었다. 그리고 사할린에 가서 시사무를 만났다는 것도 이야기하고 있다. 사할린이라는 것은 일본의 의미이고 시사무는 일본인이다. 나는 이 이야기를 듣고 무엇인가 도쿠가와 시대의 문화(文化) 연간(1804~1818 : 역자 주)으

로 돌아가 마미야씨가 이 부근 길랴크족의 집에 머물었던 때의 일 등을 떠올리니 감개무량하였다. 또한 노인의 말에서 그 때 자식 등도 아버지에게 끌려서 갔다는 이야기도 전부터 듣고 있다는 것이었다.

이 치루 부근 일대는 본래 길랴크의 본거지였다고 하는 것은 이름에 의해서도 알 수 있다. 길랴크가 어느 때 이곳에 왔는가는 알 수 없지만 이곳에 있었던 영락사(永樂寺)의 비문을 보아도 길랴크나 그 외 사람들이 노아간도사의 지배를 받고 있다는 것이 기록되어 있다. 길랴크는 길리미(吉里迷)로, 아이누족은 고이(苦夷)로 기록되어 있다. 그러면 당시 사할린 섬의 원주민도 이곳에 속해 있는 것이다. 또 노아간도사가 이곳에 생긴 것은 명나라 초기이지만 영락사의 비문에 여진 문자도 몽골 문자도 새겨져 있는 것을 보면 금나라 혹은 원나라 시대에도 이곳에 상당히 사람이 살았을 것으로 생각한다. 즉 퉁구스족도 살았던 것 같고 원나라 시대에는 몽골 사람도 와 살았다. 원나라 때에는 분명히 몽골 사람이 이곳에 이주해서 살았음에 틀림없다. 그것은 『원사(元史)』 등을 보아도 알 수 있다. 그 원나라 오랑캐[원구(元寇)]가 일본에 밀어 닥치어 호된 상황을 만났을 때 원나라의 홀필렬(忽必烈)은 그것을 매우 유감스럽게 생각하고 헤이룽강 하류에서 배를 만들어 사할린으로부터 일본으로 건너가 복수를 하려 하였던 사실이 당시 기록에 남아 있다. 그들은 이른 바 견참(犬站)을 설치하였다. 원나라 때에는 분명히 헤이룽강 하구까지 원의 세력이 충분히 미치고 있었던 것으로 생각된다. 이렇게 되

그림 15 _ 길랴크의 개 가죽 의복(겨울 의복)

면 이 주변에 몽골인의 이주도 상당히 있었던 것으로 보아 좋다. 또 여진 사람은 어떠하였는가 하면 이것은 흑수말갈로부터 이쪽으로 와서 살았던 것을 생각할 수 있다. 왜냐하면 치루에 있는 어느 러시아인 가옥 담 밑에 돌 맷돌이 하나 굴러다니고 있다. 그 깊이가 9촌, 직경이 1척으로 매우 불완전한 것이다. 이것은 다른 만주 및 흑룡주 혹은 하바로프스크 부근의 고고학적 사실에서 보아 분명히 여진 사람이 사용한 돌 맷돌이다. 그것이 이곳에 존재하고 있는 것을 보면 당시 역시 여진 사람들이 이곳에 살고 있었다는 증명이 된다. 또 지금도 여진 사람의 분파인 퉁구스족 계통의 고리도 혹은 네꾸다, 만군 등이 헤이룽강 중류로부터 이 부근에 걸쳐서 특히 아무군강 상류에까지 분포하고 있는 것을 보아도 알 수 있다. 특히 그뿐만 아니라 이 부근에서 역시 하바로프스크 방면에서 발굴한 것과 같은 도검(刀劍)이라든가 방패라든가 갑옷이라든가 그 외의 무기류 등도 발굴되고 있다. 이러한 것 등은 결국 그 사실을 증명하고 있는 것이다. 이렇게 보면 이 치루 일대라는 것은 헤이룽강에 있어서 문화사적, 인류학적 주의를 기울일만한 곳이라고 말하지 않으면 안 된다. 이곳 조사는 끝났기 때문에 강의 연안을 계속 걸어갔고 치루의 언덕을 되돌아보고 여러 가지 감상을 떠올리고 본선(本船)으로 돌아왔다. 배는 계류한 대로 오늘 밤 이곳에 1박 하기로 하였다. 밤이 되어 달이 밝게 떠오르고 강 위와 치루 언덕을 함께 비추고 한층 감흥을 불러일으켰다.

4. 헤이룽강 하류 연안 조사

4-1 _ 네꾸다 사람의 방문

10월 6일 아침 동안 또 이 부근을 조사한 후 아무군강 쪽으로

그림 16 _ 북사할린 길라크족이 통나무 배를 탄 모습

가게 되었다. 이 아무군강은 흑룡주와 야꾸또스크를 경계로 하는 분수령에서 흘러오는 강이며 헤이룽강의 중류 이하 즉 하바로프스크로부터 니콜라예프스크에 이르기까지의 사이에 있는 커다란 강의 하나이다. 이 아무군강 상류 지방에는 만군 사람들이 살고 있으며 이 헤이룽강과 합쳐지는 하구 부근에는 네꾸다라는 원주민이 살고 있다. 오늘은 그 네꾸다를 조사하기 위해서 가는 것이다.

아무군강 하구는 충적토가 발달해 있으며 버들나무 등이 자라고 물의 높이도 매우 낮은 곳이지만 토지가 여기저기에 형성되어 있다. 이 부근에 네꾸다가 살고 있는 것이다. 처음에 본 것은 3호 정도의 임시주택으로 집은 텐트를 치고 물고기를 잡으며 생활하고 있다. 이곳에서 여러 가지 조사를 하고 나아가니 커다란 마을이 있었다. 이것은 네꾸다의 큰 마을이다. 호수가 16호, 남자가 41명(자식은 제외). 이곳의 원주민은 네꾸다 사람이고 또 일반적으로 네꾸다렌 등이라고 부르는 것은 이것이다. 이들은 퉁구스족의 하나이다.

이곳에서 내가 토속을 조사하기도 하고 단어를 채집하기도 하고 체격을 측정하기도 하였다. 네꾸다 사람이 원래 많이 살았던 것으로 보이는 데 지금은 겨우 이곳밖에 남아 있지 않다. 아무군강 하구에 네꾸다 사람이 살고 있는 것은 마미야씨의 『동달기행(東韃紀行)』에도 기록되어 있다. 마미야씨는 당시 이곳에 들르지 않았지만 이곳에 「이다」가 살고 있는 것을 멀리서 보았다는 것을 기록한 것이다. 「이다」라고 하는 것은 네꾸다를 말하는 것이다. 오늘날도 역시 이곳에 사는 것을 보면 문화(文化)연간(1804년~1817년-역자 주) 당시부터 그들은 변화하지 않고 이곳에 살고 있다는 것을 알 수 있다. 이곳의 원주민은 자신의 마을을 데론이라고 말하고 있다. 이 데론이라는 지명에 주의하지 않으면 안 되는 것은 마미야씨가 만주대관(滿洲大官)을 만났던 곳도 데렌이라고 말하고 있다. 데렌이라고 하는 지역은 라벤스따인씨의 지도에도 그 이름이 실려 있다. 그러나 이 아무군 하구에도 데론이라고 하는 지명이 있으며 마미야씨가 살던 데렌과 유사한 발음이다. 이것은 어느 정도 주의할 만한 가치가 있다. 이렇게 보면 데렌-데론과 같은 지명이 여기저기에 있는 것을 생각할 수 있다. 그다음 네꾸다는 치루를 무엇이라고 칭하는가 하면 그들은 치린이라고 말하고 있다. 이렇게 보면 중국 사람이 전에도 서술한 바와 같이 치루 지명에 특림(特林)이라는 글자를 맞추고 있는데 이것은 중국발음으로 특림이기 때문에 중국인은 오히려 길랴크어가 아니라 퉁구스어의 호칭을 기록한 것인지도 모른다. 퉁구스어에서는 치림이라고 말하는 것이다. 이것도 주의할 만한 점이라고 생각한다.

    이들 네꾸다 사람들의 풍속, 습관은 어느 정도 고리도 사람과 유사하다. 집은 초가집 지붕의 작은 집으로 즉 진흙을 벽에 바른 만주 사람과 같은 분위기의 집을 짓고 있다. 이점은 고리도 사람도 그러하다. 이러한 집이 되면 가운데에 마루 등을 만들지만 이것은 만주인의 옛 풍속과 크게 닮아 있다. 이러한 집을 오꾸단이라고 한다. 또 한 편에는 나무를 교차하여 위를 묶고 거기에 연어의 껍질을 치거나 자작나무 껍질을 두르거나 또는 짐승 가죽 등을 치고 가운데에 살고 있다. 이러한 집은 영주적으로도 사용하며 또 일시적인 어업을 할 때에도 강반에 이러한 집을 짓는 일이 있다. 이것을 조꾸치야라고 하며 높이가 9척 정도이다. 또 한 채의 집이 있는데 이것은 나뭇가지를 완곡하게 하여 그 위에 자작나무 껍질 등을 걸친 것이다. 이러한 형태는 하이라노라고 한다. 그들의 풍속, 습관은 거의 고리도가 아직 러시아화되기 이전과 대동소이하다.

그들의 식물은 주로 연어와 송어 등이다. 가축으로서는 개를 키우며 겨울은 썰매를 이용하여 개에게 먹인다. 의복 모양 등도 고리도 사람과 많이 닮아 있으며 모자를 사용하지 않고 갓을 쓰고 있다. 내가 방문하였을 때에 무녀가 와서 기도하고 있었다. 나는 그곳에 가서 여러 가지 조사를 하였다. 무녀는 60세 정도의 노인으로 큰 장고를 두드리고 열심히 기원을 하고 있었다. 그는 의식을 행할 때에 허리에 금속으로 만든 방울이나 거울 등을 붙이고 머리에는 버들나무 가지에 깎은 것을 붙인 것을 두르고 신체에는 마찬가지로 깎은 것을 걸치고 큰 장고를 두드리며 춤을 춘다. 그 상태는 다른 시베리아, 조선의 무녀와 많이 닮아 있으며 샤먼의 상황을 잘 알 수 있다. 이 조사에 많은 시간을 보냈다. 이 네꾸다 조사는 퉁구스족을 아는데 매우 중요할 것으로 생각한다. 또 토속품 등을 사서 참고하기 위해 가지고 돌아왔다.

4-2 _ 길랴크의 촌락

이 부근의 강 가운데에는 모래톱이 여기저기에 발달하고 그 모래톱과 모래톱 사이는 구덩이와 같이 되어 있다. 이곳을 배가 여기저기 왕래하는 것이기 때문에 한 번 이곳에 들어가면 어느 곳으로 나가야 좋을지를 모르게 된다. 정확하게 하바로프스크 부근의 퉁구스 하구 지형과 많이 비슷하다. 이곳에도 길랴크 마을이 있다. 모래톱의 사이를 여기저기 돌아 마침내 카리마 촌락으로 갔다. 이곳은 역시 충적층 위에 있으며 호수가 11호 정도이고 창고도 있는데 빈집이 많이 있다. 인구는 100명 정도이다. 이곳은 길랴크로서는 큰 촌락이다. 그들이 살고 있는 교창식의 집 그리고 고창(高倉) ─ 창고 등도 어느 정도 예스러운 풍치를 풍기는 것이기 때문에 어떻든 100년 이전의 건물이다. 이곳에는 곰을 기르고 있는 우리가 세 곳 정도가 있다. 이들 곰은 모두 곰축제 때에 바쳐지는 것으로 매우 정겨운 느낌이 들었다. 마미야씨는 이 마을의 어느 집에 머물었을까 하여 집들을 찬찬히 살펴보았다.

　길랴크족을 연구하기 위해서는 카리마 마을이 매우 좋다. 이 마을에는 중국인 두 세명이 들어와 살고 있으며 최근에는 길랴크족의 딸과 결혼하여 가정을 이루고 있는 사람도 있다. 중국인이 고리도, 길랴크와 그 외 원주민 사이에 이렇게 들어와 살고 있는 것은 주목할 만한 것이고 현재 카리마 연안에도 중국인의 작은 배가 정박되어 있었다. 그들은 그곳에 어떠한 물건을 가지고 오는가 하면 원주민이 사용하는 금구(金具) 종류가 주요한 것이다. 그리고 그것도 원주민의 습관을 잘 관찰하고 가능하면 원주민은 좋아하는 것을 가지고 오는 것 같다. 그러므로 원주민이 중국인이 이곳에 오는 것을 매우 기뻐하고 있다. 그리고 원주민은 그 물품을 이전부터 가지고 있었던 것과 같은 신앙심이 있어 귀중하게 사용한다. 이와 같이 중국인과 원주민 사이는 매우 친밀하다. 대개 중국인은 그 전쟁 이전 독일인이 극동에서 물품을 억지로 팔기 위하여 극동 사람들의 그림이라든가 조각 등을 가능하면 모방하여 그 민속적 기호(嗜好)를 이용한 것과 같이 몽골이나 서역(西域), 묘족(苗族) 등에게도 이러한 방법을 자주 이용하여 물품을 팔고 있는데 이곳에도 역시 같은 수단으로 중국인이 들어와 있는 것은 주의할 만한 점이다.

또한 이곳에 하나의 이상한 점은 아이누족이 한 사람 들어와 살고 있다는 것이다. 그는 실로 홋카이도 이부리(膽振 : 홋카이도 중남부의 지역 — 역자 주)의 아이누족으로 25년 전에 징병 적령기가 되어 그것을 피하기 위해 이곳으로 들어와 그 후 돌아가지 않고 있다는 것이다. 지금은 완전히 길랴크화되어 여러 마을 사람들에게 유익한 존재가 되어 있는데 그 남자는 매우 재능이 좋아 러시아어도 가능하고 일본어도 가능하고 토속어는 물론 달변가이다. 여러 가지 그로 인하여 편의를 얻었다.

나는 이곳에서 여러 가지 표본을 채집하였다. 그 때 토속인은 나에게 여러 가지 토속품을 팔러 왔는데 그 가운데에 깎은 하나의 돌도끼가 있었다. 이것은 네브라이트와 같은 돌을 양쪽에서 깎은 것이다. 어디에서 얻었는가 하니 원주민의 이야기에 의하면 지금으로부터 4년 전 7월경에 이 카리마의 뒤편 뻬루치리라는 산 정상에 곰을 잡으러 갔었다. 정상에 도착해 보니 그곳은 평탄한 곳으로 이 돌도끼가 머리 부분을 보이며 묻혀 있었다. 그것을 빼어 왔다는 것이다. 길랴크에서는 이 돌도끼의 것을 루이루브라고 말하고 있다. 루이루브라는 것은 번개의 도끼라는 의미로 이것은 하늘에 번개가 있었을 때 흔들려 떨어진 것이다. 번개가 있을 때는 하늘의 신들이 싸움을 하고 있는 것이기 때문에 그 싸움에 사용한 도끼가 하늘에서 떨어진 것이다. 그래서 그것을 루이루브라고 한다고 그들은 말하고 있다. 나는 돌도끼를 가지고 온 길랴크 사람에게 이것은 누가 남긴 것이었는가 물으니 누가 남긴 것인가는 모르지만 어떻든 이러한 것이 떨어져 있었다는 이야기를 하였다.

그 다음 카리마 부근에서 철제 검이라든가 철제 창 등도 발굴된다고 하며 상감한(표면에 여러 무늬를 새겨서 그 속에 같은 모양의 금, 은, 뼈, 자개 따위를 박아 넣는 — 역자 주) 철제 창을 가지고 왔다. 이것은 몽골형이 아니라 말갈여진의 것이다. 이것도 나의 손에 들어왔다. 이렇게 보면 이 아무군강 하구에도 말갈여진의 이전 시대에 그들이 상당히 번창하고 있었다는 것을 생각할 수 있다. 그러한 것들에 대한 구매를 마치고 카리마를 출발하여 로마노스크라는 곳으로 와서 1박하였다. 오늘 밤도 하늘은 개었고 달이 밝았다.

4-3 _ 테바우의 길랴크족 촌락

10월 7일 배는 짙은 안개 때문에 정박한 채 움직일 수 없었다. 얼마 안 있어 9시 경이 되어 안개가 없어져 9시 15분 이곳을 출발하였다. 오늘은 또 날씨가 좋다. 10시 10분경 테바우의 길랴크 촌락에 도착하여 상륙하여 토속적인 조사를 하였다. 이 마을에는 길랴크 집이 6채, 러시아인의 집이 1채, 중국인의 집이 1채 있다. 우선 보니 풍요로운 길랴크의 마을이다. 이 테바우의 마을도 마미야씨의 『동달기행(東韃紀行)』에 두드러지게 이름이 남아 있으며 마미야씨는 이곳에 묻고 있다. 이곳에서도 나는 마미야씨가 어느 집에 머물었는가하는 것을 떠올리며 정겨운 느낌을 가졌다. 이 부근에도 길랴크의 촌락이 여기저기 있었다. 이 테바우의 마을은 구릉 위에 있으며 강의 연안에는 마을 주민들의 통나무배가 여러 척 묶여져 있다. 그리고 그 통나무 배 중 어느 정도 옛 형식의 것이 있다. 이것에는 묵으로 닭을 그리고 뱃머리에는 오리 머리 형태나 그 외 새 머리 형태를 붙이고 거기에 황색이라든가 적색이라든가 백색이라든가 여러 종류의 색을 칠하고 있다. 또 내부의 배 앞에 길랴크 식의 모양을 나란히 그리고 닭 그림 등도 그리고 있다. 길랴크 언어로는 닭을 삐야하카라고 말하고 있으며 또 통나무배를 무라고 하며 자작나무의 껍질로 만든 배를 푸무라고 한다. 나는 이러한 배 및 그림 모양에 대해 조사를 하였다.

이 마을에는 이전 양식의 길랴크 집이 있는가 하면 새로운 양식의 길랴크집도 있다. 새롭게 생긴 것은 역시 러시아 풍을 벗어나지 않는다. 이전의 고창(高倉) 즉 교창식이 있는 것도 이곳에 존재하고 있다. 이곳에서 나는 그들의 풍속, 습관을 조사하기도 하고 체격 등을 측정하였다. 또한 노인들과 함께 이야기를 나누어 보니 이곳에서도 치루와 마찬가지로 이전은 무역을 위해 멀리서 만주 길림성의 삼성(三姓)이나 사할린으로 나갔다고 한다. 그의 이야기에 의하면 1년 간 삼성에 가 있으면 다음 1년간은 시지야무에 가 있고 시지야무는 즉 사할린을 말한다. 그 다음 데렌에서 중국의 관청이 있었다는 것은 자신은 모른다. 삼성 쪽에 간 것은 우리 부모들의 시대로 그 때 아버지와 함께 간 사람들은 지금 모두 죽고 한 사람도 남아 있지 않다는 것이었다. 이와 같은 것에서 생각해 보아도 이 지방의 문화적인 것은 이전은 대개 삼성지방에서 온 것으로 만주문화의 영향이 컸음에 틀림없다. 따라서 만주 특히 삼성과의 관계가 깊었다는 것을 잘 알 수 있다. 그들의 집에 옛 중국의 기물을 가지고 있는데 그것들은 모두 삼성과 교통할 때 이곳으로 가지고 들어온 것들이다. 그들은 삼성에 가서 여러 가지 물건을 빌려 온 적도 있다. 여름은 물론 배로 가는데 겨울은 얼음이 얼면 썰매를 타고 하바로프스크에서 쑹화강을 거슬러 올라가 삼성으로 간 것이다. 당시 삼성이 얼마나 여러 원주민들의 집합지로서 활발하였는가하는 것을 알 수 있었다.

또한 나는 마미야씨의 『동달기행』에 나오는 데렌의 만주가부(滿洲假府)의 이야기를 해 보았는데 그들 이전 노인들의 이야기에 의하면 마린스크 부근에도 소프스크 부근에도 이와 같은 만주의 가부(假府)가 있었다는 것은 들은 적이 없다는 것이다. 그 다음 길랴크는 일반적으로 헤이룽강을 이라고 부르고 있다. 또 그들의 이야기에 의하면 길랴크 족의 분포는 여기에서 위쪽은 바꼬로스크 부근까지로 그보다 상류가 되면 고리도의 촌락이 있다고 한다. 어떻든 이 부근 일대는 길랴크족의 분포지로서 이전은 매우 번창하고 있었던 것으로 보인다. 지금은 흔적도 없어져버린 마을도 있으며 또 러시아 사람들이 촌락을 형성하고 있는 곳도 있는데 이전은 크게 그들이 분포하고 있었던 것을 알 수 있다.

그들이 말하는 바에 의하면 이 부근부터 헤이룽강 입구에 이르는 길랴크 촌락도 꼬꾸루나 나례요에는 존재하지만 와츠세는 인구가 줄어들게 되고 다라카노프에는 지금 그 흔적도 없다. 브론게는 어떻게 되어 있는가는 모른다고 한다.

나는 이곳에서 여러 가지 조사를 하고 12시 23분경 배를 타고 돌아가게 되었다. 배 위에서부터 양안의 경치를 보면서 가는 것은 매우 유쾌하였다. 이렇게 하여 오후 4시 10분 니콜라예프스크의 부두에 도착하고 나는 또 시마다(島田)씨의 집에 머물게 되었다.

그 동안의 조사는 길랴크족 및 그 외 퉁구스족에 대해 연구상 유익한 결과를 얻었다. 또한 고고학상의 연구에 있어서도 유사 이전의 사람들이 이곳에 거주하였던 것을 알게 되었고 또 말갈여진 혹은 원명(元明) 시대의 이 주변의 모습도 엿볼 수 있었다. 여기에서 이와 같은 여행에서 니콜라예프스크의 일본 수비대가 보낸 통역 나까무라 스에기치(中村末吉)씨는 젊은 사람이지만 이 부근에서 오래 동안 살고 있어 지리에도 정통하고 러시아어는 가장 정통하여 구체적인 부분까지 유감없이 통역해 준 점에 내가 감사를 표하는 바이다. 또 종졸의 4명은 모두 미또[水戶] 연대 소속의 사람들이다. 생각이 나는데 이 부근의 조사에 선도적인 역할을 한 것은 일본 국내에서는 마미야씨로서 그는 히타찌국(常陸國) 츠쿠바군(筑波郡) 출신이다. 그리고 며칠 동안 나의 탐험을 호위해 준 4명의 종졸도 역시 히타찌(常陸) 출신으로 마미야씨의 고향과 가까운 사람들이기도 하다. 그래서 나는 여러 차례 이들에게 카리마에 가서도 또 테바우에 가서도 이곳은 마미야씨가 머물었던 곳이라는 것을 이야기하고 치루 구릉에 올라가서도 이곳에 탑이 있었을 때 마미야씨가 그 밑을 통과하였던 것을 이야기하고 헤이룽강 하류가 이바라키현(茨城縣) 사람들과 매우 인연이 있다는 것으로 당신들이 이곳에 와서 수비를 하고 있는 것도 흥미로운 관계이라는 것과 같은 이야기를 하였기 때문에 그들 4명도 감개해 하고 있었다. 그리고 나는 후일 마미야씨의 고향을 방문하려고 생각하는데 어떠한 길로 가면 좋겠냐고 하니 그 중 한 사람인 상등병이 연필로 약도를 그려 주었고 이렇게 가서 어떠한 곳에서 기차를 내리면 좋다는 것과 같은 것까지 구체적으로 말해 주었다. 이 4명의 종졸은 물론 통역 나까무라씨도 그 빨치산의 참담 때문에 니콜라예프스크의 연기와 같이 사라졌을 것이지만 이 약도는 잊을 수 없는 기념으로서 지금도 여전히 보관하고 있다.

09

인류학자와 일본의 식민지 통치

1. 다시 니콜라예프스크시에서

1-1 _ 헤이룽강가의 중추(中秋)

10월 8일 오전 이시다(石田) 부영사를 방문하여 전부터 해오던 조사에 대해 이야기를 나누었다. 그 다음 미리 하바로프스크를 출발할 때 스기야마(杉山) 하바로프스크 부영사의 소개로 연해·흑룡 두 주의 지학협회장을 면회하였던 내가 니콜라예프스크에 가는 목적을 이야기하고 이 방면에 대해서 여러 가지 소개장을 받았을 때 그 회장은 니콜라예프스크에도 작은 박물관이 있으니 그곳을 방문할 것을 말하고 소개장도 써주었다. 그러나 이곳에 와서 들어 보니 니콜라예프스크에 박물관이라는 것은 거의 없다. 다만 세미나루 건물 안에 여러 진열품이 있다고 하는 정도였다. 그래서 세미나루에 가서 교장을 면회하고 귀하의 학교에 진열소가 있는 것 같으니 보여 달라고 청하였다. 그러나 교장의 답변은 그러한 것은 없지만 타나에프라는 학교교사가 있는데 그 사람은 석기, 토기 등을 다소 알고 있기 때문에 그 사람에게 듣는다면 편의를 얻을 수 있을 것이라고 하였다. 그래서 그 다음 날 그곳에 갔을 때 그 사람을 만나고자 하여 헤어졌다.

그 다음 잠깐 러시아의 실업학교를 방문한 후 영사관으로 돌아와 부영사와 점심식사를 함께하면서 여러 가지 이야기를 나누었다. 오후는 일본 수비대의 이시카와(石川) 대대장을 방문하여 잠깐 동안 이야기를 나누었다. 오늘 밤은 음력 중추 밝은 달이 떠오르는 날이어서 다행스럽게 하늘에 한 점 구름 없이 저물 무렵부터 달이 동쪽 하늘에 만월로 떠올라 맑게 갠 청광(淸光)을 비추는 모습은 정말이지 숭고할 정도이다. 특히 그것이 흰 자작나무 수풀을 비춘 풍경은 일종 보기 드문 분위기가 있었다. 그 밤 종졸과 함께 조용히 헤이룽강반을 거닐며 넓은 물위의 금파, 은파의 담박하고 아름다움을 질리지 않을 정도로 보았다. 실로 좋은 밤이었고 생각지도 않게 멀리 고국이 떠올라 오늘 밤 동경에서도 무사시노회(武藏野會)는 어디에서인가 관월회(觀月會)를 열고 있을 것인가 등 감개무량이 있었다. 나는 처음으로 중추의 달을 헤이룽강 위에서 본 것이다.

1-2 _ 고고학자 타나에프씨

10월 9일 오늘밤 영사관에서 이야기를 나누자는 부탁이 있었고 그래서 아침부터 외출하지 않고 시마다(島田) 상회의 한 방에서 강연 초고를 썼다. 강연은 「아무르 하부(下部)지방의 역사, 인종 등에 대해」라는 제목으로 이야기하였다. 청중은 영사관 직원, 일본 수비대장 및 각 장교, 재류민의 유지(有志) 등이다. 끝난 후 서로 담화를 나누고 유쾌하게 이 밤을 보내고 12시경 숙소에 돌아와 잠에 들었다.

10월 10일, 어제 세미나루 교장으로부터 이야기가 있었던 타나에프씨로부터 친절하게 전화가 와서 오전 10시에 나를 만나고 싶다는 것이었다. 그래서 시마다 상회에 있는 세끼다께(關竹三郞)씨의 안내로 타나에프씨를 세미나루로 방문하였다. 그는 50세 이상으로 보이는데 매우 유쾌한 사람이다. 또 매우 꼬장꼬장하기도 하여 학자풍이기도 하고 수학선생으로 석기, 토기를 채집하는 데 열성이다. 나는 그에게 물었다. 당신은 수학선생임에도 불구하고 이와 같이 드문 방면의 연구에 종사하게 된 이유가 무엇인가를 물으니 그는 웃으며 '세상의 것은 모두 이러한 것이다. 의외로 전문가는 그 전문분야에 종사하지 않는다. 자신은 수학가면서 고고학을 하는 것도 그야말로 좋아하기 때문이다. 성과는 좋아하지 않으면 나올 수 없는 것이다. 이러한 것은 역사, 지리 선생이 해야 할 것 같지만 이른 바 장사하는 데 바빠서 이러한 것에 관심을 가지는 사람'은 없다. 자신은 물건을 좋아하기 때문에 이러한 것을 하고 있다는 것이다. 자신으로서 별도로 채집품은 없지만 여기에 약간 가지고 있다고 하면서 그 물품을 보여 주었다.

   그 물품은 모두 니콜라예프스크 부근에서 나온 것으로 종류는 석기와 토기이다. 석기는 열한 개 정도 있으며 그 가운데 대부분은 돌도끼이고 두 개는 돌화살촉이다. 그 돌도끼를 보니 두 종류로 하나는 마제 돌도끼이고 또 하나는 타제 돌도끼이다. 또 그 가운데에는 중간격인 반(半)마제 돌도끼도 있다. 마제 돌도끼는 아리노루라는 돌을 갈아 만든 것으로 이러한 것 등은 어느 정도 흥미로운 예이다. 타제와 마제를 나란히 사용하고 있다는 것을 알 수 있다. 그리고 또 마제 돌도끼 가운데에는 갈아 만든 예가 이곳에 존재하고 있는 것을 알 수 있다. 그 다음 돌화살촉은 모두 타제이며 손잡이가 없다. 이것도 두 종류로 하나는 약간 곡선으로 되어 있으며 또 하나는 긴 삼각형 모양으로 되어 있다. 토기는 어떠한 식인가 하면 역시 야요이식 계통이며 그 토기의 윗부분은 돌출된 모양이다. 돌출된 모양이라고 하는 것은 작은 긴 나무의 뾰족한 부분인가 무엇인가에 정사각형과 같은 것을 깎아 그것을 위로부터 밀어 붙인 것이다. 이러한 것이 나온 곳이 어디인가 하면 하나는 니콜라예프스크와 그 옆에 있는 중국마을 사이에 작은 구덩이와 같은 하천이 있는데 그 앞에 있는 꾸에다 구릉에서 얻은 것이다. 또 하나는 그 유명한 요새지대 즉 정확하게 니콜라예프스크에서 3리 정도 떨어진 요새지대인 카모라에서 얻은 것이다. 또 하나는 니콜라예프스크에서 반 정도 떨어져 있는 카모라 부근에서 획득한 것이다. 이로써 대체로 이 부근에 이러한 것이 존재하고 있다는 것을 알 수 있었다.

그다음 타나에프씨에 의하면 이상의 석기 토기는 모두 1913년 이후 채집한 것으로 모두 니콜라예프스크 부근의 것이다. 자신이 이러한 것에 취미가 생긴 것은 이곳에 육군대좌 꾸라조푸스키라는 사람이 있어 1912년부터 그다음 3년에 걸쳐서 이 부근에서 석기, 토기를 채집하였다. 이 사람에 의하여 자극받은 점도 있다고 한다. 꾸라조푸스키 대좌의 채집품은 지금 하바로프스크 박물관에 진열되어 있다. 그리고 대좌는 이들 석기를 제작 사용한 사람은 길랴크족이라고 말하고 있다. 그것도 타나에프씨의 이야기이다. 타나에프씨는 1913년 이후 채집하였는데 하바로프스크 박물관에 가서 우연히 꾸라조푸스키 대좌도 이 부근에서 채집하고 있었다는 것을 알았던 것이다. 타나에프씨의 의견에 의하면 니콜라예프스크 부근에서 이러한 석기, 토기를 남긴 사람은 어떤 민족인가 하면 퉁구스 계통으로 중국역사에서 보이고 있는 읍루(挹婁)일 것으로 생각한다는 것이다. 길랴크에 대해서 자신은 그것을 기초로 보았는데 어느 물건은 자신의 조상 물건이라고 말하고 어느 물건은 자신 조상의 것이 아니라고 하여 일치하지 않는다. 이점에서 자신은 퉁구스 계통의 읍루사람과 같이 생각되고 시대도 그렇게 오래된 것이라고 생각되지 않는다. 그들이 살고 있었던 장소 즉 수혈(竪穴)의 유적은 석기가 나오는 부근에 있다. 아무리 생각해도 이 석기, 토기를 만든 당시의 사람들은 이곳 수혈에 살았던 것으로 생각된다고 하는 것이었다. 그리고 그와 나는 일본의 홋카이도나 사할린 등에 대해 이야기를 나누고 서로 그 조사에 대해서 흥미로운 지식을 교환할 수 있었다. 타나에프씨는 아마도 니콜라예프스크에 있어서 뿐만 아니라 아무르 유역의 선사고고학자로서 존경할 만한 사람이다. 아무르유역 지방에는 토속학자는 있지만 이러한 고고학자를 만난 적이 없다. 이점에서 그는 존경할 만한 중요한 학자이다. 그는 어디까지나 이러한 유물은 퉁구스 계통의 읍루의 것이라 주장하고 있었다. 정오 12시까지 그와 이야기를 계속했고 유쾌한 기분으로 이곳을 떠났다.

돌아오는 길에 영사관에 들러 다시 부영사 및 영부인과 이야기를 나누고 정중한 향응을 받았다. 그리고 영사관의 정원을 얼마 동안 산보하였다. 부영사의 이야기에 의하면 이 영사관은 헤이룽강 연안에 접해 있는 곳에 있으며 나중에 모두 시가지이지만 영사관에 접한 뒤편만은 흰 동백나무들이 울창하게 자라고 있다. 본 바와 같이 오늘 니콜라예프스크에는 수목이 한 그루도 없다고 말해도 좋을 정도이며 다만 공원 부근에 나무를 볼 수 있을 정도인데 아마도 이전 니콜라예프스크의 지역은 대부분 산림이었을 것이다. 이것이 이 항구를 열어 점점 집을 세우기 위하여 끝에서부터 수목을 태워 잘랐는데 다행스럽게도 영사관 뒤편이 보존되어 이렇게 남았을 것이라는 것이었다. 확실히 이러한 것 같고 이 흰 자작나무의 수풀은 황량한 북방의 어항(漁港) 니콜라예프스크에 사람들의 시선을 상쾌하게 만드는 유일한 광경이며 또 이곳의 삼림지대였던 이전의 모습을 생각하기에 충분하다. 이와 같이 나는 유쾌하게 영사관에서 이야기를 나눈 후 시마다씨의 집으로 돌아왔다.

1-3 _ 카모라 유적의 탐험

10월 11일 아침 서류들을 확인한 후, 오쿠라(大倉) 출장소를 방문하여 돌아가는 길에 시가지를 산보하여 우선 수비대도 방문하여 이시카와(石川) 대장 및 부관들과 잠시 동안 서로 이야기를 나누었다. 오늘 오래간만에 목욕을 하였다. 나는 부라고뷔센스키를 출발한 이후 배 안에서 한 번 목욕한 정도이고 하바로프스크에 도착한 이후 오늘 처음으로 목욕을 한 셈이다. 그 때문에 계속되는 피로를 풀고 매우 기분이 좋았다. 저녁 식사 후 종졸 요시다(吉田)씨와 함께 니콜라예프스크 시가를 산보하고 다방에서 다과를 먹고 돌아와 보니 숙소 주인 시마다씨, 점원 세끼(關)씨, 나카시마(中島) 해군대위, 오쿠라 출장소 직원, 영사관 직원들이 모여 있었고 이 사람들과 10시 반 넘을 때까지 많은 이야기를 나누고 후에 일기 등을 쓰고 잠을 청하였다. 오늘은 거류동포 여러 사람들과 함께 즐겁게 지낸 하루였다.

　　10월 12일 오늘은 타나에프씨의 안내로 수혈(竪穴)이 있는 카모라 마을에 가는 날이다. 오전 9시 도구를 정비하여 타나에프씨와 함께 니콜라예프스크 시가지를 나갔다. 동행자는 부영사 이시다(石田寅松)씨, 그리고 오쿠라 구미(大倉組)의 다카마츠(高松義郞)씨, 대장 부관 대위 이이다(飯田榮松)씨, 이시다 상회 직원 세끼다께(關竹三郞)씨, 같은 직원 요시다(吉田虎雄)씨, 나의 종졸 요시다씨, 그 외에 병사 2명 등 많은 사람들이다. 이 사람들 가운데 다카마츠씨는 오쿠라출장소 츠메(詰)라는 이름으로 여러 물자를 구입하여 일본으로 보내고 또 일본으로부터 물자를 이곳으로 수입하기 위해 이곳에 와 있는 사람이다. 그다음 세끼다께씨는 어느 정도 러시아 분위기가 있는 사람으로 동경 니꼴라이 신학교를 졸업하고 오랫동안 교사도 지낸 사람으로 러시아 문학에 정통하며 작은 일에 구애받지 않는 에도(江戶)* 토박이 풍으로 종교가로는 어울리지 않고 오히려 문학가에 어울리는 사람이기 때문에 매우 이야기가 재미있고 현재 니

* 현 일본 동경의 전신이 되는 도시. 에도(江戶)라는 지명이 일본 역사상에 나타나는 것은 12세기 말이며 에도씨가 무사단의 하나로서 에도의 땅을 본거지로 하고 있었다. 광대한 무사시노(武臧野) 일대에서 무사난이 발생하였다. 그후 전국으로부터 상인들이 모이고 1590년에는 토요토미 히데요시(豊臣秀吉)가 에도성에 입성하게 된 이후 에도성 주변의 지역을 개간하여 확대하였다. 이에 따라 인구가 늘었고 도시계획에 의하여 에도는 정비되어 갔다. 18세기에는 100만 인구를 가자 대도시가 되었다. 1868년 7월 에도를 동경 이라고 개칭하였다. SONY, Encyclopedia Nipponica 2001 참조.

콜라예프스크의 거류민 가운데 러시아어에 정통하고 러시아 문학을 잘 해독하고 있는 사람은 아마도 이 세끼다께씨 한 사람일 것이다. 세끼다께씨의 러시아어를 들어보면 발음은 러시아인과 다르지 않다. 그다음 요시다씨는 시마다 상회 주인의 친척으로 나가사끼현 출신이다. 이 사람은 아내도 있으며 자식도 한 명 있다. 하이구(俳句 : 5·7·5의 17음절을 기본으로 하는 일본 전통의 짧은 시-역자 주)에 능하며 항상 신파(新派)의 구절을 읽고 동경의 하이구 단체 등으로 보내고 있다. 그는 오히려 취미가 있는 사람이다. (여기에서 생각나는 것은 그 다음 봄 빨치산의 참담 때문에 일본 동포 700여명이 이곳 니콜라예프스크에서 거의 죽음을 당하고 남은 사람은 감옥에 들어갔을 때에 하이구를 감옥 벽에 쓰고 무한의 한을 남긴 그의 「날이 밝아 생각하니 두견새」라는 구는 혹은 어느 사람이 읊은 것이 아닐까. 이 요시다씨 외에 이러한 풍류가 있는 사람은 없었던 것으로 생각한다.) 어떻든 이러한 여러 사람으로 구성된 일행은 두 대의 마차에 타고 시가지로부터 1리 떨어진 카모라로 갔다.

    카모라라는 마을은 헤이룽강 연안에 있고 그곳에 수혈이 있다. 오늘은 발굴조사를 위하여 나온 것이다. 그래서 도착 후 일행은 협력하여 그것을 발굴하고 여러 토기라든가 석기 등을 채집하였다.

    카모라에 있어서 수혈 존재의 상태를 보니 정확하게 헤이룽강의 연안에 병행하여 여러 개의 수혈이 존재하고 있다. 그 위치는 강 연안으로부터 높이 5미터 정도의 장소이며 거의 해안과 닿을 듯 말 듯한 상태이다. 형태는 사각형으로 전후좌우 각각 9미터 정도이고 방향은 강 쪽 즉 남쪽을 향하고 있다. 깊이는 1미터 20이고 그 가운데에는 잡목이나 풀이 무성하게 자라고 있고 주위에도 나무가 자라고 있다. 이것을 잘 조사하였다. 이 수혈은 어떠한 상태로 존재하고 있는가 하면 하나는 독립해 있고 그 다음은 본래 다른 것과 연결되어 있었던 것이 아닌가 생각되는 표주박형이다. 그 다음의 것도 역시 표주박과 같은 형으로 두 개가 서로 연결되어 존재하고 있다. 그 수혈 상태는 한 가족관계가 있는 것일까, 지금 말한 것은 가장 먼저 본 것에 대한 깊이이다.

지금 말한 바와 같이 이 수혈을 발굴해 보니 그 가운데에서 석기나 토기 등이 나오기 때문에 즉 이곳에 사람이 살고 있었던 것을 잘 알 수 있다. 또 니콜라예프스크 부근에 석기시대의 사람들이 주거로서 이곳에 수혈을 팠던 것을 알 수 있다. 지금까지 헤이룽강 중류 혹은 상류지방의 유적가운데 이러한 수혈이 많이 남아 있다는 것을 어느 누구도 주의하지 않았는데 지금에 이르러 이 니콜라예프스크 부근에 그것이 현저하게 존재하고 있다고 하는 것은 어느 정도 주의를 기울일만한 사실이다.

이상의 수혈의 특질을 서술해 보면 이 수혈의 무리가 헤이룽강이라는 커다란 강안의 언저리에 접해 존재하고 있는 것이다. 그리고 독립적인 한 개의 수혈도 있는가하면 두 개 연속해서 존재하는 것도 있으며 또 그 형태는 완전히 둥근형도 있는가하면 사각형인데 다만 그 구석이 약간 둥근 느낌을 주는 것도 있다. 즉 이러한 형식은 어느 연대의 차이를 보여주고 있는 것은 아닐까. 달리 말하면 정사각형의 수혈이 점점 시대가 흐름에 따라 구석이 둥글게 된 것은 아닐까 생각한다. 또 두 개 연결되어 있는 수혈은 치시마(千島)의 아이누 등도 이러한 식의 수혈을 만들고 있는 실제적인 예에서 본다면 이것은 작업장과 주거 장소와 같이 구별한 것일 것으로 생각한다. 오늘은 이러한 연구에 주로 시간을 보냈다.

그다음 이곳에 대한 조사를 끝내고 점점 강을 따라 나아가니 도중에 하나의 작은 강을 만났다. 이것은 헤이룽강으로 흘러 들어오는 작은 강으로 그 폭이 20정도이고, 거기에 나무다리가 설치되어 있다. 그 다리를 건너니 그곳에 치야시와 수혈을 겸비한 유적이 존재하고 있다. 이곳은 한 쪽은 지금의 작은 강이며 또 강의 한 쪽에도 토지가 돌출되어 사이가 우묵하게 들어가 있다.

이 돌출된 곳에 수혈을 파고 그 주위에 둑을 쌓고 있다. 수혈의 직경은 남북으로 14미터 동서로 12미터이며 깊이는 5척 정도이다. 그다음 둑의 폭은 2미터 50정도이며 수혈의 주변과 하안의 단애까지의 거리가 14미터이다. 이 수혈은 어느 것을 보아도 붙막이가 되어 있다. 한 편 동쪽은 강과 경계를 이루고 서쪽은 움푹 들어간 굴이며 앞은 헤이룽강이 흐르고 있다. 그리고 수혈 주변에는 둑이 있다. 요컨대 이것은 치야시와 수혈을 한 가지로 한 것으로 홍미로운 유적이다. 이러한 것은 홋카이도에도 있는가하면 사할린에도 있는데 이곳에 그것이 존재하고 있는 것은 진귀한 예이다.

그다음 수혈의 옆에 있는 굴을 건너 서쪽 구릉 위에도 작은 수혈이 두 개 나란히 있다.(이곳 수혈의 흙을 쌓고 있는 서남쪽은 어느 정도 둑이 높게 되어 있다.) 이곳 수혈 위에서 모양이 있는 토기 파편을 채집하였다. 이것으로 보아도 이 수혈이 석기시대의 것이라고 생각할 수 있다. 이곳 수혈은 구릉을 이용하여 만든 것으로 앞에서 본 것보다도 어느 정도 방어적 의미를 포함하고 있다. 이러한 것 등은 처음부터 다소 방어적 의미로 만든 것으로 생각한다.

이들 수혈 조사를 끝낸 것은 오후 1시경이었다. 그다음 카모라 마을에 가게 되었다. 카모라 마을은 러시아인들이 사는 하나의 작은 촌락으로 도착한 후 그곳 한 민가에서 휴식을 취하고 사모아루에서 데운 더운 물을 받았으며 휴대한 차라든가 빵이라든가 고기라든가 여러 가지 것을 대접받았다. 이 대접은 시마다씨가 우리 일행에게 제공한 것으로 여기에서 감사의 뜻을 표시해 둔다. 모두 이 대접을 받으면서 유쾌하게 이야기를 나누고 또 가지고 간 샴페인 등을 꺼내 축배를 들고 이렇게 낮 식사를 마치고 일어나 이 마을밖에 있는 리치아의 수혈조사를 위해 떠났다. 마을을 나오니 바로 리치아라는 하천이 있어 헤이룽강으로 흘러 들어가고 있다. 그 하반에 하나의 구릉이 있고 그 위에 수혈이 매우 많다. 그 수혈은 타나에프 씨에 의하면 30개 이상 있을 것이라는 것이었는데 실제 이곳에 와서 세어 보니 정확하게 30개 이상이 있다. 그래서 우선 경감도를 그리고 그중 재밌을 것 같은 수혈을 발굴하여 토기, 석기 등을 채집하였다.

이 리치아천 언저리에 있는 구릉 위이지만 이 구릉은 AB 2단으로 구성되어 있다. 그 가운데 가장 밑단은 오래된 충적층으로 구성되어 있다. 수혈은 오래된 충적층 위와 가장 높은 구릉 위 이렇게 두 곳에 존재하고 있다. 이렇게 보면 위 쪽은 오래된 것이고 밑의 것은 새로운 것인데 이 연구는 정말 용이하지 않은데 어떻든 이곳 가장 밑의 것은 리치아천이 흐르고 있는 곳으로 그곳에는 어떤 것도 없다. 즉 혹은 이 두개의 단이다. 그리고 이 두 개의 단에는 커다란 수혈이 있는가하면 작은 수혈도 있다. 그다음 1단, 2단만이 아니라 3단에도 단이 형성되어 있고 그 3단이 있는 절벽 위에도 수혈이 조금 남아 있다. 그것을 파 보니 석기도 나오고 토기도 나온다. 이 석기 토기도 순전한 석기시대의 것이다. 어떻든 이 리치아의 하반에서 수혈주거의 큰 가족이 살고 있었다라고 하는 것은 이것으로 알 수 있다.

우리들은 이 리치아 하반의 구릉에서 충분히 조사하는데 시간을 보냈다. 그다음 오후 4시경 일행은 마차를 타고 귀가 길에 올랐으며 원래 온 길을 거슬러 올라가 앞서 조사한 치아시 형태가 한 곳에 존재하는 수혈 장소 등을 다시 조사하고 저녁 무렵 니콜라예프스크에 도착하였다. 그다음 나는 세끼다께씨와 함께 부영사관을 동반하고 영사관에 도착하여 만찬 향응을 받았으며 오늘 조사에 대해 서로 이야기를 나누고 오후 8시경 시마다씨 집으로 돌아왔다. 오늘 조사는 석기시대의 유물과 수혈과의 관계에 대하여 크게 아는 바가 있었다. 이 조사에 대해서 타나에프씨의 안내에 감사한다.

1-4 _ 치누이로프 탐험

10월 13일 오늘은 니콜라예프스크에서 일본 리수(里數)로 30리 떨어진 헤이룽강 하류의 러시아 포대가 있는 치누이로프로 가서 그곳에서 석기시대의 유적을 조사할 생각이다. 그 포대 밑 병영에는 현재 일본병사가 주둔하고 있기 때문에 일단 이 기회를 일본 주둔군 사령관 이시까와 소좌에게 이야기를 하니 소좌도 함께 가겠다고 해서 아침식사를 마치고 함께 출발하였다. 소좌는 사령관으로서 치누이로프에 주둔하는 일본 군대를 검열할 목적이다.

오전 9시경 출발하여 강 연안으로부터 기선을 타고 헤이룽강을 내려가 11시 반경 치누이로프에 도착하였다. 배를 매어두는 곳은 정확하게 병영 앞에 있다. 이시까와 소좌는 군대 검열을 위해 나와 헤어져 병영 쪽으로 갔다. 나는 그 동안에 이 부근을 조사할 생각으로 배를 매어두는 곳에서 강 언저리를 거슬러 올라가 1, 2정(町) 정도 가니 작은 하천이 있다. 하천에는 다리가 있으며 그 앞에 구릉이 보인다. 그 구릉은 병영이 있는 곳이다. 나는 다리를 건너 그 구릉을 가다 길 옆에서 석기시대의 유적을 발견하였다. 그 장소는 병영의 교통로로서 새롭게 도로를 닦은 곳인데 그 곳에 포함층이 자연스럽게 노출해 있으며 석기, 토기 등이 발견된다. 나는 이곳에서 돌도끼, 숫돌, 발화기(發火器), 토기파편 등을 채집하였다. 숫돌은 실로 멋진 것이다. 돌도끼도 멋진 것이다. 이것으로 보아 병영이 있는 곳에도 석기시대 사람이 살고 있었다는 것은 분명하다. 그리고 작은 천과 구릉과 석기시대의 유적이라고 하는 것은 그 관계가 상당히 깊은 것이라고 생각된다.

그다음 이곳 병영 안에 러시아 서고가 있다. 그것은 러시아 장교가 이곳에 주둔하고 있는 동안에 무료함을 달래기 위하여 또 군사상 필요한 참고서나 보고 등을 열람하기 위하여 설치한 것인데 제1차 세계대전이 발발한 이후 이곳의 장교병사는 모두 출정해 버리고 후에 빈터가 된 후 과격파가 와서 이곳을 점령하였고 산산이 황폐해진 다음에는 일본 병사가 이곳에 들어와 있다. 그들이 본국으로 돌아가고 또 다른 일본병사가 대신 들어와 살고 있는 상태로 누구도 관리하는 사람이 없기 때문에 상당히 모아져 있던 책들이 흩어져 있었다. 나는 이시까와 소좌로부터 그 정리를 부탁받고 있었기 때문에 유적조사를 마친 후 서고에 가 보았다. 서고는 2층으로 나누어져 있었고 책도 많이 있는데 크게 흩어져 있다. 또 목록과 대조해 보니 책도 어느 정도 없어져 있다. 책장 이곳저곳을 정리하고 있는 동안에 내가 흥미롭다고 생각한 것은 에카테리나 여제(女帝)나 표트르 대제의 전기, 알렉산드리아 대제의 전기, 러시아 역사, 치에레완스키의 몽골의 역사, 앗시리아의 역사, 하바로프스크 총독부가 출판한 만주 각지의 보고서 등이다. 그 외에는 소설이나 잡지가 있는 것에 지나지 않는다. 나는 가능하면 그것을 조사하여 목록 등도 정리한 후 이시까와 소좌에게 이러이러한 책이 있다고 보고를 하였다. 거의 빈 집이 되어 황폐된 후이기 때문에 그러한 상태가 되어 있지만 제1차 세계대전 전까지는 이곳 서고에 많은 책들이 있었던 것을 생각할 수 있다.

    그다음 이 서고에 대해 주의할 만한 것은 군사보고라는 것 같이 보이는 활판 인쇄된 책이 있다. 이것은 매월 내놓은 것으로 일본에 관한 정보 등이 거기에 실려 있고 또 일본대장으로부터 하사, 병졸에 이르기까지의 복장 등도 그려져 있다. 그다음 이곳 포대 및 병영이 건설되었을 때의 비용계산서, 영수증 등도 보존되어 있다. 이러한 것 등은 포대 건설, 그 외에 여러 가지 점에 있어서 주의를 기울일 만한 것으로 생각한다. 혹시 제1차 세계대전이 없었더라면 이곳은 계속 정돈되어 있었음에 틀림없다.

    이러한 군사적 보고나 그 외에 군사적 문서들이 이곳에 수집되어 있는 것을 보고 나는 일종의 감개를 느끼지 않을 수 없었다. 그 당시 우리 일본은 러시아에게 가상의 적으로 간주되고 있었다. 그때문에 이들 보고문서나 이곳 요새병영 등 혹은 헤이룽강의 군사적 시설은 어느 정도 일본을 대상으로 준비된 흔적이 보인다. 혹시 이곳 요새나 병영이 완전히 완성되어 하바로프스크에 설치되어 있는 진수부의 도츠크와 완전히 연결되었다면 헤이룽강은 충분히 무장되어 일본의 배는 물론 일본인도 쉽게 들어갈 수 없게 되었을 것이다. 그러나 지금 나는 자유롭게 이 요새나 병영에 와서 서고의 도서, 문서 등을 정리한다고 하는 것은 얼마나 시대의 변화가 급격한 것인가에 이상한 감정이 일어났다.

나는 오늘 한 편은 유사이전의 유적을 조사하고 그다음으로 도서를 보는 것에서 매우 이익하였다. 그다음 배는 귀향하기 위하여 짚을 싣고 오후 8시 18분 회람하여 니콜라예프스크로 향했다. 바람이 불고 헤이룽강의 파도가 일고 배의 요동이 심하고 얼마 안 있어 10시 10분 니콜라예프스크의 부두에 도착하였다. 바람과 파도가 심하였기 때문에 배를 타고 있는 동안 매우 유쾌하지 않았다. 이렇게 시마다씨의 집에 돌아와 이시까와 대장과 함께 저녁식사를 하면서 이야기를 나누었다. 이때 나의 귀가가 늦어서 이시까와 부영사 및 시마다씨, 세끼다께씨 등이 크게 걱정하고 있었다. 오늘 조사는 돌아오는 중에 풍파의 염려가 있었지만 자신으로서는 얻기 힘든 고고학적 사실을 알았고 또 서적을 볼 수 있었던 것은 다행스러운 일이다.

오늘 채집품에 대해서 한마디 해 두고자 한다. 전에도 서술한 바와 같이 채집한 것은 돌도끼, 숫돌, 발화기, 돌로 된 추, 토기파편 등인데 이 돌도끼가 앞에서 이야기한 네브라이트와 유사한 석재로 만든 작은 것이다. 그렇지만 이 것은 오랫동안 사용하였기 때문에 여러 번 돌을 간 결과 이와 같이 작게 된 것으로 생각된다. 이 돌도끼가 이렇게 작게 되기까지 사용되었다고 하는 것은 얼마나 이 석기가 사용하기에 편리한 도구였는가를 알 수 있다. 그리고 석기가 소중하게 취급된 것은 따라서 이 석재가 귀중하였다는 것을 설명하기에 충분하다. 이와 같은 석재는 타나에프씨가 채집한 돌도끼 가운데에서도 보이며 또 내가 지난번 치루에서 길랴크 사람으로부터 얻은 돌도끼도 역시 이것이다. 이와 같은 석재를 먼 곳에서 가지고 온다고 하는 것은 이것으로 알 수 있게 되었다. 특히 이 석재를 만들 때 원료가 되는 돌을 양쪽으로부터 갈아 형성된 갈라진 곳이 표시되어 있는 것도 주의할 만한 점이다. 이렇게 갈라진 곳이 있고 이와 같은 석질로 만든 도끼는 일본에서는 홋카이도부터 동북지방에 걸쳐서 많다. 이렇게 되면 헤이룽강 하류의 돌도끼와 일본 동북지방의 돌도끼가 서로 유사하다고 하는 것은 무엇인가 서로 관계가 있었던 것은 아닐까, 이것은 앞으로 연구가 필요한 중요한 문제이다. 숫돌은 앞에서도 서술한 바와 같이 모양이 멋진 것으로 이것으로 석기의 날을 갈았을 것이다. 이것이 깨진 것도 있는 것을 보면 폐물용 또는 그 조각으로 숫돌을 만든 것으로 생각한다. 이 숫돌로 간 부분이 더욱 광택이 나는 것은 실로 흥미롭다. 다음으로 발화기는 둥근 돌로써 표면에 두 개의 낮게 움푹 파인 부분이 있다. 이것은 발화기의 암석이다. 이 암석의 날카로운 부분이 훼손되어 있는 것을 보니 이것 역시 돌로 만든 추에도 이용된 것으로 생각된다. 그 다음 여전히 석제 단검도 나왔다. 이것은 파편인데 슬래트로 만든 것이다. 그 외 돌화살촉 파편도 주웠다. 토기는 모두 파편인데 이곳 토기에는 모양이 있다. 그것은 돌출 모양도 있는가하면 원 혹은 사각형을 눌러 찍은 것도 있다. 또 언저리에 파도 모양을 눌러 찍은 것도 있다. 이러한 것 등은 그야말로 석기시대의 토기이다. 이것은 지난 번 조사한 카모라 부근의 석기시대 유물과 함께 연구해 볼만한 가치가 있는 것이다. 그렇지만 이상한 것은 이곳에 수혈이 발견되지 않았던 점이다. 이것도 앞으로 연구가 필요한 것이라고 생각한다.

1-5 _ 꾸에다 하반(河畔)의 돌도끼

10월 14일 어젯밤은 배에서 바람 때문에 어려움을 당하였는데 오늘 아침에도 바람은 멈추지 않고 비까지도 심하게 내리기 시작하여 일시적으로 추운 날씨였다. 오전 10시경 얼마 안 있어 바람도 누그러지고 비도 그치고 구름도 갑자기 걷히어 맑게 갠 좋은 날씨로 변하여 몸과 마음이 모두 상쾌하였다. 오후부터 시마다 상회 직원 중 일본시(詩)를 짓는데 기교가 있는 요시다씨와 함께 니콜라예프스크로부터 10정 정도 떨어진 꾸에다 하반에 도착하였다. 꾸에다 강은 니콜라예프스크와 중국 마을에 있는 구릉 사이를 흐르는 하천으로 그 쪽이 니콜라예프스크에서 강 너머가 중국마을이다. 하천은 그렇게 큰 것은 아닌데 어떻든 헤이룽강으로 흘러 들어가고 있는 천이다. 이 하천의 연안은 잘 경작되어 조선 사람이 채소나 여러 가지 야채를 재배하고 있다. 대개 이 부근에 야채를 재배하고 있는 것은 조선 사람뿐으로 그들은 이로 인하여 상당히 넉넉한 생활을 하고 있다.

나는 이 천의 연안을 이곳저곳 돌아다니고 유물을 찾았는데 드디어 커다란 타제 돌도끼 하나를 발견하였다. 이곳이 석기시대의 유적이라고 하는 것을 알았다. 지난번 타나에프씨가 보여준 돌도끼도 역시 이곳에서 채집한 것인데 그것과 내가 오늘 채집한 돌도끼는 매우 많이 닮아 있다. 시마다씨의 집으로 돌아오니 때마침 오늘밤 일본배로 홋카이도에 가는 사람을 위한 송별회가 열려 열다섯 명 정도가 모였고 나도 거기에 참가하여 저녁 늦게까지 환담을 나누고 오후 11시경 잠이 들었다.

10월 15일 아침 일찍부터 비가 내리고 후에 눈으로 변하였다. 이것은 올해 들어 첫눈으로 매우 추었다. 나는 책을 읽고 있었는데 이시다 부영사로부터 오늘밤 저녁식사로 스끼야끼(일본 전골음식의 일종—역자 주)를 준비하기 때문에 이야기할 겸 꼭 와달라고 하는 전화가 있었기 때문에 오후 5시 넘어 영사관에 갔다. 오늘 아침부터 내리던 눈이 그치고 적은 양의 비로 변하였다.

　　오후 6시 부영사 및 영부인 등과 스끼야끼를 함께 먹은 후 담화로 옮겼다. 그 밤 담화는 매우 차분한 것으로 비가 솔솔 내리는 겨울 저녁에 정겨운 것이었다. 여러 가지 이야기 가운데 부영사가 모스크바에 재임할 때의 이야기 등으로 옮겨가고 그 유명한 모스크바의 예술극장에 관한 것 등을 들려주었다. 부영사는 예술취미가 매우 깊은 사람으로 오히려 외교관이라고 하기보다는 문학가라고도 말할 만한 이미지가 있었다. 러시아의 문예에 관한 책을 많이 읽고 있었고 그림도 매우 잘 그렸고 특히 사진 기술이 뛰어 났다. 그것도 단지 사진을 촬영하는 정도가 뛰어난 것이 아니라 그것을 뛰어넘어 가공하고 어느 정도 어렴풋이 처리한 것과 같은 사진을 만드는 데 묘한 기술을 가지고 있었다. 이러한 미술 취미가 풍부하였을 때 외교관을 하고 있었기 때문에 어느 정도 재미있는 사람이었다. 그는 작고한 혼노(本野) 대사의 막하에 속하고 있었고 모스크바에 와서부터는 여러 가지 문학서를 읽고 연극 등에도 자주 가기 때문에 연극 쪽에도 어느 정도 정통한 사람으로 오늘밤 이야기에도 메떼루링크의 『푸른 섬』에 관한 이야기 등도 하고 모스크바의 예술극장에서 그 연극을 했을 때의 배우들의 몸짓이 어떠했는가든가 극중 대사가 어떠했는가라는 구체적인 것까지 비평하였다. 매우 유쾌하게 마치 자신도 모스크바의 예술극장에 가 있는 것과 같은 느낌이 들었다.

　　이와 같은 이야기로 시간을 보내고 드디어 오전 1시 넘어서까지 이야기가 끝이 없었다. 얼마 안 있어 자리를 뜨고 밤 깊은 시간에 시마다씨 집으로 돌아왔다. 도중에 비가 멈추고 하늘에는 별조차 보이고 내일 아침은 아마 맑은 아침일 것이다. 1시 반경 잠에 들었다.

　　오늘밤 이야기는 실로 이후 오랫동안 인상 깊은 이야기였을 것으로 생각하였다. 나도 이야기 중에 하바로프스크의 책방에서 예술극장의 커다란 사진 화첩을 산 이야기라든가 러시아 문예에 관한 책을 샀다라고 하는 것을 이야기하면서 실로 유쾌하게 보낸 밤이었다. 오늘밤 이야기는 오히려 인류학 이야기보다도 러시아의 문학예술 혹은 러시아 사람의 성격 등에 관한 이야기였다. 이 이야기를 부인도 옆에서 잘 듣고 있었다. 그리고 종종 자신의 생각 등도 이야기하여 흥을 돋구었다. 부인도 어느 정도 취미가 풍부한 사람으로 잘 남편을 도와주었다는 것을 알 수 있다. 부영사에게는 7살 되는 여자 아이와 얼마 안 있으면 3살이 되어 걸을 수 있는 남자 아이가 있으며 내가 갈 때마다 나와 옆에 늘 달라붙어 있었다. 가정이 원만하고 함께 즐겁게 살고 있는 모습을 알 수 있다.

　　10월 16일 오전 헤이룽강반에 이르러 조사를 하고 오후 이시까와 수비대장을 방문하여 여러 담화를 나눈 후에 영사관을 방문하여 어젯밤 환대에 감사하고 숙소에 돌아와 독서를 하였다. 밤에 부영사가 찾아와 시마다씨, 세끼다께씨와 함께 오후 11시 경까지 이야기를 나누었다. 부영사가 돌아간 후 나는 얼마동안 일을 한 후 늦게 잠에 들었다.

　　10월 17일 오늘은 종일 숙소에서 여러 가지 조사 정리 등으로 시간을 보냈다.

1-6 _ 니콜라예프스크 항을 떠나며

　　10월 18일 오전 10시 다시 이시카와 수비대장과 함께 기선을 타고 지난번에 갔던 치누이로프의 함대 밑 병영으로 향했다. 출항하기 시작하려는데 비가 내리기 시작하였고 바람도 불기 시작하여 파도가 심하게 일어났다. 11시 병영 앞 해안에 도착하여 중대장 부관 등의 환영을 받으며 상륙하였다.

나는 지난 번 발굴한 석기시대의 유적에 이르러 다시 발굴을 시도하여 여러 가지 조사를 마치고 중대 본부에 들러 점심 식사를 마치고 계속해서 지난 번 갔던 서고에 가서 다시 조사를 하였다. 이 때 비가 점점 심하게 내렸다. 서고에서 제1 제2 도서실을 조사한 후 또 서고로부터 약간 위쪽에 세워져 있는 러시아 장교 집합소에 가서 서고를 보았다. 이곳에 수장되어 있는 책은 거의 소설뿐이었다. 조사를 마치고 저녁 비를 무릅쓰고 돌아오게 되었다. 비와 바람이 조금이라도 그치지 않기 때문에 배는 위험하다고 하기 때문에 이번에는 마차를 빌려 돌아가기로 하였다. 이렇게 하여 이시카와 대장과 동승하여 헤이룽강반의 길로 서둘렀다. 도로에는 진흙이 심하고 마차를 모는 데 매우 곤란하였다. 혹시 날씨가 좋아지면 이 강반에 수혈의 흔적을 볼 수 있었을 터인데 실로 유감스런 돌아오는 길이었다. 이렇게 하여 7시 경 시마다씨의 집에 도착하고 대장과 늦게까지 즐겁게 이야기를 나눈 후 얼마 동안 독서한 후 잠을 청하였다.

10월 19일, 오늘은 날씨가 좋을까 생각하였는데 또 갑자기 적은 양의 비가 내리기 시작하고 날씨가 매우 추워졌다. 이 때 니콜라예프스크도 점점 겨울 경치가 되어 벌써 그 상태에서는 헤이룽강의 항로도 점점 멈추게 된다. 나는 이 날 그 때까지의 조사를 정리하기 위하여 오전 오후 방에서 기록하고 또 독서 등도 하였다.

오후 7시 선약(先約)에 의하여 수비대 본부에 가서 강의를 하였다. 청강자는 이곳에 주둔하고 있는 병사 전원이었다. 나는 이시카와 수비대장의 소개로 강단에서 인류학적 이야기를 하였다. 이 강의는 다소 청강자에게 인상을 주었던 것으로 보이고 상당한 환영을 받아 다행히도 박수갈채를 받았다. 돌아오는 길에 영사관에 들러 얼마 동안 부영사와 이야기를 나누고 밤늦게 숙소로 돌아왔다.

10월 20일, 오늘은 지난 번 이후의 음울 한랭한 날씨는 변하여 청량 온난한 날씨가 되고 오래 간만에 태양빛을 보니 기분이 좋다. 그리고 아마도 오지 않을 것이라고 생각하고 있던 기선이 하바로프스크에서 하항(下港)해 왔다. 그래서 급히 그것을 타고 돌아가기로 결정하고 오전 11시 이시카와 대대장에게 대장본부에 방문하여 고별인사를 하고 그의 호의로 오래 간만에 목욕을 하였다. 후에 대대장 부관과 함께 점심식사를 마치고 여러 가지 이야기를 나누고 오후 2시경에 숙소로 돌아왔다. 그 다음 드디어 돌아갈 준비에 착수하고 지금까지 채집한 여러 재료, 즉 자작나무 배라든가 길랴크, 네꾸다의 토속품이라든가 석기·토기류 등 모두를 짐에 챙겨 배에 싣고 오후 7시 마지막으로 이시다 부영사를 방문하여 고별의 말을 하였다. 그는 여러 가지 이별을 아쉬워하여 밤 12시 경까지 환영해 주었고 깊은 밤 숙소에 돌아와 취침하고 드디어 아침 3회 헤이룽강 위의 손님이 되어 귀항 길에 오르게 되었다.

10

인류학자와 일본의 식민지 통치

1. 헤이룽강을 다시 거슬러 올라가다

1-1 _ 경치의 변화

10월 21일, 오늘은 드디어 니콜라예프스크를 떠나는 날이다. 오전 12시 기선이 출항한다는 통지가 있었기 때문에 지금까지 관련이 있었던 사람들에게 이별을 알리고 좋졸 요시다씨와 함께 11시경 시마다씨 집을 나와 기선을 탔다. 이시카와 대대장, 이시다 부영사, 시마다씨 및 세끼다께씨, 요시다씨와 직원들 그리고 오쿠라구미(大倉組)* 출장소의 직원 다까마츠(高松)씨 등은 일부러 부두까지 환송하고 함께 이별을 아쉬워하였다. 그러나 배는 무엇인가 고장이 난 것으로 보이고 예정 시간에 출발하지 않고 오후 4시 경이 되니 출범하려고 하기 때문에 일행은 또 사마다씨에게 다시 돌아가 점심식사를 함께 한 후 다시 승선하였다.

* 막부말기, 명치유신기에 대두한 기업가 오쿠라(大倉喜八郎)가 명치시대에 군수물자 조달 등의 정상(政商)활동으로 축적한 자본을 기초로 1893년에 설립한 회사

배는 드디어 오후 4시 17분에 닻을 올렸다. 나는 환송을 나온 사람들과 악수를 하고 서로 건강을 빌고 섭섭하고 아쉬운 마음으로 니콜라예프스크를 떠나게 되었다. 배는 조금 움직였는데 러시아 사

관이 정지를 명하여 러시아인 선객을 조사하기 시작하였다. 이것은 과격파가 타고 있다는 소문이 있었기 때문에 이렇게 한 것이다. 다행히도 배는 오랜 시간 정박하지 않고 검사가 끝나니 바로 출발한 것은 기쁜 일이었다. 오늘 배에 탄 일본인은 니콜라예프스크에서 우리 해군의 무선전신을 담당하고 있었던 해군사관 나까시마(中島)씨 및 농상무성(農商務省)의 조사 직원들로 야간 식사를 마치고 서로 이야기를 나누면서 유쾌한 시간을 보냈다. 내가 니콜라예프스크를 나설 때 이시까와 부영사는 도중에 위로한다는 생각에서 도쿠도미(德富蘆花)*씨의 『신춘(新春)』을 빌려 주었다. 나는 이 책을 시마다씨 집에서 머물 때에도 읽었고 유쾌함을 느끼고 있었던 참인데 그로부터는 헤이룽강 배 안에서 유유히 탐독하여 긴 항로의 무료함을 달래게 될 것이라고 생각한다. 이시다씨에 대하여 그 호의에 대해 감사를 표시해 둔다.

* 도쿠도미 미로까(1868~1927). 소설가로 본명은 도쿠도미 겐지로우(德富健次郎). 그의 소설은 범신론적 경향이 있었고, 신에 의한 인생의 해탈이 주제였다. 『신춘』은 자신과 아내를 아담과 이브로 자각하고 그것을 고백한 수필집이다.

10월 22일 배는 헤이룽강의 탁류를 거슬러 올라가고 있다. 강 연안의 수목은 침엽수를 제외하고는 대체로 잎이 떨어져 있고 나무에 남아 있는 것은 거의 없다. 남아 있는 것도 갈색 빛의 마른 잎이다. 이전에 통과했을 때와는 크게 다르고 경치가 어느 정도 겨울의 시베리아적인 색채를 나타내고 있다. 오늘은 미하에로스꼬에, 호고로도스꼬에, 마린스크 등을 경과하였다. 마린스키에 배가 잠시 동안 정박하였기 때문에 나는 그 사이의 시간을 이용하여 상륙하여 정확하게 길랴크족이 많이 모여 살았기 때문에 그들의 체력을 측정하기도 하고 풍속 등을 조사하였다. 조사를 마치고 배에 돌아와 앞서 이시까와 부영사로부터 빌린 도쿠도미씨의 『신춘(新春)』을 다시 읽기 시작하였다.

10월 23일 오전 7시경 일어나 차를 다 마신 후 보니 배는 지에레부시오우스크에 와 있다. 그다음 점점 계속 거슬러 올라가 오전 1

시경 니지딴보스꼬에를 경과하여 중(中)딴보스꼬에를 경과하였다.

강 연안의 경치는 어제와 마찬가지로 이전 통과한 때와는 매우 다르게 모두 세뻬아의 색깔을 나타내고 어쩐지 적적한 느낌을 불러 일으켰다. 그 사이에 고리도 촌락과 러시아 사람들의 촌락이 서로 섞이어 보이고 있는 것이다. 오늘 나는 식당에서 어제부터 계속 읽고 있는 『신춘(新春)』을 읽었다.

1-2 _ 고리도 사람의 촌락

10월 24일 상당히 따뜻하기 때문에 잘 때 기분이 좋았고 아침 늦게 일어났다. 갑판에 나와 보니 배는 뻬무르스꼬에에 와 있었다. 이러한 식으로 나아가면 내일 밤에는 하바로프스크에 도착할 것이라고 하는 이야기가 배 안에서 나왔다. 연안에는 띄엄띄엄 고리도의 촌락이 보인다. 오늘도 나는 『신춘(新春)』을 계속 읽었다. 이렇게 배는 점점 나아가 고리도 촌락의 기쁘이라는 곳에 들렀기 때문에 나는 상륙하여 고리도를 조사하였다. 이곳에는 고리도 가옥이 12채 정도 있으며 그들의 촌락을 살펴보

그림 17 _ 만군 사람의 교창식의 높은 창고. 일본 고대 교창과 매우 유사하다. 고리도인은 거주 가옥 옆에 대개 이러한 높은 창고를 둔다(마크씨의 도판에 의함).

는데 가장 좋은 곳이다. 나는 토속품 등을 그들과 교환하였다. 이곳은 구릉으로 그 위로부터 타제의 돌도끼 한 개 및 돌망치 한 개를 발견하였다. 이것은 모두 석기시대 유물이다. 돌망치가 어느 정도 흥미로운 점은 그것이 하나의 석륜(石輪)으로 한 가운데에 양쪽에서 뚫은 구멍이 나 있다는 것이다. 그리고 그 구멍 안에 나무의 봉을 통과시키고 현재 고리도 사람들은 그것을 돌망치로 사용하고 있다. 이전에도 이렇게 사용하였는지 모르지만 석기시대의 석륜이 나왔기 때문에 고리도 사람은 거기에 봉을 끼워 돌망치로 사용한 것이다. 이러한 것 등은 한 편에서 보면 고고학상의 재료이며 다른 한 편에서 보면 토속학상의 재료로 두 가지 측면을 모두 가지고 있는 것이다. 그다음 이곳 고리도 사람가운데 부유한 사람은 모옥(母屋)에다가 각각 한 개씩 높은 창고를 가지고 있다. 이 창고는 기둥에 쥐가 올라가지 않도록 방법을 쓰고 있다. 이러한 것 등은 실제 교창식의 형태와 많이 닮아 있다. 지붕은 초가지붕으로 높게 세워져 있으며 밑에 긴 기둥을 세우고 거기에 쥐가 들어가지 않도록 칼날을 넣어두고 있는 점 등 그야말로 교창식이다. 이곳 고리도 사람들의 복장은 지금도 여름은 물고기의 껍질을 사용하고 있다. 러시아의 아이들이나 부인도 그것을 사용하고 있는 것을 보았다. 그다음 고리도 사람이 코에 반지를 끼고 있는 것이 토속과 관련된 책에도 자주 기록되어 있으며 현재 나는 남사할린에 있는 그들에게서도 그것을 보았지만 이곳에서도 부인이 코에 은반지를 뚫어서 끼고 있는 것을 보았다. 조각도 이루어지고 있으며 이전 풍의 조각이 여러 가지 보이고 국자모양 위에 개구리를 조각하고 있는 것도 있었다. 이곳 고리도 사람들은 전에도 서술한 바와 같이 겉으로 이슬람교를 믿고 있기 때문에 고유의 샤머니즘은 보이지 않지만 이곳에서는 역시 샤먼의 인형을 가지고 있다. 이것은 무엇인가 신(神)으로서 몰래 신앙하고 있는 것일까, 이곳 고리도의 연구는 어느 정도 흥미로웠다.

1-3 _ 다시 거슬러 올라가다

기쁘이에서 고리도의 토속 그 외 석기시대의 조사 등을 마치고 배를 타고 10로리 정도 상류로 우오지메셴스꼬에에 오니 그 앞 20로리에 볼셰비키가 살고 있다는 것을 누구라고 할 것 없이 말을 꺼냈다. 그래서 배 안에서 무장하여 큰 소란을 피웠다. 그리고 러시아 병사와 일본 병사가 배의 난간으로 밀가루 자루나 기구 등을 겹겹이 쌓고 그래 덤비라는 자세를 보였는데 다행히도 아무 일도 없었다. 오후 12시경 배는 강에 정박하게 되었다.

10월 25일 나는 누구보다도 가장 빨리 일어나 식당에 가서 아침차를 마시면서 창밖을 보니 배는 시로이치꼬에에 와 있다. 그 다음 배는 점점 거슬러 올라가 하바로프스크에 점점 가까워질수록 기온이 따뜻해지는 느낌이 들었다. 그리고 배 안의 일본 사람들과 흥미로운 이야기를 하면서 시간 가는 줄을 몰랐다. 배는 밤이 되니 닻을 내리고 이전과 같이 강에 정박하였다. 이것으로 내일 하바로프스크에 도착하기에 매우 상황이 좋다는 것이다. 만약에 너무 일찍 가면 도착하였을 때에 건너편의 사람들이 곤란하다는 것이다.

10월 26일, 배가 정박하고 있는 중에 승선한 18,9세의 여자가 콜레라로 죽었다. 시체를 어떻게 하면 좋을까하는 문제가 생겨 여러 가시 어려울 것 같았는데 결국 정박지 부근 버들나무가 무성하게 자라고 있는 모래톱에 묻었다. 그리고 배가 출발하려고 하니 또 러시아 한 사람이 그 병으로 죽었다. 이것도 전과 같이 처리하고 얼마 안 있어 배가 움직이게 되었다. 점점 나아가니 하항(下港)해 오는 중국 군함 2척을 만났다. 이 중국 군함은 니콜라예프스크로부터 헤이룽강을 거슬러 올라가 쑹화강으로 들어가 하얼빈으로 가기 위해 왔다가 러시아에서는 그것을 거부하고 하바로프스크 부근에 수뢰(水雷)를 부설하여 중국 군함이 강제로 진입하려고 하면 곧바로 그것을 격침하려는 태도를 보이기 때문에 중국 군함은 할 수 없이 니콜라예프스크로 돌아가고자 하항하고 있는 중이었다.

배는 점점 나아가 드디어 하바로프스크에 가까워졌으므로 선장은 배를 우야시토스꼬에를 거쳐 전보를 하바로프스크에 발신하여 입항이 가능한지 어떠한지를 묻고 배를 끌고 갈 인주(引舟)를 보내줄 것을 요청하였다. 이렇게 하니 육지 쪽에서 인주가 올 때까지 기다려 달라는 답신이 왔다. 그래서 배를 조금 움직여 정박하였다. 그러나 또 간호졸(看護卒)에게 콜레라가 발생하였기 때문에 선장으로부터 명령이 나와 3등 선객은 강 해안으로 오르고 1등, 2등 선객은 배 안에 머물러 있으라는 것이었다. 3등 선객은 모두 강안(江岸)으로 올라가고 그곳에 있는 고목을 모아 불을 피우고 하루 밤을 지냈다.

여기에서 주의할 만한 것은 오늘 도중에 만난 중국 군함이 니콜라예프스크로 되돌아갔다는 것이다. 이것은 앞서 니콜라예프스크에서 2척의 중국군함이 정박해 있었는데 그것이 앞서 서술한 바와 같은 이유로 하얼빈까지 거슬러 올라갈 생각으로 왔다가 러시아 때문에 거부당하고 또 맥없이 니콜라예프스크로 되돌아 간 것이다. 그러나 어떤

그림 18 _ 고리도인의 샤먼 무당. 그들 사이에는 샤먼교가 성황하고 있고 마을마다 반드시 신에게 제사지내는 무당이 있다. 이 그림의 무당 머리 장식, 거기에 붙어 있는 방울, 가슴에 건 거울 등은 모두 신위를 표시하는 신비적인 장식으로서 그들이 제사를 지낼 때에는 항상 춤을 추는데 그 때 소리를 내는 방울소리, 거울의 빛은 한편 신들을 기쁘게 하고 또 다른 한편 귀신악령을 쫓는 힘을 가지고 있다고 믿고 있다. 이러한 것들은 일본의 원시신도(原始神道)와의 비교연구에 있어서 중요한 사실이다.

사람이 왔던 것인가, 중국군함이 왕래하는 항로에서 그 목표가 되는 제 몇 호 몇 호라는 부표(浮漂)가 거의 제거된 것이다. 중국 군함에는 뱃길 안내도 없고 진퇴를 자유롭게 할 수 없었을 것으로 생각된다. 중국 군함이 과연 무사히 니콜라예프스크에 도착하였는지 어떤지 어느 정도 흥미가 있는 문제였다.

10월 27일 아무리 기다려도 배를 끌고 갈 인주가 오지 않는다. 잠시 후 오후 2시 경 왔기 때문에 그것에 끌려갔다. 어제 밤 강안으로 올라갔던 3등 선객들은 비가 내렸기 때문에 텐트 등을 치고 북적거리며 옷을 말리고 있었다. 이렇게 비가 내리는 가운데 배가 움직여 해군 근거지 앞에서부터 철교 밑을 통과하여 저녁 무렵 드디어 하바로프스크의 부두에 도착하였다. 배 안에 콜레라가 발생하였기 때문에 검역관이 와서 일제히 배를 탄 손님들을 조사하고 그것이 끝나고 나서야 비로소 상륙이 허락되었다. 나는 마차를 타고 다께우찌(竹內) 여관에 도착해 보니 오후 8시였다. 지난 달 28일 당지(當地)를 출발하여 헤이룽강을 내려온 이후 다시 거슬러 올라가 이곳에 귀착하기까지 정확하게 30일이 걸린 셈이다. 도중 볼셰비키 습격의 소문이 있기도 하고 콜레라의 발생 등도 있었지만 다행히 무사히 이 항로를 마치고 어떻든 헤이룽강 하류 조사의 목적을 달성할 수 있었던 것은 자신 은밀히 만족하는 바이다.

11

인류학자와 일본의 식민지 통치

1. 다시 하바로프스크 시(市)에서

1-1 _ 도서 수집

10월 28일, 아침 기분 좋게 일어나 서류들을 확인한 후 시가지로 나와 우선 이웃에 있는 러시아 서점에 들러 오래간만에 책을 보게 되었고 책장에 사다리를 걸치고 자유롭게 이것저것을 보았다. 서점 주인도 얼굴을 알기 때문에 마음대로 보라고 하는 것이었다. 그래서 러시아의 역사지리라든가 러시아의 지리라든가 아무르의 기선(汽船)이라든가 그 외 많은 책을 샀으며 또 1,000루블을 지불하여 모스크바 예술극장의 앨범 등을 샀다. 이전에 사서 여관에 맡겨둔 책과 함께 책이 상당히 늘어났다.

오후 여관으로 돌아와 식탁에 앉으려고 할 때 병참사령부에서 보낸 사람이 와서 어제 선객의 건강상태를 조사하고자 하니 가능하면 사령부로 와 달라는 통지였다. 그래서 나는 식사를 마치고 마차를 타고 병참사령부에 가서 숙사에 들어가 20분 정도 기다리고 있으니 어제 나와 같이 타고 니콜라예프스크에서 돌아온 농상무성 기사 야마구찌(山口吉郎), 농상무성 촉탁 이찌카와(市川時士郎), 통

11장 **297**

* 1869년 후지타(藤田傳郞)가 오사카 고려교(高麗橋)에서 창설하여 군화, 피복, 쌀을 매매하여 돈을 번 전형적인 정상(政商)이다.

역 나까무라(中村五郞), 후지타구미(藤田組)*의 나까오(中尾淸藏) 등 4명이나 이곳에 들어왔다. 이 사람들도 함께 숙사에 있었던 것인데 배 안 콜레라 때문에 역시 이곳으로 부른 것이다. 그리고 검사결과에 따라서는 돌아가도 좋다든가 남아야 한다든가 관헌의 명령을 따르지 않으면 안 되는 것이었다. 그러나 우리 일행은 여관에 머물고 있었기 때문에 이와 같이 검사도 받게 되는 것인데 다른 선객 중 러시아인, 조선인, 중국인 등 배에서 나와 어느 곳으로 갔는지 모르는 사람은 어떻게 할 것인가. 이와 같은 문제도 있었지만 어떻든 우리들은 며칠 동안 머물 각오를 단단히 하고 뻬치카(러시아의 난로)에 불을 붙이고 나는 오늘 구입한 책 등을 읽으면서 지냈다.

10월 29일, 우리들은 오늘 전염병 환자를 격리 수용하는 병원에 있어야 하는 것이지만 마음대로 나갈 수 있기 때문에 날씨조차 좋다면 어디든 산보할 생각이었다. 그래서 아침 일찍 일어나 햇빛이 동쪽 하늘에 빛나고 오늘 날씨가 좋을 것이라는 조짐이었다. 창문에서 밖을 보니 하바로프스크 시가지가 멀리 보이고 자작나무 숲을 넘어 동남쪽에는 시호타아린 산맥이 검은 눈썹처럼 옅게 뻗어 있다. 어젯밤은 서리가 내렸지만 오늘 아침은 날씨가 좋고 따뜻하다. 아침 식사를 마치고 나까오, 야마구찌, 나까무라 세 사람과 함께 숙소를 나와 무라비요프 공원을 산보하고 커피점에 들러 따뜻한 커피를 마시면서 질리지 않게 겨울고목과 같은 경치를 바라보았다. 나는 오늘 무라비요프 공원 부근에서 석기시대의 토기 파편 한 개를 주웠다. 이러한 것 등을 보니 이 공원이 있는 구릉 일대에 석기시대의 사람들이 살고 있었다는 것을 알 수 있다. 특히 무라비요프 동상이 서 있는 곳은 경치가 가장 아름답다. 이와 같은 곳은 석기시대의 사람들이 살고 있었다는 것은 당연한 곳이라고 생각하였다. 이곳저곳을 산보한 후 숙소로 돌아왔는데 오늘도 검사결과를 모른 채 머물게 되었다.

10월 30일 오늘은 어제와 달리 날씨가 매우 나쁘게 변하여 약간의 비가 내리기 시작하고 해가 저물 무렵에는 눈조차 섞여서 내렸다. 하루 종일 외출도 못하고 심심하여 나는 프랑스의 근세 역사 등을 읽으며 심심함을 달랬다. 오늘은 이곳을 나와 여관으로 돌아갈 예정이었지만 하루 더 머물러 달라는 병원 측의 이야기가 있었기 때문에 할 수 없이 또 이곳에 머물게 되었다. 저녁 늦게까지 이와 같은 책을 읽기도 하고 이야기 등을 나누기도 하면서 보낸 후 잠이 들었다.

10월 31일 오늘은 천장절(天長節)*이다. 어제와는 달리 날씨가 매우 좋다. 풍요롭게 떠오르는 햇빛을 맞이하며 해가 오르는 나라의 기념일에 어울리게도 화창하게 개인 좋은 날씨를 축하하였다. 나는 스스로 빗자루를 들고 실내를 청소하고 있는데 군사령부에서 보고가 왔다. 그것은 병원으로부터 온 통지로 당신은 안심이기 때문에 돌아가도 좋다는 것이었다. 나는 이 여러 날을 아무 소득 없이 보낸 것 같다. 그렇지만 조용히 쉬면서 피로를 풀었다고 생각하면 화도 나지 않는다. 나는 바로 인사를 한 후 다께우찌 여관으로 돌아왔다.

* 일본 천황의 탄생을 축하하는 축일. 1873년 기원절(紀元節)과 함께 국가의 축일이 되었다. 제2차 세계대전 후에는 「천황탄생일」로 이름이 바뀌었다.

오늘은 추위가 심하여 물은 얕게 얼어 있다. 이러한 상태라면 헤이룽강도 얼어있을 것이다. 여관에 돌아와서 또 이웃 서점에 가서 서가를 훑어보고 『러시아 역사』라든가 『우크라이나 역사』라든가 『키에프 역사』 혹은 『연해주지(沿海州志)』 등을 샀다. 이 『연해주지』는 니콜라예프스크의 영사관에서 본 것으로 가졌으면 생각하던 책을 입수하였다. 오늘밤은 욕조에 몸을 담그고 기분 좋게 독서하면서 잠을 청하였다.

11월 1일 오늘은 또 어제와 반대로 날씨가 따뜻하다. 이른 바 삼한사온이다. 나는 아침에 일어나 식사를 마치고 잠자리에서 오전

10시경까지 독서를 한 후 외출하여 또 이웃 서점에 갔다. 오늘은 레끄리유의 러시아 번역서 『유럽 러시아』 외에 두 권을 사고 또 키에프의 블라디미르 사원 벽화 그림엽서 여러 장을 샀다. 이 블라디미르의 벽화는 유명한 것으로 그 안에 키에프 제후 및 그 부인의 용모, 태도가 가장 잘 묘사되어 있다. 이러한 벽화는 미술품으로서 매우 훌륭하며 무엇인가 호감을 일으키는 것이다. 정오에 숙소로 돌아와 종졸인 요시다씨 및 니콜라예프스크에서 헤어진 오쿠라구미 출장소의 다까마츠(高松義郎)씨가 돌아와 있었기 때문에 그들과 얼마 동안 이야기를 나누었다. 오후 하바로프스크의 우리 영사관에 스기야마 영사 및 서기생(書記生)의 군시[郡司]씨를 방문한 후 숙소로 돌아와 책을 정리하였다. 블라디보스톡 이후 구입한 것이기 때문에 책이 많았다. 밤하늘도 맑아 9일의 달 모습이 밝고 자작 고목나무를 비추고 기분 좋은 경치이다. 오늘밤도 독서와 책 정리 등을 하였다.

 11월 2일 오전 10시 군사령부를 잠깐 방문한 후 강에 접한 이슬람 사원에 갔다. 전쟁 중이었기 때문에 모인 신자들은 매우 적었지만 어떻든 독신자가 모여 일요일의 의식을 올리고 있었다. 그 기도하는 말을 들으니 가장 아름답고 음악적이며 매우 깨끗한 느낌이 들었다. 그다음 여관에 돌아와 오후 3시경 또 외출하여 일요일마다 열리는 바자회에 갔다. 하바로프스크의 바자회는 유명한데 일본에서 말하면 동경의 히가게(日蔭)마을과 같은 곳이다. 양측에 고물가게가 나란히 있으며 여러 가지 물건을 팔고 있다. 이날은 또 그 외에도 가게가 많이 열리고 있었다. 나는 이곳에서 러시아의 책이나 액자 종류 등을 샀다. 오늘은 일요일이기 때문에 나는 오전 7시부터 나로도누이돔에서 『아버지와 딸』이라는 제목의 연극을 보러 갔다. 이것은 이곳 청소년들이 하는 연극으로 입장료는 24루블이다. 10시까지 4막이 있으며 그 외는 춤을 춘다. 커피나 차 등을 마시고 또 춤을 춘다고 하는 것이다. 대개 이 나로도누이돔이라는 것은 러시아 각지에 있으며 일종의 사회적 향락기관으로 어느 시기에는 극장이 되며 어느 시기에는 춤을 추는 곳이 된다. 즉 이 지역사람들이 서로 춤을 추며 즐기는 곳이다. 오후 10시 넘어서 숙소에 돌아왔는데 추위가 혹독히 밀려 왔다. 숙소에 돌아와 독서 등을 하고 잠에 들었다.

1-2 _ 다시 박물관 조사

11월 3일, 맑게 갠 하늘에 빛은 잘 비추고 있지만 약간 바람이 불어 공기가 차다. 오늘부터 휴관하고 있던 박물관을 출입하기로 하였다. 오전 10시 박물관에 나아가 12시까지 진열품에 대한 스케치 등을 하였다. 오후 3시 넘어서부터 또 책방을 훑어보고 『표트르대제전(大帝傳)』 2권을 샀다. 그 후 러시아의 우체국에 갔는데 오후 3시경부터 한층 추워져 지금까지 장갑 없이 걸어도 그렇게 추위를 느끼지 않았는데, 이때부터는 장갑 없이는 걸을 수 없게 되었다. 오늘 밤 12시까지 박물관 노트 등을 정리하였다. 달이 높이 떠서 유리창을 비추고 있고 기분이 좋다. 밤이 되어 바람이 멈추고 매우 조용한 밤풍경이었다.

11월 4일, 지난 밤 늦게까지 공부한 탓인지 오전 6시 지나 약간 눈을 떴는데 또 잠이 들어버렸다. 종업원이 사모알(?-역자 주)을 가지고 온 것에 놀라 비로소 일어났다. 오전 9시 반 박물관으로 나가 진열품을 스케치하였다. 오후부터 종졸 요시다씨와 함께 부랴고뷔센스키 이후의 짐이나 서적 등을 정리하기 시작하고 오후 5시 반경까지 우선 마쳤다. 7시부터 또 노트의 정리나 독서 등을 하고 11시 넘어 잠을 청하였다.

11월 5일, 오늘은 어제보다 약간 따뜻하다. 10시 박물관에 도착하여 오전 12시 지날 때까지 이전과 마찬가지로 진열품을 스케치하였다. 그 후 무라비요프 동상이 서 있는 공원에 가서 동상 주변을 거닐었는데 유석(流石)에 각각 시들거리는 기분이 깊고 자작나무 잎은 모두 다 떨어지고 헤이룽강은 얕게 얼어 있었다. 그러나 올해는 작년보다도 따뜻하기 때문에 작년은 이미 지난달에 강이 얼어버렸다고 한다. 오후 3시경 군사령부를 방문한 후 책방에 가서 여러 가지 책을 샀다. 그 가운데 『1812년부터 1912년까지 전역(戰役)의 조국과 러시아 사회』라는 책이 있다. 이것은 가격이 2,000 루블로 당시의 러시아 문화, 정치, 종교, 예술 등 모든 것을 각 방면에서 보아 기술한 것이기 때문에 매우 흥미롭게 서술한 책이다. 특히 그 장식은 매우 잘 된 멋진 책이다. 오늘 밤은 구입한 이러한 책 등을 보고 또 목욕을 하였다. 창밖으로는 13일의 달 모습이 밝고 조용한 밤이었다. 유쾌하게 일을 하고 잠에 들었다.

11월 6일, 전과 마찬가지로 오전 11시부터 12시까지 박물관에 가서 조사나 스케치 등을 한 후 평소와 같이 무라비요프 공원에 가서 산보를 하였다. 눈에 보이는 헤이룽강은 벌써 얼음이 얼어 기선도 해안에 봉쇄되어 있다. 반대편 해안을 보는 한, 말라붙은 벌판으로 다만 누런 띠와 흰 갈대가 쓸쓸하게 멀리 하늘 끝에 닿아 있을 정도이고 사람 모습은 하나도 없다. 드디어 겨울의 기분이 들었다. 바람이 불어오고 태양은 비추고 있지만 날씨는 춥다. 오후 4시 시내의 서점을 들러 보고 유명한 고고루의 『멜시이아도유시』 등을 사고 또 옆에 있는 서점에 가서 러시아어로 된 미술사 3권, 그리고 『에루마크전』 『사할린섬지(誌)』 등을 샀다. 이것으로 나는 우선 하바로프스크에서 서점 － 이웃 서점 및 그 외의 곳에서 가지고 있는 책 가운데 자신이 가지고 싶어 하는 대부분을 사 버린 느낌이 든다. 오늘 밤도 구입한 책을 읽는 데 몰두하고 늦게 잠에 들었다.

11월 7일, 오늘 아침은 숙소의 종업원이 늦잠을 잤기 때문에 9시경이 되어 사모알을 가져왔다. 그 때문에 박물관과의 약속 시간

보다 늦어졌기 때문에 오늘은 박물관에 가는 것을 유보하고 차를 마신 후 종졸 요시다씨와 함께 츄린 및 알베르트 상회(商會)에 갔는데 이것은 정확하게 일본에서 말하자면 미츠꼬시(三越)라든가 시라끼야(白木屋)과 같은 것으로 하바로프스크에서는 유명한 백화점이다. 나는 이 알베르트 상회에서 쁘시킨 동상 등을 샀다. 오후 3시경부터 또 이웃하는 서점에 가서 『세계 각지 발견 탐험사』 그 외 여러 가지 책을 샀다. 그 때는 벌써 이웃하는 서점에서는 거의 자신이 사려는 책이 없어졌기 때문에 이러한 책까지 사게 되었다. 오늘 밤 이곳에 주둔하는 우리 사단장으로부터 일본 요리의 향응이 있어 거기에 출석하고 돌아와서부터 역시 책을 읽은 후 잠에 들었다.

11월 8일, 오전은 평소와 같이 박물관에 갔다. 이 날 종졸 요시다씨는 나의 조수로서 토기의 타제 그 외 모양이 있는 것을 탁본 하였다. 낮에는 여러 가지 정리 등의 일을 하고 밤에는 앞서 부라고븨센스키에서 산 『무라비요프전』의 연대기에 일본의 연호와 중국의 연호를 넣어 연해·흑룡 두 주의 지도와 비교하여 크게 연구하였다.

11월 9일, 오늘은 일요일이기 때문에 박물관에 가지 않았다. 오전 중은 군사령부 등을 방문하고 오후 2시부터 스기노(杉野) 영사를 방문하고 저녁은 7시부터 전의 나로도누이돔에 연극이 있기 때문에 보러 갔다. 오늘 밤의 연극은 고르키(Arshile Gorky, 러시아 작자—역자 주)가 저술한 『돈저(底)』로 4막으로 되어 있다. 여관 옆 서점의 아들이 이 연극에 출연하여 집 주인의 역할을 하고 있는 것이다. 나는 이곳에서 그 아들로부터 러시아어로 된 『돈저(底)』의 각본을 빌렸다. 이것은 매우 기념할 만한 것일 것으로 생각한다. 오늘 밤 출연한 배우들은 모두 초보자들이지만 연기나 대사도 매우 잘 했고 정말로 러시아의 하층사회의 상태를 잘 묘사하고 있다. 이웃 서점의 아들도 오늘 밤의 연극은 가능하면 멋지게 하고 싶다고 말했는데 실제 잘 하고 있었다. 이 연극은 12시경에 마치고 그 후에는 평소와 같이 춤이 있었지만 나는 이런 쪽에 취미가 없기 때문에 연극이 끝나자마자 바로 돌아왔다. 겨울의 밤은 얼어붙은 하늘에 높이 걸쳐 처절하고 사원이나 집 위를 비추고 있었다. 여관으로 돌아와 독서하고 다음 날 오전 2시경 얼마 안 있다가 잠에 들었다.

 11월 10일, 오늘은 평소와 같이 오전 중 박물관으로 가서 일을 하였다. 그리고 돌아오는 길에 늘 무라비요프 동상 앞을 통과하여 왔는데 날씨는 정말 점점 추워지고 헤이룽강도 드디어 전체가 얼어붙고 말았다. 또 밑은 물이 흐르고 있는 것이다. 여관에 돌아오니 미리 내가 부탁한 책을 넣어둘 나무 상자를 군사령부로부터 보내주었기 때문에 종졸 요시다씨와 함께 지금까지 많이 구입한 책을 정리하여 그곳에 넣으니 얼마 안 있어 두 상자 정도 꽉 채우게 되었다. 그 다음 그 책을 상자에 넣는 일을 하게 될 것이다. 오후 5시 또 이웃의 서점에 가서 『최북(最北) 러시아』 및 『노르웨이 이야기』, 『다시소우의 시』 등을 샀다. 이 『최북(最北) 러시아』 및 『노르웨이 이야기』는 매우 재미있는 글 쓰는 방식으로 삽화 등이라 하더라도 모양도 아니고 그림도 아닌 일종의 그림 그리는 방식으로 북빙양(北氷洋) 근처의 경치를 표현하고 그곳에 살고 있는 동물, 예를 들면 곰, 사슴 내지 그곳에 사는 어류 등을 함께 그리고 어부들의 풍속(風俗), 어구(漁具) 등도 빠짐없이 그리고 그 중에는 조화롭게 시적으로 기술된 책이다. 일본의 오래된 책으로 말하자면 『북월설보(北越雪譜)』와 같은 서술방식이다. 그 후 숙소로 돌아와 독서를 하였다. 밤이 되어 영사관의 군사(郡司) 서기생(書記生)을 방문하였다. 그는 유명한 군사(郡司) 대위의 아들로 외국어학교를 졸업하고 지금은 이곳 영사관에서 근무하고 있다. 그는 외교관이지만 문예에 취미도 있는 사람으로 러시아 문학이나 러시아 역사 등에도 주의를 기울이고 있는 사람이다. 나는 이 사람과 시종 이야기를 하고 있으며 오늘 밤도 각 방면에 걸쳐서 담화를 교환하였다.

11월 11일, 평소와 같이 박물관으로 가서 스케치를 하고 있었는데 스기노(杉野) 영사가 와서 얼마 동안 담화를 하고 그와 함께 이웃에 있는 도서관에 갔다. 이 도서관은 지금 하게꼬프라는 사람이 관리하고 있다. 이 사람과 만나 여러 가지 이야기를 하였다. 이 사람은 매우 빈틈이 없는 듯이 보이는 사람이면서 친절한 구석도 있다. 이곳에서 그 곤다츠치 총독 때에 조사한 『연해주 원주민의 경제상태』와 같은 책을 빌렸다. 그리고 그곳을 나와 숙소로 돌아와 얼마 동안 담화를 나누고 치루에서 채집한 기와라든가 석기 등을 보여주었다. 나는 오늘 밤 또 이웃에 있는 서점에 가서 『쁘시킨의 시집』 5권을 샀다. 가격은 일본 화폐로 100엔이었다. 원래 이것은 러시아 화폐로 일본 돈으로 환산하면 50엔 정도로 산다고 하던 것이 점점 가격이 올라 드디어 100엔이 되고 말았다. 가장 이르게 이때가 되면 러시아의 루블로는 팔 수 없고, 일본의 화폐로 팔고 싶다고 하는 것이어서 할 수 없이 일본 화폐 100엔으로 구입한 것이다. 이 『쁘시킨의 시집』 가운데에는 쁘시킨이 태어난 시기부터 죽을 때까지의 전기를 서술하고 있다. 이 시집은 그가 젊을 때부터 최후까지의 발표를 연대별로 그 본문을 게재하고 그 사이에 그림을 넣고 있다. 그 그림은 매우 잘 되어 있다. 100엔으로 『쁘시킨 전집』을 산 것은 비싼 것 같지만 아마도 앞으로 러시아에서 이와 같은 미술적인 책은 나오지 않는다고 생각한다. 어떻든 나중에 기념이 될 만한 것으로 생각된다. 숙소로 가지고 돌아와 밤늦게까지 읽었다.

11월 12일, 오전 중은 평소와 같이 박물관에 가서 여러 가지 조사를 하였다. 오늘 밤은 스기노 영사의 부탁으로 일본거류민회(日本居留民會)에서 강의를 하기로 하였다. 그것에 대해서 일본거류민회가 대표로서 정오경에 나에게 경의를 표현해 왔다. 오후 나는 그 강의 원고를 작성하였다. 오후 7시 거류민회의 간사가 맞이하러 왔기 때문에 함께 밖에 나가 회장(會場)이 되는 거류민사무소에 갔

그림 19 _ 야쿠트인의 사자(死者)를 묻는 목관과 그 부장품이다.

다. 청중이 가득 찼고 스기노 영사의 소개로 나는 「연해, 흑룡 양주(兩州)에서 거주 원주민」라는 제목으로 강의를 하였다. 끝나고 군시[郡司]씨의 숙소에 돌아와 얼마 동안 담화를 하였다. 이 담화는 매우 유쾌한 문학에 관한 이야기여서 흥미로웠다. 나는 숙소에 돌아와 얼마 동안 독서하고 잠을 청하였다.

11월 13일, 오늘은 박물관 가는 것을 미루고 아침 서류들을 확인한 후 이웃 서점에 가서 평소와 같이 서가(書架)를 훑어보고 오스토로브루스키의 『러시아 연대기』나 악보 등을 샀다. 스기노(杉野) 영사, 군시[郡司] 서기생이 와서 얼마 동안 담화를 하였다. 오후는 1시 반경부터 마차를 타고 헤이룽강의 철교가 있는 곳의 석기시대의 유적을 조사하러 갔다. 이것은 내가 전에 갔던 곳인데, 오늘 또 다시 가서 조사를 하게 되었고 여러 석기와 토기 등을 채집하여 저녁에 돌아왔다. 오늘 밤도 역시 독서를 하고 깊은 밤이 되었다.

11월 14일, 오전은 평소와 같이 박물관으로 가서 일을 하였다.

오늘 사단의 부관부(副官部)로부터 내 앞으로 서류가 블라디보스톡으로부터 도착하였다는 보도를 접하고 서둘러 받았다. 내가 6월 블라디보스톡에 상륙한 이후 일본으로부터 편지를 받은 것은 이것이 처음이었다. 사람이 없을 때 편지는 본래부터 그 외 여러 아는 사람들의 편지도 6월 이후 이 때 처음 받은 것으로 실로 이상하다고 말하지 않으면 안 될 정도이다. 이 편지는 집에 사람이 없는 집에서 온 것 외에 니시무라(西村)씨의 편지 1통, 오다우찌(小田內)씨의 편지 1통, 와타야(綿屋)씨의 편지 1통, 사와(澤)씨의 편지 1통, 니이(新井) 부인의 편지 1통이었다. 오후 6시부터 영사관으로부터 초대를 받아 식사 대접을 받았다. 내가 주빈(主賓)이고 배석한 손님으로서는 군시[郡司]씨, 조선은행 사람들, 그 외 2명의 거류민단 이사(理事) 등이었다. 일본요리를 대접을 받았고 이야기를 많이 나누고 오후 11시에 숙소로 돌아왔다. 잠에 들기 전 나는 여전히 여러 가지 일을 하였다.

11월 15일, 오전은 평소와 같이 박물관을 연구하였다. 오늘은 박물관의 인골(人骨) 2개를 측정하고 그 외 스케치 등도 하였다. 오늘 외무성의 유학생 오다 히데오(太田日出雄), 그리고 니타 지로우(新田次郎) 두 사람이 나를 방문해 왔다. 오후 니콜라예프스크로부터 함께 돌아온 측량반장 다나까 다께지로우(田中竹次郎)씨와 여러 가지 이야기를 하였다. 오늘 밤 나는 숙소로 돌아와 지금까지의 조사 성과들을 정리하고 또 독서 등을 하고 잠을 청하였다.

11월 16일, 아침 일어나 보니 눈이 많이 내려 사방은 그야말로 은세계로 변해 있다. 그 양도 매우 많고 어느 정도 깊게 땅 위에 쌓이고 있다. 이와 같이 다량으로 쌓인 것은 겨울 이래 오늘 처음이고 올해 들어 큰 눈이다. 종졸 요시다씨는 짐 정리하는 데 시간을 보냈다. 나는 눈을 무릎 쓰고 박물관으로 가서 평소와 같이 진열품을 조사하였다. 오후 1시 숙소로 돌아와 여러 가지 일을 하고 오전 10시

영사관으로 가서 스기노(杉野) 영사를 방문하고 얼마 동안 이야기를 나누었다. 돌아오는 길에 도로의 풍경은 눈 때문에 크게 변하고 드디어 겨울의 시베리아가 되어 눈썰매의 종소리를 처음 들었다. 지금까지는 마차가 왕래하고 있었는데 지금은 그야말로 모습을 감추고 그 대신 말 썰매의 왕래가 되고 종을 단 말이 조용히 썰매를 끌고 눈길을 가는 것은 무엇이라고 형언할 수 없을 정도로 좋은 기분이다. 드디어 시베리아의 겨울이 왔다는 느낌을 불러일으켰다. 나는 숙소로 돌아와 침실 2층에서 눈 풍경을 바라보고 또 말 썰매가 종을 울리며 가는 것을 계속 들으면서 독서를 한 후 잠을 청하였다.

11월 17일, 평소와 같이 박물관으로 가서 조사를 하였다. 오후 1시 경 숙소로 돌아와 식사를 마쳤을 때에 스기노 영사가 방문하고 얼마 동안 대화를 나누었다. 그가 돌아간 후 나는 단독으로 시내를 산보하고 대형 공책 등을 사고 숙소로 돌아와 짐 정리 그 외의 일로 시간을 보냈다. 오늘도 시가지에 말 썰매가 많이 왕래하는 것을 보았다. 이 광경은 어제부터 시작한 것이다.

11월 18일, 아침 일어나 보니 눈이 많이 내렸다. 종줄 요시다씨는 일찍부터 와 기다리고 있었다. (종줄은 병참사령부에 숙박하고 있는 것이다) 나는 평소와 같이 눈을 무릎 쓰고 박물관으로 가서 연구에 종사하였다. 오후 돌아와서 짐을 정리한 후 3시 반경 영사관을 방문하여 차를 마시면서 여러 가지 이야기를 나눈 후 돌아왔다. 오늘 밤 도스토예프스키의 『생령(生靈)』을 읽기도 하면서 보냈다. 오늘 영사관에서 들은 바에 의하면 블라디보스톡에서 치에시크군(軍)과 러시아군과 전쟁이 시작하고 있다는 것이다. 그 다음 우수리(烏蘇里) 철도로 블라디보스톡으로 가기 위해서는 교통이 그 때문에 끊여져 있는 것은 아닌가 하는 이야기도 있었다. 오늘 시에 나간 김에 츄린의 가게에 들러 보니 금속으로 만든 톨스토이의 작은 동상이 하나 남아 있었다. 이것은 책 표지 장식으로 붙이고 있는 것이다. 나는 그것을 샀는데, 생각하니 무엇인가 일종의 슬픈 생각이 든다. 어떻든 금속제 톨스토이의 소상(小像)은 기념이 되는 것이다.

1-3 _ 로빠친씨와 만나 이야기하다

11월 19일, 아침 일어나 보니 눈이 많이 내리고 있다. 이 가루 같은 눈을 무릎 쓰고 평소와 같이 박물관에 가서 일을 하고 오후 1시 경 돌아왔다. 그 다음 영사관을 방문하여 군시[郡司] 서기생의 안내로 여기에 설립되어 있는 흑룡·연해 두 주의 지학협회에 가서 회장을 만나 여러 가지 조사에 대한 것을 듣고 또 소개장 등을 받았다. 회장의 이야기로는 로빠친이라는 사람이 이곳에 살기 때문에 이 사람을 방문하면 좋을 것이다, 이 사람은 민족지학자로서 열성적인 고리도 연구가라는 것이었다. 그래서 회장으로부터 소개장을 받아 로빠친씨를 방문하였다. 그는 여학교의 교사이지만 상당히 고리도 연구가 깊고 그 토속(土俗)에 정통한 사람이다. 듣는 바에 의하면 이 사람은 머지않아 하바로프스크의 박물관장이 될 것이라는 것이다. 그와 여러 가지 이야기를 나누었는데, 그는 고리도 및 오루치 사진을 촬영하였다고 하면서 3, 40매 정도 나에게 선물로 주었다. 또한 그가 연구한 결과인 고리도에 대한 토속, 모양, 종교와 같은 논문도 6권 정도 선물로 받았다. 요즈음 러시아에서는 전쟁의 결과 출판이 곤란하게 되고 단독저서 등은 거의 출판이 불가능하다. 그래서 저술가는 자신의 원고를 신문에 내고 그 신문판(新聞版)을 그대로 인쇄해 책으로 내는 것이기 때문에 인쇄도 더럽고 종이 등도 실로 질이 낮은 것을 사용하고 있다. 그것을 그는 자주 언역(言譯)하고 있었다. 이 사람은 아직 젊은 37, 8세 정도 인데 우선 슬라브족으로서 연해주 토속학자이다. 이 사람은 이렇게 여러 저서도 있을 정도로 매우 이야기의 범주도 넓고 여러 가지 이야기를 들려주어 매우 유익하였다. 이 사람의 이야기에 의하면 헤이룽강의 연안에서 하바로프스크로부터 약간 내려간 곳에 천연의 바위가 있으며 거기에 사람 얼굴이라든가 동물 형태 등이 조각되어 있다. 이 조각된 사람의 얼굴을 보면 문신을 한 얼굴이다. 이러한 용모 풍속 혹은 조각의 상태는 오늘날 헤이룽강 유역에 사는 원주민으로 그것을 가지고 있는 사람은 없는 것으로 생각된다. 이것은 아무리 보아도 다른 민족이 남긴 것이 아닐까. 자신은 유사 이전의 사람들이 남긴 것일 것으로 생각한다고 하며 그 사진을 주었다. 나는 조사하러 가려고 생각하였는데 볼셰비키의 위험도 있고 기후도 추워졌기 때문에 연기하였다. 그것에 유사한 것이 우수리 유역에 있다는 것도 나중에 알았다. 어떻든 그의 이야기는 매우 유익하였다. 앞으로 연해주에 있어서 전문 학자를 방문하려고 하면 이 로빠친씨를 빠뜨려서는 안 된다. 또한 폴란드 사람으로 앞서 언급한 알베르트씨도 잊어서는 안 된다고 생각한다.

또한 로빠친씨와 앞으로 일본의 학계와 통신연락에 노력하고 서로 마음과 뜻을 통하기로 약속하고 헤어진 후 군사령부 앞에 러시아 사람이 유화를 그려 팔고 있는 곳으로 가서 잠시 보았는데 그렇게 마음을 움직이는 그림도 아니었다. 그 다음 썰매를 타고 숙소로 돌아와 밤늦게까지 독서하고 잠을 청하였다. 나는 지금까지 그렇게 주의하지 않았는데 오늘부터 어떠한 이유인가 심장의 파동이 매우 심하다는 것을 느꼈다. 이것은 그야말로 기후 때문일까. 어떻든 심장의 파동이 매우 심하다는 것을 오늘부터 느끼기 시작하였다.

11월 20일, 어제부터 계속해서 침대에 누워있어도 심장의 파동이 심하다. 이것은 어떠한 이유에서일까. 오늘은 아침부터 눈이 내리고 땅위가 하얗게 그야말로 은세계를 연출하고 있다. 이렇게 시베리아의 겨울이 길게 계속 될 것인가. 그렇지만 나는 언제나 과업으로서 박물관을 왔다 갔다 하며 여러 진열품을 촬영 등을 하였다. 오후 1시 경 숙소로 돌아오니 요시다 종졸이 기다리면서 또 짐 정리를 하였다. 그 짐에는 토속품 채집이 매우 많고 예를 들면 고리도 사람이나 길랴크 사람들의 토속품과 같은 것으로 많은 것을 상자에 담지 않으면 안 되기 때문에 요시다 종졸은 매우 바쁘게 많은 수고를 해 주었다. 오후 3시 경 외출하여 또 이웃에 있는 서점에 가서 러시아의 상대(狀袋), 종이 끼워 넣기, 그리고 러시아의 역사 등을 샀다. 오늘 밤 침상에서 도스토예프스키의 『생령』을 계속 읽었다.

11월 21일 오늘도 박물관에 가서 일을 하고 평소와 같이 오후 1시경에 숙소로 돌아왔다. 우선 오늘로서 박물관 일은 정리하였다. 나는 니콜라예프스크에 가기 이전과 니콜라예프스크에서 돌아와 오늘까지 이곳 박물관 조사에 상당히 많은 시간을 보냈지만 내가 이와 같이 박물관에 출입한 것은 무슨 목적이었는가 하면 이곳 박물관에는 인류학, 고고학, 고대사 등에 관한 소장품이 상당히 많이 있음에도 불구하고 지금까지 한 편의 보고서 등이나 논문의 형태로 발표된 것은 없다. 이것은 매우 유감스런 점이다. 그래서 나는 어떻게 해서든 이러한 보고서나 논문에 없는 재료를 자신의 노트에 가능하면 베껴 두고 싶다는 욕망에서 이와 같이 날마다 박물관을 출입한 것이다. 다행히도 나의 희망이 헛되지 않고 이곳에 있는 목표하는 유물은 모두 노트에 수록하였다. 이것은 매우 귀중한 노트로 아마도 흑룡·연해 양주에 있어서 이 분야의 좋은 재료일 것으로 생각한다. 이것을 하나로 정리하여 엄밀하게 조사했더라면 흥미로운 결론을 얻을 것이라고 생각한다. 조선에 돌아가 조금씩 이 일을 할 생각이다.

오늘 밤 군시 서기생을 방문하여 얼마 동안 이야기를 나누었다. 그는 부라고뷔센스키에 살았던 적이 있으며 헤이룽강에 관한 책을 많이 모으고 있는데 그 가운데에서 중국의 헤이허현(黑河縣)에서 발간된 『헤이허 정무사(黑河政務史)』 및 지도를 빌렸다. 이것은 한문으로 되어 있는 책으로 즉 헤이허에 관한 현지(縣志)이다.

이 책에는 여러 가지 것들이 부가적으로 서술되어 있지만 다소 참고가 되는 것이다. 중국 측의 보고로서는 드문 것으로 아마도 일본인들은 가지고 있지 않을 것으로 생각한다. 그다음 로빠친씨로부터 사진건판이 보내져 왔고 그것을 받았다. 또한 오늘은 오후 3시경 이전의 서점에 가서 러시아 문화사 3권 정도 샀다.

 11월 22일, 박물관에 가는 일은 정리되었기 때문에 오늘부터는 박물관에 가지 않는다. 오전 10시경 이웃 서점에 가서 러시아의 유명한 카라무진씨가 저술한 『러시아 제국사』 6권을 샀다. 이 책은 매우 흥미로운 책으로 주석을 붙이고 있다. 대개 카라무진이라고 하는 사람은 일본에서 말하자면 라이산요우(賴山陽 : 1780~1832. 일본 에도시대의 시인, 역사가 ─ 역자 주)와 같은 사람으로 문장이 매우 뛰어나고 로마노프가(家)를 위해 역사를 서술한 것과 같은 사람이다. 러시아역사로서 오늘의 역사에서 보면 다소 비평의 여지가 있지만 문장이 뛰어나고 서술방식이 일정한 점은 라이산요우 혹은 아라이 하쿠세끼(新井白石 : 1657~1725. 에도시대의 주자학자 ─ 역자 주)와 같은 사람으로 오히려 도꾸가와(德川)씨를 위해서 진력한 아라이 하쿠세끼와 같은 사람이었다. 가격은 일본 돈으로 35엔이었지만 어떻든 샀다. 이와 같은 책은 보이는 즉시 사 모았던 것이다.

 내가 하바로프스크에서 조사한 일은 정리하였지만 그 외 여러 가지 세상의 일이 많아지게 되었다. 후일 이 지역을 출발하는데 지금까지 신세를 졌던 군사령부를 비롯하여 영사관 그 외 특별 임무를 가진 사람 등에게도 인사를 하였다. 돌아가려고 하니 짐정리로 틈이 없다. 오후 1시경 로빠친씨가 방문하여 얼마 동안 이야기를 나눈 후 오래간만에 이발하러 갔다. 나는 지금까지 바빴기 때문에 거의 이발할 시간이 없었다. 벌써 이곳에서 일을 할 시간도 하루를 남기고 있을 뿐이었다.

 11월 23일, 내일 출발하기 때문에 오늘은 아침 일찍 일어나 짐

정리를 하였다. 나는 작은 짐을 정리하고 큰 짐은 요시다 종졸이 정리해 주었다. 오전 10시경 숙소를 나와 스기노 영사를 방문하여 잠시 이야기를 나눈 후 박물관 조사를 할 때 여러 가지 신세를 진 박물관 관리자 베네지꾸또씨를 나의 숙소로 초대하여 지금까지 베풀어준 호의에 대하여 감사의 뜻을 표하고 스기노 영사와 함께 점심식사를 하였다. 오늘은 이와 같은 일로 매우 바빴다. 날씨는 화창하였지만 아침부터 매우 추웠고 헤이룽강과 같은 곳은 물이 얼었고 이러한 추위는 처음 경험한 것이다. 저녁 군시씨와 식사를 함께하고 여러 가지 이야기를 나눈 후 헤어졌고 나는 독서를 하면서 잠을 청하였다.

11월 24일, 오늘은 블라디보스톡에서 오기로 되어 있던 우수리선의 기차가 도착하지 않는다. 이것은 무엇인가 그쪽에 고장이 있었다고 생각된다. 그 때문에 오늘도 하바로프스크에 머물게 되었다. 용무는 이미 끝났기 때문에 한가롭게 있어야 했다. 그래서 또 오전 중에는 이웃에 있는 서점에 가서 여러 가지 책을 샀다. 이것은 하나하나 여기에서 말할 필요는 없지만 그 가운데 쁘시킨의 유명한 『뽀리스고도노프』의 각본에 대하여 역사가, 예술가, 연극배우 등 여러 방면에서 비평을 한 책이 있으며 그다음 『표트르 대제』, 아이들이 즐거워할 것 같은 밤에 들려주는 이야기, 『톨스토이전』, 『고르키전』 그다음 로맨스의 시각에서 저술한 러시아의 역사, 러시아의 지지(地誌)와 같은 종류의 책이 눈에 띄어 샀다. 내가 지금까지 서점에 지불한 돈은 대단한 것이다. 이것은 어떻든 융통해 주는 사람이 있었기 때문에 이점에 대해서는 그 사람에게 크게 감사하지 않으면 안 된다. 시베리아는 최근 내란상태에 빠져있으며 러시아의 본국도 이미 그 상태이기 때문에 오늘 출판 등은 러시아 본부에서 가능할 전망은 없다. 러시아의 출판 사업은 대개 중앙집권적인 것으로 우선 페테르그라드, 모스크바 등의 출판이 많고 그 외는 거의 없다고 해도 좋다. 본국 러시아가 이러한 시기이기 때문에 러시아에서 훌륭한 책이 출판되리라는 것은 가까운 장래에는 도저히 기대할 수 없다. 그 의미에서 내가 고심하여 책을 모은 것은 앞으로 이익이 있을 것으로 생각한다. 또 내 개인으로서는 처음에 서술한 바와 같이 시베리아에 온 목적 가운데 책을 모은다고 하는 것이 하나의 조건으로 되어 있었기 때문이다. 특히 지금까지 러시아의 책은 부르죠아 계급을 위하여 저술된 책이기 때문에 매우 훌륭한 것이 많다. 이러한 책이 전쟁 중에 혹은 없어져 버릴 우려가 있는 것은 실로 안타까운 일이다. 이러한 이유에서 나는 가능하면 책을 수집한 것인데 지금까지 서술한 바와 같이 어떻든 상당히 많은 책을 소유하게 된 것은 나로서는 하나의 일을 해낸 것처럼 생각된다.

야간은 숙소 주인 다께우찌씨를 방문하였다. 그는 부부와 함께 오랫동안 하바로프스크에 살고 있으며 하바로프스크에서는 사정이 가장 밝은 사람이다. 시베리아 전쟁 이전은 다께우찌씨의 세력은 하바로프스크에서 대단했던 것으로 한 번 이곳에 온 사람은 그 사람을 모르는 사람이 없을 정도이다. 이와 같은 일로 그날도 기차가 오는 것을 기다리고 있었는데 결국 오지 않는다. 오후 5시 다께우찌씨와 함께 군시씨의 안내로 활동사진을 보러갔다. 그 활동사진은 제다(齊多)에 있을 때 본 활동사진과 같은 것을 하고 있었다. 할 수 없이 보고 있었는데 10시경 숙소로 돌아와 오늘 구입한 책을 정리하고 그 가운데 어느 것을 보기도 하다가 잠이 들었다.

11월 25일, 기차는 언제 올 것인가 몰라서 할 일이 없고 해서 오전은 또 이웃에 있는 서점에 가서 레루만도프가 하얼빈에서 출판한 『몽고사전(蒙古史傳)』이나 고르키의 『돈저(底)』 등을 사고 점심식사 후 오전에 샀던 레루만도프의 책을 읽고 있으니 병참사령부에서 전화가 와서 기차가 오전 12시에 도착하여 오후 1시에 출발한다고 하는 연락을 접했기 때문에 바로 타야 한다는 것이었다. 그래서 서둘러 짐을 정리하고 종졸 요시다씨와 함께 정차장에 가서 얼마동안 병참사령관과 이야기를 나눈 후 기차에 탔다. 기차는 1시에 출발한다는 것이었는데 최근 시베리아에서 흔히 있는 일로 역시 정각에는 출발하지 않고 오후 4시가 되어 출발하였다. 이렇게 두 번이나 길게 체재한 하바로프스크에서 여유로운 시간을 보내고 우수리선을 따라 블라디보스톡으로 향하게 되었다.

12

인류학자와 일본의 식민지 통치

1. 하바로프스크에서 블라디보스톡으로

1-1 _ 우수리 철도

하바로프스크를 출발한 기차는 우수리강 유역 남쪽을 향해 이동하였다. 만월의 은세계, 들판이 나타났다가 산도 나타났다가 모두 흰 구름에 가려져 그야말로 황량하고 추운 시베리아의 겨울풍경이다. 기차가 눈길을 돌파하여 11월 25일 오후 7시 넘어서 블라디오스까야역에 도착하였고 오늘밤은 이곳에 정차하게 되었다. 그다음 블라디보스톡까지는 그렇게 시간이 걸리지 않는 것인데 최근 우수리선의 연도에는 과격파가 출몰하여 밤이 되면 철도의 레일을 뽑기도 하고 다리를 불태워 끊기도 하고 혹은 지뢰화(地雷火)로 기차를 전복하려고 하는 시도가 종종 있기 때문에 밤에는 기차를 움직이지 않는 것으로 되어 있다.

11월 26일 오전 6시 기차는 블라디오스까야를 출발하여 오후 5시 이만역에 도착하였다. 오늘밤도 어젯밤과 마찬가지로 기차는 이곳에 정차하여 내일 아침을 기다리는 것이다. 창에서 바라보니 주위는 한 폭의 눈 풍경으로 추위가 대단하다. 그렇지만 전차 안에는 스팀을 틀어 따뜻하다.

11월 27일 오전 6시, 이만역을 발차하여 오후 8시 28분 스빠스까야역에 도착하였다. 오늘밤도 역시 이곳에 정차하여 밤을 새웠다. 이만역에서 울라탄 목재회사의 사원이 있었다. 그는 일본 사람이었는데 그 다음날 서로 이야기를 나누기까지는 몰랐다. 계속해서 또한 회사원 모씨가 승차하였다.

11월 28일 오전 7시, 스빠스까야역을 출발하였다. 기차가 나아감에 따라 연도의 쌓인 눈은 전과 달리 얕게 되고 기후도 점점 따뜻해졌다. 그리고 기차 안이 매우 더워졌다. 이것으로 얼마나 기후가 하바로프스크 부근과 블라디보스톡 부근이 다른가를 알 수가 있다. 오후 9시경 블라디보스톡에 도착하였다. 이미 병참사령부에서 보병대위 고노(小野木仙吉)군이 맞이하러 나왔고 이전에 머물던 센트럴 호텔에 숙박하게 되었다.

1-2 _ 블라디보스톡에서의 여러 가지 일

11월 29일, 오래 간만에 블라디보스톡의 시가지를 산보하였는데, 이전 치에시크군과 러시아군 사이에 전쟁이 있었지만 거의 그 흔적은 없고 시가지의 모습은 그렇게 변하지 않았다. 그렇지만 외출은 위험하다고 하는 군사령부의 전달도 있고 인심이 무엇인가 평온하지 않다는 기미가 있다. 나는 벌써 블라디보스톡의 일은 마친 후이기 때문에 서점에라도 둘러볼 생각으로 시켄위시치에 가서 책을 둘러보았다. 이곳의 서점은 러시아의 고전적인 것을 팔고 있었는데 지금은 그야말로 간단한 인쇄로 노동문제라든가 사회문제와 같은 얇은 분량의 책을 팔게 되었고 전에 있었던 고전적인 책은 하나도 없다. 이것으로 보아도 블라디보스톡의 인심이 내가 처음 와 있었을 때보다 얼마나 변하고 있는가 하는 것을 알 수 있다. 또 오래 간만에 일본에서 말하자면 미츠꼬시(三越)인가 시라끼야(白木

屋)와 같은 풍의 츄린 상회, 알베르트 상회 등에 가 보았는데 그곳에서 팔고 있는 물건들은 러시아의 것은 거의 없고 미국 혹은 일본의 물건에 지나지 않는다. 츄린에 러시아의 조각 등 남은 물건이 있었기 때문에 귀국 선물이라도 할까 생각하여 조금 샀다.

이어서 군사령부를 방문하여 참모장이나 다까야나기(高柳) 소장 등과 만나 오래 간만에 이야기를 나누었다. 그 다음 오오이(大井) 사령관 및 마츠히라(松平渡邊) 등 외교관 여러 사람을 방문하려 하였는데 자리에 없어 만나지 못하였다. 또 시가지를 산보하고 숙소로 돌아와 밤에 조사 등을 하고 잠에 들었다.

11월 30일, 오전 중에는 독서하고 오후 1시부터 병참부 등에 인사를 하러 다니고 그 후 시가지 이곳저곳을 산보한 후 숙소로 돌아와 노트 정리라든가 독서 등을 하였다.

12월 1일, 오전 10시경부터 또 서점에 가서 책을 둘러보았다. 블라디보스톡의 서점은 지금의 시켄위시치라는 서점 외에 유태인이 운영하고 있는 서점이 한 곳과 또 한 곳의 서점이 있다. 이것은 동양학원(東洋學院) 옆에 있는 서점으로 지금은 경영자가 없고 중국인이 그것을 인수하여 운영하고 있는 것 같다. 유태인 서점은 러시아의 처(妻)였던 사람이 지금은 미망인이 되어 딸과 둘이서 경영하고 있는 것인데 책 가격이 매우 비싸다. 이곳에서 블라디보스톡에 관한 책 등을 팔았다. 그 다음 시켄위시치 서점에 가서 유화 등을 사고 또 중국인이 운영하고 있는 서점에도 가보았는데 중국인 주인은 매우 빈틈이 없고 서점 안에 있는 책은 누구든 자유롭게 보라는 각별한 태도이다. 그에 반해 시켄위시치 서점은 매우 위세를 보이려고 하지 않는다. 그러나 중국인은 이와 같이 빈틈이 없고 안에 있는 책까지 모두 보여 주었다. 이곳에 있는 책은 대체로 가격이 비쌌지만 그 중 러시아 문장으로 된 지리서라든가 표트르 대제(大帝)의 유물도보(遺物圖譜)라든가 하는 것을 사고 그 외 눈에 띄는 책 여러 권을 샀다. 랑케의 『불일자전(佛日字典)』은 이 서점에 있었기 때문에 600루블을 주고 샀다. 이 책은 일본에서는 품절이 되어 있는데 이곳에 나와 있었던 것은 진기한 일이다. 이 책에는 가타가나로 도장을 날인하고 있는, 그것은 스텔리고프라는 날인이었다.

오후 5시 다까야나기 소장을 방문하고 소장과 이르쿠츠크에서 헤어진 이후의 경과를 이야기하고 이번 조사에서 소장의 호의에 신세진 바가 적지 않음을 감사하였다. 그야말로 이번 조사에서는 소장은 처음부터 상당한 호의를 가지고 편의를 제공해 주었고 가는 곳마다 군사령부 및 주둔 군대로부터 편의를 제공받았기 때문에 종종 위험한 곳까지도 깊이 들어가면서 무사히 조사를 마칠 수 있었다. 이 점에서 나는 소장 및 일본 출정군과 종졸 여러 사람에게 여기에서 감사의 뜻을 표시해 둔다. 소장도 역시 내가 이번 조사에 있어서 위로와 상찬(賞讚)의 말을 아끼지 않았다. 오늘 밤 오오이 대장 각하의 초대를 받아 만찬의 향응에 참여하고 자리에서 조사 경과에 대해 여러 가지 이야기를 나누고 서로 같은 테이블에서 유쾌하게 밤을 지새웠다.

12월 2일, 오늘도 중국인의 서점에 가서 연해·흑룡 두 주에 관한 여러 잡지라든가 소(小)러시아의 도보(圖譜) 등을 샀다. 오후 군사령부를 방문하고 다까야나기 소장과 이야기를 나눈 후 또 중국인 서점에 가서 여러 책을 샀다. 오후 5시부터 가시라모토(頭本) 대의사(代議士)의 초대를 받아 다까야나기 소장 및 이나가끼(稻垣) 참모장도 함께 참석하여 네 사람이 유쾌하게 교분을 나누었다.

12월 3일, 오늘도 군사령부를 방문한 후 시내의 서점이나 츄린이나 알베르트 상회(商會) 등을 둘러보고 오후 2시경 오래 간만에 아루세네프씨를 방문하여 그의 소개로 하바로프스크에서 많은 편의를 얻은 것에 대해 감사의 뜻을 전한 후 또 서점에 가서 프랑스어로 된 나폴레옹 황제시대에 출간된 테아씨의 『프랑스역사』 7권을 샀다. 이것은 오늘날 보면 진본(珍本)이라고 말하지 않을 수 없다. 그 가운데 삽화가 있어 흥미로운 책으로 가격은 2,500루블이다. 이 책은 프랑스혁명에서부터 나폴레옹 3세까지를 서술한 것이다. 지금까지 러시아로 된 책들을 수집하고 있던 차에 프랑스어로 된 책을 얻게 된 것은 무엇인가 흥미로운 느낌이 들었다. 그것도 이 책은 프랑스가 공화정치가 되기 이전에 나온 책으로 아무리 보아도 제정시대 — 나폴레옹 3세 시대의 출판과 같은 느낌이 들었다.

오늘 밤 또 아루세네프씨를 방문하여 여러 가지 조사에 대해 질문을 하고 또 그로부터 그에 대한 감상을 듣기도 하였다. 숙소로 돌아온 후 늦게까지 여러 가지 일을 하였다.

1-3 _ 아루세네프씨와 이야기를 나누다

이번 블라디보스톡에서의 나의 체재는 우선 이와 같은 일로 지금까지의 관계자들과의 왕래와 책을 사는 일이라든가 아루세네프씨와의 왕래와 같은 일이 매우 많다. 아루세네프씨는 지금 어느 정도 곤란에 처해 있는 듯 했고 자신은 얼마 안 있어 캄차카주(勘察加州)로 가보고 싶다고 한다. 이와 같은 학자가 오늘날 헛되이 시간을 보내고 거의 요령을 얻지 않고 있는 것 같은 것은 안 된 일이다. 그의 이야기에 의하면 '캄차카주에 사는 캄차다루 원주민은 이전과 지금과는 어느 정도 다르다. 오늘날의 캄차다루족은 거의 러시아 사람과 잡종이 되어 있다. 그들이 인종학으로 보아 어떠한 체질을 가지고 있는가 하는 것은 지금 거의 알 도리가 없다. 그래서 자신은 그들의 두골을 모아 뼈라는 관점에서 캄차다루족을 서술하려고 생각하고 있다. 이 재료가 모으고 그것으로 서술된 논문을 하바로프스크의 연해 · 흑룡 두 주의 학회에 제출하고 그것을 이번 도서관에서 맡고 있는데 언제 출판될 것인가 모른다. 러시아의 재계(財界)가 이렇게 된 이상 학술은 가능하지 않기 때문에 어떻든 방법이 없다.

그림 20 _ 앞 그림의 순록과는 반대 면에
조각된 것으로 호랑이를 나타내고 있다.

이러한 식의 지리라든가 역사라든가에 관한 논문이 4, 5종 나와 있는데, 그것을 출판할 비용이 없기 때문에 실로 곤란해 하고 있다고 하였다.' 이러한 것을 보아도 러시아의 학자가 오늘날 얼마나 곤란에 처해 있는가를 알 수 있다.

아루세네프씨는 또한 친절하게 여러 가지 것을 돌보아 주었고 헤이룽강 하류의 치류 유적에 대해서도 1850년대에 러시아 사람이 처음 헤이룽강의 중류 이하에 도착하여 치류를 방문하였을 때의 기사가 당시의 보고서에 실려 있는데 이것은 거의 입수할 수 없는 것이다. 그래서 아루세네프씨가 블라디보스톡의 도서관에 당시의 보고서가 있기 때문에 그것을 복사해 주겠다고 하였다. 타이프라이터(typewriter)를 통해 나에게 선물로 주어 일부분을 입수하게 되었다. 이것은 당시 사료로서 매우 귀중한 것이다. 그 다음 또 우수리 유역에서 이전 로빠친씨가 이야기한 것과 같은, 자연의 암석에 사람의 얼굴이나 혹은 동물의 형상을 조각한 것이 한 곳 있다. 이것도 연해주의 지학협회 보고서에 실려 있다고 하면서 그 책도 빌려 주고 또 삽화의 사진도 촬영해 주고 또 본문도 타이프라이터해 주었다. 이러한 식으로 자연의 암석에 인물 및 동물을 조각하고 있는 것은 매우 흥미로운 것으로 이것은 우수리에 있는 것도 헤이룽강반에 있는 것도 같은 것이다. 아무리 보아도 석기시대의 사람들이 남긴 것으로 생각된다. 이것을 일본 석기시대의 토우와 비교하면 그 용모에 있어서 다소 닮아 있는 점도 있다. 이러한 것 등도 앞으로 연구할 만한 가치가 있는 것으로 생각된다. 또 아루세네프씨로부터 연구상 여러 가지 주의를 받은 점에 감사한다.

내가 블라디보스톡에서 할 일은 우선 오늘로 대체로 끝났지만 지금부터 유명한 니꼴리스크를 방문하고자 한다. 내일 이곳을 출발하여 니꼴리스크에 도착할 생각인데 그 곳에는 현재 고대 역사시대의 토성도 남아 있기도 하고 또 그 시대의 유물도 존재하고 또 그보다도 훨씬 이전의 유사 이전의 유물도 존재하고 있다. 어떻든 이 니꼴리스크와 블라디보스톡 부근에 있어서 고고학 및 고대사의 연구는 우리들이 등한시 할 수 없는 바이다. 이것은 모두 내일 출발하여 조사할 생각이다.

13

인류학자와 일본의 식민지 통치

1. 니꼴리스크시(니꼴리스크 우수리) 탐험

1-1 _ 군단 중심의 시가지

12월 4일, 아침 9시 특별열차를 타고 블라디보스톡을 출발하여 니꼴리스크로 향하였다. 이 날은 날씨가 맑게 개고 기차가 나아감에 따라 길가의 경치가 손에 잡힐 정도로 보이고 매우 유쾌하였다. 얼마 동안 해안을 따라 나아갔는데 확 변하여 육지로 향하고 점점 니꼴리스크에 가까워짐에 따라 큰 평야가 펼쳐지고 대륙적 경치가 된다. 오후 2시경 니꼴리스크에 도착하였다. 얼마 동안 니꼴리스크의 병참출장소에서 휴식하고 있으니 얼마 안 있어 우리 여단의 병참지부장과 여단(旅團) 부관 등이 자동차로 맞이하러 와 주었다. 그래서 종졸인 요시다씨와 함께 승차하여 니꼴리스크시로 들어갔다. 니꼴리스크의 시가지와 정차장 사이는 어느 정도 떨어져 있었고 그 사이에는 한 채의 인가도 없다. 니꼴리스크의 위치는 쑤이훤허(綏芬河 : 중국 헤이룽장성〈헤이룽강성〉에 있는 도시 – 역자 주)의 연안에 있는 하나의 분지(盆地)이다. 이곳은 실로 진기한 지형으로 주위에 산이 솟아 있고 그 사이에 일대의 평야가 펼쳐져 있고 그곳에

13장 **325**

쑤이훤 강이 흐르고 있으며 한 편 구릉 입구에서 쑤이훤강은 흘러서 바다로 들어가고 있는 것이다. 이전의 쑤이훤강은 커다란 강이었지만 지금은 물이 적어지고 어느 정도 좁아졌다. 이 지형으로 보아도 이전부터 요해(要害)의 지역으로서 주목을 받고 있었던 것을 알 수 있는 것이다. 현재 오늘날의 니꼴리스크과 같은 것도 그야말로 군대로 인하여 발달한 마을로서 이 점에서는 오논강 유역의 다우리야와 같은 의미를 가지고 있는 것이다. 러시아의 생각으로는 이 니꼴리스크에 대군단을 두고 동방경략의 한 병참 지원을 위한 후방기지로 삼아 하루아침 일이 일어나면 바로 이곳에서 군대를 계속 보내 일의 완급에 대응하려고 하는 깊고 먼 생각이 있었던 곳이다. 니꼴리스크의 위치는 한 편 남쪽으로 블라디보스톡의 군항을 끼고 한 편 동북으로는 우수리의 유역을 통하는 하바로프스크의 요로에 해당하고 다시 서쪽은 동지나(東支那)철도로 하얼빈과 연락됨과 동시에 길림, 영고탑(寧古塔)에도 갈 수 있고 또 남쪽으로는 포세츠도만을 통하여 조선의 경계지역에도 접하고 있다. 매우 중요한 장소이다. 그러한 이유 때문에 이곳에 대군단을 두고 있으면 어느 때라도 기회를 보아 조선에도 만주에도 또 헤이룽강에도 블라디보스톡 쪽으로도 바로 나아가 제압할 수 있다. 러시아의 생각으로는 동부 시베리아에서 다우리야를 서쪽의 병참 지원을 위한 후방기지로 삼고 헤이룽강 상류로부터 몽골 및 북만주의 일부에 대비하고 그 다음 니꼴리스크를 동쪽의 병참 지원을 위한 후방기지로 삼고 우수리 유역으로부터 조선, 만주 방면에 대비하고 동서(東西)가 서로 짝을 이루어 동방경략의 기회를 잡으려 하고 있었다고 생각된다. 이와 같은 관계이므로 니꼴리스크에는 큰 병영의 건물이 있으며 또 사관(士官)의 마을이나 어용상인이라는 마을도 생긴 것이다.

    니꼴리스크 시가지가 생긴 것은 최근의 일이고 또 일명 니꼴리스크 우수리라고 한다. 전에 서술한 바와 같이 이곳은 그야말로 군대 때문에 생긴 것인데 이 마을이 이와 같이 훌륭하게 된 것은 러일 전쟁 후라고 말해도 좋다. 지금 일본의 병대(兵隊)가 들어와 있는 곳은 제1차 세계대전이 일어나기까지 러시아 군대가 주둔하고 있었던 병영이었는데 그 전쟁으로 그 병대(兵隊)가 모두 유럽 전선으로 파견되고 말았기 때문에 텅 비게 된 곳으로 일본이 출병하여 대신 들어와 있는 것이다. 그래서 당시부터 니꼴리스크에 오래 살고 있는 중국인의 청부사(請負師)나 나이가 든 목수 등이 나에게 이야기하는 바에 의하면 '옛날과 지금의 니꼴리스크는 실로 꿈과 같은 변화로 러일전쟁 전후 이곳에 병영이 생기고 또 정차장 부근에 집이 생긴 것도 모두 일본을 막기 위한 것으로 일반적으로 이야기되고 있었다. 그러나 지금은 막을 러시아 병사가 없어지게 되고 적으로 보였던 일본병사가 공공연하게 들어와 있는 것이다. 이것을 생각하면 실로 지금과 이전의 느낌 때문에 견디기 힘들다. 오래 살다 보면 재미있는 것을 볼 수 있는 것이라고' 말하고 있다.

　니꼴리스크 마을은 여러 설비를 갖추고 발달하려고 하던 차에 이번 제1차 세계대전이 일어나게 되고 이 마을의 큰 단골손님이었던 군대가 모두 사라졌기 때문에 오늘날 마을의 번영은 어느 정도 쇠퇴하고 있는 것 같다. 내가 도착하였을 때는 시가지에 물자가 거의 없고 러시아 요리와 같은 것도 고기나 그 외 식료품이 부족한 관계로 겨우 야채만으로 요리를 하고 있는 것과 같은 모습이다. 시민들도 상업이 가능하지 않기 때문에 집 재산을 팔아 생활하고 있는 사람도 상당히 많다.

　니꼴리스크 마을은 지금 말한 바와 같은 상태인데 이곳에 러시아 사람의 마을이 없었던 이전은 어떠하였는가 하면 당시는 조선인의 촌락이 조금 있었고 거기에 중국인도 조금 있었던 한적한 곳이었다. 이곳에 오래 전부터 이주해 와 살고 있는 산동성 출신의 제유흠(際維欽)이라는 중국인이 있다. 그 사람은 니꼴리스크의 거주자로서 가장 고령자이고 또 가장 오래 동안 살고 있는 사람으로 정확하게 89세로 잡화점을 경영하고 그 외 사업 등도 하고 있다. 이 사람이 니꼴리스크에 관해 오래된 이야기를 알고 있기 때문에 러시아 사람들이 들어오기 이전의 상태는 이 사람에게 물으면 가장 잘 알 수 있다. 그 사람에 의하면 지금부터 47년 전, 그러니까 광서(光緒) 8년(1882년 – 역자 주) 그가 태어난 산동성을 나와 만주로 들어와 길림을 지나 이곳에 도착한 것이다. 그는 농가에서 태어나 농업을 목적으로 왔기 때문에 이곳에 도착하였을 때에는 쑤이훤 강의 동쪽에 러시아 사람들의 집 2,3채가 있을 뿐이었고 이들은 모두 수렵을 목적으로 한 수렵업자이다. 그리고 오늘날 니꼴리스크 정차장의 동쪽에는 조선인이 이미 거주하고 있었다. 그 다음 4년째 되는 광서 11년(1885년 – 역자 주)에 중국인 부부 등이 20명 정도 도착하였다. 그 후 점점 모이게 되었는데 지금으로부터 32년 전에 러시아 사람과 중국인 두 사람이 공동으로 오늘날은 열리지 않는 3층 건물의 연극장소를 만들었다. 그 중국인은 그였고 다른 한 사람 러시아인은 카헤프스로크라는 남자였다. 그는 지금도 이곳에 살고 있다. 이와 같은 사정으로 실로 적막한 한 농촌이었다. 러시아 사람은 전에 이곳을 니우유리스키라고 부르고 있었다. 이 이름을 붙인 것이 어느 때 누구였는가는 모르지만 후에 고쳐 오늘날의 지명인 니꼴리스크로 부르게 되었던 것이다.

　　이들의 이야기를 보아도 청나라 광서(光緒) 8년 즉 지금으로부터 47년 전의 니꼴리스크의 상태는 이와 같이 그지없이 황폐한 곳이었던 것으로 보인다. 그러나 중국인은 이 지역을 오래 전부터 쌍성자(雙城子)라는 이름으로 부르고 있었다. 쌍성자라는 것은 어떠한 것인가 하면 성(城) 두 개가 서로 나란히 있다는 의미이다. 그것은 어느 시기의 것인지 모르지만 그 쑤이훤강 주변에 동서로 서로 마주 보고 있는 두 개의 토성의 유적이 있다. 동쪽에 있는 것을 남성(南城)이라고 부르고 서쪽에 있는 것을 서성(西城)이라고 부르고 있다. 쑤이훤강은 정확하게 이 서성과 남성을 따라 흐르고 있는 셈이다. 오늘의 니꼴리스크라는 마을은 이 남성 쪽에 존재하고 있는 것이다. 남성도 서성도 모두 주위는 토루(土壘)로 둘러싸여 있는 것으로 이른 바 토성이다. 이 토성 두 개가 시로 마주하여 있기 때문에 중국인은 오래 전부터 이곳을 쌍성자로 부르고 있었던 것이다.

이 두개의 토성 주위에는 당시 사람이 많이 살고 있었기 때문에 관청의 흔적, 사원의 흔적 등이 존재하고 있다. 그리고 이들 흔적에는 석비(石碑)의 대석(臺石)이 남아 있다든가 불상이 세워져 있다든가 혹은 건물의 유물인 기와 파편이라든가 쪼개진 벽돌 등이 여기 저기 널려져 있다. 그래서 이 두 개의 토성 및 토성 안과 그 주위에 존재하고 있는 유적 유물에 대해서는 블라디보스톡의 동양학원의 고고학자 부쉬에씨가 흑룡주학회(黑龍州學會)의 보고서에 구체적으로 서술하고 있다. 부쉬에씨는 어느 정도 이전부터 그것을 연구하고 있었던 것이다. 그리고 이곳에 있는 비문의 대석이라든가 돌로 만든 사람의 형상, 짐승 형상의 석물이라든가 하는 것은 블라디보스톡 박물관, 혹은 하바로프스크 박물관으로 가지고 가고 또 성 안에 여기저기 흩어져 있던 벽돌이나 기와 등 혹은 흙 가운데에서 발굴된 것 등은 이것도 대개 블라디보스톡 및 하바로프스크 박물관으로 가지고 간 것이다. 이 니꼴리스크에도 역시 진열소가 있으며 이러한 채집품을 보존하고 있는 것이다. 그래서 나는 앞으로 이 토성을 조사할 생각이다.

1-2 _ 토성 조사

잠깐 휴식을 취하고 토성 조사로 들어갔다. 이 조사에서는 우선 가까운 남성부터 시작하였다. 이 남성은 오늘날 니꼴리스크 마을에 반 정도 걸쳐 있다. 그 가운데는 벌써 개간되어 여러 건물들이 세워져 있고 이전의 모습은 어느 정도 흐려지고 있다. 그렇지만 아직 여기저기에 토성 벽의 잔존물들이 존재하고 있고 또 당시 사용한 돌 맷돌이라든가 비문의 바닥을 받치고 있는 돌이라든가 하는 것도 남아 있다. 또 이곳에서 송, 금나라 시기의 옛 돈을 발굴하는 경우도 있다고 한다. 혹은 개원통보(開元通寶) 등도 이곳에서 나오는 경우도 있다. 어떻든 이 남성은 비교적 손길이 닿아 이전의 모습을 어느 정도 잃어가고 있다. 오늘은 우선 남성만을 조사하고 니꼴리스크에 숙박하기로 하였다.

12월 5일, 나는 오노(大野) 대위 및 사에끼(佐伯)씨 등과 함께 자동차를 타고 히요토루씨를 방문하였다. 그는 니꼴리스크 부근의 고고학의 것에 대해서는 어느 정도 조사하고 있는 사람으로 내가 앞서 하바로프스크에 체재 중 흑룡·연해 2개 주의 지학협회 회장을 만났을 때에 만약 니꼴리스크 부근을 조사하려면 우선 히요토루씨에게 물어보는 것이 잘 알 것이라는 회장의 이야기가 있었기 때문에 회장으로부터 그에 대한 소개장을 받아 놓았던 것이다. 그래서 그가 어디에 있는가 알아보니 니꼴리스크의 여학교에 있다는 것을 알았다. 즉 그는 여학교의 교사가 되어 있는 것이다. 그래서 학교로 전화를 걸어 방문하고 싶다는 뜻을 전하니 오히려 그가 이쪽으로 오겠다는 답변이 있었기 때문에 기다리고 있으니 얼마가 지나 왔다. 그래서 그와 함께 자동차를 타고 우선 어제 본 남성을 조사하고 또 남성의 코스 등을 조사한 후 서성으로 가서 조사하였다.

이 서성은 안에 인가도 어느 것도 없는 그야말로 황폐하기 그지없는 곳이다. 그렇지만 학술상 연구로서는 이 서성이 매우 좋다. 서성의 주위는 토벽으로 둘러싸여 있고 문의 흔적 등도 남아 있다. 그리고 성 가운데는 풀이 무성하게 자라고 있는데 그것을 헤쳐 보니 당시 집의 지붕 기와 등이 겹겹이 쌓여 있다. 그것을 파 깨어보니 통기와라든가 혹은 그 외 기와 등이 나오고 있다. 거기에는 귀와(鬼

瓦)도 있는가하면 또 식물의 모양 등도 나타나 있는 것이 있다. 그 다음 당시 사용한 토기 파편이나 철기 단편 등도 나오고 있다. 이곳에는 사람이 많이 살아 상당히 발전하였다는 것을 이것으로써 알 수 있는 것이다. 이 성 안을 조사한 후 부근을 걸어보니 이곳저곳에 성을 둘러싼 연못의 흔적이 몇 개가 남아 있다. 어느 징도 이 성이 요해(要害)로서 견고하게 만들어져 있었던 것을 이것으로 알 수 있다. 또한 성의 외부를 보니 흙을 반죽하여 건조시켜 벽돌과 같이 만든 것 등이 있으며 그것을 말린 흔적도 잘 알 수 있다.

다음 서역의 서쪽으로 조금 가니 고분이 남아 있다. 히요토루 씨는 이 고분을 바로 발굴해 보았는데 아직 충분히 손길이 닿지 않고 그대로의 모습이라고 그는 말하고 있었다. 만약 내가 다시 이곳에 가 볼 생각이라면 함께 발굴해 보고 싶다는 희망도 가지고 있었다. 이 고분은 두 개의 작은 돌기(突起)로 구성되어 있다. 히요토루 씨는 그것을 두 개의 고분으로 보고 있지만 잘 보니 이 두 개의 돌기는 서로 연속되어 있는 것으로 [쌍분] 즉 일본의 표주박형 고분과 많이 닮은 것이다. 그가 발굴한 것은 그 한 쪽이다. 이 고분은 폭 15미터, 길이는 20 미터 정도이다. 그에 의하면 둥근 돌로 직사각형으로 쌓아 올려 그 폭이 4척 9촌 5분이다. 그것을 특히 발굴해 보니 그 가운데 석관이 얇은 판석(板石) 4매로 상자와 같이 조립되어 있다. 이곳까지 발굴하였는데 과격파들 때문에 전부 발굴하는 것은 불가능하여 그대로 남아 있다고 한다. 이 고분은 일본의 츠시마(對馬) 주변에 있는 것과 같은 고분과 어느 정도 많이 닮아 있다. 4매의 돌로 조립된 석관이 있으며 그 가운데 시체를 넣고 주위를 둥근 돌로 벽을 만들고 그 위에 판인가 무엇인가를 놓고 천장을 만들고 흙을 덮어 하나의 흙 만두모양을 한 것이다. 그 묘에 묻힌 부장품도 있을 것인데 그것이 나오는 곳까지 도달하지 못하고 그대로 두고 있다는 것을 그는 말하고 있다. 어떻든 기회를 보아 발굴을 계속할 생각이다. 이 고분의 위치는 한 편 토성에 가깝고 한 편은 쑤이훤강(綏芬河)에 접하고 또한 멀리 구릉을 바라보고 있다. 이러한 것 등은 매우 흥미로운 장소라고 말하지 않으면 안 된다. 어떻든 토성과 함께 연구할 만한 가치가 있는 성질의 것일 것으로 생각한다.

    이 조사를 마친 후 숙소로 돌아왔다. 오늘은 여단 사령부의 부탁으로 나는 이 부근의 것에 대해 강의를 하고 여단장과 그 외로부터 초대를 받아 회식을 함께 하면서 유쾌하게 담화한 후 헤어졌다. 지난 번부터 날씨가 좋지 않았는데 오늘은 어제에 이어서 날씨가 좋고 매우 따뜻한 좋은 날이었다.

    12월 6일, 나는 약속이 있어 오전 10시 경 지학협회로 히요토루 씨를 방문하였다. 지학협회라고 하지만 매우 더러운 곳으로 이전의 모습과는 다르다. 채집품을 상자에서 꺼내 보여주었지만 그 가운데에는 그 토성에서 채집한 기와가 매우 많다. 그는 매우 열심히 사진 등도 촬영해 두었다. 그 사진은 기와가 있는 부분이 잘 알 수 있도록 되어 있었다. 지금 서술한 바와 같이 그의 채집품 가운데에는 두 토성에서 나온 물품이 많은 것인데 또 그 오리가 부근에서 나온 재료도 있다. 그것은 주로 그 지학협회의 사람들이 연해주 해안의 오리가 부근을 탐험하였을 때의 채집품이다. 오리가 부근에는 이전 동(銅)을 채집한 곳이 있으며 갱구(坑口)도 곳곳에 남아 있다. 그것을 점점 조사해 보니 그 동을 발굴한 것은 어느 정도 오래전으로 보이며 그곳에 (일본의 사원에 있는 것과 같은) 목어(木魚)가 있었다고 하는 것이다. 그 다음 동을 발굴한 곳에 가래와 같은 것도 있으며 나무로 만든 국자와 같은 모양의 것도 두 개 있었다. 나무로 만든 국자형의 것은 모두 2개 있기 때문에 기념으로서 가지자는 이야기가 있었고 1개를 받았다. 나무로 만든 국자와 같은 것은 만주의 무순 탄광을 일본이 시작하여 입수하였을 때에 갱 안을 조사해 보니 역시 이것과 같은 것이 나온 적이 있다. 이러한 것 등은 매우 관계가 있는 것으로 생각한다. 그 연해주의 해안인 오리가에서 동(銅)을 채굴하고 이곳에 이러한 것이 존재하고 있는 것을 보니 그 시대는 아무리 생각해도 여진(女眞) 주변이 아닐까. 보니 역시 토성 등과도 관계가 있을 것으로 생각한다. 그의 재료에 의하면 나는 연해주 연안 지방에 이전의 동갱(銅坑)이 있는 것을 알았다. 이러한 것 등은 연해주의 해안지방에서 문화사를 생각할 때 매우 귀중한 사실이라고 말하지 않을 수 없다.

그 다음 또 토성 이외에서 나온 역사시대의 물품도 조금 있다. 또 그보다도 이전의 석기시대의 토기, 석기도 보존하고 있다. 발굴되어 나온 것은 극소수이지만 매우 주의할 만한 가치가 있는 것이다. 니꼴리스크에서 나온 석기 토기 등도 있다. 이 토기는 파편이지만 모양이나 형태 등 크게 참고가 될 수 있다. 또 석기에 있어서도 어느 정도 주의할 만한 가치가 있다. 그 다음 니꼴리스크 마을 그 자체가 이미 석기시대의 유적이다. 나는 토기 파편을 여기저기에서 주웠다. 히요토루씨도 역시 이 부근에서 주웠던 것을 이야기하고 있었다.

그 다음 또 히요토루의 채집품으로 흥미로운 것은 하바로프스크와 니꼴리스크 사이의 우수리강 유역의 비킨이다. 스우챤 길가의 니꼴리스크에서 동북방 8리 정도 떨어진 이하노프카 등의 유물도 가지고 있었다. 거기에는 석기시대의 토기, 석기도 있는가 하면 또 역사시대의 띠[矛]도 있다. 그는 이 띠는 12세기인가 13세기경의 것일 것으로 말하고 있다. 이 재료는 하바로프스크 방면의 것과 니꼴리스크 방면의 것과를 연결하는 우수리 유역에서 매우 귀중한 것이다. 또 이곳의 채집 가운데에는 연해주 해안 지방에 해당하는 오리가에서 채집한 토기가 있다. 이곳 토기는 모두 파편이지만 상당한 참고가 된다. 그의 이야기에 의하면 이 오리가 옆에 소리프진이라는 강이 있는데 이 이름은 중국어로 러시아어로 말하면 아바꼼프카

강이라고 하는 것이다. 이와 같은 것으로 나는 그와 학술상 여러 가지 이야기를 나누었다.

또 히요토루씨는 이곳의 지학협회 잡지에 여러 해 전에 『고고학상으로 본 니꼴리스크』라는 논문을 썼기 때문에 그것을 1권 주겠다고 하며 나에게 선물로 주었다. 이것은 매우 작은 논문이지만 토성의 그림도 들어있고 그의 생각을 서술하고 있는 것이다. 그의 설에 의하면 '이 토성은 금(金)나라의 것으로 생각된다. 그러나 서쪽의 성은 약간 거슬러 올라가 혹은 발해시대의 것인 지도 모르는데 남쪽의 토성은 금나라의 것으로 생각한다.' 이렇게 말하고 있다. 그러나 나는 이곳에서 나오는 기와나 그 외 유물을 보면 금나라의 것으로 생각한다. 그러나 이 장소는 처음에는 발해가 성을 쌓았다가 후에 금이 그곳에 쌓았던 것임에 분명하다. 어느 쪽인가 하면 두 개의 성 가운데 남쪽의 성이 무너진 지가 오래 된 것이므로 그 쪽이 이전의 것인지도 모른다. 이곳에서 나오는 옛 돈은 대개 숭령통보(崇寧通寶), 원우통보(元祐通寶), 천희통보(天禧通寶), 개원통보(開元通寶) 등이다. 그 다음 서쪽의 토성에서도 푸세씨가 송나라의 동전이 나온다는 것을 서술하고 있다. 어떻든 이곳은 연구할 만한 가치가 있다고 생각한다.

그 다음 서쪽에 있는 토성 벽의 높이는 3칸이고 폭은 10칸이다. 이 토벽은 마치 흙을 벽돌과 같이 쌓은 것인데 이와 같은 축성방식은 요금(遼金)의 토성에서 볼 수 있는 것으로 이와 같이 토성이 두 개 서로 마주보고 있으며 당시 성 가운데에는 다수의 집도 있었을 것이고 밖에는 사원 그 외의 건물도 있을 것인데 지금은 일부 시가지가 되어 있는 것 외에는 대개 풀로 망망하고 몹시 황폐한 곳으로 석비나 돌로 만든 사람 형상, 짐승 모양의 석물 등 흔적도 없어졌다. 다만 남성(南城) 가운데 비문의 받침돌이 남아 있을 뿐이다. 그 다음 푸세씨가 서술하였을 당시, 성 외부 주위에 있었던 사원의 흔

| 그림 21 _ 야쿠트인의 분묘이다.

적이라든가 그곳에 존재하고 있던 대석이라든가 하는 것은 지금은 대개 없어지고 말았다든가 시장이 형성되기도 하고 당시를 알고 있는 것이라고 하더라도 우연히 이곳에 있었다든가 하는 것을 아는 정도에 지나지 않는다. 이렇기 때문에 이곳을 조사하기 위해서는 무엇보다도 하바로프스크 박물관과 블라디보스톡 박물관에 가서 그곳의 물품을 조사하는 것 외 방법이 없다. 이곳에서 나온 고기물(古器物) 등 좋은 것은 대개 하바로프스크 박물관과 블라디보스톡 박물관에 가 있는 것이다. 이 두 박물관에 있는 채집품을 보면 발해시대의 것이나 그 이전의 것 및 금나라의 것 등이 모아져있다. 그 다음 이곳에 있었던 비문 그 외 돌이나 기와 등은 지금은 블라디보스톡이나 하바로프스크박물관에 가 있다. 이러한 것을 보면 이 니꼴리스크 부근의 유적 유물은 매우 진기한 것으로 또 얼마나 니꼴리스크가 석기시대에서 역사시대에 걸쳐서 이 지방의 문화중심이었는가를 알 수 있다.

그다음 석기시대 당시에는 쑤이훤 강은 오늘보다 훨씬 큰 강으로 니꼴리스크 주위는 물로 둘러싸여져 있었던 것으로 생각한다. 그리고 그 시대부터 사람이 상당히 살고 있었고 역사시대의 발해가 되면 크게 발전하여 번창하게 되며 그것이 금, 여진 등으로 연결되고 한층 그 번창함이 더해졌을 것으로 생각한다. 이곳에 큰 토성이 있으며 또 석인, 석수, 석비 등이 상당히 존재하며 사원이나 건물 등이 많았던 것을 보아도 얼마나 이곳이 이전에 중요한 요소였으며 더욱이 문화중심지가 되어 번창하였는가를 알 수 있다. 푸세씨는 흑룡주학회의 보고서에 토성 분포에 관한 논문을 수록하고 거기에 그림도 넣었는데 그 논문에 의거하여 보면 북만주의 일부로부터 우수리강 유역에 걸쳐서 니꼴리스크가 토성 분포의 중심이 되어 있다. 이곳에서 우수리방면 및 서쪽의 길림성 방면에 가면 토성이 매우 많아진다. 구체적으로 말하면 무단강(牧丹江)* 상류 영고탑(寧古塔)에서 쑹화강 유역 아십하(阿什河) 부근 거기에서 우수리강 서쪽까지 사이에 토성이 이곳저곳에 분포하고 있다. 그러면 동쪽은 어디까지 분포하고 있는가 이것에 대해서 푸세씨에 의하면 동쪽에도 물론 토성이 분포하고 있는데 그러나 그것은 연해주 해안 오리가 방면까지이고 그 동쪽이 되면 토성은 없다. 이것은 주의할 만한 가치가 있는 것이다. 이와 같이 동쪽은 오리가 부근에서 시작하고 서쪽은 영고탑에서 아십하 부근까지 분포하고 있다고 한다면 이 니꼴리스크 등이 정확하게 그 중심이 되어 있는 즉 니꼴리스크가 이 지역에서 토성 분포의 중심지가 되어 있는 셈이다. 이 토성의 분포는 말갈 이후, 발해 및 금—여진 등이 왕성하게 웅비한 흔적을 보여주는 것으로 매우 참고가 되는 것이다.

* 중국 헤이룽강성(헤이룽강성) 남동부에 있는 도시

1-3 _ 발해 동경의 유적일까

이 토성은 발해시대에도 축성되었을 것이고 또 여진시대에도 축성되었을 것이다. 그 가운데에는 발해시대에 축성한 것을 금나라가 후에 그것을 수복(修復)하였다고 생각하여 감히 틀림은 없을 것으로 생각한다. 그렇다면 이 니꼴리스크의 토성이 과연 발해시대의 것이라고 하면 이와 같은 문화적 유적에서 보아 당시 유명한 도회지였음에 분명하다. 그렇다면 그것을 당시의 어디에 해당하는가 하면 나는 발해의 동경(東京) 용원부(龍源府)와 관계가 있는 지역이지 않을까 생각한다. 니꼴리스크가 발해의 동경 용원부라고 한다면 그 옆을 흘러 일본해로 흘러 들어가는 수분하는 당시 발해와 교통이 있었던 일본과 교통 왕래의 지점으로 매우 관계가 깊게 된다. 나까(那珂)* 박사는 동경 지학협회의 지학잡지에 발해의 동경을 블라디보스톡 부근일 것으로 서술한 적이 있다. 그것에 대해서 『발해고(渤海考)』라는 책을 쓴 도리야마(鳥山)**

* 나까미찌요, 那珂通世(1851~1908). 동양사학자.
** 鳥山喜一(1887~1959). 동양사학자. 동경제국대학 사학과를 졸업한 후 경성제국대학교수도 역임하였고 「만선사」연구, 특히 발해사연구에 큰 업적을 남겼다.

문학사는 나까박사의 블라디보스톡설(浦潮說)을 논박하면서 말하기를 블라디보스톡 부근은 토지가 좁고 동경이라고 하는 커다란 도성이 생길 수 있는 곳이 아니다. 이점에서 자신은 두만강 유역의 혼춘(琿春)부근이 동경의 지역이 아닐까 생각한다는 것이었다. 나도 일찍이 조선 함경북도의 청진 북쪽 부거(富居)에 고분이 상당히 많은 관계와 고분의 형식, 토성 등을 보아 발해의 동경 용원부는 이 지역일 것으로 고증한 적이 있다. 물론 이러한 고분이나 토성은 발해시대의 것이라는 것은 분명하다. 그렇지만 지금 니꼴리스크의 토성을 보면 규모가 크다는 점 그리고 그 부근에서 토성의 중심이 되어 있다는 점 그리고 그 지형이 매우 웅대하다는 점 그 다음 교통상 요충지를 차지하고 있다는 점과 문화적 유물, 그 외 토성과 비교하여 종류도 많고 기술도 발전해 있다는 점 이러한 여러 가지 점에서 생각해 보면 어떻든 이 토성은 작은 의미를 가진 것이 아니다. 이와 같은 점에서 나는 발해의 동경을 이 니꼴리스크로 생각하고 싶은 것이다.

그다음 이학박사 와다 유우지(和田雄治)* 씨가 일본 해류를 조사한 결과에 의하면 한번 블라디보스톡 부근에서 배를 타고 난파(難破)하면 물론 자연해류에 맡겨져 가면 일본 노도지마(能登) 라든가 사도(佐渡)라는 쪽에 도착하게 된다. 발해

* 1859~1918년, 기상학자. 1879년 동경제국대학 이학부 물리학과 졸업 후, 내무성 지리국 측량과에 들어가 기상을 담당하고, 1904년 조선에 건너와 조선 및 만주 각지에 기상관측소를 설치하여 군사 행동에 큰 공적을 남겼다. 조선에 머무는 동안에는 15세기 이후 조선 왕조의 기상 관측기록을 프랑스어로 발표하고(1910년), 그것을 영어로도 번역한 것으로 유명하다. SONY, 일본대백과전서 Encyclopedia Nipponica 2001 참조.

사람이 당시 많이 이 방면에 표착한 것은 역사상 분명한 사실이고 와다 박사가 학술상 조사한 것과 일치하는 것이다. 이러한 점에서 생각해 보아도 이 니꼴리스크 부근을 발해의 동경 용원부에 해당하는 것은 지장이 없을 것으로 생각된다. 어느 사람의 설에서는 쑤이훤강은 이전 솔빈하(率賓河)일 것이다. 그러면 당나라 하해(河海) 당시의 솔빈부라는 것은 이 쑤이훤강과 가까운 것으로 니꼴리스크가 이 솔빈일 것이다. 그리고 동경 용원부는 그 지역에 해당될 수가 없다고 말하고 있다. 이 설도 일리가 없는 것은 아니다. 그렇지만 밖에 이와 같은 토성이 없다는 점 그 주위에 많은 토성이 새 깃과 같이 배치되어 있는 점 그다음 그 지역이 광대하고 산하의 형승을 이루고 있는 점 그리고 발해의 상경―영고탑 쪽에 가기 위해서는 상황이 좋은 지역이라는 점, 이와 같은 점에서 생각해 보아도 고고학상, 역사지리학상 이 지역을 발해의 동경 용원부에 해당시키는 것은 조금도 지장이 없을 것으로 생각할 수 있다.

또 히요토루씨의 설에 의하면 쑤이훤강의 앞 해안 구릉 위에 자연적 지형을 이용하여 축성한 산성식의 유적이 있다는 것이다. 이 토성과 앞의 남성, 서성을 합치면 쌍성이 아니라 삼성(三城)이라고 하는 것이 되는데 나는 이 토성에는 가 보지 않았다. 당시 이미 과격파가 이 부근에도 출몰하여 때때로 위험한 지경을 만날 것이기

때문에 쉽게 강 너머를 건너는 것이 불가능한 것이다. 또 히요토루씨는 이 토성에도 개원통보, 숭령통보 등 다섯 종류 정도의 옛 돈이 나온다는 것을 말하고 있다. 그가 연구한 결과에 의하면 그 토성은 금나라 하더라도 이후의 것이 아닌가 생각된다. 그리고 원(元)시대에도 몇 번인가 그것을 보완하여 이용하고 있었던 것과 같은 의문도 있다. 어떻든 금나라에는 이 삼성을 함께 이용하여 강의 쌍성쪽에서 불리하게 되면 강 너머 산성에 퇴각하여 군비를 새롭게 한다는 의도로 이 성을 후에 쌓았을 것이다. 즉 삼성가운데 이 산성이 가장 새로운 것이라는 설이다. 어떻든 이 삼성을 함께 연구하지 않으면 안 된다.

또 여러 가지 히요토루씨와 이야기를 나눈 다음 우선 숙소로 돌아왔다. 오늘은 어제와 달리 날씨가 크게 바뀌어 매우 추워지고 눈조차 내리기 시작하였다. 숙소로 돌아온 이후 니꼴리스크에 사는 중국인을 방문하여 이 부근의 것에 대해서 여러 가지 물어보고 얻는 바가 많았다. 그다음 우선 시가지의 서점을 둘러보았다. 이곳에는 다소 독서인도 있으며 상당히 재미있는 책이 있을 것으로 생각하였는데 전혀 예상은 빗나가고 서점에는 소·중학교 교과서 외에 소설 정도 밖에 없다. 하바로프스크나 블라디보스톡 등과 크게 경향이 달라 있다. 다만 군대가 있는 사관 등이 즐겁게 읽는 책 외에는 볼만한 것이 없다. 그렇지만 어떻든 서점에 들렀기 때문에 여기저기 책장을 찾아 『에카테리나 여왕전』이라든가 『고고리 문집』과 같은 것을 산 것에 지나지 않는다. 오히려 이러한 것이라면 고도패옥(古道貝屋)에 가면 오히려 여러 가지 진귀한 것이 나와 있다. 최근 전쟁 때문에 러시아의 관료들이나 군인 등이 매우 곤란에 처한 결과 그 소장품을 팔아 비교적 재미있는 것이 나와 있다. 그렇지만 가격은 매우 비싸다고 한다. 훈장이나 샤벨과 같은 것까지 팔아버리고 책 등도 조금 나와 있다. 그중 러시아의 고대 문학사나 여러 가지의 것을 가능한 한 샀다. 오늘 러시아 사람이 얼마나 곤란에 처해 있는가 하는 것은 이러한 한 가지 만으로도 알 수 있다.

숙소로 돌아와 저녁을 마치고 이야기를 하고 있는데 정차장에서 전화가 걸려 와서 지금 기차가 서쪽에서 도착하기 때문에 승차하라는 것이고 승차를 못하면 곤란하다고 하여 눈이 점점 내리고 있는 길을 자동차로 니꼴리스크 정차장으로 향했다. 도착해 보니 기차가 와 있지만 만석으로 자리가 없다. 곤란해 하고 있는데 다행히도 제다(齊多)에서 온 승객으로 나까무라(中村) 자동차 대장이 열차 안에 있어 나를 위해서 자리를 내어 주었다. 그래서 겨우 편승할 수가 있었고 오후 8시 20분에 출발하여 그 다음날 오전 3시경에 블라디보스톡에 도착하였다. 그때에 기차가 잘못하여 레일을 벗어났다. 어떻게든 할 수가 없었다. 다행히 싸움하는 사람이 없었던 것은 무엇보다도 다행스러운 일이다. 급박한 상황을 알리려고 해도 도중이기 때문에 연락이 되지 않는다. 이렇게 하고 있는 가운데 자동차 대장 나까무라 대위가 조속히 임기응변으로 병사를 통하여 자동차를 가지고 왔기 때문에 나는 요시다 종졸과 함께 그것을 타고 숙소로 갈 수가 있었다.

14

인류학자와 일본의 식민지 통치

1. 블라디보스톡에서 동경으로

12월 7일, 오늘은 군사령부로 담화를 할 약속이 있기 때문에 오전 10시 반경 일어나 여러 가지 준비를 하고 오후 1시경 군사령부에 도착하여 「후패가이, 흑룡, 연해 3주의 민족상태」라는 제목으로 2시간 정도 담화를 하였다. 그것을 마친 후 나는 동양학원이나 병참부 그 외 학교, 지금까지 교제했던 학자 등 여러 사람들에게 고별인사를 하고 그 사이에 이전의 서점을 둘러보았다. 오늘 밤 나를 위하여 다까야나기 소장, 이나가끼(稻垣) 참모장, 가시라모토(頭本) 대의사(代議士) 등이 송별회를 열어 서로 석별을 아쉬워하였다.

12월 8일, 드디어 동부시베리아 여행을 마치고 오늘은 귀국 비행기에 오르는 날이다. 아침 일찍 일어나 오전 8시경 아르세네프씨를 방문하여 고별 인사를 하고 또 여러 가지 조사에 대해 약속하기도 하고 앞으로 서신이나 교제 등에 관하여 상담을 마치고 지난날부터 어제에 걸쳐서 니꼴리스크 조사에 대해 흥미로웠다는 점을 이야기하고 체재 중 여러 가지 호의를 베풀어준 점에 대해 감사의 예를 표시하고 헤어졌다.

그 다음 숙소로 돌아와 물건을 정리하고 오전 10시 반 맞이하러 온 사람이 왔기 때문에 나는 배에 올랐다. 다까야나기 소장 그 외 여러 사람이 부두까지 환송하고 이별을 아쉬워하였다. 내가 탄 배는 신다까마루(新高丸)로 정오에 출발하였다. 선객으로서 공학사 요시미찌(吉滿良吉)씨가 타고 있어서 서로 이야기를 나누면서 배 안의 무료함을 위로하는 데 좋았다. 생각이 난다. 내가 일본해를 건너 블라디보스톡에 도착한 것은 6월 13일이었다. 그 날부터 오늘까지 반 년 이상 뜨거운 모래가 끓는 사막, 황망하여 사람이 없는 평원, 수풀뿐 길이 없는 산골짜기, 습기가 있는 물이 괸 땅 등을 건너 다른 사람, 다른 민속 사이에서 자고 혹은 질병이 유행하는 항구를 출입하며 많은 곤란과 위험을 무릅썼음에도 불구하고 다행히도 병에도 걸리지 않고 여러 가지 조사를 계속한 것은 자신의 행복으로서 매우 기쁘게 생각한다. 그 사이에 수행한 일은 다년간의 목적이었던 동부 시베리아에서의 인류학, 인종학, 고고학, 토속학 등의 조사이며 일본 학계에게는 중요한 임무였는데, 우선 유감없이 그것을 수행하고 의외의 좋은 결과를 얻은 것도 적지 않다. 이것은 내가 은근히 만족하는 바이다.

이렇게 배는 일본해의 야에(八重)의 조로(潮路)를 횡단하여 10일 오전 11시경 츠루가(敦賀)에 도착하였다. 오늘은 블라디보스톡 출발 때와 달리 날씨가 험악하고 상당히 눈이 날렸다.

배가 서서히 일본해를 횡단한 후 츠루가만에 들어가려고 하는 곳에서 츠루가항의 부두가 있는 곳까지는 상당히 시간이 걸린다. 그것을 보아도 츠루가항이 얼마나 연해주와의 항로에 조건이 좋은가 하는 것을 알 수 있다. 이 츠루가만의 만입(灣入)은 자연적인 구덩이와 같이 되어 있으며 길게 뻗어있고 그 사이를 배가 들어가는 것이기 때문에 이전의 작은 배에는 조건이 좋게 되어 있다. 발해 당시부터 이곳이 일본해의 중요한 요진(要津)으로서 북방민족과의 교통이 때때로 이루어진 것은 우연이 아니라고 생각한다. 이것을 다른 일본의 항구에서 그 예를 찾아본다면 가고시마만이 어느 정도 유사하다. 가고시마만을 들어가기 위해서는 긴 구간의 좌우로 구릉을 보며 사꾸라시마 등을 돌아서 가는 것인데 츠루가에 있어서도 역시 그러하다. 가네가네사끼(金金崎)까지 뻗어있는 산을 보면서 쭉 들어가는 것 등 가고시마만과 상황이 어느 정도 유사하다.

이와 같이 츠루가에 상륙하여 오오구로야 여관(大黑屋旅館)에 머물렀다. 내가 본국으로 돌아오는 것을 알고 오사카마이니치(大阪每日)신문의 특파원이라든가 혹은 다이쇼이찌니치(大正日日)신문의 특파원 등이 여관으로 방문하였다. 날씨는 점점 추워지고 눈이 많이 내리기 시작하였다. 여행 중에 채집품이나 구입한 도서 등을 동경으로 보내지 않으면 안 되는데 이전 하바로프스크에서 짐을 넣은 상자가 대부분 훼손되려고 하기 때문에 이곳에서 정리를 다시 하여 새롭게 짐을 꾸릴 필요가 생겼다. 그래서 나는 여러 채집품, 예를 들면 자작나무 배라든가 혹은 그 외 토속품 등을 정리하고 또 많은 도서도 각각 매듭을 지어 운송회사를 불러 하나하나 그것을 상자에 바꾸어 넣었기 때문에 상당히 시간이 걸렸다. 이렇게 12월 12일 오전 기차로 츠루가를 출발하여 고메하라(米原)에서 동경행으로 바꾸어 타고 13일 오전 8시 탈 없이 동경역에 도착하여 전후 7개월간의 여행은 이로써 마치게 된 것이다.

15

인류학자와 일본의 식민지 통치

1. 사할린주 탐험

1-1 _ 동경에서 알렉산드로프스크항으로

나는 1919년에 동부 시베리아의 각 주를 여행하고 인류학적으로 여러 조사를 하고 그 조사에서 얻은 결과는 이미 앞장에서 서술한 것인데 나는 또 그와 관련하여 다시 또 한 번 연해주 사할린주의 북부를 조사하여 이전 연구를 한층 확고히 하려고 생각하였다. 그래서 1920년 6월 다시 원정길에 오르게 되었다.

6월 24일 오후 10시 10분, 기차를 타고 우에노역(上野驛)을 출발하여 아오모리(靑森)로 향하였다. 나는 이 조사에 인류학 신과생(選科生) 미야사카 미츠츠기(宮坂光次 : 동경제국대학 출신으로 조선에서 낙랑고분을 조사하기도 했다 - 역자 주)씨를 동반하기로 하였다. 기차는 그 다음 날 오후 3시 15분경 아오모리에 도착하여 하차한 후 기선으로 오후 5시에 출범하여 츠가루(津輕) 해협을 건너 9시 15분 하꼬다테(函館)에 도착하여 바로 상륙하여 10시 15분 기차로 출발하여 그 다음 날 오타루(小樽)에 도착하였다.

나는 오타루에서 육군어용선(陸軍御用船) 히가시후루사또마루

(東鄕丸)에 편승하여 사할린 방면으로 향하게 되는데 배는 그 다음 날 출범하게 되어 있었기 때문에 그 사이의 시간을 이용하여 미야사카씨와 함께 차를 타고 테미야(手宮)의 조각문자가 있는 곳으로 가 보았다. 이 조각이 있는 곳은 오타루 공원의 산록의 바다에 접한 곳으로 지난 해 이 해안을 개척할 때 발견된 것이다. 즉 횡혈(橫穴) 가운데 후벽에 조각되어 있는 것이다. 이 문자에 대해 종래 여러 학자들의 설이 있었는데 나는 위구르 문자 전의 고궐돌(古厥突)문자이고 그것을 쓴 사람은 말갈인일 것으로 보았다. 그러므로 이곳에 있는 문자 그 자체는 글자체는 고궐돌문자이지만 그 발음은 퉁구스 언어일 것으로 우선 생각하고 있다. 이것에 대해 나는 이미 1913년 10월에 발행된 『역사지리(歷史地理)』제22권 제4호에 「홋카이도 테미야(手宮) 조각문자에 대해」라는 제목으로 소견을 발표해 두었다. 또 후에 『동경이과대학기요(東京理科大學紀要)』에도 그것을 발표해 두었다. 때문에 나는 그것에 대한 구체적인 것은 여기에서 서술하지 않는다. 그렇지만 오타루의 위치라든가 이시가리카와[石狩川 : 홋카이도 중앙 서부를 흐르는 홋카이도 제일의 하천 - 역자 주]의 하구에 가까운 하나의 만으로 그 만구(灣口)는 북방으로 향해 있으며 자연히 북방에서 오는 모든 물건을 흡수하는 위치에 있다. 이와 같은 관계에서 이전부터 이 만 및 이시가리카와의 하구 부근은 인종적 관계를 크게 가지고 있다. 『일본기(日本記)』에 보이고 있는 숙신, 와타리시마(渡島), 에조(蝦夷)의 사실 등도 이것을 증명하고 있으며 또 이 오타루의 바위굴에 고돌궐문자를 말갈인이 조각하고 있으며 또 이시가리카와유역 일대에 걸쳐서 둥근 모양의 돌 울타리의 유적이라든가 토성 등이 존재하고 있는 것은 이것과 깊은 관계를 가지고 있는 것이다. 이러한 것들은 홋카이도(北海道)의 아이누 연구와 함께 북방과 홋카이도를 연결시키는 데에도 흥미로운 연구라고 하는 것을 대륙 쪽에서 보아 한층 그와 같이 느꼈다. 오늘은

미야사카씨와 함께 이 조각이 있는 바위 동굴 및 그 위에 있는 공원지 등을 거닐거나 조사하면서 하루를 보냈다.

그 다음 날 미야사카씨와 함께 히가시후루사또마루에 승선하여 북사할린으로 향하게 되었다. 이 배에는 북사할린 수비 교대병도 많이 타고 있었으며 또 동승자의 주요한 인물로는 센나미(仙波) 중장, 운수본부장 쇼우다(壓田) 소장, 그 다음 히라다(平田) 대좌, 사할린 파견군 참모 사이또 요시오(齋藤義雄) 등이고 배 안에서 여러 이야기를 나누어 매우 유쾌한 항해였다. 특히 바닷바람이 없고 파도가 잔잔하여 한층 선객을 즐겁게 하였다.

29일 아침 북사할린의 알렉산드로프스크항[亞港]에 도착하였다. 이곳의 해상은 도중과 달리 파도가 높고 구명선(救命船)으로 상륙하기에는 매우 곤란하였는데 얼마 안 있으니 해안에 도착할 수 있었다. 부두에는 사할린 파견군 본부에서 보낸 자동차가 우리를 맞이하러 와 있었기 때문에 센나미 중장과 함께 동승하여 숙소에 머물렀다.

1-2 _ 아루꼬 조사

알렉산드로프스크항에 도착한 날은 아무 일도 없이 방문객의 응대나 여러 가지 일로 하루를 보냈다.

그 다음 날 30일 센나미 중장 및 나, 미야사카씨와 함께 군사령부의 자동차로 오전 7시 여관을 나와 아루꼬의 길랴크 촌락을 보러 갔다. 이 아루꼬의 촌락은 이전부터 유명한 길랴크의 부락으로 알렉산드로프스크항에서 가장 가까운 곳이다. 그곳까지 가는데 도중에 하나의 산이 있는데 이 산은 최근 새로운 도로도 생겨 옆에 철도도 통과하고 있다. 길은 정확하게 산맥의 척추를 통하게 되어 있다. 자동차는 그 길을 점점 나아가니 좌우로는 침엽수의 삼림으로 울창한데 그 부근은 산불로 불에 탔고 또 도로를 뚫어내기 위하여 벌목된 것들이 매우 많다. 이와 같은 침엽수의 삼림지대나 혹은 타서 황폐해진 광경을 좌우로 계속 보면서 3리 정도 나아가 산을 내려가니 그 곳에 아루꼬의 부락이 있다.

아루꼬는 해안에 존재하고 있는 마을로서 길랴크족의 집이 3채 정도와 가설되어 있는 일본인의 작은 집과 같은 것이 4채 있을 뿐이다. 작은 하천이 산 뿌리에서 흘러 나와 마을을 가로질러 바다로 흘러 들어가고 있다. 요컨대 길랴크족은 이 작은 하구(河口)에 살고 있는 것이다.

이곳의 길랴크 족은 어느 정도 러시아화된 측면도 있으며 또 최근 일본인이 왔기 때문에 다소 일본화된 부분도 있다. 그렇지만 대체적으로 말하면 아직 길랴크족 고유의 풍속이 남아 있다. 집은 교창식(校倉式)의 구조로 가운데에는 침대용으로 사용하는 마루 등도 설치되어 있다. 그들의 풍속은 길랴크족 고유의 방식도 있지만 러시아 사람과 같은 측면도 있고 또 일본인 인부의 옷도 빌려 입기도 한다.

대개 사할린 서해안의 길랴크 족은 어느 정도 러시아화된 사람들이 많지만 이곳도 역시 그대로이다. 이전은 아루꼬의 길랴크 족의 마을은 상당히 번창하고 있었는데 어느 새인가 점점 쇠퇴하고 지금은 겨우 3채밖에 없다.

이 강의 언저리에는 지금 철도가 지나고 있다. 강을 끼고 좌우로는 모두 침엽수의 삼림으로 상당히 무성하다. 그리고 강 끝에는 커다란 머위가 상당히 자라고 있다. 이 지역에 이와 같은 매우 커다란 머위가 자라고 있는 것은 일종의 경치를 더하여 흥미롭다. 이전 문화·문정(文化·文政: 1804년부터 1829년까지-역자 주) 경부터 일본의 여행자들이 사할린을 걸어 다니고 이 머위가 커다란 것을 진기하게 생각하여 서술한 것이 적지 않은데 나도 처음으로 사할린에서 길랴크 족 방문의 첫째 날에 그것을 보고 일종 상당히 흥

그림 22 _ 만군의 샤먼의 분묘(마크씨의 도판에 의함. 분포 앞에 패물을 세운다. 분묘의 교창식, 조각, 천목(千木)을 보라. (부록) 길랴크의 분묘도 역시 대체로 같은 모양으로 사자(死者)는 화장으로 하고 그 타고난 재를 나무 상자에 넣어 이와 같은 분묘에 넣어둔다.

미로운 느낌이 들었다.

    점점 나아가니 일본의 공병대(工兵隊)가 철도 공사를 위해 이 지역에 와 있으며 그 일에 종사하고 있는 가설의 인부용 집 등도 여기저기 보이고 나무를 무너뜨려 자르는 소리, 레일을 까는 모습 등이 손으로 잡을 듯이 보인다. 일본의 공병대 작업장에서 점심식사를 마치고 다시 고개를 올랐다. 점점 올라가 정상에 올라 숨을 쉬고 내려갔다. 내리막길이 끝나니 지형이 갑자기 크게 변하여 평야가 펼쳐졌다. 이 평야는 즉 츠이무강의 상류지방으로 거기에서 츠이무강이 흘러가고 결국 오호츠크강으로 흘러들어가는 것이다. 이 상류지대는 도로의 좌우에 침엽수가 무성하여 상당히 장관(壯觀)이었다. 이러한 사이를 나아가기를 수리(數里), 데레벤스꼬에에 도착하였다.

15장 349

이 데레벤스꼬라는 것은 러시아 사람들의 시가지로 사할린에서 우선 유명한 마을이다. 마을의 형태는 한 줄기 마을로 마을의 폭이 매우 넓다. 이것은 마을이지만 주민은 목축도 하고 또 농업도 하고 있다. 이곳에는 커다란 교회가 있으며 일본의 수비대도 있다. 이곳에서 잠시 동안 휴식을 취한 후 지금까지 온 철도를 다시 타고 알렉산드로프스크항으로 돌아가게 되었다.

이 데레벤스꼬에까지의 왕복 도중에서 바라보니 여기에도 산불 저기에도 산불로 산불로 인한 연기가 맹렬하게 올라오는 모습이 보였다. 이 불은 누가 놓았는지 알 수 없지만 멋진 나무들이 화룡(火龍)과 같이 타고 있는 모습은 매우 처참하였다. 나의 자동차는 때때로 이 산불 속을 통과하기 때문에 매우 위험하다. 사할린은 삼림이 매우 풍부한 곳이긴 하지만 또 산불도 매우 많다. 그 때문에 입는 손해는 매우 큰 것이다. 이 산불은 러시아 사람이 불을 놓았는지 누가 놓았는지 모르지만 이상하게도 자주 일어난다. 상당히 무분별한 행위이다. 이러한 상황이기 때문에 사할린 삼림지대는 지금 다 타 없어지지 않도록 주의를 기울이지 않으면 안 된다. 만약 사할린에 나무라는 것이 없어지게 되었다면 그 가치를 하나 죽이는 것이 된다. 이와 같은 이야기를 센나미(仙波) 중장과 차 안에서 계속 이야기를 나누고 오후 3시경 알렉산드로프스크항에 귀착하였다. 그 다음 날 배로 연해주로 갈 예정으로 준비를 하였다.

16

인류학자와 일본의 식민지 통치

1. 대륙 사할린 탐험

1-1 _ 데까수또리의 수혈(竪穴)

7월 1일 오전 9시, 알렉산드로프스크항을 떠나 다시 히가시후루사또마루(東鄕丸)에 올라탔다. 일행은 나와 미야사까(宮坂)씨 외에 센나미 중장, 쇼우다(壓田) 소장, 알렉산드로프스크항 운수출장소장 등이다. 지난 날 이곳에 도착하였을 때는 바다가 거칠었고 상륙하는 데 곤란할 정도였는데 오늘은 파도가 잔잔하다. 그러나 추위가 점점 더해졌다. 오전 11시 배는 부두를 떠나 대안(對岸)인 데까수또리로 향하게 되었다. 바다도 나오니 바나 안개가 끼이고 온도가 화씨 48도 정도이다. 배는 달원해협(韃靼海峽)을 가로질러 오후 5시경 데까수또리에 도착하였다. 오늘 밤은 상륙하지 않고 히가시후루사또마루의 객실에서 잤다.

2일, 아침 일찍 식사를 마치고 나는 미야사까씨와 함께 상륙하였다. 데까수또리라는 곳은 프랑스의 선장 라뻬루즈가 이곳을 방문하였을 때 이름을 붙인 것으로 인명에 의하여 데까수또리라는 이름을 붙인 것이다. 이 부근은 달원해협과 떨어져 있으며 사할린과 접해 있는 곳으로 우선 이곳의 항구로서는 손꼽을 정도로 좋은 항구이다. 그렇지만 이곳은 인가(人家)가 없는 구릉지대로 주위는 삼림으로 덮여져 있는 매우 적적한 곳이다. 사할린에 접해 있는 쪽은 나무가 불에 타서 어느 정도 적어지고 있다. 그곳에 러시아 건물로서 등대가 2,3개 존재하고 있는 것과 순사의 주재소가 있는 정도에 지나지 않는다. 그 등대지기도 경관도 빨치산 때문에 살해되었고 유일하게 한 명의 등대지기만이 남아 있다. 그것도 주인은 죽음을 당하고 부인과 딸이 생존해 있는 실로 불쌍한 상태이다. 그러므로 이곳에 러시아 사람의 집은 한 채도 없고 다만 등대가 있을 뿐이다. 또 일본의 수비대가 와 있으며 여기저기에 천막을 치고 있었다. 이 데까수또리만은 조용한 내해(內海)로 여기저기에 섬이 띄엄띄엄 있으며 경치도 좋고 배의 정박지로서는 적당한 만이다. 우선 이 곳은 장래 유망한 곳으로 생각할 수 있다.

    나는 이 주변을 조사하고자 생각하고 이곳에서 서쪽으로 14, 5리 정도 나아가니 하나의 작은 하천에 이르렀다. 이곳에 길랴크족이 살 것이라고 예상하고 갔던 것이다. 그러나 길랴크족은 이곳에 살지 않았다. 그래서 어업 때문에 와 있던 러시아 사람을 심부름꾼으로 하여 근처에 사는 길랴크족을 부르러 갔다. 때마침 이곳에 요꼬하마 출신의 사람이 임시 집을 짓고 부인과 소사(召使)와 함께 어업을 하고 있기 때문에 그 집에 들어가 있는데 비가 내리기 시작하였다. 이렇게 있는 동안 러시아 사람이 길랴크족을 2명 데리고 왔다. 물어보니 이 길랴크족은 기지호수 부근의 마린스크의 왼쪽 해안에 있는 혜루마의 길랴크족으로 어업을 위해 이곳에 와 있다는 것이다. 그들 신체를 측정하기도 하고 또 그들에 대해 여러 가지 것을 조사하였다.

    이 구릉에서 수혈 한 개를 발견하였다. 이 수혈은 석기시대의 것임에 분명하다. 사발모양으로 구릉 해안에 접한 곳에 존재하고 있었다. 이와 같은 조사를 한 후 군정청의 출장소를 방문하였다. 이곳은 전에도 언급한 바와 같이 삼림이 많은 곳이다. 그것은 시호타아린 산맥이 해안을 따라 완연하게 계속 연결되어 있기 때문에 데까스또리에서 기지호수 사이의 약 7, 8리는 거의 산림으로 덮어져 있다.

앞서 타고 온 히가시후루사또마루는 우리들이 상륙한 후 출항하고 대신 쥬카마루[中華丸]라는 배가 도착하였으므로 우리들은 데까스또리를 떠나 오후 7시 이 배로 옮겨 탔다. 이 데까스또리라는 곳은 앞으로 매우 전망이 있는 곳이고 또 이전부터 유명하였던 곳이다. 그러나 이 지방이 아직 러시아의 소유가 되기 이전은 전혀 주목을 받지 않았던 곳이었다. 이 시기는 이곳으로부터 약간 북동쪽으로 접근한 타바만이라는 곳이 교통상 필요한 곳으로 언제라도 사할린으로부터 혹은 연해주의 연안지방으로부터 헤이룽강 쪽으로 원주민들이 왕래할 때는 이 타바만에 배를 세워놓고 그곳에서 배를 가지고 올려 낮은 타바 고개를 넘어 기지 호수에 흐르는 타바강에 그 배를 띄워 그 다음 기지호로 나와 헤이룽강으로 간 것이다. 이 타바만은 작은 만이지만 당시 통나무배의 정박지로서는 가장 사정이 좋은 곳이었다. 그리고 그곳에서 기지호로 나오는 사이의 타바 고개는 연해주의 해안을 남북으로 달리고 있는 시호타아린 산맥 중 가장 낮은 곳으로 오르내리기에 쉽고 또 수로와 수로를 연락하는 데 가장 거리가 짧은 곳이었다. 당시의 원주민은 이 편리함에 착안하고 이곳을 일본해와 헤이룽 강 사이의 유일한 교통로로 삼은 것이다. 이것은 마미야 린죠(間宮林藏)씨의 『동달기행』을 보아도 잘 알 수 있다. 마미야씨는 북사할린의 노태토에서 해협을 건너 타바만에 도착하여 방금 언급한 바와 같은 통로를 통해 헤이룽강을 나온 것이다. 그 당시 원주민의 배가 크게 타바만에 폭주하고 있었다라고 하는 기록이 있다. 또 배를 저어 북쪽으로부터 고개를 올라가는 내용, 건너편에서도 역시 배를 저어 북쪽으로 내려오고 있는 내용 등으로 왕래가 매우 빈번하였다는 것도 서술하고 있다. 고개를 내려가면 하나의 작은 하천이 있고 거기에 통나무배를 띄우면 곧바로 기지호수에 도착한다. 이러한 편리함이 있었기 때문에 이전에는 원주민이 이곳만을 왕래하여 오늘날의 데까수또리는 등한시되고 있었던 것이다. 지금은 데까수또리가 이 지역 해로의 중심지가 되어 타바만은 등한시되어 버렸지만 데까수또리는 기선의 정박지로서 번창하였기 때문에 이전의 통나무배의 교통로로서는 이 작은 타바만 쪽이 편리하였던 것이다. 따라서 타바만은 당시 원주민의 중심이었다. 데까수또리에는 지금 길랴크족이 살고 있지 않다. 다만 기지호수 방면에서 어업을 위해 일시적으로 이곳에 올 뿐이다. 데까수또리의 배후에 있는 구릉은 지금도 멋진 산림지대이지만 이전은 보다 울창한 산림이었고 기지호수와의 사이를 연결하는 광대한 산림의 연속지였음에 분명하다. 따라서 이곳을 통과하는 것은 매우 곤란하였고 길이 없었을 것으로 생각한다. 오늘날 데까수또리에서 기지호수로 통하는 길은 최근 러시아가 수년 동안 산림을 잘라 길을 트고 얼마 후 통과한 것이다. 이 도로가 닦이지 않았던 때는 이렇게 울창한 산림지였기 때문에 타바 고개를 통과하는 것 외에 방법이 없었던 것이다. 이쪽은 산이 낮고 거리도 짧았을 뿐만 아니라 하나의 작은 계곡이 있기 때문에 이 계곡을 따라서도 왕래하였음에 분명하다. 이와 같이 데까수또리는 오랫동안 버려져 있었던 곳이지만 이곳에 수혈이 남아 있는 것을 보면 석기를 사용한 이전 시대의 사람이 데까수또리의 구릉 위에서 생활을 하고 있었던 것을 알 수 있다. 이 수혈이 발견됨에 따라 충분히 이와 같이 생각할 수가 있다.

1-2 _ 데까수또리에서 니콜라예프스크로

쥬카마루[中華丸]는 닻을 올려 정오 데까수또리를 출발하여 점점 달원해협으로 나아갔다. 갑판 위에서 바라보니 오른쪽에는 사할린섬이 널려 있고 왼쪽에는 연해주, 즉 지금의 사할린주가 완연하게 이어져 있다. 사할린 쪽은 지평선이 물 위에 옆으로 보일뿐 어떠한 높은 곳은 눈에 띄지 않는다. 즉 충적층이 널리 해안지방에 발달하여 구릉이 있어도 매우 낮은 것에 지나지 않는다는 것을 생각할 수 있다. 그렇지만 그 사이에 여기저기 높게 돌출한 모습도 보인다. 그다음 대륙 쪽은 어떠한가 하면 이곳은 산림으로 덮여져 있는 구릉이 매우 발달되어 있으며 곳곳에 높은 봉우리가 솟아 보이고 또 치야시와 같은 산도 보인다. 계속 나아가는 해협에는 모래톱이 매우 발달하여 배를 젓는 데 매우 위험하다. 그러므로 우리 일행도 러시아사람의 안내에 따라 조금씩 통과하였을 정도이다. 특히, 헤이룽강 하구에 가까워 오니 한층 위험하다. 일본의 기선으로 도중에 모래톱에 올라가 있는 것도 보인다. 이 달원해협은 일명 마미야해협이라고도 불리고 있다. 즉, 문화시대(1804년~1817년 - 역자 주) 마미야씨가 이곳을 통과하였다고 해서 붙여진 이름이다. 이 해협은 지금도 말한 바와 같이 모래톱이 많이 있으며 깊고 물살이 센 여울이 있는가하면 낮고 물살이 센 여울이 있어 항로가 일정하지 않기 때문에 이곳을 통과하는 것은 아무리 생각해도 수로 안내자가 필요하다. 만약에 굴곡된 곳을 통과하는 배는 움직이기라도 하면 모래톱에 올라갈 염려가 있다. 그래서 배는 매우 계속 경계하면서 사할린섬과 대륙 사할린주 사이를 오른쪽으로 왼쪽으로 급조(急潮)사이를 통과하는 모습은 실로 하나의 장관이다. 이렇게 하여 오후 8시경 헤이룽강 하구 가까운 곳에 도착하여 그곳에서 1박 하였다.

다음날 아침 일찍 쥬카마루는 헤이룽강을 거슬러 오르기 시작하였다. 좌우에는 구릉이 한 지대에 발달하고 혹은 민둥산도 있으며 혹은 나무가 벌채되어 있는 곳도 있으며 그다음 러시아 사람의 가옥이라든가 또 새로 온 일본인이 사는 집도 여기저기 보인다. 오전 11시경 니꼴라예프스크에 도착하였는데 우연히도 비가 조금씩 내리기 시작하고 파도가 높다. 나는 센나미 중장이나 참모장 등과 함께 보트로 상륙하였다. 그리고 중장과 미야사까씨와 함께 우리를 맞으러 나와 있던 시마다 상회 주인 시마다씨 집에 도착하여 점심 식사를 마친 후 자동차를 타고 같이 탄 시마다씨의 설명을 계속 들으면서 비가 오는 니꼴라예프스크 거리를 둘러보았다. 빨치산의 참악한 화를 입은 이 거리 정황은 실로 참담하였다. 보는 범위 안에 있는 광경은 작년 방문하였을 때와 매우 다른 추악한 잔해(殘骸)였다. 목조 건물은 남아있는 것 없이 다 타버려 없어졌으며 다만 벽돌 벽이 탄 채로 남아 있으며 벽만이 서 있고 지붕의 기와는 없어져버린 것도 있다. 하안에 있는 네베루스키의 기념비만은 이전과 같이 옛 모습 그대로 뚜렷하게 서 있었다. 또한 하안에 하나의 커다란 절이 니꼴라예프스크의 장관이었던 것인데 이것은 전부 타 없어져 흔적도 없다. 그다음 일본영사관이 있던 거리도 병영의 흔적인 연와건물이 남아 있을 뿐 그 외는 어떠한 것도 없다. 실로 처절하게 변해 있다. 그다음 네베루스키가 있던 소박한 교창식의 집도 타서 어느 것도 없으며 다만 이곳에 설치되어 있었던 대포가 비에 젖어 남아있을 뿐이다. 그리고 일본영사관 등도 공격의 중심이 된 만큼 황폐정도는 심하였고 다만 탄 재가 여기저기 쌓여 있을 뿐이다. 당시 내가 영사와 서로 이야기를 나누어 그 미관을 보인 영사관 뒤쪽의 숲을 ― 그 풍경을 영사관 뜰에 이용한 옛 산림지대의 잔존물이라는 흰 자작나무의 숲 ― 그 흰 자작나무가 홀로 아름다운 싹을 보이며 이전의 모습을 이야기하는 얼굴과 같았다. 나는 그것에 그리움을 크게 느꼈다. 이러한 것을 생각해보니 빨치산이 폭력을 행한 방식은 실로 대단한 것으로 작년 내가 왔을 때의 광경을 떠올려 대조해 보면 마치 별천지에 들어간 것과 같이 느껴지게 하였다.

오늘밤은 시마다씨의 집에 머물게 되고 11시경 잠에 들었다. 창밖은 비가 자주 내리고 황폐한 니꼴라예프스크의 적막한 정경을 가슴깊이 느꼈다.

7월 5일 아침 일찍 일어나 떡으로 식사를 마치고 숙소를 나왔다. 지난 번과 같이 이번에도 시마다씨의 신세를 진 것에 감사할 뿐이다. 운수부 출장소에 들르니 작은 증기선을 준비해 주었으며 이곳으로부터 하류에 있는 치누이로프의 포대가 있는 곳으로 향했다. 치누이로프는 작년에도 내가 갔던 곳으로 러시아가 헤이룽강 하구에 설치한 포대가 있는 곳이다. 그곳으로 내가 배로 간 것이다. 그곳에 간 목적은 작년 남은 조사를 보다 구체적으로 하려는 생각에서였다. 이곳도 빨치산의 참화를 받은 곳으로 작년과는 풍경이 달랐다. 우선 병영이 있는 곳 등은 심하게 그들의 공격을 받아 탄환 흔적 등도 여기저기 남아 있으며 건축물 등도 타 없어졌다. 무참한 상태, 실로 지금 옛날의 감격에 참을 수 없는 것이 있었다. 그렇지만 석기시대 유적은 이전처럼 남아 있어 특히 최근 우리 파견군이 이전의 길을 수리하였기 때문에 여기저기 길이 닦여져 한층 유적의 모습이 나타나 있다. 이곳에서 토기라든가 석기 등을 채집하였다.

치누이로프 조사를 마치고 정오경 다시 작은 증기선을 타고 니콜라예프스크에 돌아왔다. 그다음 각처에서 모아온 길랴크족을 조사하기도 하고 사진을 찍기도 하여 그들은 연구하였다.

그다음 나는 헤이룽강을 거슬러 올라가 유명한 노아간도사의 유적인 치루를 다시 한 번 조사한 후 기지호수로 나아가 다시 시호테아린산맥을 넘어 데까수또리 쪽으로 나아갈 생각이었다. 이 여행에는 센나미 중장도 동행할 생각이었는데 약간 감기 기운이 있어 일행에서 빠졌다. 그래서 쇼우다(壓田) 소장 및 운수부 출장소의 사람들과 함께 이곳을 출발하기로 하였다.

그림 23 _ 북사할린 길랴크인의 신체(神體)이다. 밑의 3개는 간단한 목제 인형으로 그 위에서 「이나오」를 걸어둔다. 상부 1개의 나무 모양의 것도 역시 그들의 신체가 된다.

1-3 _ 두 번째 치루탐험

우리 일행을 태운 배는 독일에서 만든 100톤 정도의 작은 증기선으로 지금은 니항환(泥港丸)이라는 이름을 붙이고 운수부에서 사용하고 있다. 오후 3시 반 그것을 타고 4시에 출발하였다. 점점 헤이룽강을 계속 거슬러 올라가 작년 여행 때 본 기억이 있는 구릉이나 혹은 인가, 산림과 같은 것을 이곳저곳에 접하면서 나아갔다. 또한 당시 러시아 고고학자 타나에프씨의 안내로 이시다 부영사 그 외 시마다 상회의 사람들과 함께 가 본 석기시대 유적 등을 멀리서 바라보고 그 사람들은 모두 빨치산의 참학 때문에 돌아오지 않는 사람이 되었음에도 불구하고 나 혼자 이전과 같이 다시 이곳을 통과하는 것을 생각하니 실로 자연은 존재하되 사람은 죽는다는 느낌을 참지 못하고 당시를 추상하며 어두운 눈물로 옷소매를 적시는 것을 몰랐다.

오늘밤 마고에서 20리 정도 상류에 닻을 내리고 정박하게 되었다. 태양은 오후 8시 경에 저물었지만 남은 빛은 여전히 길어 서쪽 하늘에 남아 있고 9시반경이 되어 비로소 한밤중이 되었다. 나는 여기에서 삭북의 큰 강 대동강 위의 손님인 것을 느낄 수밖에 없었다.

7월 6일 오전 2시 배는 닻을 올려 계속 강을 기슬리 올라갔다. 말할 필요도 없이 치루에 갈 목적이다. 얼마 안 있어 치루에 도착하고 상륙하여 2시간 반 정도 이곳에서 조사를 하고 또 작년 방문했던 길랴크족의 집에 가서 사진을 촬영하기도 하고 측정하기도 하고 여러 가지 조사를 하였다. 또 다시 영령사(永寧寺)의 유적, 당시 비문이 있었던 구릉에 올라가 보았다. 그곳에서 있는 미까에루 사원도 역시 작년 빨치산 때문에 황폐해져 장엄한 아름다움은 어느 정도 잃어 버려 처참한 상태가 되어 있었다. 그리고 이곳에 있던 승려 및 그 자식 등도 그들 때문에 살해되었다. 사원 옆 유리창에 살고 있던 두 사람의 자녀는 당시 참화에서 살아 남았다. 작년에 왔을 때 나는 이 사원에서 휴식하고 점심도 먹고 석기나 토기 등에 관한 이야기를 서로 나누고 또 옛 기와 등도 받았지만 지금 그 사람은 있지 않다. 그 뿐만 아니라 주변의 풍경도 어느 정도 변해 있다. 또한 근처에 살고 있던 러시아 사람도 살해되어 지금 살고 있는 사람은 다른 사람이다. 이곳에 살아남아 있는 사람은 대개 과격파에 속하고 있는 사람이다. 이와 같이 가는 곳마다 느끼지 않을 수 없는 것이 없었다.

치루에서 충분히 조사를 하고 또 여러 가지 채집 등도 하고 배로 돌아왔다. 우리들이 돌아오니 배는 닻을 올리고 다시 출발하기 시작하였다. 미하이로수꼬에 부근에 오니 작은 나비와 같은 곤충이 날아와 식사를 하고 있는데 그릇 안에 떨어져 물을 마시려고 하니 입 주위로 날아와 정말로 귀찮다. 이 작은 곤충이 날아와 식사를 방해하는 것은 마미야씨의 『동달기행』에도 기술되어 있는데 100년이 지난 오늘도 역시 똑같은 상태이다. 기선을 타고 난 다음 조금 추위를 느끼게 되었다. 마미야씨가 이곳을 통과한 것도 7월이다. 역시 추위를 느꼈다라고 서술하고 있는데 나도 똑같은 계절에 똑같은 곳을 통과하고 똑같이 곤충 때문에 곤란하기도 하고 추위를 느꼈기 때문에 뜻밖에도 마미야씨가 여행하였을 때를 떠올렸다.

배가 점점 나아감에 따라 양쪽 해안의 촌락이나 연결되어 있는 배 등을 계속 보면서 오후 8시 반 마린스크로부터 약 12리 떨어진 곳에 닻을 내렸다.

다음 7일 짙은 안개 때문에 사방을 판별하는 것은 어렵다. 할 수 없이 임시로 정박한 대로 안개가 걷히기를 기다렸다. 얼마 안 있어 오전 6시경 안개가 걷히기 시작하여 배를 출발하였다. 7시 20분경 니항환(泥港丸)이 와서 본선을 맞이해 주었다. 그 배와 계속 앞뒤로 항해하면서 8시 20분 마린스크에 도착하여 상륙하였다. 이곳에서 일행 중 주요한 사람들과 헤어지게 되었다. 일행 중 주요한 사람들은 그 후 소피스크에 가려고 하는 것이었는데 나는 별도로 그곳에 동행할 필요가 없기 때문에 이곳에서 기지호수로 가서 데까수또리 쪽으로 돌려고 하기 때문에 참모인 나까무라 중좌 외 두 명과 나 그리고 미야사까씨와는 별도로 일행이 되어 석유 발동기선을 타고 마린스크를 출발하였다.

1-4 _ 기지호수에서 산림지대를 횡단하다

8시 5분 마린스크를 출발하여 헤이룽 강에서 돌아 기지호수로 들어갔는데 다만 한 면이 잔잔한 호수가 넓게 펼쳐져 어디가 호수인가, 어디가 헤이룽강인가를 구별할 수 없다. 우선 입구에서 오른쪽에 있는 헤루마의 길랴크족의 촌락을 본 후 드디어 기지호수에 들어갔다.

기지호수는 어제 내린 비로 어느 정도 물이 불어 있었다. 그 깊이는 지금 어느 정도인가 모르지만 평수(平水)로는 깊은 곳이 1장(丈) 이상이고 낮은 곳이 5척 정도라고 이야기되고 있다. 그렇지만 비가 내리지 않을 때가 되면 물이 줄어들어 가장 깊은 곳이 8척 정도가 된다. 따라서 낮은 곳은 배가 나아가는데 매우 곤란하다. 호수는 매우 넓고 직경 15리나 되며 잔잔한 수면은 마치 거울과 같고 서쪽에 접해있는 하나의 높은 산이 구슬의 모습을 비추고 있는 그야말로 풍경은 매우 좋다. 발동기선이 점점 호수 중심으로 향해 나아감에 따라 물 가운데에서 커다란 고기가 갑판으로 뛰어오를 것만 같다. 이것은 물이 낮기 때문에 고기가 배에 닿아 놀라 뛰어 오르는 것이다. 그것으로 호수에 고기가 많이 있다는 것을 알 수 있다. 이렇게 하여 오전 11시 20분경 기지에 도착하였다.

상륙하니 그곳은 구릉으로 침엽수가 대단히 많다. 그곳의 나무를 잘라내어 길을 내고 일본의 수비대가 주둔하고 있다. 길랴크족이 고기를 파는 듯한 집도 두세 채 보인다. 일행은 그곳에서 점심식사를 마치고 상자마차를 타고 데까수또리로 향했다. 시간은 0시 48분이다. 도로 좌우는 그야말로 침엽수의 산림이다. 수년전 러시아 정부는 이 대산림을 채벌하여 도로를 만든 것이다. 그러므로 폭이 넓은 큰 길로 차마(車馬)가 통과하는데 지장이 없다. 가도 가도 좌우의 대산림은 울창하여 어디까지 계속되는지 모른다. 이러한 곳을 통과하는 것은 일종 엄숙하지만 상쾌한 기분이 든다. 무성한 나무 사이를 다람쥐가 가지에서 가지로 뛰어 넘는 모습이라든가 새들이 지저귀는 소리가 되울리는 것과 같은 곳은 실로 심산유곡이라는 엄연한 느낌이 든다. 또 곰 발자국 등도 여기저기 남아 있다. 4, 5일전 이 길을 통과한 장교가 갑자기 곰을 만났다고 하는 것은 일본에서는 조금도 들을 수 없는 이야기이다. 이 산림은 그야말로 시호테아린 산맥의 대산림의 일부로서 앞쪽이 어디까지인가 모를 정도이다. 한 번 그 산림 속에서 길을 잃게 되면 이미 나오는 것은 불가능하다. 나는 눈앞에 이와 같은 산림을 본 것에 대해서 일종 말하지 않으면 안 되는 깊은 느낌이 들었다. 그리고 그 사이에는 인가라고는 한 채도 없다. 산림지대를 도로로 닦은 것이기 때문에 물론 인가가 있을 리가 없다.

    이와 같은 사람이 없는 산림사이의 도로를 점점 나아가서 오후 4시 10분경 중단장소라는 곳에서 휴식을 취하였다. 그곳에서 잠깐 쉬고 다시 출발하여 일명 천리고개라는 곳에 오니 산림이 얼마간 줄어들었다. 그리고 오후 7시 반경 데까수또리에 도착하였다. 기지 호수에서 이곳까지 길이는 약 15리, 그 긴 구간 그야말로 산림지대를 횡단하여 왔다는 것을 알 수 있다. 이 산림은 이 방면뿐만 아니라 시호테아린 산맥 일대에 완연하게 계속되고 있는 것으로 그것을 보아도 얼마나 연해주, 사할린주에 수목이 풍부한 것인가라는 것을 알 수 있다.

17

인류학자와 일본의 식민지 통치

1. 다시 북사할린으로

1-1 _ 알렉산드로프스크항 부근에 대한 조사

데까수또리에 도착하자마자 우리들은 바로 히가시후루사또마루에 승선하였다. 히가시후루사또마루는 미리 와서 우리 일행을 기다리고 있었던 것이다. 이렇게 하여 그 다음 날 오후 8시경 이곳을 출발하여 알렉산드로프스크항으로 향하였다. 이 날 바다 위는 매우 잔잔하였다. 7월 9일 이른 아침 배는 알렉산드로프스크항에 도착하였다. 속히 상륙하여 앞서 머문 여관에 여장을 풀었다. 이 날 나는 미야사까씨와 함께 이 지역 부근을 조사하기 위해 나와 기독교회당이 있는 구릉 옆에서 석기시대의 유적을 발견하였다. 그리고 그곳에서 석기, 토기 등을 채집하고 이 부근에도 역시 석기시대의 유적이 존재하였다는 것을 알았다. 오늘은 주로 이 부근을 조사하는 데 보냈다.

그 다음 날 10일 오전에도 미야사까씨와 함께 어제 발견한 석기시대 유적을 조사하기 위해 갔다. 그 때 상황이 좋은 것으로는 삿뽀로 대학에서 이노우에(井上)씨가 와 있었기 때문에 그와 함께 가서 지질적인 것에 대해서 크게 편의를 얻었다. 이곳에는 퉁구스의 추장인 야쿠트 사람 위노꼬로프라는 사람이 알렉산드로프스크항에 와 있었기 때문에 그 사람에게 퉁구스나 길랴크족에 대해 여러 가지를 듣고 매우 유익하였다. 이 사람은 어느 정도 이지(理智)에 밝은 사람으로 보기 드문 사람이다. 러시아어 등도 매우 유창하고 러시아의 책 등도 자유롭게 읽을 수 있다. 더욱이 여기에서 상황이 좋았던 것은 츠이무강의 수비대장인 무로오까(室岡) 대위 및 치야이오 수비대장인 오다(太田) 소좌도 이곳에 와 있어 다음날 이곳을 출발하는 데 나와 동행하려 한다는 이야기이다. 나는 원래부터 이들의 신세를 질 생각이었기 때문에 동행(同行)은 그 어느 것보다도 원하는 것이었다. 그래서 동행에 관한 상담이 갑자기 성립하였다. 또 내가 작년 남사할린의 뽀로나이강 방면을 조사 여행하였을 때 크게 신세를 진 나리또미(成富)라는 사람도 때마침 이곳에 와 있었기 때문에 이 사람으로부터도 편의를 받아 여러 가지 이야기를 나누었다. 우선 오늘은 츠이무강 유역의 길랴크족 조사 여행을 위한 준비로 하루를 보냈다.

1-2 _ 츠이무강 유역의 탐험

츠이무강은 뽀로나이강과 함께 사할린에서 2대 강으로 사할린 중앙에 솟아 있는 분수령을 경계로 뽀로나이강은 남사할린을 북쪽으로부터 남쪽으로 종류(縱流)하고 츠이무강은 북사할린을 남쪽으로부터 동북쪽으로 횡단하고 있다. 그와 동시에 사할린 원주민 서식지의 중심이며 각종 민족이 이 강반에 많이 집중되어 있다. 나는 작년 남사할린을 여행하고 뽀로나이강 유역을 조사하였는데 이번은 츠이무강을 주로 조사할 생각이다.

7월 11일 드디어 츠이무강 유역 조사에 들어갔다. 오전 7시 반 넘어 자동차에 타고 숙사를 출발하였다. 동행자는 미야사까씨, 누이오의 수비대장 무로오까(室岡) 대위, 치야이오의 수비대장 오다 소좌 및 병졸들이었다. 우선 자동차는 제1 아루꼬, 제2 아루꼬를 통과하여 고개에 올라 내려가니 츠이무강 상류에 도달하였다. 때때로 날씨가 나빠져 소량의 비가 내리기 시작하여 도로가 진흙이 되어 나아가는 데 곤란하였다. 그래서 할 수 없이 그 날은 데루빈스꼬프 수비대장의 숙소를 들러 그곳에서 점심식사를 마치고 오후 그 부근의 농사시험장을 방문하여 조사한 후 데루빈스꼬프로 돌아왔다. 오늘은 츠이무강 유역 조사에 관한 여러 기술(記述), 일기 등을 정리하면서 시간을 보냈다.

그 다음 날 12일 오전 8시 데루빈스꼬프를 출발하여 츠이무강을 따라 내려갔다. 나의 일행은 마차로 삼림 사이로 나무를 잘라 형성된 도로 위를 달리게 되어 삼림지를 걷는 것과 거의 차이가 없다. 좌우로 보이는 것은 다만 수목 정도이다. 그 도중에 우수꾸로세이 또수꼬프라는 30호 정도의 러시아 사람들의 마을이 있다. 그 다음 더 나아가 우수까오라는 곳에서 잠깐 하차하였다. 이 마을은 츠이무강의 지류에 접하여 러시아 사람들이 14호 정도 거주하며 귀리를 재배하고 있었다. 11시 5분 수라타라는 부락에 도착하여 하차하여 점심식사를 마쳤다. 이곳은 러시아 사람들의 호수가 17채 정도이다. 이 하안(河岸)에 길랴크족의 촌락이 있다. 이곳을 12시 경에 들러 역시 삼림 사이를 통과하기를 수리(數里), 그 사이에도 촌락이 약간 있다. 오후 3시 아다츠이무에 도착하였다.

이 아다츠이무라는 곳은 츠이무강에 배를 띄운 최초의 장소로 그보다 상류는 물이 낮고 더욱이 급하여 배가 통과하는 데 곤란하다. 이곳으로부터 배를 띄우면 츠이무강을 점점 내려가 오호츠크 연안까지 갈 수 있는 것이다. 이곳의 토지는 매우 개척되어 러시아 사람의 호수가 33호에 달하고 있다. 그리고 교회도 있으며 학교도 있고 우선 정리된 마을이다. 이곳에 이주해 살고 있는 사람들은 러시아에서도 남러시아의 우크라이나 지역의 사람으로 우크라이나 풍의 작은 초가집이나 물을 빨라 올리는 고표병(高釣瓶) 등 일종의 풍속이 보인다. 러시아 사람은 모두 우마(牛馬)를 방목하고 귀리나 감자의 일종인 마령서(馬齡薯) 등을 재배하고 있다. 이곳은 본래 길랴크 족이 살았던 곳이지만 점점 러시아 사람들에게 밀려서 지금은 어느 정도 하류로 가지 않으면 볼 수 없다. 러시아 사람은 사할린의 서해안으로부터 점점 이식(移植)하여 츠이무 강반(江畔)의 아다츠이무가 그들의 최종 개척지라고 말해 주었다. 내가 도착한 날 등은 러시아의 축제로 보이고 마을의 남녀가 옷을 갖추고 춤 등을 추면서 매우 북적거렸다.

이 아다츠이무는 지금도 서술한 바와 같이 배를 띄우는 데 가장 좋은 곳이다. 츠이무강은 이곳에 이르러 양안(兩岸)으로 열려 물의 흐름도 완만하게 되고 강의 폭은 약 200미터 정도이다. 그래서 우리들 일행은 이곳에서 배를 띄우게 되었다. 거기에 도착하여 이곳에 주둔하는 일본 수비대장이 배를 준비해 주어, 통나무배 모두 12척을 빌리게 되었다. 이 통나무배는 길랴크 족의 토착민 15명 정도가 같이 타고 조종한다. 그 가운데 두 사람은 아이들이다. 승객은 나와 미야사까씨, 수비대장 외에 소위 모씨, 병졸 4명, 모두 각각 배에 나누어 탔다. 오늘은 아침 일찍부터 날씨가 좋고 모두 활기차게 오전 4시 반에 숙사를 나와 배에 탔다.

양안(兩岸)에는 버들나무나 그 외 나무가 무성하게 자라고 있으며 살아있는 듯한 풍경은 기분이 좋다. 점점 물 흐름을 따라 내려가니 비루보아, 꼬무라오 등 길랴크족의 마을이 있다. 이 주변에 제비가 무수히 서식하고 있으며 모두 해안의 흙 속에 구멍을 파고 그곳에 둥우리를 치고 있다. 배가 나아가 거기에 가깝게 가니 구멍에서 날아 나온 무수한 제비들이 배 앞뒤에서 모여 날개 짓을 하는 모습은 실로 멋진 광경이다. 그것을 예로 들어 보면 인간이 혈거(穴

居)하고 있는 것과 같은 곳이다. 또 양안의 절벽 높은 상공에 독수리가 날개를 흔들며 날아가고 있는 것이 보인다. 이러한 것들은 북방이 아니면 볼 수 없는 광경이다. 얼마 동안 나아가니 치레온이라는 마을에 상륙하였다. 이것도 길랴크족의 거주지로 즉 아다츠이무 길랴크라는 것은 이곳이 우선 본거지이다. 나는 이것을 조사하기 위해 상륙한 것이다. 인가는 여러 호 있으며 그 구조는 교창식의 고창(高倉) 등도 존재하고 있으며 어느 정도 고풍(古風)이 남아 보인다.

　치레오 길랴크 조사를 마치자마자 또 배를 타고 하류 쪽으로 나아가 10시경에 기리온이라는 마을과 우일꾸린이라는 마을 사이에 배를 정박하고 점심식사를 하였다. 11시경에 배를 출발하여 나아갔는데 때마침 도중에 츠이무강 하구에 있는 누이오라는 곳에서 북쪽에 용무가 있는 육군 군의가 타고 있는 통나무배가 왔다. 서로 여러 가지 이야기를 나눈 후 더 나아가 오전 1시 반 우일꾸린에 도착하였다. 아다츠이무로부터 이곳까지의 거리는 7리 정도이다. 이곳은 길랴크족의 마을로 러시아 사람 1채만 목축하고 있다. 나는 처음 이곳에 상륙할 생각이었는데 어떻든 돌아갈 때 조사하면 된다 생각하고 미루었다. 이 주변은 강 밑에 새조개가 많이 있으며 물위에서 투과하여 볼 수 있다.

　그 다음 점점 나아가 쁘브니강 남쪽으로 1리쯤 모래톱 위에 배를 정박시켰다. 츠이무강은 하류로 나아감에 따라 굴곡이 많고 이러한 곳에는 모래톱이 여기저기 생겨 있다. 모래톱은 평탄하고 그곳에 배를 묶어두고 휴식을 취하기에 좋다. 그러므로 이 강을 왕래하는 사람은 어느 때든 이 모래톱을 이용하여 그곳에 상륙하여 식사를 하기도 하고 숙박을 한다. 이와 같은 때는 모래톱 위로 배를 끌어올려 느긋하게 준비를 하는 것이 보통이다. 나는 츠이무강 하강(下降) 첫째 날에 이 모래톱 위에 텐트를 치고 시험 삼아 숙박을 한 적이 있다.

모래톱에 상륙하여 야영하기로 하였는데 사방에서 무수한 모기가 달려들어 참기 힘들었다. 대개 사할린 등을 여행하다보면 모기 때문에 괴로움을 당하는 일은 보통인데 그러나 이곳은 그것이 매우 심하다. 이것은 이 강 양안(兩岸)이 삼림지대이기 때문에 이와 같이 모기가 많은 것을 생각할 수 있다. 이곳의 지명을 길랴크에서는 테레븐돗크라고 말하고 있다.

14일 아침 일어나 텐트 밖으로 나와 보니 비가 많이 내리고 바람도 상당히 강하게 불고 있었다. 오전 7시 경 모두 눈을 떴는데 모기가 많이 모여들어 기분이 안 좋았다. 사람 몸에 달라붙어 여기저기를 가리지 않고 문다. 그래서 우리들은 모자라든가 마포로 얼굴을 가리고 손에는 손수건을 감아 그것을 물리치는 것 외에는 방도가 없었다. 이렇게 곤란을 겪고 있는 동안에 날씨가 마침 회복하여 비도 멈추었으므로 오전 9시경 출발하게 되었다.

배는 점점 하류로 나아갔는데 좌우의 광경은 어제와 같이 모두 울창한 삼림지대이다. 강을 따라 가는 곳에는 버들나무가 많다. 강물은 줄곧 해안을 씻겨 내리고 때마침 자란 버들나무를 씻겨 내고 그 뒤로 또 버들나무가 자라고 또 씻겨 가는 상태이지만 어떻든 이 주변에는 버들나무가 많다. 모래로 이루어진 작은 섬을 보니 커다란 곰 발자국이 나 있다. 이 부근에 곰이 서식하고 있으며 때때로 강으로 물고기를 잡기 위해 내려온다는 것을 이것으로 알 수 있다. 하안의 절벽에는 석회층(石灰層)이 노출되어 있는 곳이 보인다.

이렇게 하다 보니 누인강의 합류점에 왔다. 이 누인강은 츠이무강으로 흘러들어가는 각 지류 가운데 가장 커다란 강이다. 이 주변의 강안에도 석회층이 노출되어 있다. 어제 경과한 곳에서 우선 길랴크 토착민의 분포가 끊어져 있어 오늘 경과한 곳에는 전혀 원주민의 가옥을 볼 수 없다. 그 다음 밑에 이르기까지 무인(無人)의 경계를 배는 달리는 것이다.

10시 50분 역시 강 가운데의 모래톱 위로 배를 묶어두고 점심식사를 하였다. 이 사이에 배에서 어느 길랴크족의 신체를 측정하기도 하고 사진을 촬영하였다. 얼마 안 있어 배를 출발하려 하니 하필이면 날씨가 변하여 비가 내리기 시작하였다. 그렇지만 서둘러야 하는 여행이기 때문에 오후 1시 비를 무릅 쓰고 배를 움직였다. 사정이 좋게도 비가 멈추고 모두 기뻐하고 하강(下江)을 서둘렀다. 좌우 삼림지대 고요하고 사람의 모습이 없으며 다만 수목들이 묵묵하게 서 있는 것과 창천(蒼天)이 높고 화창한 날에 흰 구름이 왔다 갔다 할 뿐이다. 눈에 보이는 천연, 여념 없이 조화(造化)라는 생각에 잠기는 느낌이다. 강은 예전과 같이 굴곡을 지으며 흐르고 있다. 그것에 따라 배도 오른쪽으로 왼쪽으로 흔들리고 오후 6시 빠루까타 상류 1리쯤에 도착하였다.

　　벌써 해 저무는 것이 가까워졌기 때문에 지금 이 근처에서 노숙하자고 하여 모래톱에 배를 묶어두고 저녁식사를 마쳤다. 그러나 일행 가운데 빠루까타에 가서 노숙하자는 사람이 있어 여러 가지 상담을 하였는데 대부분의 의견은 오히려 흐름에 맡기고 누이오에 가는 것이 좋다는 것으로 결정되어 모래톱 위의 노숙을 중지하고 다시 배를 탔다.

　　때로 짙은 안개가 밀려 와서 황혼의 색과 서로 조화를 이루면서 날이 저물기를 재촉하였다. 벌써 주변에 보이는 것은 없고 점차로 암흑이 밀려들어 강 위를 배는 천천히 내려간다. 무엇인가 여행의 애처로움을 느끼게 하였다. 다행히 동행의 병사 가운데 홋까이도 출신들이 많고 모두 노래를 잘 부르며 마츠마에(松前) 명물의 민요 등을 노래하며 신명나 있기 때문에 갑자기 적막함을 잊고 배 안은 기운이 돌았다. 길랴크족은 교묘하게 노를 저어 어두운 강을 내려갔다. 우리들은 배 밑에 편안하게 잠을 청하고 꿈을 꾸었다.

　　오전 3시경 눈을 뜨니 배는 짙은 안개 속을 계속 나아가고 희미하게 좌우 해안의 나무들을 판별할 수 있을 뿐이다. 이 하안의 수목은 해안 밑 물 끝까지 밀생(密生)하고 있으며 일종 무서운 느낌이 들었다. 자는 것도 아니고 깨어 있는 것도 아니고 꿈을 꾸는 사이에 배는 점점 물 흐름을 따라 내려갔다. 이렇게 하여 오전 6시 경 배는 드디어 누이오에 도착하였다.

1-3 _ 오호츠크의 해안지방

누이오는 일본 주둔병의 영소(營所)가 있는 곳으로 이곳을 길랴크족은 누이브리츠크라고 부르며 본래 누이오라는 길랴크의 촌락이 있는 곳에서 어느 정도 떨어져 있다. 본래의 누이오는 츠이무강 하구 부근에 있는 것이다. 이 주변 하안이 점차로 낮아지고 앞의 해안은 역시 침엽수의 수목이다. 그러나 소위 툰드라 지대는 벌써 점점 가까워오고 있다. 이곳에 지금 우리 일본의 병영이 생겨 있지만 그 이전 이 부근일대는 모두 삼림이었다. 그것을 벌목하여 병영을 만든 것이다. 그러므로 병영 주위는 역시 삼림이다.

우리들은 누이오에 도착하자마자 바로 병영을 방문하고 그곳의 상수(上水)를 이용하여 목욕을 하니 크게 기분이 좋았다. 이 지역에는 일본의 병영 외 인가는 한 채도 없다. 아침식사를 마치고 나는 미

그림 24 _ 고리도의 무녀로서 손에 가지고 있는 것은 샤만의 큰 장고이다.

야사까씨 및 소위 우메츠(梅津直四郞)씨와 함께 병영에서 약 3천 미터 거리에 있는 수혈을 조사하기 위해 갔다. 그곳은 삼림지대인데 수혈이 30개 정도 있었다. 그리고 수혈 옆에 또 우물과 같은 웅덩이도 남아 있다. 그 다음 치야시와 같은 것도 3단의 절벽을 이루고 있어 그곳에 역시 수혈의 흔적도 알 수 있다. 치야시의 주변에는 호(濠)가 존재하고 있으며 크게 요해(要害)로서 좋은 곳이 되어 있다. 이 수혈 및 치야시 가운데를 조사해 보면 역시 석기나 토기가 나온다. 그래서 분명하게 석기시대의 유적이라는 것을 알 수 있다. 이 부근에 수혈이 매우 많다. 석기시대의 인간이 당시 이곳에서 취락을 이루고 있었다는 것을 알 수 있었다. 이 주변 일대가 삼림지대 임에도 불구하고 이와 같이 유적이 많은 것을 보면 석기시대의 당시에는 많이 사람이 살고 있었고 그 후 사람이 살지 않게 되어 삼림이 되었다고 생각한다. 이와 같이 보면 이 지역에는 매우 이전 시대부터 사람이 살고 있었다는 것을 생각할 수 있는 것이다. 나는 이 수혈 및 치야시 등의 석기시대의 유적을 조사하면서 오늘 하루를 보냈다. 병영에 돌아온 후 어제 측정을 하고 남은 길랴크족 토착민을 측정하고 취침하였다.

16일 아침 빨리 일어나 6시 40분 치야이오의 수비대장과 함께 출발하였다. 치야이오 방면을 조사할 생각이기 때문이다. 전과 마찬가지로 길랴크의 통나무배 2척에 나누어 타고 점점 츠이무강을 내려갔다. 이 주변 강의 폭은 200 미터정도이다. 양안(兩岸)은 이전과 같이 침엽수의 지대이며 때때로 그 사이에 툰드라 지대가 곳곳에 보이고 있다. 지세가 점점 계속 변하는 것은 그것으로 대개 알 수 있다. 이와 같은 풍의 단조롭고 무서운 지역을 2리 정도 나아가니 앞의 모습이 갑자기 변하여 넓게 펼쳐진 툰드라지대가 나타났다. 그리고 그곳에 순록(馴鹿)이 20마리 여기저기에서 거닐고 있는 것을 보았다. 이것은 수비대에서 오로촌 마을로부터 순록을 사들여서 이곳에서 방목하고 있는 것이다. 광막한 툰드라 지대에서 순록이 무심하게 여기저기 방황하고 있는 모습은 진기하게 생각되었다. 그러나 이 주변은 아직 전부가 툰드라 지대가 아니다. 삼림지대와 툰드라지대가 상호 착종하고 있는 곳이다. 이렇게 삼림지대 혹은 툰드라지대를 좌우로 계속 보면서 1리 정도 나아가니 처음으로 하구가 나왔다. 이 주변 강의 폭은 약 450미터, 정확하게 일본의 4리 정도에 해당한다. 이 하구를 나오니 누이스키만이 되고 지형이 변하여 해안 주변에 가는 모래톱이 생기고 그 사이에 바닷물이 들어와 하나의 만(灣)을 이루고 있다. 만 안의 물은 매우 얕다. 이 구릉과 해안 사이에 모래톱이 발달하고 그것 때문에 호수와 같은 상태가 되어 있는 곳이 여기저기에 있다. 이 지형은 정확하게 단고[丹後 : 교토부(京都府) 북부의 옛 지방 이름 — 역자 주]의 천지교립(天之橋立)과 닮아 있다. 또 일본 해안에 산포하고 있는 호수와 같은 것이다.

이 누이스키만의 폭은 정확하게 1리 정도인데 이 만내를 역시 1리 정도 나아가니 누이오의 길랴크 촌에 도착하였다. 때는 오전 10시 반이다. 이곳에서 여러 가지 조사를 하였다. 그것을 마치자마자 다시 배를 저어 드디어 그 만의 입구 바다에 접하는 곳에 왔는데 이곳은 모래톱이 높게 형성되어 그 위에 북신회(北辰會)의 출장소 등이 보인다. 호수 위에는 일본의 군함이 1척 정박해 있다. 이 만의 입구 즉 바다로 이어져 있는 곳에는 만내의 물과 해수가 줄곧 드나들기 때문에 파도도 의외로 거칠다. 그 사이에 바다표범이 헤엄치고 있으며 머리를 내밀기도 하고 들어가기도 하고 있는 상태는 실로 기관(奇觀)이다.

점점 배를 움직이고 있는 사이에 모래톱의 한 구석에 오롯꼬 사람의 마을이 있어서 그곳으로 배를 붙이고 그들을 촬영하기도 하고 조사하기도 하고 또 그곳을 떠나 남쪽으로 나아가 타까로라는 길랴크 촌락에 도착하였다. 그곳에서 점심 식사를 마치고 오전 11시 반경 다시 배를 움직였다. 그 주변 만내의 물이 매우 낮게 되었다. 그리고 물풀이 무성하여 배를 조종하는 데 매우 곤란하다. 물의 깊이는 약 1척 정도이며 배 밑이 진흙에 붙을 뿐만 아니라 물풀에 걸려 배가 나아가지 않는다. 그래서 뱃사공이 물속에 들어가 배를 밀고 가는 것이다. 이렇게 가고 있는 동안 타루기의 오롯꼬 마을에 도착하였다.

    타루기의 해안에 배를 묶어두고 우리 일행은 상륙하였다. 이 오로츠꼬 촌락은 툰드라 지대 위에 있으며 그들은 그곳에 텐트를 치고 생활하고 있으며 그 풍속, 습관은 길랴크족과 매우 다르다. 나는 그들 집을 방문하여 여러 가지 조사를 하고 마친 후 또 배를 타고 오후 8시경 라리오의 길랴크족 촌락에 왔다. 이곳에는 여러 채의 길랴크족 가옥이 있으며 모두 상당히 부유한 생활을 하고 있다. 일본의 역사(驛舍)도 이곳에 설치되어 있기 때문에 우리들은 상륙하여 그곳에 투숙하고 저녁 식사를 마친 후 잠을 청하였다. 오늘 밤 하늘이 맑고 10일 정도의 달이 맑게 중천(中天)에 떠서 맑은 빛이 창가에 가득 비추어 기분이 좋다. 이 마을의 모래톱을 조금 가니 바로 오호츠크해의 물결이 밀려오는 곳으로 왔다. 달에 대해 이 끝없이 넓은 오호츠크의 대해(大海)를 바라보니 일종 말할 수 없는 정취를 느끼는 것이다.

18

인류학자와 일본의 식민지 통치

1. 길랴크와 오로츠꼬 사람(오로촌)의 거주지

1-1 _ 툰드라 지대 조사

7월 17일, 오전 3시 일어나 준비하여 4시에 배를 움직였다. 날씨가 쾌청하고 태양이 동쪽 하늘에 빛나기 시작하고 하늘도 물도 홍색을 띠고 매우 기분이 좋다. 바람도 알맞게 불기 시작하고 그것도 순풍이기 때문에 바로 닻을 올리니 배도 기분 좋게 달린다. 얼마 동안 있으니 바람도 멈추었기 때문에 노를 저어갔다. 왼쪽으로는 툰드라 지대 저 건너편에 고립한 산 등을 보며 오른쪽으로는 긴 모래 해안이 제방과 같이 길게 뻗치어 있는 것을 보면서 점점 나아갔다. 만내는 폭 1리 정도이고 물이 낮게 되어 물 속에 진고(眞菰 : 포아풀과에 속하는 물풀 – 역자 주)가 자라고 있다. 이 진고 안에는 여기저기에 두약화(杜若花)가 아름답게 피어 있다. 그야말로 수향(水鄕)의 경치로 그 가수미가우라(霞ヶ浦 : 일본 이바라키현 동남부에 있는 호수 – 역자 주)의 데지마(出島)를 연상시킨다. 왼쪽의 툰드라 지대가 멀리 전개되고 있는 저 건너편에 독수리인지 고립한 산 높이 보이는 것은 츠꾸바산(筑波山)이라고나 할까. 그리고 통나무배가 진고 사이를 조용히 헤치고 나아가니 바스락 바스락 소리가 나는 등 무엇인가 느낌이 좋은 곳으로 그곳에도 두약화가 피어 있는 풍경은 아무리 보아도 데지마와 같은 기분이다.

이와 같은 수향의 기분을 계속 맛보면서 배를 움직여 나아가니 아수까사이강 입구의 구릉에 있는 우루보의 오로츠꼬 촌락에 도착하였기 때문에 나는 상륙하였다. 그 우루보 마을은 일명 아수까사이 촌이라고도 부르고 있다. 이곳에 한 채의 텐트를 친 집이 있고 여러 사람들이 살고 있다. 그곳에서 여러 가지 그들에 대해 조사하기도 하고 또 사진을 촬영하기도 하였다. 그것을 마치고 또 배를 만에 띄웠는데 바람이 갑자기 불어오기 시작하였다. 다행히 순풍이었기 때문에 닻을 올려 나아가니 배가 나아가는 속도가 매우 빠르다. 이렇게 하여 12시 10분경 무사히 치야오 병영에 도착하였다.

상륙하여 수비대장실에 들러 여러 가지 담화를 나눈 후 병영 부근에 있는 석기시대의 유적을 조사하였다. 이 병영 옆은 오래된 원주민의 취락이었던 것으로 보이고 수혈이 상당히 많다. 그것을 하나하나 조사하고 또 발굴하여 토기, 석기 등을 수집하였다. 이곳은 일본 주둔병의 영사(營舍)가 있을 정도이고 원주민은 한 사람도 살고 있지 않다. 그렇지만 그렇게 오래되지 않은 이전에 길랴크족이 살고 있었던 것으로 보이고 길랴크족의 교창식 건물이 막 허물어져 여기저기에 남아 있다. 토지는 툰드라 지대로 작은 식물이 여기저기에 많이 있다. 요컨대 툰드라 지대에 수혈이 있고 패총도 남아 있다. 당시 사람들은 조개를 먹고 또 새나 짐승 등도 먹고 먹은 껍질을 버린 흔적이 바로 패총이다. 이와 같은 오로츠꼬 연안이 매우 춥고 적적한 툰드라 지대에 석기시대의 인간이 살았고 또한 토기도 만들고 있었다는 것은 어느 정도 흥미로운 점이다. 이와 같이 이전은 사람이 많이 살던 곳에 지금은 오히려 한 사람도 살고 있지 않다는 예는 매우 흥미롭다. 나는 오늘 태양이 지는 시간까지 석기시대의 수혈을 조사하는 데 보냈다. 어두워져서 숙사로 돌아가려는데 비가 뚝뚝 내리기 시작하였다.

그 다음 날 18일, 오늘은 이 부근을 조사하기 위해 이곳에 머물기로 하였다. 오전 8시 치야이오의 병영을 나와 그 건너편에 있는 길랴크족의 촌락을 찾았다. 이곳은 즉 치야이오 원주민의 촌락이다. 호수는 많고 우선 오로츠꼬 연안에서 큰 마을이다. 집은 교창식의 건물로 고창(高倉)도 존재하고 길랴크 족의 연구로서 이곳은 매우 좋은 곳이다. 이곳에서 여러 토속품을 채집하기도 하고 토속을 조사하기도 하고 혹은 원주민의 신체를 측정하기도 하였다.

이 길랴크족의 촌락에서 약간 가니 오로츠꼬 촌락이 있다고 하는데 나는 가지 않았다. 지금 길랴크족에는 샤먼이 살지 않는다. 그래서 오로츠꼬의 샤먼이 와서 길랴크족을 위해 오히려 기도를 가고 있다는 식이다. 치야이오의 원주민 촌락 해안에 석기시대의 유물이 포함된 층이 존재한다. 그 포함되어 있는 유물 가운데 순록의 뿔로 세공(細工)을 한, 거기에 골기(骨器) 등도 섞여 있다. 이것을 보면 석기시대 당시 살고 있던 인간들이 순록을 가축으로 하고 있었던지 혹은 야생의 순록을 사냥하여 잡았는가 알 수 없지만 어떻든 순록의 뿔에 세공(細工)하고 그 고기를 식용하고 있었던 것을 생각할 수 있다.

이곳 조사를 마치고 오후 5시경 병영으로 돌아왔다. 그 밤 대대장의 의뢰로 "시베리아의 민족"이라는 주제로 강연을 하고 마친 후 대대장과 함께 여담을 계속하니 밤이 깊어졌다.

나는 알렉산드로프스크를 출발하여 츠이무강 유역으로 들어가 그 유역 및 오호츠크 연안의 길랴크족을 보고 또 마찬가지로 오호츠크 연안에 사는 오로츠꼬를 본 것이다. 츠이무강 유역은 길랴크족의 분포지대로서 가장 주의를 기울일 만한 곳으로 오늘날 시베리아 대륙 및 이 사할린 섬에서 길랴크를 조사하는 데 가장 가치가 있는 장소이다. 촌락 수도 비교적 많고 인구도 따라서 많다. 또한 북 사할린의 서해안에 거주하는 길랴크 족과 같은 경우는(대륙의 길랴크 족은 물론) 어느 정도 러시아화되어 있는 것에 반하여 이 동해안에 거주하는 길랴크족은 그 고유의 풍속, 습관을 어느 정도 잘 보존하고 있다. 때문에 인종학의 관점에서 본래의 길랴크 족을 보기 위해서는 어떻든 이 츠이무강 유역의 그들에 의하지 않으면 안 된다. 또 츠이무강 하구로부터 오호츠크 연안에 걸쳐 살고 있는 치야이오, 누이오 그 외 길랴크 족도 주의를 기울일 만하며 그들도 러시아화되어 있는 경우는 매우 적다. 그들은 츠이무 강 유역의 길랴크 족과 함께 연구할 만한 가치가 있다.

또 오호츠크 연안 지방에는 오로츠꼬 촌락이 여기 저기에 있다. 그들도 오로츠꼬를 연구하는 데 주의할 만한 것으로 그들은 툰드라 지대에 순록을 이끌고 수초(水草)를 찾고 있는 오래된 이와 같은 곳을 일본의 부근에서 보는 것은 인종학 측면에서 매우 기쁜 느낌이 든다. 이와 같이 보면 츠이무 강 유역 및 오호츠크 연안이라는 것은 길랴크족 혹은 오로츠꼬족이 자연 그대로 생활하고 있던 상태를 보여주는 살아있는 무대와 같은 느낌이 드는 것으로 우리 인류학자들은 오늘날 문화가 상당히 진전된 시대에서 이와 같은 파노라마와 같은 이미지의 자연 무대에 그들이 자연적 생활을 영위하고 있는 것을 보는 것은 매우 사치스러운 느낌이 든다.

그들은 토속학, 인종학 측면에서 주의할 만한 가치가 있지만 또한 고고학상의 예로서 이 부근 일대 특히 툰드라 지대와 같은 곳에서 석기시대의 유적이 상당히 다수 존재하고 있다고 하는 것은 매우 놀라운 만한 것으로 그와 같은 황한불모(荒寒不毛) 토지에 석기시대의 매우 오래된 민족이 살았다고 하는 것은 아무리 보아도 오늘날 우리들은 생각할 수 없을 정도이다. 이와 같은 사실은 고대 인간이 기후라든가 토지라든가에 관계하지 않고 생활을 영위할 수 있는 곳에는 어디까지든 나아갔다는 것, 무엇인가 우리들에게 암시를 던져주는 것으로 생각할 수 있다. 그 조사 결과는 우리들이 작년 갔던 시베리아 조사와 함께 매우 유익한 사실을 우리들에게 가르쳐 주었던 것이다.

1-2 _ 다시 오호츠크 해

7월 19일, 이 방면의 조사도 대체로 마쳤기 때문에 돌아갈 생각으로 아침 일찍 일어났다. 또 출발 전 시간을 이용하여 오로츠꼬에서 순록을 끌고 와서 그것을 촬영하기도 하였다. 이와 같이 준비를 마치고 병영의 사람들에게 이별을 알리고 출발하였다. 대장 이하 정성스럽게 부두까지 전송을 해 주었다. 이번 돌아가는 길의 배는 통나무 배 2척으로 나하고 미야사카씨와 지난 번 동반한 1등졸(等卒) 오까다(岡田)씨와 함께 일행 모두 3명이었다. 오늘도 날씨 쾌청하고 만의 파도가 잔잔하여 배를 움직이는 데 매우 상황이 좋았다.

점점 앞서 온 배 길을 거슬러 올라가 치야이오 그 외 전에 배로 들렀던 지점을 회고하면서 나아갔다. 경치는 전날과 마찬가지로 수향의 정취는 아무리 보아도 질리지 않는다. 막 4리 반 나아가 에노와이라는 역사(驛舍)가 있는 곳에 배를 정박하고 그 곳에서 아침식사를 마치고 약간 휴식하였다. 그곳도 역시 툰드라 위에 있는 곳으로 일본 육군의 수송도 취급하고 두 사람의 병졸이 그곳에서 살았다. 겨울이 되면 그곳은 역시 썰매 길이 된다. 원주민은 이 부근에 살지 않고 사는 사람은 일본인뿐이다.

에노와이를 출발하여 얼마 동안 가니 지난 번 상륙한 오로츠꼬의 촌락에 도착하였다. 이 촌락 앞 수면에도 역시 진고가 무성하고 그 사이로 여기저기 두약화가 섞여 피어 있다. 무료한 배를 움직이는 데 크게 위로가 된다. 또 이 진고 중에 개개비(휘바람새과의 작은 새 - 역자 주) 그 외 새들이 노래하고 있는 것도 진기하며 어떻

든 카수미가우라(霞ヶ浦 : 일본 이바라기현 동부에 있는 호수-역자 주)의 수향의 정취를 생각하게 한다. 또 이전의 수미다가와(隅田川)의 하구도 이러한 정취의 풍경이었을 것이라고 생각하였다. 만약 나로 하여금 그 당시의 업적을 평하라고 하면 길랴크의 선두(船頭)를 향해 어느 새는 어떠한 새인가 묻게 할 것이었다. 이곳은 오호츠크의 해안으로 다만 폭이 좁고 천연의 방파제에 의하여 거친 바다와 거리를 두고 있으며 안에 잔잔한 만을 형성하

그림 25_아쿠트인의 풍속을 보여주는 것이다. 의복, 그 부속품, 중앙에 있는 것은 둥근 모양의 나무상자. 그 좌우는 샤먼 무당의 모형. 이러한 것들에 나타난 봉취 및 조각모양은 아름답고 정교함이 극에 달하고 있다.

고 있는 것이기 때문에 마치 관동(關東)의 해안에 있는 것과 같은 모습으로 늪 위를 노를 저어 가고 있는 것과 같은 기분이 든다.

배는 점점 나아가 다키 역사(驛舍)에 도착하였다. 이곳도 역시 육군의 역차(驛次)가 되어 있으며 두 사람 정도의 일본 병사가 주둔하고 있었다. 이 역사 옆에 길랴크 촌락이 있다. 이곳의 길랴크 족도 역시 고풍의 풍속, 습관을 가지고 있기 때문에 얼마 동안 배를 묶어두고 그들을 조사하였다. 그 후 그곳을 나와 드디어 만과 바다 사이로 계속되고 있는 입구로 돌아왔다. 이곳은 전에도 언급한 바와 같이 바닷물과 만이 줄곧 드나들어 파도의 움직임이 심한 곳인데 점점 물이 낮아져서 배를 움직이는 데 매우

곤란하였다. 그래서 타카로 부근에서도 한 것과 마찬가지로 노를 젓는 길랴크 족이 배에서 내려 바다 속으로 들어가 뒤에서 배를 밀어 겨우 나아갈 수 있었다.

그곳을 지나 점점 나아가니 누이오의 역사(驛舍)가 가까웠다. 그 역사 옆에 누이오의 길랴크 촌락이 있다. 이것도 매우 오래된 풍속, 습관을 가지고 있는 곳이다. 그곳에 상륙하여 저녁식사를 마치고 원주민의 조사를 한 후 또 출발하였다. 이곳에 오기 전에 길랴크 족이 통나무배를 타고 물고기를 잡고 있는 모습을 보았다. 그 방법은 나무를 두 개 세워 거기에 망을 붙이고 그곳으로 물고기를 몰아 잡는 것이다. 이와 같은 방식은 마미야씨의 『동달기행(東韃記行)』에도 언급되어 있는데 지금도 역시 많이 행하고 있다. 그리고 상당히 커다란 연어나 송어를 잡고 있다.

배는 드디어 누이오에 도착하였다. 태양도 벌써 서산에 걸쳐 있고 하늘은 바다색으로 맑게 개었고 그 사이에 일종의 색이 연한 구름이 떠 있으며 무엇이라고 형용할 수 없는 멋진 광경이다. 이렇게 보니 14일의 달이 지금도 동쪽의 파도 사이에 떠오를 판이다. 잔잔한 바다는 그 빛을 받아 금파, 은파를 떠올리고 통나무배가 그 위를 저어가는 모습은 실로 아름다운 광경이다. 물고기를 잡고 돌아가는 길랴크 족의 배도 그 사이로 서로 지나가면서 달빛을 받은 그들의 모습이 꿈과 같이 보이는 것도 재미있다. 나는 배 안에서 자면서 달을 보고 있는 동안에 어느 사이인가 배는 누이오의 병영이 있는 해안에 도착하였다. 그곳에 상륙한 것은 20일 오전 영시 10분, 달은 이미 중천에 높이 뜨고 한밤중이었다. 그렇지만 수비대장인 무로오까(室岡) 대위는 취침하지 않고 나를 기다리고 있었고 병영 내에서 잠깐 동안 서로 이야기를 한 후 잠을 청하였다. 오늘 온 길은 정확하게 20리 정도로 줄곧 통나무배의 여행이었다.

19

인류학자와 일본의 식민지 통치

1. 츠이무강을 거슬러 올라가

1-1 _ 누이오로부터 부부니까지

7월 20일, 오늘은 츠이무강을 거슬러 올라가는 날이다. 아침 일찍 일어나 출발 전 시간을 이용하여 병영 부근의 수혈을 조사한 후 오전 10시 25분 통나무배를 타고 누이오를 출발하였다. 중대 그 외 장교가 부두에서 전송해 주었다. 배는 3척으로 나와 미야사까씨 외에 병사 2명이 호위하여 따라가 주었다. 배를 젓는 길랴크 족은 6명으로 그 가운데 누이오 원주민이 두 사람, 다쿠라오 원주민이 세 사람, 데투무치 원주민이 한 사람이다. 전에 왔을 때는 내려가는 항로였기 때문에 쉬웠는데 이번은 물줄기를 거슬러 올라가는 것이기 때문에 전보다도 곤란하고 시간이 많이 걸렸다. 누이오의 병영을 출발한 곳은 거의 하구 쪽이기 때문에 물이 상류로부터 밀려 닫치어 흐름이 매우 급하다. 이곳에서도 바다표범이 물 속에서 머리를 내놓기도 하고 들어가기도 하면서 놀고 있는 모습이 매우 귀여운 느낌이다. 좌우의 연안에는 전에도 말한 바와 같이 수목이 무성하게 자라고 낮게 물에 접한 곳까지 와 있다. 물 속에까지 자라고 있는 수목은 주로 버들나무이며 언덕 위에 무성하게 자라고 있는 것은 많은 것이 침엽수이다. 이와 같이 간격도 없이 수목이 무성하게 자라고 있기 때문에 이 부근을 왕래하기 위해서는 통나무배로 강을 오르내리는 것 외에는 방법이 없다. 한 발자국 육지로 올라가면 바로 삼림이다. 이러한 삼림지대의 흐름을 거슬러 올라가 얼마 동안 가니 길랴크어로 오바카이라는 곳에 도착하였다. 시간은 12시 경이다. 이곳에 배를 묶어 두고 상륙하였다. 이곳에는 러시아 사람의 한 가족 부모 자식과 함께 6명만이 살고 있다. 이 러시아 사람이 살기 전까지는 사람이 살지 않는 삼림지대였다. 최근에 와서 수풀을 깎아 집을 짓고 어업을 하고 있는 것인데 수풀 가운데 한 채의 집이기 때문에 거의 삼림생활이다. 삼림을 잘라 사람이 생활을 하기 시작하기 위해서는 이러한 것이었을 것으로 느끼고 상당히 진기한 생각이 들었다. 집은 모두 교창식의 건축으로 나무를 조립하여 만든 것이다. 주인이 되는 러시아 사람은 매우 온화한 사람으로 내가 방문하니 여러 가지를 친절하게 이야기해 주었다. 나는 사탕 등을 선물로 주었는데 물자가 매우 부족한 때였기 때문에 크게 기뻐하였다. 이곳에는 러시아 사람 외에 원주민은 한 사람도 살지 않는다. 나는 이곳에서 점심식사를 마치고 다시 배로 계속 거슬러 올라갔다. 나는 배에서의 무료함을 이용하여 길랴크 언어를 원주민으로부터 들으면서 연구하고 또 그 풍속, 습관 등도 물어 얻은 바가 있었다. 양안(兩岸)의 삼림지대는 나무의 숫자가 점점 농밀하게 되고 그 사이를 전에도 이야기한 바와 같이 강의 파도가 굽이쳐 흐르고 있기 때문에 물의 흐름이 일정하지 않다. 그곳을 거슬러 올라가는 것이기 때문에 배를 젓는 원주민 및 병사의 수고는 안쓰러울 정도였다.

오후 7시 빠루카타의 입구에 왔다. 이곳에서 얼마의 거리를 거슬러 올라가 모래톱 위에 배를 들어 올리고 오늘 밤은 이곳에 텐트를 치고 야영을 하게 되었다. 이전과 같이 모기떼들이 사방에서 공

그림 26 _ 길림성 혼춘하 상류의 만주인의 남녀와 가옥. 문이 일본의 도리이, 그 외 유사한 점에 주의해라.

격해 와서 매우 난처하였다. 오늘밤은 정확하게 음력 15일 밤에 해당되기 때문에 달을 기대하고 있었지만 공교롭게 하늘이 가려 조금도 달빛은 보이지 않았다. 모기떼에 괴로워하면서 컴컴한 텐트에서 불안한 꿈을 꾸었다. 오늘 이동한 거리는 12리 정도로 츠이무강을 거슬러 온 것이다.

27일 오전 2시 반에 일어났다. 츠이무 강의 얼음 위에 아침 안개가 끼어 매우 기분이 좋았다. 그러나 전과 같이 많은 모기에 난처하였다. 어지럽게 공격해 오는 것을 막으면서 일찍 아침식사를 마치고 4시 15분에 출발하였다. 도중은 전날과 마찬가지로 양 해안의 삼림지대 사이를 파도가 굽이치는 가운데를 나아갔다. 10시 20분 경 치카룬이라는 곳에 도착하였다. 이곳에서 또 배를 해안에 올려놓고 잠시 휴식을 취하였다. 이곳 구릉 위에 사람이 왕래하는 길이 생겼다. 그것을 원주민에게 물어 보니 이곳은 투르크 사람 위노꼬루프씨에 의한 바 퉁구스 사람 빠루카타 촌에 이르는 통로 입구라고 하는 것이었다. 이 길을 거슬러 올라가 보면 빠루카타 촌으로 갈 수 있지만 나는 가는 것을 그만두었다. 그리고 이곳에 상륙하여 식사를 하였다. 그런데 이곳에는 퉁구스 사람 일족 및 두 사람의 러시아 사람이 이미 우리들보다 먼저 와서 식사를 하고 있는 중에 만났다. 이 사람들도 역시 해안에 배를 끌어 올려 식사를 하고 있는 것이다. 나는 사할린에서 처음으로 퉁구스 사람과 만났다. 그들은 전에 언급한 투르크 사람 위이노꼬루프를 따라 살고 있는 퉁구스족으로 그 후 빠루카타로 돌아가려고 하고 있는 중이다. 그래서 그들을 촬영하기도 하고 그들의 풍속, 습관에 대해 물어보기도 하고 또 그들의 단어에 대해서도 약간 들었다.

    이렇게 하여 퉁구스의 조사를 마치고 12시 10분 다시 배를 띄어 강을 거슬러 올라갔다. 그곳에서 양안의 경치가 변하여 구릉이 때때로 하안에 가까워 오고 토사가 무너져 드러난 암석이 있는 것을 보게 되었다. 또 석탄층이 강에 접해 있는 것도 보았다. 지금까지 거의 낮은 토지의 삼림지대였지만 이곳부터는 구릉지대 상태가 되었다. 그리고 암벽에서 물줄기가 폭포와 같이 되어 떨어지고 있는 것도 보인다. 그 다음 이곳에서 물줄기도 조금씩 급하게 되었다. 어느 정도 강의 상태가 변해온다. 이렇게 보니 츠이무강도 이 빠루카타 부근이 정확하게 중간지대이며 그 상하로 강의 형세가 변화되는 것을 알 수 있다. 즉 이 빠루카타로부터 아래쪽은 바다표범 등도 헤엄치고 있기도 하고 수량도 많아 배를 움직이는 데 그렇게 곤란한 점은 없지만 상류 쪽은 구릉지가 되어 양 해안이 높고 좁아져 물줄기도 점점 급하게 되었다. 그러므로 지금까지 긴 노를 저어 온 배도 그 다음부터는 짧은 노로 가지 않으면 안 되는 것이다. 나는 이것에 대해 우리의 배를 젓는 원주민들의 수고를 느끼기 시작하였다.

    이렇게 오후 5시 반 모래톱을 발견하고 배를 묶어두고 역시 배를 모래톱 위에 들려 놓고 텐트를 치고 야영을 하기로 하였다. 모기는 전과 같이 크게 공격해 오는 것뿐만 아니라 야밤이 되니 비가 갑자기 내리기 시작하여 매우 곤란하였다.

22일 아침 일찍 일어나 보니 비가 다행히 멈추어 있었다. 오늘은 하루 종일 비가 내려 꼼짝도 못하나 생각하고 있었는데 그 걱정은 없어졌다. 다만 모기가 점점 많아지는 것에 곤란하였다. 그렇지만 삼림 사이의 새 소리는 매우 유쾌하게 들렸기 때문에 크게 위안이 되었다. 또 주의해서 보니 어제 밤 잔 텐트 옆에 곰이 온 것이 보이고 곰 발자국이 진흙에 역력히 박혀져 있다. 생각하면 곰이 산에서 내려와 강의 물고기를 잡기 위하여 우리들의 텐트 옆

그림 27 _ 퉁구스의 무당. 오른쪽 밑은 그 무당의 머리장식이다.

을 통과해 갔을 것이다. 이와 같은 것은 츠이무 강 여행 때 종종 만나는 것을 기억하지 않으면 안 된다.

오늘 아침은 3시에 일어났는데 가능한 한 빨리 출발하려고 하기 때문에 바쁘게 준비하여 4시 25분에 배로 출발하였다. 이곳으로부터 강 밑에 검은 조개가 매우 많아지게 된다. 이것을 길랴크어로 키시츠크라고 한다. 오전 11시 부부니라는 곳을 들러서 상륙하였다. 우리 육군은 이곳에서 얼마 동안 깊은 곳 역시 부부니라는 곳에 역사(驛舍)를 마련해 놓고 있다. 이것은 짐의 역장(驛場)으로서 선택한 것으로 이곳으로부터 부부니까지 14정(町) 걸린다는 표지판을 세워 놓았다. 그곳으로 보내는 짐을 이곳에서 풀기 위하여 부근의 삼림을 채벌하고 있기 때문에 모기가 적고 파리 등도 나오지 않는다. 나무그늘에 모포를 깔고 식사를 하였는데 매우 기분이 좋았

다. 츠이무강의 여행에서 오늘날까지 이와 같은 곳을 만난 적은 없다. 이곳에서 14정에 있는 부부니라는 곳은 겨울이 되어 이 강이 얼었을 때 썰매 길의 요충에 해당하는 곳이다. 이 썰매 길은 이곳으로부터 안쪽으로 연결되어 있기 때문에 거기에 육군의 역사(驛舍)가 그 방면에 설치되어 있는 것이다. 이곳을 부부니라고 하는 것은 구릉 옆에 부부니라는 작은 하천이 있으며 츠이무강으로 흘러 들어가고 있다. 그 이름으로 인하여 붙여진 것이다. 이 부부니강과 츠이무강이 합류되는 지점에 물고기가 매우 많다. 길랴크족은 그곳에서 물고기를 많이 잡았다. 작은 하천이 큰 강으로 흘러 들어가는 그 합류 지점에는 연어라든가 송어가 크게 모여 드는 곳인데 그곳도 역시 그대로 물고기가 많다. 이 점에서 이 부근은 어느 정도 좋은 곳이다.

1-2 _ 부부니로부터 아다츠이무까지

부부니를 나온 후 물이 한층 급류가 되어 배가 거슬러 올라가는 일이 점점 곤란하게 되었다. 두 사람의 병사는 원주민에 가세하여 열심히 배를 저었다. 저녁에 우이루끼룬보다 하류로 약 2리 간 곳에 배를 들어 상륙하고 텐트를 치고 오늘 밤 이곳에 머물게 되었다. 이곳 모기는 부부니와 달리 예전과 같이 크게 달려든다. 우리 일행은 부근에 자라고 있는 버들나무 가지 등을 꺾어와 거기에 불을 붙여 모기향을 피웠다. 그렇지만 쉽게 모기를 쫓을 수는 없었다. 나는 일찍 식사를 마치고 텐트 안에 들어가 있었다.

전에도 서술한 바와 같이 어제 투르크 사람 우이노꼬루프를 따라 살고 있는 퉁구스 일족과 만난 곳에서 하류는 물줄기가 잔잔하고 바다표범 등이 출몰하여 바다의 조수(潮水)와 연결되는 것처럼 생각되는데 그로부터 위쪽이 되면 물의 흐름이 급하게 되어 빠루카타로부터 부부니로 오기까지에는 얕은 여울이 가장 많다. 얕은 여울을 타고 올라가면 매우 위험하기도 하고 또 유목(流木)이 얕은 여울에 가로 질러 있고 그것을 넘어가는 것도 매우 곤란하기 때문에 이러한 곳은 반드시 피해 가지 않으면 안 된다. 또 어느 곳에 가면 나무가 바다 가운데 넘어져 있는 것도 있다. 그것도 타고 올라가면 위험하고 그것과 부딪치지 않도록 주의하여 가지 않으면 안 된다. 그 다음 빠루카타와 누이오 사이에는 물의 증감(增減)이 있는 것 같다. 이것은 바다와의 관계일 것이다. 또 누이오의 병영이 있는 곳에서 아래 수비대 주둔지와 하구와의 사이 정도까지는 밀려들었다가 나가는 바닷물이 오지만 그보다 상류 쪽으로는 오지 않게 되어 있다.

23일 아침 일찍 텐트를 나와 보니 오늘 아침 춥기 때문에 모기가 매우 적다. 식사는 배 안에서 하기로 하고 오전 4시 35분 배를 출발하였다. 이렇게 2리 정도 거슬러 올라가 우이루끼룬 마을에 도착하였다. 정확하게 6시 반 경이다. 길랴크족은 이곳을 브이유무이 마을이라고 부르고 있다. 이곳에 상륙해 보니 러시아 사람의 집도 한 두 채 있으며 그 다음 일본의 육지측량부원(陸地測量部員) 도리이(鳥居鑛太郎)라는 사람도 이곳에 와 있으며 나를 크게 환대해 주었다.

이 우이루끼룬 마을로부터 츠이무 강 유역에서 길랴크 촌락이 분포하기 시작하는 것이다. 이곳에서 하류의 원주민 촌락으로서는 그 누이오 해안에 있는 촌락을 제외한 나머지 길랴크 촌락은 없다. 다만 누이오와 이곳까지는 툰드라지대에 오로츠꼬라든가 혹은 퉁구스 등이 순록을 이끌고 풀을 찾고 있는 정도이다. 그 외는 툰드라지대 혹은 삼림지대라는 적막한, 사람이 살지 않는 곳이다. 이 우이루낀룬에서 어느 정도 상태가 변하게 된다. 이곳의 촌락은 길랴크 촌락으로서 매우 호수가 많고 또한 옛 풍습 습관도 많이 남아 있다. 그렇지만 러시아 사람도 이곳으로 들어와 있고 목축을 하거나 여러 야채나 귀리 종류 등도 재배하고 있는 모습도 보인다. 이곳 길랴크 족의 집은 교창식의 고창(高倉) 등도 존재하고 있다. 이곳에서 흥미로운 것은 하나의 고창이 있으며 그것을 종교상의 용도로 사용하고 있다는 것이다. 즉 곰 축제 의식에 사용하는 도구를 모두 그곳에 두고 있다. 나는 그곳으로 가서 조사를 하였다. 고창을 올라가는 곳에는 역시 매듭 사다리가 있으며 그 사다리를 올라가니 교창식의 문이 있다. 문을 열어 보니 곰의 두골 80개 정도가 나열되어 있다. 이것은 즉 매년 축제에 바치는 곰의 머리이다. 그 다음 곰 축제에 사용하는 활과 화살이나 창(槍), 곰을 요리하는 칼 종류, 의식이나 향응에 사용하는 여러 식기 종류, 목기, 장식류라고 하는 것들이 많이 보관되어 있다. 이러한 것들을 생각해 보면 얼마나 곰 축제가 그들 사이에서 많이 행해지고 있는가를 생각할 수 있다. 그 다음 곰 축제에 사용하는 도구와 다른 일상적인 도구와는 상당한 차이가 있고 곰 축제에 사용하는 것은 신성한 것으로서 구별하고 조각 등도 매우 정밀한 기교를 부리어 대단한 것이다. 나는 이 곰 축제에 대해 노인들로부터 여러 가지 이야기를 듣고 또 사진도 찍고 스케치 등도 하였다. 그 다음 원주민이 어떻게 활을 쏘는가 그 방법 등도 조사하고 그 외 풍속, 습관 등도 조사하고 신체를 측정하기도 하였다.

오후 2시 여러 가지 조사를 마치고 우이루끼룬을 출발하였다. 그 다음 상류에는 길랴크의 촌락이 점점 많아졌다. 그리고 호로또나 꼬무라오 등의 촌락을 배 안에서 계속 바라보면서 나아가 아다츠이무의 길랴크의 촌락에 도착하여 바로 상륙하였다. 그곳은 강을 내려 갈 때에도 상륙한 적이 있는 곳인데 이번은 길랴크의 겨울 집을 발견하였기 때문에 그것을 조사하기 위해 다시 상륙하게 된 것이다. 길랴크의 집은 겨울 집과 여름 집 두 가지로 구별되고 있다. 겨울 집은 수혈이고 여름 집은 통상 교창식이다. 이 겨울 집을 조사하고 수혈을 촬영하기도 하고 조사하기도 하였다.

이곳을 나와 또 배를 타고 오후 5시 넘어 무사히 아다츠이무에 도착하였다. 오늘 아침 출발한 우이루끼룬 부근에서 이 곳 아다츠이무에 도착하기까지 옛 촌락의 흔적이 7개소 여기저기에 황폐해진 상태로 있는 것을 배에서 보았다. 이것은 흔적이 남아 있을 뿐 사람은 한 사람도 살고 있지 않은 것이다. 하나는 생활난 때문이기도 하겠지만 많은 경우는 토지가 하수 때문에 침식되어 불안을 느낀 나머지 밖으로 나가고 만 것이다. 또 이 사이의 길랴크 마을에 원주민이 많이 연어나 송어를 잡고 그것을 여자들이 배를 갈라 내장은 버리고 고창 밑에 나란히 걸어 건조하랴 분주한 모습을 보았다. 겨울은 바다가 얼어 물고기를 잡으러 가지 않기 때문에 따뜻한 동안에 살아 있는 물고기를 이와 같이 요리하여 건조시켜 그것을 저장하여 겨울 봄 사이를 준비하는 것이다. 정확하게 지금은 그 계절에 해당되어 가장 바쁜 때라는 것을 알 수 있다. 사할린의 겨울은 빠르기 때문에 조금 지나면 바로 추워지고 눈은 쌓이고 바다는 얼고 왕래 등도 노가 없으면 갈 수 없게 된다. 이렇게 되면 조금도 물고기를 잡으러 갈 수 없다. 그래서 지금부터 겨울 준비를 위해 물고기를 저장해 두는 것이다. 모두 겨울이 되면 이와 같은 건어로 생활하고 생어(生魚)를 먹는 것은 불가능하다. 이것을 보아도 추운 나라의 북방민족의 생활에 대해 자연이 능히 점하고 있다는 것을 생각할 수 있다.

배가 아다츠이무에 도착하자마자 우리들은 바로 상륙하여 원주민 학교의 숙사에 도착하여 그곳에서 머물게 되었다. 이와 같이 츠이무 강 유역에서의 원주민 부락의 상태 및 유사 이전의 유적에 관한 조사를 마쳤다. 나는 이 여행에서 그들에 대한 인류학적 조사를 하고 츠이무 강 유역에서의 그들의 상태에 대해 알 수 있었다. 또 고고학상의 조사에 대해서도 얻은 바가 많았다. 오늘 밤은 일찍 취침하고 그 다음 날 이곳을 출발하게 되었다.

1-3 _ 아다츠이무에서 알렉산드로프스크항으로

24일 아침 일찍 일어나 상수(上水)를 사용하고 마차 2대를 빌려 짐을 싣고 나와 미야사까씨도 그것을 올라탔다. 그리고 전에 왔던 삼림 사이의 길을 지나갔다. 마차는 힘차고 용기 있게 몰았다. 도로는 전에 언급한 바와 같이 삼림을 채벌하여 만든 것으로 좌우는 수목이 무성하고 여기저기에 불에 탄 곳이 있는가 하면 채벌된 곳도 있다. 삼림은 원시림으로 침엽수와 자작나무 그 외 나무들이 섞여 자라고 있다. 또 나무가 없는 곳에는 잡초가 매우 무성하다. 이와 같은 사이를 3리 정도 달려 수리안보라는 곳을 통과하고 그 다음 또 2리 정도 나아가 우스꼬에 도착하고 그곳에서 잠깐 휴식을 취하였다. 그곳은 러시아 사람들의 촌락으로 주위에 메밀을 많이 재배하고 있으며 또 우마를 방목하고 있다.

약간 휴식을 취한 후 마차를 달려 오후 3시경 데루빈스꼬에에 도착하였다. 그곳에서 또 이전 머물던 수비대장의 숙사를 찾아가 다시 숙박하게 되었고 욕조에 들어가 오랜 간만에 때를 벗기고 매우 기분이 좋았다. 대장의 대접과 친절은 대단하였고 가장 감사하는 바이다.

25일 자동 화물차를 타고 알렉산드로프스크항으로 향하게 되었고 오후 2시 데루빈스꼬에를 출발하였다. 이 길은 전에 통과한 적이 있지만 삭북(朔北)의 풍경은 계절에 따라서 변화가 심하고 전에 통과하였을 때와는 상태가 어느 정도 달랐다. 전에는 도로 옆에 짧은 풀이 자라고 있었을 뿐이었는데 지금은 그것이 매우 높이 자랐고 빨간 꽃이 어지럽게 피어 있고 모포를 간 것과 같이 넓게 물들어 있다. 마치 별천지를 걷고 있는 것과 같은 기분이 든다. 이와 같은 상태는 삭북이 아니라면 맛볼 수 없는 것이다. 이와 같이 풍경이 매우 변하고 있는 것에 흥미를 느끼고 이곳저곳을 새로운 눈으로 다시 계속 보면서 오후 7시 넘어 알렉산드로프스크항에 드디어 도착하여 오늘 밤은 이곳에서 머물게 되었다.

나는 그래서 츠이무강 유역에서 누이오, 치야이오 등 툰드라 지대의 조사를 무사히 마친 것이다. 이 여행은 이번 달 11일 이 알렉산드로프스크항을 출발한 후 정확하게 15일이 걸린 셈이 된다.

20

인류학자와 일본의 식민지 통치

1. 북사할린의 토성(土城)

1-1 _ 토성의 발견

다음 26일부터 27, 28, 29일 4일 간 나는 알렉산드로프스크에 머물면서 석기시대의 유적과 부근의 길랴크족에 대한 조사를 하고 또 시가지의 근방에서 토성 유적을 발견하였기 때문에 그것에 대한 조사를 시작하였다.

이 토성의 유적은 알렉산드로프스크 옆을 흐르는 강반에 존재하고 있는 것이다. 이 강 유역은 충적층이 크게 발달해 있는 곳으로 알렉산드로프스크가 사할린의 주부(主府)로서 발달한 것도 그야말로 그러한 관계 때문이다. 대개 알렉산드로프스크의 지형은 양쪽에 구릉이 발달하고 그 사이에 충적층의 평야가 펼쳐져 있고 그 평야를 가로질러 하나의 강이 흐르고 있다. 그 하구에 알렉산드로프스크의 시가지가 발달하고 있는 것인데 이 강은 북사할린에서 가장 중요한 강이라고 생각된다. 그리고 수량이 상당히 많다. 이전 이곳은 일반적으로 삼림지였고 원주민의 촌락이 이 강 유역에 많이 존재하고 있었을 것으로 생각한다. 그것이 러시아 사람이 이 지역을 점령한 후 점점 러시아 사람에 의하여 구축되어 지금은 원주민이 살지 않게 된 것이다. 대개 이 알렉산드로프스크 지역은 이전 어떠한 모습이었는가 하면 일본 도쿠가와 시대의 지도를 보면 길랴크 촌락이 있다. 이렇게 보면 당시 이곳에 원주민의 촌락이 있었다는 것을 생각할 수 있다.

이 토성의 유적이 있는 장소는 이전 러시아 사람이 오락장으로 사용하고 있던 곳이다. 그리고 이 토성의 형태는 장방형인데 그 중 두 변이 남아 사이가 잘라져 있다. 그렇지만 그것을 연결해 보면 훌륭한 장방형의 토성으로 길이는 대체로 330척, 폭이 대체로 180척, 다음으로 흙 벽의 높이가 4, 5척이고 폭이 대체로 30척이다. 그 위치는 정확하게 강에 접한 장소이다. 이 유적은 지금까지 사람이 주의를 기울이지 않았던 것인데 내가 가서 조사해 보니 의심할 것도 없이 그야말로 토성이다. 이 강반에 이와 같은 것이 존재하고 있다고 하는 것은 이곳에 머물고 있는 성복(成福)이라는 사람이 어느 강반에 고분과 같은 것이 있다고 이야기한 것에 주의를 불러일으킨 것이다. 그래서 나는 미야사까씨와 함께 가서 조사해 보니 고분이 아니라 분명히 토성 흔적이다. 고분이라고 상상한 것은 토성 일부분의 돌기가 남아 있는 것을 잘못 인식한 것에 지나지 않는다. 그렇지만 이 토성은 성복씨에 의하여 발견한 것이기 때문에 나는 그에게 감사한다.

이 유적이 토성이라는 것은 틀림없지만 그렇다면 그것은 어느 시기의 것인가는 역시 연구하지 않으면 안 되는 문제이다. 이 토성 구조는 만주 및 동부시베리아에 남아 있는 토성과 크게 유사하다. 대륙 쪽에는 연해주의 니꼴리스크를 중심으로 그 주위에 토성이 많이 존재하고 있다. 이 니꼴리스크를 중심으로 하는 토성에 대해서 블라디보스톡의 고고학자 브츠세라는 사람이 논문을 썼다. 거기에는 그림이 실려 있으며 연해주에 있어서 토성의 분포가 구체적으로 설명되어 있다. 즉 니꼴리스크가 중심이며 동쪽은 오루가 방면까지 분포하고 있는데 오루가 동쪽 너머가 되면 전혀 토성이 없는 것이다. 이러한 토성들은 어느 시기의 것인가 하면 발해 혹은 금나라 시대의 것이다.

그러나 이 북사할린의 알렉산드로프스크 부근에 있는 토성은 연해주의 토성과 상당히 유사하다. 이것도 발해 혹은 금나라 시대의 것임에 분명하다. 즉 어느 의미에서 말하면 말갈족이 남긴 것이다. 이미 이와 같은 토성이 존재하고 있다고 한다면 그들은 이전 북사할린에서 활동하고 이 알렉산드로프스크 부근을 중심으로 살았다고 하는 것을 생각할 수 있다. 러시아가 이곳에 알렉산드로프스크부(府)를 설치하였다고 하는 것은 결코 우연이 아니다. 그리고 이 토성은 역사시대의 유적이라고 하는 것은 분명하며 결코 석기시대, 유사(有史) 이전의 것은 아니다.

그림 28 _ 치루의 단애 절단에 여전히 벽돌 탑이 있었을 때 러시아인이 처음으로 이곳에 도착하였을 때 그린 벽돌 탑의 스케치이다. 이 벽돌 탑은 무너져 지금은 이미 없지만 이전에는 벽돌 탑 옆에 관음당 및 영락(永樂)과 선덕(宣德)의 비문 2기가 서 있었다.

1-2 _ 남사할린의 토성

이 토성과 닮은 것이 남사할린의 츠라누츠에도 있다. 이 츠라누츠의 토성에 대해서는 마미야 린죠(間宮林藏)씨가 『북에조치도설(北蝦夷圖說)』에서 언급하고 있으며 그 그림을 싣고 있다. 이것은 분명히 흙으로 주위를 둘러싼 토성이며 연해주에 있는 것이라든가 북사할린에 있는 것과 같은 구조이다. 그래서 이 알렉산드로프스크의 강반에 존재하고 있는 토성과 츠라누츠에 있는 토성이 같은 것으로서 이 두 성을 연결시켜 보면 매우 흥미롭다. 사할린에 있어서 토성이 두 개 존재한다는 사실을 보면 당시 대륙의 세력이 남사할린에 상당히 뻗치고 있었다는 것을 알 수 있다.

이와 같은 토성은 또 홋카이도에서도 발견되고 있다. 이것은 모두 동일한 것으로 생각하지 않으면 안 된다. 이렇게 보면 북방 세력이라는 것은 사할린에서 홋카이도에까지 미치고 있었다고 하는 것을 충분히 알 수 있다. 이러한 사실은 사소한 것처럼 생각되지만 북방민족의 남천(南遷)을 시도하려는 여러 역사적 관계에서 보면 중요한 것으로 생각된다. 이것에 대해서 나는 깊이 생각하고 또 다른 것과의 비교에 의해서 무엇인가 생각이 있지만 우선 여기에서는 이 정도로 하고 어떻든 이것은 주의를 기울일 만한 가치가 있다고 하는 점은 말해 두고자 한다.

다음 또 석기시대의 유적이 또 하나 알렉산드로프스크에 존재하고 있다. 그것은 오늘날 교회가 세워져 있는 구릉 위, 혹은 오늘날 러시아 사람들의 묘지가 되어 있는 몇 개의 높은 구릉 위에 존재하고 있다. 이것들은 물론 석기시대의 것이다. 다음 오늘날 알렉산드로프스크 옆을 흐르고 있는 것은 당시 바다가 깊이 만으로 들어가 있었던 흔적으로 당시 바다는 오늘날 교회가 세워져 있는 구릉 밑까지 들어와 있었던 것으로 생각할 수 있다. 따라서 이들 여기저기에 유적을 남긴 사람들은 어느 정도 이전 시대에 이곳에 살고 있었다는 점을 생각할 수 있다.

나는 이와 같은 연구에 종사하고 또 군사령부 사람들 또 그 외 사람들의 초대를 받기도 하는 것으로 4일 동안을 지냈다. 그리고 7월 30일 배가 홋카이도를 향하여 출발한다는 것이어서 미야사까씨와 함께 바쁘게 짐을 정리하고 배에 승선하여 갑판 위에서 사할린의 연안을 바라보고 있는 동안에 밤이 되었고 소우야(宗谷) 해협을 꿈 속에 통과하고 8월 1일 오타루(小樽)에 도착하였다. 그리고 그날 저녁 기차를 타고 동경을 향하여 8월 3일 무사히 동경으로 돌아왔다. 그래서 우선 사할린 주의 헤이룽강 하구 방면 및 북사할린의 조사를 마친 셈이다.

이 조사결과는 전에 언급한 동부시베리아 조사와 관련하여 매우 흥미가 있는 것이었다. 특히 길랴크족에 대해서는 아무루스키 길랴크족과 사할린의 길랴크족 두 종족으로 구별되어 있는데 이번 조사에서 이 대륙에 거주하고 있는 아무루스키 길랴크족과 사할린섬에 사는 사할린 길랴크족과의 관련성을 밝힐 수 있었던 것은 기쁜 일이다. 또 이곳에 사는 오로츠꼬의 조사에 대해서도 우선 유감이 없었고 또 우연히도 퉁구스 조사도 함께 할 수 있었던 것은 만족하는 바이다. 또 석기시대에 대해서도 대륙에 존재하는 석기시대의 유적유물과 사할린 섬에 존재하는 석기시대의 유적유물을 비교 연구할 수 있었다. 이러한 결과에 대해서는 실로 학술적으로 중요한 사실을 얻은 것으로 생각된다.

부록

인류학자와 일본의 식민지 통치

1. 북사할린 및 헤이룽강 하류 민족에 대해

이 글은 1921년 11월 11일, 제국학사원(帝國學士院) 총회에서 열렸던 나의 강연개요로서 관보 2881, 2882, 2883 및 2884호에 실린 것인데 이 책과 관계가 가장 깊기 때문에 여기에 이것을 부록으로 수록하기로 하였다.

내가 이 주제에 대해 이야기를 하겠다. 대개 이들 지방에는 현재 어떠한 민족들이 거주하는가 하면 우선 러시아 사람들을 제외하고 오로지 고유 토착민으로서는 "길랴크", "오로츠꼬", "퉁구스", 및 "야쿠트"가 있다. 그러면 나는 이 순서에 따라 이야기를 하도록 한다.

1-1 _ 길랴크 족

길랴크는 헤이룽강반(江畔) 마린스크 부근에서 강을 따라 내려와 그 연안, 강으로부터 마미야(間宮) 해협을 건너 사할린섬에 분포하고 있다. 그리고 사할린 섬의 최남단은 쁘로나이 강 입구 부근이 된다. 러시아의 지리 인종학의 권위자 슈렝크(Leopold von Schrenck) 및 마크(Richard Maack) 두 사람에 따르면 1850년 전후에는 이들 분포구역은 현재 마린스크 밑 쁘루 부근에서부터 시작한다고 언급하고 있다. 이것은 또 거슬러 올라가 1800년 처음에도 그러하였던 것으로 즉 일본의 마미야(間宮林藏)씨도 그 『동달기행』에서 "쁘루 — 이 지역으로부터 하류는 스메렌구루의 부락이 되며 이 인물·거주·작업 모두 카라프트(사할린 : 역자 주) 섬의 스메렌구루와 다르지 않다"라고 기록하였다. 스메렌구루라는 것은 즉 길랴크족의 것을 말한다.

  길랴크족은 이와 같이 헤이룽강 하류에서부터 사할린 북부에 걸쳐서 분포하기 때문에 학자는 이것을 나누어 헤이룽강 길랴크족, 사할린 길랴크족 2파로 나누었다. 1912년 출판된 빠또카노프씨의 『시베리아 원주민 인구통계 보고』제3책에 따르면 헤이룽강의 그들은 인구 2,679인(남자 1,437인, 여자 1,242인), 사할린의 그들은 인구 1,971인(남자 1,118인, 여자 853인)이 된다는 것이다. 이 통계는 1897년 러시아가 시베리아 원주민 전체 인구를 조사하였던 자료에서 원용한 것이다. 다음으로 구(舊)러시아 마지막 출판이라고도 말할 만한 것으로 1914년 발행된 『아시아 러시아』제1책에 의하면 그들은 1897년에는 인구 4649인, 특히 1911년에는 4,182인이라고 기록하였다.

  이 헤이룽강의 길랴크족에 대해서는 나는 이미 작년 제국학사원에서 언급한 바 있기 때문에 지금 여기에서는 다시 다루지 않고 다만 사할린의 길랴크족에 대해서만 이야기하고자 한다. 대개 사할린 길랴크족은 북부에는 츠이미강, 동해안, 서해안 셋으로 나누어지며 다시 남부의 일본 사할린에 있어서는 뽀로나이 강반(江畔)에 그 1군(群)이 있다. 그리고 주로 북부에 거주하는 길랴크족에 대해 이야기하자면 츠이미강 거주자들은 스스로 "츠이미뻰"이라 부르고 동해안 거주자들은 그것을 "게츠또"라 부르며 서해안 거주자들은 그것을 "샤기뻰"이라 부르고 있다. 다음으로 그들 3군(群)의 것은 러시아의 조사에 의하면 "츠이미강"군은 9촌(村), "동해안" 군은 23촌, "서해안"군은 48촌 있다. 이들 3군의 문화 정도가 어떠한가 하면 서해안 사람들이 가장 교화되었고 츠이미강 및 동해안군의 사람들은 보다 많이 그들 고유의 풍속을 가지고 있다. 이 가운데 인종학적으로 후사의 두 군(群)은 매우 주목할 만한 가치가 있다.

북사할린의 길랴크족은 원래 헤이룽강 하류로부터 어느 시대인지 흘러 들어왔다는 것은 분명하며 그것을 증명하는 많은 사실들이 있다. 이 가운데 그들 고향 본토는 헤이룽강 하류지방이 된다. 그들이 처음 이 섬에 옮겨 온 것은 고대에 속한다. 우선 서해안 혹은 동해안 지방에 주거지를 점유한 후 남하하여 결국 뽀로나이 하구까지 도착한 것이다. 이 점에서 우리 사할린청 산하의 길랴크족은 신(新)이주가 된다고 믿을 만하다. 이상과 같이 그들은 헤이룽강 및 사할린 섬사람들과 서로 나누어 살고 있지만 본래 같은 민족이기 때문에 체질, 언어, 풍속, 습관 등에 있어서 각각 상이(相異)한 점은 찾아볼 수 없다. 다만 두 군(群) 사이에 약간의 방언 또는 하나의 작은 풍속에 있어서 조금 서로 차이가 있을 뿐이다.

그들을 길랴크족이라고 부르는 것은 결코 자신들이 부른 호칭이 아니고 본래 러시아 사람 특히 까자끼 등이 부르기 시작한 것이다. 그들 스스로는 "니구폰"이라고 부르고 있다. 즉 "사람"이라고 말할 수 있는 의미가 된다. 그리고 오롯꼬는 그들을 "꾸기"라 부르고 또 아이누는 그들을 "수메렌구루"라 부른다. 이 아이누가 부르는 칭호는 우리 도쿠가와 시대의 선배, 마미야(間宮), 마츠다(松田), 모카미(最上 : 最上德內 ─ 역자 주)*, 곤또우(近藤), 마츠우라(松浦 : 松浦武四

* 도쿠가와 후기의 탐험가. 혼다 도시아키(本多利明)의 수제자로 천문, 항해, 측량술을 전수받았다. 1786년 막부의 명령으로 에조치 탐험을 위해 쿠릴열도와 사할린까지 조사했다. 아이누어와 러시아어에 능통했다. 저서로 『蝦夷草紙』 등이 있다. 테사 모리스-스즈키 저 / 임성모 역, 『변경에서 바라본 근대』, 산처럼, 2006에서 인용.

郎－역자 주), 오까모또(岡本) 등 여러 사람들에 의하여 크게 부르게 된 것으로 도쿠가와 시대의 길랴크족은 거의 모두 이 "수누렌구루"의 이름으로 기록되어 있다. 이것은 아이누족에게서 들은 것이 먼저 들어온 주인이 된 것이다. 당시 더욱 일본 사람 가운데 "니구픈"와 "수메렌구루"를 별족(別族)이라고 인정하는 경향조차 있었다. 중국인은 그들을 "비아객(費雅喀, 페이야크)"라고 부른다. 이것은 강희(康熙)·건융(乾隆) 당시 크게 사용된 것인데 이 발음은 또 점점 러시아 사람 기리야와 닮은 바가 있다. 헤이룽강반 치루 구릉에 명나라 시대의 이른 바 노아간도사(奴兒干都司)가 있어 관음당(觀音堂) 옆에 세워진 것이다. 명나라 영락(永樂) 11년(1413년 : 역자 주) 비문에는 그들을 "길열미(吉列迷, 기리미)"라고 기록하고 또 사할린의 해양 가운데 섬이 있다는 점을 기록하였다. 또 거슬러 올라가 당나라의 『통전(通典)』에 언급된 귀국(鬼國)을 만약 시라또리(白鳥 : 白鳥庫吉－역자 주) 박사와 같이 해석한다면 또 그 명칭을 그들이 채택한 것이라고 말할 수 있다.

　길랴크족이 유럽인에게 처음으로 알려지게 된 것은 실로 꼬사크 병사와 접촉한 때로 1644년 뽀루야코프씨가 그것을 소개하고 다시 그들을 학계에 보고한 것은 1706년 암스테르담의 위츠엔씨이다. 계속해서 라 뻬르즈(1787년), 꾸루젠수레룬(1805년), 브로톤(1805년) 등의 항해자도 또 간단히 그것을 언급하였다. 또한 학자의 탐험조사로서는 슈렝크(1854년) 및 마크(1855년)의 두 사람을 언급하지 않으면 안 된다. 그들 문서 기타 소개자로서는 미츠덴도푸프, 바비리츠테루, 뮤렐, 꾸라츠쁘로또, 사비에, 아트킨손, 라벤수타인 여러 사람이 있다. 그리고 러시아 정부 말기에는 그들 특별 전문가로서 수츠렌베루크, 뻬루수또스키 두 사람을 잊을 수 없다. 이상의 여러 사람들 가운데 그들 지방에서 현지 탐험가로서 앞으로 지리 인종의 조사자로서 대서특필할 만한 사람은 마크와 슈렝크 두 사람을 지적하지 않을 수 없다. 즉 두 사람은 누구보다도 유명한 무라비요프 총독 당시의 러시아 아카데미 또는 지리학회의 지원 하에 헤이룽강으로부터 사할린 북부를 탐험 조사하였는데 슈렝크씨는 1854년에, 마크씨는 그 다음 해에 시작하였다. 이 두 탐험은 헤이룽강 하류 및 북사할린의 민족 조사탐험으로서 실로 거의 공전절후(空前絶後)한 것이라고 말할 만하다. 이때에 비로소 길랴크족도 그 안에 포함되었다. 마크씨는 그 후 미려(美麗)하고 매우 큰 도보(圖報)가 실린 보고서를 발간하였다. 일단 그것이 공표되자 갑자기 학계의 주목을 받기에 이르렀고 그 기사와 도서는 널리 다른 곳에서 발췌 전재(轉載)되기에 이르렀다. 즉 사비에씨는 그것을 프랑스어로 번역하고 아트킨슨, 라벤수타인 그 외 대부분 모두 그들 지방민족의 것을 말하는 한 마크씨에게 의거하였다. 그럼으로써 그의 기사와 그 도보가 중요하다는 것을 미루어 알 수 있게 되었다. 그런데 슈렝크씨의 보고서는 가장 뒤늦게 1881년부터 1895년에 걸쳐서 모두 3권의 대저로 출판되었는데 그것은 정밀하고 풍부한 각주를 붙인 것으로 현재 헤이룽강 하류의 인종학적 논문으로서 이 이상의 것은 없다고 말해도 좋다. 나는 슈렝크씨의 3권의 보고서는 길랴크족 연구자에게 좋은 자료가 된다는 점을 여기에서 언급하며 그들 연구자에게 필요한 참고가 될 것이라고 생각한다. 그의 보고서가 출판되자 거의 동시에 구루베씨의 『길랴크족 어휘』가 나온 것은 주의를 기울일 만하다.

다음으로 일본에서 길랴크족은 어느 정도까지 알려지고 또 그것이 어느 정도까지 서술되어 있는가 할 때 우선 저명한 사람으로서 마미야씨를 거론하지 않으면 안 된다. 그는 문화 5년(1808년 : 역자 주)에 막부의 명령을 받아 혼자 북사할린의 서해안 길랴크족의 여러 촌을 탐험하고 같은 해 겨울 이곳에서 해를 넘기고 그 다음 해 길랴크족의 배를 타고 그들과 함께 헤이룽강을 거슬러 올라가 오늘날의 소피히수크의 상류 데렌(북위 51도 4분의 1, 동경 138도 3분의 1)에까지 가서 이곳으로부터 다시 그 강을 내려와 강 입구에 와서 다시 사할린으로 돌아왔다. 그 탐험에서 그는 길랴크족은 물론 그 외 퉁구스의 각 민족과 접촉한다. 이 점은 『동달기행』에 의하여 분명하게 되었다고 한다. 그리고 사할린에 관한 인종학상 저술로서 『북에조치도설(北蝦夷圖說)』을 남기고 거기에서 길랴크에 대해 상세하게 그림과 함께 기록하였다. 이 두 저서는 1800년대 최초로 그림과 함께 기록한 것으로서 슈렝크, 마크씨보다 실로 40여년 앞선다는 것이다. 일본에 와서 시볼트*씨와 같은 사람은 당시 『동달기행』의 유익한 점을 믿고 1829년에 그것을 번역하여 유럽의 지리학회 보고서에 실었다. 마크, 슈렝크 여러 사람들은 탐험할 때 그것을 참고서로 휴대한 것을 보면 그 책이 얼마나 유익한가를 알아야 한다. 그리고 다음의 『북에조치도설(北蝦夷圖說)』도 역시 유럽에서 번역되었다. 마츠우라 다께시로(松浦武四郎)**씨는 안정 3년(1856년) 사할린의 동해안 뽀로나이 하구 부향(敷香 : 뽀로나이스크-역자 주)에 도착하여 길랴크족을 방문하여 그들을 『북에조치여지(北蝦夷餘志)』에서 그림과 함께 기록하였다. 오까모또(岡本監輔)씨는 경응(慶應) 연간(1865~1867 : 역자 주) 뽀로나이 하구 부근에서 아이누의 배를 타고 동해안부터 북단으로 나와 다시 서해안을 따라 그 섬을 거의 일주하였다. 그 탐험에서 길랴크족의 각 촌을 방문하였다. 오까모또씨의 이상과 같은 탐험은 실로 마미야씨와 대비할 만한 것으로 동해안부터 북곶으로 나와 다시 서해안을 돈 것과 같은 것은 그에 의하여 처음으로 실행된 것이다. 그의 저서로서 『북에조치신지(北蝦

* Philipp Franz von Siebold, 1796~1866. 슈렝크의 연구에서 많은 부분을 인용한 일본인 마미야 린조의 기록을 독일어로 요약한 사람으로 일본에서 네덜란드 상관에 근무했던 전직 의사이다. 테사 모리스-스즈키 지음 / 임성모 역, 『변경에서 바라본 근대』산처럼, 2006 참조.
** 1818~88. 이세(伊勢) 출신의 도쿠가와 후기의 탐험가. 일본 각지를 여행했고 특히 북방에 관심이 많았다. 1845년 처음으로 에조치(蝦夷)를 밟은 뒤 많은 에조치 기행문과 지도를 남겼다. 가장 유명한 것으로『東西蝦夷地山川地理取調地圖』62권이다. 메이지 유신 직후 정부의 명령을 받고 에조치의 새로운 지명을 만드는 작업에 종사하였다. 현재 사용되는 홋카이도 각지의 지명은 모두 그가 만든 것이다. 테사 모리스-스즈키 지음 / 임성모 역, 『변경에서 바라본 근대』산처럼, 2006 참조.

夷新志)』가 있다. 다시 명치 연간(1868~1911 : 역자 주)에 들어서서 사할린의 남부가 일본의 소유가 되고부터는 나까메(中目) 문학사, 이시다(石田) 이학사(理學士)의 뽀로나이 강반에 대한 조사가 있으며 나까메 문학사는 그 결과로서 『길랴크 문전(文典)』을 발표하고 나도 같은 해에 뽀로나이 강반을 거슬러 올라가 러시아령 고루데꼬프에 이르렀고 또한 작년(1919년)에 동부시베리아 탐험 시 헤이룽 강반에서 그들을 조사하고 계속해서 1921년 다시 헤이룽 강반과 북 사할린의 그들을 조사하였다.

길랴크족의 체질은 신장이 그렇게 크지 않고 신체는 강장하며 가슴이 잘 발달되어 있고 어깨가 넓으며 궁둥이에서 발에 이르는 부분은 비교적 짧고 손과 발도 역시 작으며 두발은 직모(直毛)이며 흑색이고 눈썹이 두껍고 콧수염도 가장 많으며 머리는 크고 그 머리모양은 중두(中頭)이며 얼굴 모양은 편평하고 광대뼈가 나왔고 눈은 가늘고 그 위치 점점 경사지고 코는 낮고 입은 크다. 이들 체질 중 콧수염이 많다는 것은 가장 주의를 기울일 만하며 이것은 길랴크족의 커다란 특징의 하나가 된다. 그들은 현재 절대 순수 종족이 아니라 다소 퉁구스 족들과 잡혼(雜混)되어 있다는 것을 인정하지 않으면 안 된다.

제만씨에 의하면 그들의 평균 신장은 남자는 162, 여자는 150이 된다고 하며 슈렝크씨는 그 신장을 153이라고 하며 그들의 머리모양은 어떠한가 하면 보구다노프 및 슈렝크씨 등이 채집한 두개골에 의거해 보면 그것은 아두형(亞頭形)으로 즉 지시수(指示數)는 76, 5가 된다. 다음으로 다레네츠키씨에 따르면 15개의 그들 두개골에 의거해 보면 그 중 7개는 중두이며 나머지 2개는 광두(廣頭), 6개는 초광두(超廣頭)이며 그 평균은 광두가 된다고 한다. 슈렝크씨는 그들 체질을 갑을병 세 종류로 구분하고 갑종은 퉁구스 및 몽골 두 종족과 유사하고 그 머리모양은 둥글고 콧수염이 없으며 피부색은 황색이며 이마가 낮고 광대뼈가 나왔고 눈은 경사지고 코는 낮고 넓다. 을종은 어떠한가 하면 오히려 아이누족에 유사하다. 얼굴모양은 길고(주 : 사할린 아이누), 콧수염이 많고 피부색은 조금 희고 광대뼈는 약간 나와 있고 눈의 위치는 수평이며 코는 비교적 높다. 병종은 어떠한가 하면 그것은 갑을 양종의 중간에 있는 것으로 즉 병종은 그들의 진정한 체질이라고 볼 만한 것이다. 그리고 그들은 개인으로서 갑을병 세 종류가 존재하는 것에서 본다면 그것은 역시 아이누 혹은 퉁구스족과의 잡합(雜合)이라고 생각할 만하다. 그렇다면 그들 부녀의 체질은 몽골인종의 특징을 구비하고 있는 것은 가장 주의를 기울일 만하다.

이상 슈렝크씨의 결론을 취한다면 길랴크족은 잡종혼합으로 구성된 것과 같지만 나는 자주 그들을 관찰하니 본래부터 그들은 다른 민족의 잡종은 있을지 몰라도 그 고유의 체질을 인정하지 않으면 안 된다. 즉 그들에게 콧수염이 많다는 점, 머리 모양이 중두라는 점, 또 얼굴모양 등은 우선 그러한 점을 증명할 만하다. 특히 그러한 사실들이 마찬가지로 사할린 헤이룽강 양 방면의 길랴크족에 존재하는 것은 흥미로운 사실이다. 하물며 그들의 언어가 퉁구스에 속하지 않고 아이누와도 전혀 관계가 없다는 일종의 특별한 것이 되고 있다.

길랴크족의 생활본위는 오로지 어업이다. 그 관계 때문에 그들은 물고기를 잡는 데 가장 편리한 하반 혹은 해안에 살고 있다. 그들의 일상식(日常食)은 거의 어류이며 육류는 겨우 그것을 이용할 뿐이다. 그들은 어업 활동을 하는 이상 그 주거 관계로부터 교통왕래는 모두 나무배를 사용하고 도보하는 모습은 거의 볼 수 없다. 길랴크족의 가축은 개이며 개는 그들과 가장 떨어질 수 없는 것으로 항상 개들을 집밖에서 키우고 겨울에 썰매를 끌게 한다. 이것은 헤이룽강 및 북사할린 방면에서 공통적인 것이다. 그러나 우리 남부

사할린 뽀로나이 강반의 그들은 그들과는 달리 순록을 가축하는 풍습이 있다. 이것은 오로츠꼬로부터 얻은 풍습으로 지금으로부터 4, 50년 이전으로 거슬러 올라가면 이와 같은 것은 없고 길랴크의 가축은 그야말로 개뿐이었다. 그들의 재산은 실로 나무배와 개이며 결국 부자라는 사람은 이 두 가지를 많이 소유하는 사람이라고 말하는 것에 지나지 않는다.

가옥은 여름과 겨울에 각각 그 양식을 달리 한다. 여름의 집은 "또루프타프"라 하여 통나무를 조합하여 만든 교창식 건축이며 또 그 옆에 동일 모양의 마루를 높이 만든 창고를 설치하고 그것을 "니-"라고 부른다. "또루프타프"는 사람의 주거로 이용하고 "니-"는 일상적인 집기(什器)나 말린 물고기 등을 넣어두는 곳이지만 또한 때로는 사람이 이곳에서 기거하는 일도 있다. 그리고 겨울 집은 여름 집과 서로 다른 구조를 보이고 있는데 흙을 파서 만드는 혈거 소위 수혈(竪穴)로 하고 그것을 "또라프"라고 부른다. 그들은 주로 여름 동안은 해안 강반의 촌락인 "또루프타프"에서 살며 겨울 동안은 약간 들어간 산 쪽의 촌락인 "또라프"에 산다. 길랴크족은 주거 가옥에 이와 같은 차이가 있는 데에서 하우에수씨와 같은 사람은 "길랴크족은 본래 북방에서 이주해 온 것"이라고 말한다.

길랴크족은 헤이룽강 연해 살합련(薩哈連) 여러 주(州)의 각 민족 가운데 비교적 토속을 변화시키지 않고 약간 고풍을 가지고 있는 사람들로서 예를 들면 그들 중 남자가 산발하는 것이 거의 드물고 대개 고유의 총발(總髮)을 하며 후에 변발을 늘어뜨린다. 그 오로츠꼬 및 고리도 등과 같이 퉁구스족 각파가 대개 산발을 하며 러시아화되지 않고 있는 것과 크게 다르다. 그 점에 있어서 그들의 토속연구는 더욱 크게 전망이 있다고 말해 좋다. 길랴크족도 헤이룽강 및 사할린 양 방면의 토속을 정밀하게 비교하면 전자는 후자보다도 러시아 사람과 접촉하는 빈도가 매우 심하여 크게 러시아화되는 경향이 있다. 마미야씨 그리고 마크, 슈렝크씨 등 시대의 토속을 사라지는 것이라고 말할 만하다. 그러나 후자는 서해안의 그들을 제외하고 그 외는 츠이미강, 동해안에는 정신문화 또 물질문화상 고풍을 간직하고 있는 경향이 많은데 이것은 연구상 매우 가치가 있는 것이다.

지금 길랴크족은 다른 민족과 유사한 종족 없으며 그야말로 그들은 고립해 있고 오직 길랴크족 자신만이 있을 뿐이다. 이 고립적 인종상의 위치는 마치 일본의 아이누 인종이 있는 것과 같다. 그렇다면 이전부터 길랴크족을 어떻게 분류하고 그들을 어떻게 위치 지워야 하는가에 대해 학자들의 여러 설이 있다. 이전은 그들을 극북파(極北派) 민족이라 하거나 혹은 분류 불가능한 민족이라 불렀는데 최근 슈렝크씨는 우랄 알타이계 민족에 대해 특히 고(古)아시아족의 군(群)을 설정하고 그 가운데 그들을 포함시켰다. 대개 이 고아시아족이 되는 사람은 인종적으로가 아니라 그야말로 지리·역사적인 관점에서 분류되는 것으로 그 가운데 캄차구루, 꼬랴, 축치, 유가기루, 아리유또, 에스키모와 아이누까지도 포함된다. 이들 민족은 길랴크에서와 마찬가지로 서로 인종적 위치가 불명한 것으로 더욱이 그들은 한 두 민족을 제외한 나머지는 대개 각각 고립된 별족(別族)으로 서로 관계되는 바가 없다. 그리고 이 고아시아족으로 보는 사람들의 정의에 따르면 그들은 오늘날 거주하는 것과 같이 시베리아의 극악절원(極惡絶遠)의 땅에 살던 이전의 사람들이 아니다. 모두 본래 시베리아 각지의 좋은 땅에 이전부터 거주하였는데 후에 우랄 알타이족의 침입을 받게 되어 결국 그들과 접촉충돌하고 그들은 패자가 되어 전전퇴각(轉轉退却)하여 오늘날 보듯이 극원(極遠)의 벽지 해안 혹은 도서(島嶼)로 할 수 없이 거처를 정하게 되었고 다시 이상의 여러 민족의 패잔자와 우연히 접근 거주하기에 이르렀다. 그러므로 그들은 인종상 동일하지 않은 것이다. 다만 지리·역사적으로 연철(連綴)된 이른 바 "모자이크"식이 되어 상호 관계는 우랄 알타이족의 또루꼬, 휀, 몽골, 퉁구스 각파의 공동기원을 가지고 서로 계도적(系圖的) 관계를 가진 것과 같이 이야기할 수 없게 되었다. 또한 최근 다시 러시아의 학자는 슈렝크씨의 고아시아족을 고(古)시베리아족이라고 부르고 우랄 알타이족을 신(新)시베리아족이라고 부르게 되었다.

어떻든 길랴크족은 이상과 같이 인종상 고립적인 위치에 있는 민족으로서 길랴크족은 실로 그들만으로 그 인구 겨우 4,500명 이내를 남기고 있는 것에 지나지 않는다. 만약 그 적은 인구가 감소, 절멸의 운명에 이른다면 애석하게도 다시 그들을 인류상에서 볼 수 없을 지도 모른다. 과연 그렇다면 사할린 및 헤이룽강 방면의 그들은 인류학상 앞으로 크게 주목하지 않으면 안 된다는 점은 처음부터 논한 바이다.

1-2 _ 오로츠꼬

러시아 사람들은 오로츠꼬를 "오로촌'이라고 한다. 그들은 오로지 사할린섬에 사는 사람들로서 나는 지금 그들을 그 거주지에 따라 갑·을 두 파가 될 수 있는, 즉 갑은 우리 사할린 뽀로나이 강반 및 타라이카 호반(湖畔)에 있으며 을은 북사할린 동해안 방면에 있다.

뽀로나이 방면의 그들은 인구 모두 607명, 호수 81호이다. 촌락은 모두 10촌으로 구성되어 있으며 기우리, 노꼬루, 무이까, 쥬타끼, 쇼도이, 와라바이, 다란꼬탄 등이 그들이다. 그리고 무이까는 호수 19, 쇼도이는 17, 기우리는 14이다. 그 외는 2호 혹은 3호 정도에 지나지 않는다. 이들 촌락 중 타라이카 호반에 있는 것은 호수 주위에 살며 그 선단에 아이누족 타라이카 촌락이 있다. 또 뽀로나이 하반에 있는 것은 길랴크족과 서로 접하여 거주하며 그 분포상태는 예를 들면 하천을 따라 우선 오로츠꼬, 그 다음으로 길랴크족으로 여기 저기 산재하고 있다. 그들은 어렵생활을 하며 교통왕래 모두 오로지 나무배를 이용한다. 가축은 순록을 기르며 종교로서 샤먼교를 행하고 있다. 가옥은 통나무를 모아 만든 간단한 "텐트" 식이다. 음식은 길랴크족에서와 같이 어류도 사용하지만 역시 수렵으로 잡은 짐승들도 먹는다. 남자는 산발을 한 사람들이 많지만 여자는 대개 변발을 하고 귀에 은제의 고리를 걸고 의복 그 외 고풍을 유지하고 있다.

북사할린 동해안 방면의 그들은 소위 "툰드라" 지대에 살며 인구는 129명이며 촌락은 모두 6촌으로 구성되어 있다. 즉 와지, 오프단, 야꼬진, 다우츠, 다게, 꼬로마이가 그것이다. 그들의 생활 상태는 뽀로나이 방면보다도 이전(移轉) 정도가 심하고 "툰드라" 지대에 순록을 끌고 여러 곳으로 움직인다. 그들이 말하는 바에 의하면 그 이동은 순록이 먹는 순록태(馴鹿苔) 등과 관련이 있는 것으로 즉 그 초태(草苔)를 그곳에서 거의 먹어치우면 할 수 없이 또 초태가 있는 다른 곳으로 옮겨간다. 그들은 이렇게 하여 원래의 장소로 돌아오는 데 그 초태의 성육으로 보아 대개 4년 정도가 걸린다고 한다. 이상과 같이 되면 오늘날 유목 오로츠꼬의 풍습을 보기 위해서는 이 방면은 가장 주의를 기울일 만한 가치가 있다.

그들의 생활 본위가 순록과 함께 이동하는 것이므로 그 가옥과 같은 것은 매우 간단하며 한 번 머물려고 하면 통나무를 모아 그 상단을 묶고 그 하단을 뻗어 내리고 마치 원추형으로 하여 그 위로부터 다시 자작나무의 껍질, 물고기의 가죽 등을 덮고 그 내부에 화로를 설치하고 그곳에서 생활한다. 그러므로 가옥과 같이 간단한 것은 길랴크족과 도저히 비교가 되지 않는다. 그리고 그들은 여름에는 해안으로 나오고 겨울에는 산 속으로 옮겨 간다.

그들의 가축은 순록으로 하고 가축은 오로츠꼬와 전혀 떨어질 수 없는 깊은 관계를 가지고 있으며 그 양자는 실로 친구와 같은 느껌이 있으며 즉 이동은 가축을 위해서이고 그들이 이동하면 그것을 타고 또 일상적인 집기는 그 척추에 싣는다. 가축의 뿔 등은 여러 물건으로 사용한다. 그들에게 혹시 순록의 가축이 없으면 그들은 가장 빨리 오로츠꼬다운 생활양식을 상실하게 되었을 것이다.

오로츠꼬는 일반 길랴크족과 달리 많은 사람들이 러시아 정교의 신도가 되어 고유 샤머니즘은 점점 소실되는 것과 같은 느낌이 있지만 여전히 샤머니즘을 믿는 사람 있으며 특히 뽀로나이 방면의 그들은 일본 정부의 양민(良民)이 되어 보다 다시 이슬람교 부흥의 상태에 이르고 무당은 왕성하게 큰 북을 두드리고 기도를 하고 목우(木偶)를 만드는 풍습이 있다.

그들은 필경 단지 순록과 함께 전전하며 이동하는 사람이 되었지만 미적 성격이 있어 길랴크족과 마찬가지로 나무로 조각하고 모자, 의상, 보자기 등에 문양을 수놓는 풍습이 있다. 이것은 또 연해, 헤이룽강 등에 거주하는 퉁구스 족 각파와 일반 모두가 그러한 것으로 그들은 함께 비교 연구할 만한 가치가 있다.

동해안의 오로츠꼬는 지금으로부터 13년 전까지는 나쵸요또킨라는 사람에 의하여 통일되었는데 최근에는 교육을 받은 야쿠트 족의 위노구루프 추장이 되어 그것을 통할 없이 있으며 뽀로나이 방면의 그들보다 매우 규율적이고 또 가옥, 의복 등이 점점 청결하게 정돈된 경향이 있다. 그러므로 그 때문에 인류학적으로 그 토속을 아는 데 가장 곤란한 점이 계속 되고 있다.

1912년 빠또카노프씨의 『시베리아 토속인 인구통계보고』 제3책에 의하면 오로츠꼬인은 꼬루사꼬프 방면에서 남자 159명, 여자 145명, 치모우수크 방면에서 남자 236명, 여자 209명이라고 기록하고 또 그의 명저로서 1905년에 출판된 『퉁구스의 지리학적 분포와 그 통계』에 의하면 그들은 남자 395명, 여자 354명으로 기록하고 그 합계 749명이다. 다음으로 마츠쿠수푼케씨의 『사할린섬』에 의

하면 그들의 인구는 800명이다. 이상을 현재의 인구와 비교하면 뽀로나이 방면 607명, 동해안 방면 129명, 합계 736명이 되고 우선 사할린 전체 섬에 그들의 인구는 750명 이내라고 보아 좋을 것이다.

그들의 체질은 어떠한가 하면 신장은 약간 작고, 두발은 직모이고 그 색은 검고 콧수염은 적고 머리 모양은 광두(廣頭, 다레네츠키씨 지시수 84, 5), 얼굴 모양은 편평하고 크다. 눈은 가늘고 길며 눈에 띄게 경사져 있어 몽골식의 눈 모양을 나타내고 있다. 코는 편평하다. 요헤루손브로도수키 부인은 1906년 『독일인류학잡지』상(上)에 오로츠꼬 등의 신장이 작다는 것에 대해 학설로서 말하기를 "대개 퉁구스족은 그 남북 양파에서 신장의 장단이 있으며 즉 남부 퉁구스는 비교적 북부보다 신장이 크고 북부 퉁구스는 그보다 신장이 작고 남부는 주로 만주, 흑룡, 연해 등의 사람, 북부는 후패가이(後貝加爾), 아극덕사극(雅克德斯克), 야니새사극(也尼賽斯克) 등의 사람을 포함한다. 그러나 오로츠꼬는 남부 퉁구스의 신장 즉 약간 커야 되는데 그것과는 달리 신장이 작다는 것은 실로 주의를 기울일 가치가 있다"라고 언급하였다. 그들의 두개(頭蓋)에 대해서는 타레네츠키씨도 그들을 측정하여 『사할린 아이누, 길랴크, 오로츠꼬 두개골』이라는 논문에서 기록하고 코가네이(小金井 : 小金井良精 — 역자 주)* 박사도 그들의 두개(頭蓋)를 측정하여 그것을 『의과대학기요(醫科大學紀要)』에 발표하였다. 요컨대 그들은 분명히 체질상 퉁구스족의 특징을 구비하고 있는 것이 된다.

* 1858~1944. 동경제국대학 의학부 졸업. 독일에 유학하여 해부학, 조직학을 연구하고 귀국후 동경제국대학 해부학 교수가 되었다. 인류학적으로는 주로 죠몬시대 사람 및 아이누족의 골학(骨學)연구를 행하였다. 그는 죠몬인은 일본의 선주민이며 아이누족은 그 자손이라는 설을 주창하였다. SONY, 일본대백과전서 Encyclopedia Nipponica 2001 참조.

그들의 언어는 퉁구스어계에 속한다. 그들을 언어적으로 퉁구스족이 된다고 처음으로 말한 사람은 슈렝크씨가 된다. 그리고 또 빠또카노프씨도 그들의 단어가 대안(對岸)의 오루치와 유사하다고 말하였다. 이 오루치와 오로츠꼬와 유사하다는 것은 단어의 일치뿐만 아니라 또 체질, 토속 등에서도 일치하는 바가 있다. 그러므로 그 양자는 동일한 것으로 그것도 하나는 사할린에 있으며 하나는 사할린섬을 바라보는 앞 해안에 있다.

오로츠꼬라는 명칭은 아이누가 그들을 말하는 것으로 그들 스스로는 별도의 명칭을 가지고 있다. 뽀리야꼬프씨는 오래 전부터 그들 자신을 무엇이라고 말하였는가를 물으니 "우루츠치야"라고 대답하였다. 이 사실에서 빠또카노프씨는 그것을 통하여 앞 해안의 오루치와 종족명이 일치한다는 점을 증빙하고 또 그들 상호 단어가 일치 유사하는 점을 확인하고 그들 양자가 동일하다는 사실을 한층 확증하였다. 나는 뽀로나이 방면의 그들에 대해 물으니 자신은 "우치츠타"가 된다고 말하고 또

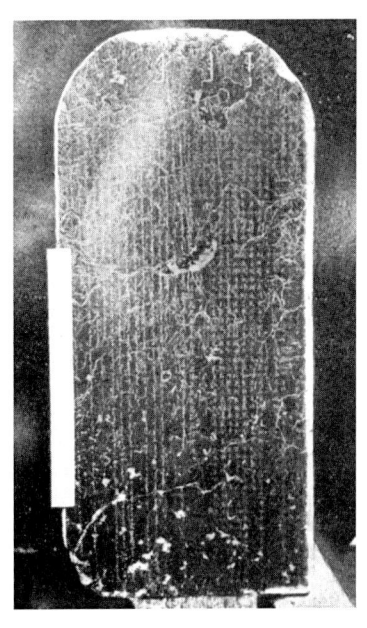

그림 29 _ 치루 비문의 하나. 영락비문의 이면(裏面)이다. 오른쪽 반은 한문자, 중앙은 여진문자, 왼쪽은 반은 몽고문자이다. 우라지박물관소장.

이번에는 동해안 방면에서 물으니 "우루츠엔"이 된다는 것을 알게 되었다. 그리고 사할린 길랴크족은 그들을 "오힌구츠"라고 부르며 기렌은 "끼리우"라고 부르고 헤이룽강 길랴크족은 "오론가타"라고 불렀다.

이상을 근거로 보아 오로츠꼬는 본래 대안(對岸)의 대륙에 살았던 것으로 그들이 어느 이른 시대에 순록을 찾아 결빙을 밟고 사할린 섬으로 도래하였다고 볼 만한다. 그들과 가장 깊은 관계가 있는 오루치는 사할린의 대안인 시호테아린 산 속에서 현재도 순록을 가축으로 하고 옮겨다니며 이주(移住)를 계속 하고 있다. 나는 오루치의 분포를 다시 자세하게 말하자면 그들은 헤이룽강과 우수리강을 경계로 하는 시호테아린 산의 해안선에 여기저기에 살고 있는

사람들로서 그 주위에 길랴크족 및 퉁구스족인 만군, 고리도, 네꾸다 등이 있다. 요컨대 그들은 데까수또리만 부근에서 44도에까지 미치고 있다. 나는 이전 우노쿠르프씨에게 들으니 오츠르의 최근의 분포는 임뻬라또루수끼만(灣) 부근 및 그 산 속에 순록과 함께 물풀을 계속 찾고 있다고 이야기되고 있다.

현재 후패가이(後貝加爾)주로부터 동쪽, 흑룡, 연해, 살합련(薩哈連) 여러 주에서 퉁구스 족 가운데 순록을 가축으로 하고 그것과 함께 이주하는 사람은 헤이룽강 상류, 시루카 강반, 홍안령 등에 살고 있는 본래의 오로촌족과 오루치 및 오로츠꼬 두 종족뿐이다. 다른 퉁구스의 여러 파(派)는 개를 가축으로 하고 많은 경우 비교적 강반에서 어업을 하고 영주성(永住性)을 가지고 있다. 이 점에서 오로츠꼬는 인류학적으로 가장 주의를 기울일 만한 가치가 있다.

오로츠꼬는 생각하면 고대에는 오늘날 오루치가 사는 시호타아린 산맥 안에 살게 되었다. 그러나 어느 사정 때문에 겨울 기간 해협이 결빙하기에 이르렀고 그들은 친한 친구와 같은 순록과 함께 그곳에서 사할린으로 이주해 왔다고 보아야 한다. 그리고 그 도착지는 대개 중앙 사할린으로 뽀로나이 강 혹은 타라이카 호반(湖畔)의 오로츠꼬는 그 잔존자가 아닐까. 그러나 그들의 어느 한 파는 다시 북진하여 현재 보는 것과 같이 동해안 지방 등에 도착하고 수초(水草)를 찾기에 이른 것이 아닐까. 이것은 그들 자신뿐만 아니라 길랴크족, 퉁구스, 야쿠트 등도 말하는 바가 된 것이다. 그들이 뽀로나이 방면으로 왔을 때는 길랴크족은 아직 그곳에 없었고 우선 아이누족과 접촉 충돌한 것과 같이 이것에 대해 오로츠꼬와 아이누 사이에 전설로써 그것을 전하고 있다. 그들은 서로 뽀로나이 강의 하구 타란꼬탄에서 전쟁을 하였다고 말한다. 슈렝크씨는 "길랴크족은 남진하려고 하고 아이누는 북진하려고 하여 그것이 충돌된 곳이 사할린이 된다"고 이야기되지만 아이누(타라이카 촌)는 오로츠꼬와 충돌한 사실은 전하지만 길랴크족과 관계된 이야기는 전하지 않는다. 그것을 근거로 보더라도 그리고 오로츠꼬와 길랴크족 등의 이야기를 통해 생각해도 남부에 최초로 이주한 사람은 오로츠꼬이고 길랴크족은 그 후에 북부에서 옮겨온 것으로 보아야 할 것이다. 과연 그렇다면 슈렝크씨의 유명한 가정설(假定說)은 크게 잘못된 것이라고 말하지 않으면 안 된다.

그림 30 _ 고리도인의 어피(魚皮) 의복(여름 의복)

생각하면 오로츠꼬는 또 고대로 거슬러 올라가면 그 지리학적 분포는 다시 남부에 미치고 이 관계에서 어느 때는 그들은 홋카이도의 소우야(宗谷)로부터 이시가리강반(石狩江畔)을 침입하고 어느 때는 야마네(山邗) 해안에서 일본해 방면, 또 노도(能登), 사또우(佐渡)를 침범한 것은 아니다. 일본 역사에서 소위 "미시하세" 혹은 "아시하세"라 칭하는 숙신은 그 지리학적 관계, 민족, 토속 풍습에서 보아 오로츠꼬를 연상시킨다. 국사(國史)에서 말하는 소위 숙신(肅愼)의 와타리시마[渡島]를 침범하고 또 사또우의 기록 등과 같은 것은 그것에 일종의 암시를 주는 것은 아니다.

나는 오로츠꼬에 대해 다소 연구 조사를 계속 하고 있다. 이것은 얼마 안 있어 그 체질, 언어, 토속 등에 보고할 기회를 가져야 할 것이다.

1-3 _ 통구스

북사할린에 통구스라고 자칭하는 사람들이 살고 있다. 그들은 분명히 북부 통구스족에 속하며 그 고향은 아극덕사극(雅克德斯克)주 부근이며 그들이 이곳에 온 것은 비교적 근대시기에 속한다.

대개 통구스라는 명칭은 그들 자신이 결코 그것을 부른 것이 아니라 이것은 본래 아극덕사극주 부근의 투르크(土耳古) 민족이 되는 야쿠트에게 붙인 악명(惡名)으로, 즉 그 의미는 "돼지"라는 의미를 가진다. 이것은 그들이 진기하게도 가축으로서 다른 민족에게 없는 돼지를 사육하는 것에서 그 이름을 얻게 되었다고 한다. 한 번 이것이 그들의 어느 파(派)의 사람에게 붙여지면서부터 갑자기 학자는 그것을 그들 일반의 인종명(人種名)으로서 사용하기에 이르렀다. 그러므로 그들이 결코 이 명칭을 스스로 사용하지 않은 것은 매우 분명한 사실이 된다. 후패가이주(後貝加爾州)에 거주하는 그들은 스스로 "하무니간"이라고 칭한다. 그러나 북사할린 이주(移住)의 그들은 지금에 이르러서야 이상의 통구스를 고유족명(固有族名)으로 사용하기에 이른 것은 그 유래를 모르는 것인가. 어떻든 기묘하다고 말하지 않을 수 없다. 그리고 현재 그들과 접근 거주하는 야쿠트족은 그들을 보고 "헤벤키"라고 부른다.

오늘날 그들 북사할린에서의 인구는 모두 50명 정도가 된다. 그들 거주지는 오로지 동해안 방면이며 빠루하타 촌 인구가 가장 많고 다음으로 츠이미강의 지류 누이시 강반 및 동해안의 북단에 있으며 다시 서해안의 뽀기베 지방의 와기시 강반에 있다. 그들의 생활 상태는 오로츠꼬와 마찬가지로 순록을 가축으로 하고 그것과 함께 툰드라 지방으로 이동한다. 그리고 그들은 또 수렵을 하고 어업을 하지 않는다. 그 풍속은 거의 오로츠꼬와 서로 닮았다고 말하지만 통구스는 오로츠꼬보다도 약간 진보하여 러시아 서적을 읽는 사람이 많다. 당시는 13년 이전부터 야쿠트의 위노쿠루프씨가 추장이다. 그 이전은 퉁구스의 나쵸츠또킨씨가 추장이었다고 한다.

그들은 여름 동안은 순록과 함께 나베리스키만으로 오고 겨울 동안은 오히려 빠루하타로 이동한다. 누이시 방면은 좀처럼 변화가 없다. 때로는 혹은 이곳에서 빠루하타로 오는 일이 있다.

그들의 고향은 본래 아극덕사극주 부근으로부터 이주하여 여러 차례 앞의 해안으로부터 이곳으로 왔으며 그들 중 도래(到來) 연도가 매우 오래된 사람으로 아직 3대보다 이전으로 거슬러 올라가는 사람은 없다. 그리고 가장 새로운 사람은 겨우 1대에 해당한다. 그것으로 생각해도 그들이 이곳으로 온 시대는 매우 최근이라는 것을 알 수 있다.

아극덕사극주 부근보다 그들이 연해, 헤이룽강 두 주 등에 오자마자 어느 시기에는 우선 두 군으로 갈려져 그 한 군은 헤이룽강으로 흐르는 아무군 강반에 모이고 다른 한 군은 우츠카타바(이전은 우즈스크군 우즈 하반)에 모였는데 그들은 한 번이 아니라 여러 번 소대(小隊)를 조직하여 순차적으로 이 섬에 겨울 동안 해협이 결빙하는 것을 기다려 이동한 것이다. 그리고 그들 동족은 수십 년 후 브레야천(川)과 아마루천(川)의 중류에 서로 모여 헤이룽 강반으로 나왔다. 또 100명 정도의 그들은 이무뻬라또루스키만과 데까수또리만과의 산 속에 산록과 함께 생활을 하고 있다. 그들은 또 동북방으로 분포하여 연해주만 해도 400명 정도의 인구가 있다. 사할린의 그들은 지금 또 결빙을 밟고 앞의 해안으로 와 있다.

1-4 _ 야쿠트족

야쿠트족은 북사할린에 겨우 8명 있을 뿐이다. 그들은 순전한 투르크 민족에 속하며 그 고향은 아극덕사극주(州)로 그들은 비교적 최근에 앞의 해안으로부터 이곳으로 온 사람들이다. 그리고 북사할린의 거주지는 누이요만(灣)보다 25로리(露里) 빠루하타에 있다.

그림 31 _ 야쿠트주 거주의 퉁구스족(북부 퉁구스라고 한다) 및 그 가옥. 에니세 이주에서 후패가이주에 분포하는 퉁구스인도 동일한 풍속을 이루고 있다.

그들 인구는 겨우 8명에 지나지 않지만 그 세력은 오로츠꼬, 퉁구스는 본래부터 길랴크족 사이에서도 이루어져 현재 앞 두 종족의 추장은 동족인 위노쿠루프 그 사람이다. 야쿠트족은 이른 바 "시베리아의 유태인"이라는 칭호를 받을 정도로 시베리아 각지에 퍼져 살며 상업상 지식을 가장 많이 가지고 있으며 항상 러시아 사람 및 원주민 사이에서 왕성하게 물품의 교환매매를 하고 있다. 사할린의 그들은 순록 그 외 가축을 양육하며 또 상업을 하며 생활이 가장 풍요롭다.

그들의 분포세력은 아극덕사극을 본거지로 하며 그 외 야니새사극(也尼賽斯克), 후패가이, 흑룡, 연해, 캄차카 및 살합련(薩哈連) 여러 주에 이르며 그 인구는 130,000명 정도이다. 가장 무시하기 어려운 사람들이다. 만약에 이 동부 시베리아에서 러시아 사람이 아니면 그것을 대신할 중심 세력은 원주민 가운데 대개 이 야쿠트족이 될 것이다.

1-5 _ 현재 과거의 민족

　이상은 현재 사할린 및 헤이룽강 하류(혹은 연해지방)에 있어서의 원주민의 자연 상태이며 이 사실은 사할린 섬과 앞 해안 대륙과 서로 인류학적으로 밀접한 관계를 가지는 것을 암시하는 것이 아니다. 이것은 우리 일본학자로서 연구상 매우 흥미 깊은 바가 된다.
　그들 가운데 고아시아족이 되는 길랴크족은 일찍부터 우선 사할린 북부에 와서 거주지를 정하고 다시 오로츠꼬 족도 계속해서 마찬가지로 중앙부에 온 것과 같다. 이때에 비로소 아이누족도 홋카이도에서 와서 그 남부를 차지하였다. 이것으로 갑자기 그들이 접촉하고 충돌하게 되었다. 그래서 이들 세 종족은 모두 이 사할린 섬과 대륙 혹은 홋카이도에 각각 정착하면서 서로 연철하지 않고 사는 것은 가장 주목할 만한 가치가 있다. 즉 길랴크족 및 오로츠꼬는 각각 동일하게 대안(對岸) 대륙과 관계가 없다. 또 아이누족은 홋카이도와 관계가 없다. 이와 같이 사할린은 그들 세 종족의 북진(北進) 남진(南進) 이동의 충돌 만남의 중심점으로 이러한 사실은 인류학적으로 상당히 연구할 만한 가치가 있다고 말하지 않을 수 없다.
　길랴크족은 그들 이외에 그들과 닮은 민족은 없다. 그리고 아이누도 아이누족 이외의 종족은 없다. 그들 모두 고립한 최고(最古)의 민족에 속한다. 이상하기도 한 이족(異族)이 사할린 남북에서 서로 만나는 것 또 기묘하다고 말하지 않을 수 없다. 마치 퉁구스족이 되는 오로츠꼬족이 이 만남의 중심점에 사다리 모양을 나타내며 그것을 비집고 들어가 분포하는 것 또한 괴이하다고 말하지 않을 수 없다. 일본 본토와 대륙과를 연철하여 그것을 인류학 관점에서 연구하려고 하는 것은 우선 이와 같은 교량 통로가 되는 사할린 섬부터 주목하지 않으면 안 된다.
　나는 일전에 사할린 알렉산드로프스크 강 해안에서 토성이 파손된 것을 발견하였다. 이것은 남사할린 시라누시(白主)에 있는 토성과 같은 시대에 속하는 것으로 대개 말갈족, 여진족과 관계되는 것이 아니다. 이러한 사실은 같은 시대 대륙과 이곳을 연철할 만한 유력한 재료가 된다고 말하지 않을 수 없다. 이러한 것은 더 나아가 홋카이도의 이시가리(石狩) 강반에도 있다. 오타루 테미야(小樽手宮)의 조각문자도 이러한 것들과 서로 관계가 있다. 적어도 역사시대에 있어서 일본과 대륙과의 비교 연구는 우선 이와 같은 사실을 종합하여 출발하지 않으면 안 된다. 연해주의 토성에 대해서는 브츠세씨의 논문이 있다.

다시 거슬러 올라가 그것을 추구해 보자. 북사할린 및 헤이룽강의 여기저기에 석기시대의 유적이 있다. 이 종류를 분류해 보면 수혈, 패총, 보새(堡塞)가 있다. 또 유물로서는 석기, 골기, 토기가 있다. 북사할린과 같은 것은 동해안 치야이요누이요의 툰드라 가운데 수혈이 존재하고 보새는 그것과 함께 나타나고 석기, 토기는 그곳에서 나오며 감히 적지 않다. 이러한 유물유적은 분명히 당시 문헌기록이라고도 말할 만한 것으로 이것은 실로 그 시대 민족 및 문화를 우리에게 말하는 것이다.

나는 이상의 유적유물을 남긴 종족은 지금까지 이야기한 민족이 되며 이 점에 대해서는 보다 이야기해야 할 것이 많지만 또 시간을 소비할 염려가 있기 때문에 다른 기회에 상세하게 이야기하기로 한다.

2. 마미야 린조(間宮林藏)와 사할린 및 동달(東韃)지방과의 관계에 대해

본장은 1921년 12월 수교사(水交社)가 설립한 유종회(有終會)에서 강연한 것인데 앞의 각 장과 가장 관계가 있기 때문에 여기에 수록하기로 하였다.

2-1 _ 천명(天明 : 1781년~1788년 – 역자 주)
문화(文化 : 1804년~1816년 – 역자 주) 당시의 일본 형세

지금부터 이곳에 제시한 제목에 대해 말씀 드립니다. 마미야씨와 사할린 및 동달지방 즉 러시아령 연해주(오늘날의 사할렌주)인데 이 관계에 대해서는 말씀드리지 않을 것이며 여러분이 전문이기 때문에 잘 아실 것으로 생각합니다. 제가 오늘 이야기하려고 하는 것은 우리 도쿠가와 시대의 문화(文化) 연간, 즉 서력 1800년대 초기 경인데 이 시기에 마미야씨를 중심으로 사할린 및 헤이룽강 하류, 그 사이의 지방과 어떠한 관계가 있었는가 하는 것을 문화사적, 인류학적으로 약간 이야기해 보고자 합니다. 혹은 수로에 대해 언급할 지도 모릅니다만 이것은 나의 전문분야가 아니기 때문에 잘못된 이야기가 있으면 용서를 빕니다.

일본의 도쿠가와 시대 가운데 일종의 어느 정도 색깔을 띠고 있었던 시대는 문화(文化)시대입니다. 천명(天明 : 1781~1788 – 역자 주)부터 관정(寬政 : 1789~1800 – 역자 주), 향화(享和 : 1801~1803 – 역자 주), 문화(文化 : 1804~1816 – 역자 주)라는 시대는 매우 흥미로운 시대로 일본의 인간정신이 어느 정도 활동하고 있던 시대입니다. 왜냐 하면 그 때는 러시아의 남하라는 경보(警報)가 자주 전해진 때로 북문(北門)의 요해지가 위험하다는 것이 자주 주창되고 있었기 때문입니다. 이 형세를 내다보고 하야시꼬 히라(林子平)가 천명(天明) 초에 『삼국통람(三國通覽)』을 저술하고 미리 북방을 경계해야 한다는 점을 주창하였는데 당시 막부가 꺼려하여 그 책은 절판되고 또한 판본(版本)마저도 불에 타버렸습니다. 그는 죽을 때에 "부모도 없고 처도 없고 자식도 없고 판본 없이 돈도 없지만 죽기도 싫다"라고 술회하고 있습니다. 천명 초기에 있어서는 일본 국민은 무릉도원을 꿈꾸고 태평을 노래하고 있을 뿐, 일본의 변강이 어떠한 상태가 계속 되고 있는가에 대해서는 전혀 몰랐던 것입니다. 하야시꼬는 이 국민의 게으름에 분개하고 이러한 『삼국통람』을 저술하여 경종을 울린 것입니다. 그가 그것을 저술한 목적은 무엇이었는가 하면 일본의 입장으로서 그 주변의 연구를 소홀히 해서는 안 된다. 주변은 즉 조선, 유구(琉球), 에죠(蝦夷) 이 세 지방입니다. 이 세 지방의 형세를 분명히 해 두지 않으면 안 된다는 것이었습니다. 당시 일본에서는 오늘날의 홋카이도 즉 에조치(蝦夷地)입니다만 이곳이 어떠한 곳인지를 모르는 것입니다. 가령 도쿠가와 시대의 천명 이전에 만들어진 지도를 보아도 그 가운데 에조, 즉 홋카이도도 기록되어 있습니다만 충분히 모르는, 따라서 사할린이나 치시마(千島)도 이 시대에는 다만 형태뿐으로 확연히 모릅니다. 이러한 상황이기 때문에 하야시꼬는 이것은 일본으로서 소홀히 해서는 안 된다는, 일본의 변강에 접해 있는 나라의 사정을 잘 연구해 두지 않으면 안 된다는, 즉 조선, 유구, 에조치 이 세 지방의 사정 형세를 알 필요가 있다는 뜻에서 『삼국통람』을 저술한 것입니다. 그 때 지식계급의 일본인은 실제 에죠를 모르고, 사할린 치시마는 물론 가까운 홋카이도조차 어떠한 것도 몰랐던 것입니다. 그렇지만 도쿠가와 막부는 이 처사(處士)의 제멋대로의 논의가 수상하다고 하여 결국 하야시꼬를 칩거하게 하였습니다. 그런데 그의 『삼국통람』의 판본을 불에 태웠고 동시에 그 후 점점 북쪽으로부터 경종이 울려 온 것입니다. 러시아의 군함이나 상선이 에조치 혹은 사할린 혹은 치시마열도의 에또로프(擇捉), 쿠나시리(國後) 등에 자주 나타나 난리를 일으키기 때문에 막부는 마츠마에번(松前藩)의 시정에 의문을 품고 급히 무엇인가를 하지 않으면 안 된다 하여 소란을 피웠습니다. 이것은 여러분 모두 알고 계시다시피 거기에서 하야시꼬의 선견지명에 놀라지 않을 수 없습니다.

2-2 _ 러시아 남부시베리아

그 때 러시아의 극동 경영의 중심은 어디였는가 하면 캄차카(勘察加)입니다. 러시아가 동방경영의 날개를 펴서 시베리아를 석권하자마자 야쿠또수크로부터 수타노워이 산맥을 넘어 결국 북태평양의 베링 해협으로 진출한 것입니다. 즉 인종으로 말하자면 츄꾸치라든가 꼬리야크와 같은 민족 사이에 까자끼족이 침입한 것이었습니다. 그리고 뻬또로바우로우스쿠라는 근거지가 캄차카 반도의 동쪽 해안에 세워진 것입니다. 그리고 얼마 동안 그 곳이 러시아의 극동 경영의 중심지가 되어 있었습니다. 이것은 원록(元祿 : 1688년-역자 주) 전후의 일입니다. 이때까지 그는 치시마가 있는 것을 몰랐습니다. 그런데 일본의 상선이 난파하여 캄차카에 흘러 도착하였기 때문에 처음으로 캄차카의 로바또곶의 남쪽에 치시마 반도가 있다는 것을 알고 그 후부터 러시아가 그 방면에 크게 주목하기 시작하였습니다. 그 남쪽이 어떻게 되어 있는가 집게손가락이 마주 움직였던 것입니다. 그것은 에카테리나 여제(女帝) 시기로 그 방면에 탐험대를 보내게 되었던 것입니다. 이것에 대해 기억할 만한 탐험가가 두 사람 있습니다. 한 사람은 수텔렐이고 또 한 사람은 꾸라세니꼬프입니다. 그 때에 그 여제 에카테리나의 명령은 어떻게 서술되어 있는가 하면 최근은 그로부터 자주 캄차카를 조사하고 더 나아가 베링해협과의 관계 및 치시마 열도의 조사-치시마 여러 섬들 가운데 점수(占守), 호로노베(幌延) 등은 비교적 일찍부터 알고 있었는데 러시아는 열도를 북쪽에서 계산하여 1번 섬, 2번 섬, 3번 섬과 같이 순차적으로 수를 세어 남쪽 홋카이도까지 번호를 붙이고 있었던 것입니다. 그리고 그 섬들에 어떠한 식물들이 있는가, 동물들은 어떠한가, 지형은 어떠하고 일본과 어떠한 관계를 가지고 있는가, 말하자면 일본 본주(本州)와의 관계는 어떠한가, 대륙과 연결되어 있는가, 섬인가 등 그 주변의 조사를 하는 것이었습니다. 그 결과 보고서가 그 책입니다. 그 책이 한 번 세상에 나오니 프랑스, 독일, 영국 등에서 서로 다투어 번역한 것입니다. 이러한 것을 생각해 보아도 러시아의 극동경영의 근거지가 당시 캄차카였다는 것을 알 수 있습니다. 이러하므로 에조치를 침범한다든가 혹은 통상무역의 명분으로 에또로프[擇捉]나 쿠나시리[國後]로 온다든가 모두 그 근거지는 캄차카의 베또로바우로수크로 오늘날이야말로 가장 변방이 되어 있지만 당시는 러시아의 극동경영의 중심지였던 것입니다.

　그 탐험가의 보고가 있었던 당시, 러시아에서는 이러한 상태인데 우선 최초로 일본에서는 아라이 하쿠세끼(新井白石)가 『에조치(蝦夷地)』를 쓰고 크게 그 지역에 대해 주목하였는데 일반 학자도 막부의 사람들도 거의 무관심이었습니다. 그리고 천명 시대 이후가 되면 러시아 사람의 남하 움직임이 확연히 드러나 그 군함상선이 치시마 열도는 물론 사할린으로부터 에조치 즉 홋카이도에 나타나 때로는 본주(本州)의 동해안에 출몰하게 되고 북문이 위급하다는 공기에 비로소 일본인은 언급하기 시작한 것입니다. 최초 러시아와의 교섭 및 북변의 정비는 마츠마에번이 그것에 대응하고 있었던 것이지만 점점 형세가 긴박하여 마츠마에번에서는 불안하다고 하기 때문에 막부가 그것에 대신한 것입니다. 이것은 관정(寬政)에서 문화시대 초기로 그 때는 일본인의 기분이 어느 정도 긴장하고 있었으며 학문도 발전하여 매우 자신이 있던 시대로 학자로서도 소설가로서도 새롭고 넓고 큰 기분이 부풀어 올라 활발한 상태였습니다. 문정(文政 : 1818~1829년 – 역자 주)에서 그 후가 되면 도쿠가와 시대는 타락하는데 그 이전의 관정부터 문화 시기까지는 모든 기분이 긴장하고 있기 때문에 상당히 유쾌하고 남성적인 자신감이 있던 시대였던 것입니다.

2-3 _ 쿠크, 라 뻬루즈, 다까하시 사쿠자에몬(高橋作左衛門)

이렇게 러시아도 활동하고 일본의 사기도 긴장하고 있는 관정(寬政)·문화(文化) 시대에 보다 세계를 놀라게 한 큰 사건이 있습니다. 그것은 즉 캡틴 쿠크(captain Cook)의 남양항해라는 큰 업적입니다. 남양 제도(諸島) 즉 오늘날 말하자면 태평양 제도는 쿠크의 항해기 등을 읽어보아도 얼마나 그들이 예상한 이상으로 섬이 많이 존재하고 있는가를 알 수 있습니다. 처음 영국에서는 천문 관측을 위해 어느 섬에 간 것인데 그것이 생각지도 않게 많은 섬을 발견하게 된 것입니다. 영국이 오늘날 태평양에서 우월한 지위를 차지하고 있는 것은 적어도 쿠크의 항해에 힘입은 바가 많다고 생각합니다.

쿠크의 항해에는 여러 방면의 사람들이 참가하여 연구·조사를 통하여 지금까지 미지의 새로운 사실이 속속 발견된 것입니다. 예를 들면 남양방면은 다만 망망한 파도가 치는 곳이라고 생각하고 있었지만 무수한 섬이 기라성과 같이 여기저기 존재하고 몰랐던 인종이나 진기한 동·식물이 생육하고 있는 것을 알았습니다. 특히 여러 인종이 발견됨에 따라 인류학적 인종·민족의 분류에 있어서도 가치가 변하게 되었습니다. 말레이 인종이 브루멘바츠하의 세계 인류의 대분류에 하나 부가된 것은 쿠크가 남양을 주항(周航)한 결과입니다. 당시의 프랑스도 또 약기(躍起)하게 되고 영국에 뒤질 수 없다는 입장이 되었습니다. 그리고 남양 제도부터 아시아의 연안에 이르기까지 항해한 것은 유명한 라 뻬르즈라는 사람이었습니다. 그는 일본해에도 와서 연해주―오늘날의 사할렌주의 데까수또리만―에도 와 있었고 그 지명(地名)도 그가 명명한 것입니다. 사할린에서 연해주 방면에 걸쳐서 프랑스 이름이 있는 지명이 있는 곳은 대개 그가 간 곳입니다. 그렇지만 그는 사할린섬이 대륙의 일부인가 외딴 섬인가는 몰랐던 것입니다. 이와 같이 영국도 하면 프랑스도 한다는 식으로 각각 경쟁한 시대입니다.

이렇게 쿠크의 태평양 항해는 유럽에만 영향을 미쳤는가하면 그렇지 않고 일본에도 영향을 미치고 있습니다. 이것은 흥미로운 재료입니다만 그것은 일본 문화(文化) 7년(1810년-역자 주)에 다까하시씨에 의하여 만들어진 동반구와 서반구의 그림입니다. 그것을 보아도 얼마나 도쿠가와 시대의 천문가가 당시 세계지도를 알고 있었는가를 알 수 있습니다. 또한 흥미로운 점은 지도 위에 쿠크의 항해선이 그려져 있으며 몇 년 몇 월에 어디에 있었다, 몇 년 몇 월에 어디를 통과하였다라고 쿠크가 걸었던 길을 지도 안에 적어 놓고 있습니다. 당시까지 도쿠가와 막부는 천문 쪽은 알고 있었던 것입니다. 대개 도쿠가와 시대에 과학 연구라고 하면 의사 혹은 본초(本草) 정도로 세상에서는 생각하고 있습니다만 관정에서 문화시대에 걸쳐서는 다까하시 사쿠자에몬(高橋作左衛門), 이노우 타다다까(伊能忠敬)* 등에 의하여 측량이 이루어지고 있기도 하고 또 만국의 역사나 지리와 같은 것도 막부의 관원에 의하여 연구가 이루어지고 있습니다. 나도 보고 놀란 것입니다만 이 쿠라세니꼬프의 보고는 작은 책과 큰 책이 있습니다만 작은 책은 네덜란드뿐 아니라 일본에서 번역되어 있는 것입니다. 이것들을 보아도 막부는 가능한 한 네덜란드 책을 통하여 해외 사정을 연구하고 있었던 것을 알 수 있습니다. 다카하시가 만든 세계지도입니다만 이 지도에 대해 주의를 기울여야 하는 것은 이것이 마미야씨가 동달지방에서 돌아온 그 다음 해 즉 문화 7년(1810년 : 역자 주)에 네덜란드 출판 지도에서 모방한 지도라는 것입니다. 사할린이 대륙의 계속이 아니라 섬이라고 하는 것은 마미야씨가 확인한 것이기 때문에 일본인이 그것을 발견한 것이라고 이야기되고 있습니다만 이 지도를 보면 사할린은 섬으로 되어 있습니다. 그렇다면 지금까지 좀처럼 주의를 기울이지 않았던 것이지만 막부의 어느 학자는 이 당시 사할린이

* 1745~1818. 에도(江戸) 중기의 측량가. 북방 방비의 필요에서 에도막부의 허가를 얻어 에조(蝦夷)지역 동남 연안의 측량에 관한 허가를 얻었다. 그 후 전국 측량으로 발전하였다.

외딴 섬이라는 것을 이미 알고 있었던 것입니다.

　쿠크의 항로에 대해서는 막부도 당시 생각하고 있었기 때문에 결코 북부만이 아니라 남쪽 여러 섬에 대해서도 주의를 기울인 것입니다. 오가사와라(小笠原) 섬은 약간 위험하다고 하여 소란을 피웠던 것도 쿠크의 항로와 관련이 있습니다. 한 발자국 머뭇거렸다면 오가사와라섬은 영국의 섬이 되었음에 분명합니다. 이것은 도쿠가와 시대의 선배에게 크게 감사하지 않으면 안 되는 것입니다. 이렇게 당시 일본의 사기는 왕성하였던 것이기 때문에 나는 문화시대는 어느 정도 달라져 있었고 패기에 찬 시대라고, 그렇게 이루어진 모든 것이 남자다운 일이었다는 점을 말하고 싶습니다. 이것이 이후가 되면 달라집니다. 일본인이 세계 사정을 알려고 생각한 것은 의사정도가 아니라 지리에 있어서도 역사에 있어서도 마찬가지였습니다. 이 지도를 만든 사실을 통해 보더라도 세계사정을 알고 싶다는 열정이 상당히 왕성하였다는 것을 알 수 있습니다.

2-4 _ 마츠다(松田), 마미야 두 사람의 사할린 탐험

　그러나 이 기분이 없어지게 된 것은 시볼트 사건 때문입니다. 시볼트가 에도(江戶)에 온 것은 문화(文化) 시대 이후가 됩니다만 그 때 시볼트는 티야바에 대해 서술한 원서를 가지고 있었습니다. 그것을 다까하시 사쿠자에몬(高橋作左衛門)이 지식욕 때문에 가지고 싶어 하였는데 꼭 양도해 주었으면 하는 것을 신청하였습니다. 그런데 시볼트는 그것은 주어도 되지만 여기에 하나 조건이 있었습니다. 작년 마미야씨가 사할린 탐험 때에 만든 지도(地圖)를 가지고 싶다고 말하였습니다. 이것은 무리가 아닌 이야기이므로 다까하시는 좋다고 하여 교환하였습니다. 그것을 마미야는 막부(幕府)에 밀고하였습니다. 막부는 그것을 수상히 여겨 시볼트를 나가사끼로부터 추방하고 그 때 그의 모든 짐을 조사하고 그의 소지품은 모두 몰수되고 말았습니다. 그리고 한편 다까하시는 형에 처해졌던 것입니다. 그로부터 막부는 매우 주의하기 시작하였고 의학 외 외국의 사정(事情) 연구는 일체 금지하고 긴장한 국민의 기분을 꺾고 동시에 다만 태평을 구가하고 일세(一世) 모두 향락주의에 빠져 남자다운 기풍이 없어지게 되어 버린 것입니다. 그 이전은 확실히 국민의 기분이 긴장하고 문화시대가 그 절정에 달해 있었던 것입니다. 그 긴장시대에 마미야가 나온 것입니다.

마미야씨가 동달(東韃)지방을 탐험한 것은 어떠한 이유에서인가 하면 이것은 모두 알고 계시다시피 막부의 명령으로 사할린섬의 오지인 산단(山靼)에 대한 실지답사를 명령받은 것입니다. 대개 이 시기는 러시아 남하의 형세가 점점 급하게 전개되어 문화 3년(1806년 : 역자 주) 9월 1일 러시아 사람이 사할린을 침입하여 마츠마에번(松前藩)의 사람을 잡아 갔습니다. 그 다음 문화 4년 4월 23일 그들은 또 에또로프를 침범하고 있습니다. 한쪽은 사할린, 한쪽은 치시마의 에또로프를 침입하여 러시아 사람이 침략의 기세를 나타냈고 여기에 도쿠가와 막부는 매우 놀라 어떠한 조치를 취하면 좋을까 판단할 수 없는, 전혀 생각지도 않은 커다란 일이 일어나게 된 것입니다. 이에 막부의 집정에 대해 마츠마에 봉행(奉行)*인 가와시리(河尻肥後守), 아라오(荒尾但馬守) 두 사람이 연명(連名)하여 러시아에 대한 대응 의견을 내놓고 있습니다. 이 의견에 따라서 드디어 막부는 직접 일을 종결 짓지 않으면 안 된다고 느끼고 문화 5년(1808년 - 역자 주) 마츠다(松田傳十郞)로 하여금 오지인 산단지방 - 사할린의 북쪽 및 헤이룽강의 지방을 산단지 및 동달이라고 말했던 것입니다 - 의 탐험을 명령한 것입니다. 그 때 보청역(普請役)** 어고(御雇) 마미야 린죠(間宮林藏)를 동반하고 가게

* 주로 일본의 무가(武家)의 직제에 보이는 호칭. 가마쿠라·무로마찌 양 막부의 관리에는 대개 이 칭호가 붙었다. 본래 명을 받들어 일을 집행하는 사람을 말한다.
** 후신야쿠. 일본의 무로마찌 막부 등 이전부터 무가(武家)에 보이는 직명. 본래는 중국 당대(唐代)의 사찰에서 집단에 의한 생산노동을 통해 진정한 자기(自己)를 구명하는 의미였는데 그것이 일반적으로 공동사회에 있어서 토목공사에 협력종사하는 것으로 사용하게 되었다.

되었습니다. 그리고 그는 문화 5년 4월 13일 오늘날의 기타미국(北見國) 소우야[宗谷] 곶을 출발하여 사할린의 시라누시에 도착하였습니다. 소우야를 출발할 때에 마츠다의 생각으로는 사할린에는 러시아 배가 금년도 올 것이라는 소문이 있기 때문에 어떠한 기회든 그들을 우연히 만날지도 모른다 또 거기에 가면 곡식이 없기 때문에 사람을 줄여 에도(江戸)에서 데리고 간 젊은이들에게 휴가를 주고 혹시 오지에서 죽는 일이라도 일어나면 소우야 출범의 날을 기일(忌日)로 하자고 의견을 내고 조사여행을 떠난 것입니다. 시라누시라는 것은 서(西) 노또로 곶의 부근으로 소우야와 마주보고 있는 가장 가까운 사할린의 남단입니다. 이곳에 일본 어장의 초소가 있으며 일본인도 살고 있었습니다. 이곳에서 마츠다는 마미야와 약속하고 당신은 동해안으로 가고 자신은 서해안으로 가서 어디에서인가 만나자고 말하고 두 사람은 동서로 나누어 따로 출발하였습니다.

　마츠다는 어떠한 길을 갔는가하면 서해안을 이와 같이 가서(지도에 대해 설명) 호로꼬탄까지 갔습니다. 그곳에서 데리고 간 아이누 사람이 말하기를 지금부터 앞은 수메렌구루 — 오늘날의 길랴크입니다 — 오로츠꼬 — 오랑캐 산단이 살고 있기 때문에 우리들은 두려워 앞으로 나아갈 수 없다고 말하고 움직이지 않았습니다. 마츠다는 그들을 잠시 동안 달래서 어떻든 또마리호시에 가서 다시 나아가 다시야무에서 나요로까지 나아갔습니다. 그리고 그곳에서 잠시 동안 머물었던 것입니다. 이 나요로부터 동해안까지 하루에 갈 수 있다고 마츠다는 말하고 있습니다.

　이 나요로에는 그 전에 어떠한 일본인이 갔는가 하면 관정(寬政) 4년(1792년 — 역자 주) 5월 6일 보청역(普請役)의 유명한 모카미(最上德內)가 갔는데 그 때 함께 소인목부(小人目付)의 와다(和田兵太夫)라는 사람도 갔습니다. 이것은 관정 시대 가운데 상당히 오래된 시대입니다. 모카미는 치시마에도 왕래하고 있으며 어느 정

그림 32 _ 북사할린 오로츠꼬인의 촌락

도 높은 지위에 있는 사람이었습니다. 그 다음 하꼬다테(函館)의 봉행(奉行) 지배조역(支配調役)의 하역(下役) 다까하시(高橋次太夫)라는 사람도 앞선 라이치시카라는 곳까지 여행하고 있습니다. 이와 같이 일본인은 관정·문화시대에 오지 탐험의 명령을 받고 일을 하고 있습니다. 이것에 대해 우리들은 오늘부터 그 당시 사람들에게 매우 감사하지 않으면 안 됩니다. 그 시기 러시아 사람들은 이미 여러 번 사할린의 꾸슌타꼰에 와 있습니다. 꾸슌타꼰은 오늘날의 대박(大泊)으로 그곳 초소의 일본인도 포로가 된 적이 있으며 치시마 방면에 있어서도 에또로프[擇捉]는 러시아 사람 때문에 힘든 상황에 처해 있었습니다. 일본과 러시아의 충돌은 때마침 오늘날의 태평양 문제에 있어서 일본과 미국이 충돌하고 있는 것과 같이 당시 캄차카를 중심으로 러시아의 극동세력과 일본과의 충돌시대이며 그 충돌 지점은 치시마 사할린이었던 것입니다.

  그 다음 마츠다는 보다 나아가 모시리야에 갔습니다. 이곳에는 벌써 오로츠꼬나 수메렌구루가 분명히 착잡(錯雜)하여 살고 있는 곳이었습니다. 다시 북상하여 노테또 곶에 갔습니다. 이곳에 오니 아이누족은 전혀 살지 않고 길랴크족과 오로츠꼬 족 정도 살고 있었습니다. 그렇기 때문에 이때의 지도 등을 보아도 그보다 앞의 산단(山靼) 사람들의 풍속을 서술하고 있습니다. 이 지도는 안정(安政) 연간(1854~1859 : 역자 주)에 나온 그림(지도를 말함)입니다. 마츠다는 노테또에서 또 북진하여 나츠꼬로 가 보았습니다. 나츠꼬로부터 서쪽을 바라보니 무엇이라고 할까 산단이 매우 가까운 즉 연해주의 연안입니다. 그리고 그곳의 해안은 어떠한가 하면 해수가 물러가니 해안 한 쪽에 해초가 무성하게 자라고 있습니다. 마츠다 씨는 나츠꼬에서 더 나아가 라즈까에 도달하고 다시 북쪽으로 가려고 하였는데 벌써 해초가 썩어서 발을 들여놓을 수가 없었습니다. 또 육지로 가기도 어려웠습니다. 그리고 그 사이는 망고강(당시 헤이룽강을 망고강이라고 말하였다)의 토구(吐口)이므로 진흙을 흘러내려 어느 정도 낮았습니다. 이곳에서 마츠다는 마미야보다도 이전에 다소 사할린이 외딴 섬이라는 것을 확인한 것 같습니다. 그리고 라츠까에서 앞으로 가지 않았습니다. 어떻게든 방법이 없기 때문에 라츠까를 국경으로 생각하고 나츠까로 돌아왔습니다. 그렇지만 앞서 헤어진 마미야씨를 만나지 못해 신경을 쓰고 있었는데 그 다음 날 노테또로 돌아가려고 할 때 때마침 마미야씨가 배에 타고 오는 것을 보았습니다. 서로 무사함을 축하하고 두 사람은 함께 시라누시로 돌아와 그 다음 소우야로 다시 돌아와 봉행(奉行)에게 그 전말을 보고한 것입니다. 그 때 마미야는 어느 길을 통과하고 있는가 하면 오늘날 철도가 설치되어 있는 길을 통과하였습니다. 즉 꾼순나이로부터 나누이에 걸쳐서 나 있는 길입니다. 이것은 당시 공도(公道)가 되어 있어 막부의 관원이 사할린을 순시할 때 역시 이 길을 통과하는 것입니다. 마츠우라(松浦)는 보주(補註)에 『당태일기(唐太日記)』라는 책을 저술하고 있습니다만 거기에서 이 길에 대해 언급하고 있습니다. 그 다음 그는 마누이로부터 해안을 따라 시레토꼬(知床) 곶까지 갔습니다만 그곳에서 앞은 파도가 거칠고 도저히 갈 수 없었습니다. 할 수 없이 원래의 길을 마누이까지 다시 돌아와 그곳이 가장 서해안에 가깝기 때문에 그곳에서 산을 넘어 서해안 나요로로 나와 배로 마츠다의 길을 좇았습니다. 그리고 나츠꼬에서 마츠다를 만나 앞서 말씀드린 바와 같이 함께 소우야로 돌아왔습니다. 이 마츠다의 일에는 우리들이 경의를 표하지 않으면 안 됩니다. 이것은 때마침 라 뻬르즈가 프랑스의 군함을 타고 사할린 근해를 측량한 7, 8년 후의 일입니다. 이 때 유럽의 형세는 어떠하였는가 하면 나폴레옹이 자주 외국을 위협하고 결국 모스크바까지 침입한 전후의 시기입니다.

2-5 _ 마미야씨의 동달(東韃)지방 탐험계획

마츠다(松田), 마미야 두 사람은 다음과 같은 탐험을 완수하고 돌아왔지만 당시 봉행(奉行)은 마미야에게 아직 동해안 쪽은 시레토꼬(知床)까지는 의문이 있기 때문에 그 쪽을 탐험하라는 명령을 받고 마미야는 명령을 두려워하고 다시 탐험 길에 오르게 되었습니다. 명령을 받은 것은 동해안을 걷는 것이었는데 그는 어떤 이유인지 서쪽을 걷고 있었습니다. 이 두 번째 탐험은 당시 사할린의 해안선이 어떠한 상태였는가 또 정박지가 어떠하였는가하는 모습이 알려지게 된 것입니다. 이번은 문화(文化) 5년(1808－역자 주) 7월 13일, 마미야 한 사람으로 소우야(宗谷)를 출발하여(본래부터 작은 배로 갔다) 역시 전과 같이 시라누시에 도착하였습니다. 그리고 17일에 아이누의 배를 타고 똔나이에 왔습니다. 그 다음 8월 3일에 똔나이를 출발하여 15일부터 요나이에 도착하고 25일 그곳을 출발하여 9월 3일 또츠시요꼬라는 곳에 도착하였습니다. 그 때 그가 기술한 것을 보면 원주민은 모두 아이누가 아니고 날씨는 날마다 춥다고 기술하고 있습니다. 그래서 9월 14일 다시 리요나이로 되돌아와 그대로 돌아가는 것이 아쉬워 바다가 얼 때까지 기다려 얼음을 건너 동말(東韃)로 나오려고 한 것입니다. 그러나 얼음은 얼지 않고 나아가려해도 나갈 수 없었습니다. 그 사이에 시라누시에서 데리고 온 6명의 아이누 중 4명만이 돌아가고 싶다고 하여 돌려보내고 남은 2명을 데리고 머물고 있었는데 방법이 없어 육지를 이용해 다시 똔나이까지 돌아갔습니다. 그리고 그곳에서 해를 넘기고 그 다음 해 문화 6년 1월 21일까지 그 곳에 머물고 있었는데 28일 또 준비를 하여 북쪽으로 가서 2월 2일 우시요로에 도착하고 있습니다. 그로부터 오지(奧地)는 만주에 속해 있기 때문에 함께 간 아이누는 가자고 해도 듣지 않았습니다. 그래서 가장 용기가 있는 한 사람을 남기고 다른 사람은 모두 돌아가도록 하고 그 지역의 원주민 5명을 고용하고 4월 9일 노테또 곶에 도착한 것입니다. 이곳에 길랴크 집이 3채 있으며 살고 있는 사람이 60명 정도라고 기록하고 있습니다. 이곳으로부터는 바다가 아직 얼어 있어 배를 움직이려 해도 움직일 수 없었습니다. 할 수 없이 5월 7일까지 머물러 있었습니다. 그런데 우시요로에서 고용해 온 이인(夷人)은 또 오지로 가는 것을 꺼려하였기 때문에 이곳에서 새로이 한 사람의 길랴크족을 고용하여 안내를 하도록 하였습니다. 그래서 그들이 안도하였기 때문에 5월 8일 이곳을 출발하여 길랴크족의 배에 타고 산단(山靻) 쪽으로 가려고 하였습니다. 이 때 그가 서술한 바에 의하면 이 배는 사할린 원주민이 만든 것이 아니라 고리도 사람의 것이었습니다. 지금은 헤이룽 강 연안의 마린스크 부근에서 아무루 상류에 걸쳐서 사는 원주민입니다. 고리도에서 산 것으로 생각합니다. 사할린 사람이 만든 배는 약하고 파도에 견딜 수 없지만 꼬루데츠께(고리도를 가리킴)가 만든 배는 사용할 수 있다고 마미야는 기술하고 있습니다. 이와 같은 산단의 배를 타고 간 것입니다. 그리고 10일에 이쿠타마라는 곳에 도착하였는데 고용인들이 또 앞으로 나아가는 것을 두려워하였기 때문에 다시 그 지역의 원주민 한 사람을 고용하여 안내자로 삼고 12일 나니요라는 곳에 도착하였습니다. 노테또에서 그 사이라는 것은 동달지방 즉 연해주(지금은 사할린주)와 서로 마주하여 가장 가깝고 해협이 매우 좁은 곳입니다. 그리고 조수(潮水)가 모두 남쪽으로 흘러 그 사이에 조로(潮路)가 있지만 파도가 심하게 높이 올라가는 곳도 없기 때문에 꼬루테츠께가 만든 작고 약한 배로도 진퇴하는 데 매우 상황이 좋다고 마미야는 기술하고 있습니다. 알고 계실지 어떨지 모르겠습니다만 원주민이 헤이룽강 방면과 사할린 사이를 왕복하기 위해서는 이곳을 건너도록 되어 있습니다. 그리고 이곳에서 또 북쪽으로 가면 북해(北海)가 얼마간 펼쳐지고 조수가 모두 북으로 흘러들어간다고 마미야는 기술하고 있습니다. 다만 파도가 높아지면 배를 조정하는 것이 불가능합니다. 그래서 방법이 없기 때문에 산을 넘어 동해안으로 나오려고 하였는데 원주민들이 말을 듣지 않았습니다. 할 수 없이 배를 되돌려주고 19일 또 노테또로 돌아왔습니다. 그 때 함께 간 원주민들은 6명이었는데 식량은 점점 없어지고 그들도 돌아가고자 하기 때문에 해고하였습니다.

2-6 _ 사할린을 출발하여 카무카타―무시호―타바천(川)―하루마

그는 노테또의 추장 꼬니라는 사람의 집에 잠시 동안 머물렀고 물을 길어 나르기도 하고 섶을 베기도 하고 어업을 돕기도 하였습니다. 그리고 추장 부인에게 빌붙어 일을 돕기도 하는 등 점점 신용을 얻게 되었습니다. 그래서 마미야는 동달(東韃)에 가는 것을 부인을 통해 추장에게 부탁하니 그것은 지장 없지만 그곳에 가기로 정하면 곤란할 것이다, 가는 것을 체념하는 것이 좋을 것이라고 충고하였습니다. 그렇지만 마미야는 아무리해도 가고 싶어 부탁하였습니다. 그렇다면 만주의 관청이 있는 데렌이라는 곳으로 교역하러 가니까 그 배로 함께 간다면 어떨까라고 하여 받아들이게 되었습니다.

그래서 마미야는 하루라도 빨리 출발하고 싶어서 일각천추(一刻千秋)의 생각으로 기다리고 있었는데 그 때에 다음과 같은 것을 들었습니다. 동달지방의 러시아 경계는 어떠한 상황이 되어 있는가 하면 이 섬은 외딴 섬으로 이어져 있지 않습니다. 동달지방에는 꼬루데츠께, 수누렌구루 그 외 여러 토착민들이 살고 있다는 것을 들었습니다. 게다가 망고강(헤이룽강)을 거슬러 올라가면 데렌이라는 곳에 관청이 있어 그곳에서 크게 무역이 이루어진다는 것을 듣고 대체 데렌의 관청은 어떤 사람들이 세운 것인가, 어떠한 곳에 있는가 크게 흥미를 가지게 하였기 때문에 하루라도 빨리 가고 싶다는 생각이 들었던 것입니다. 얼마 안 있어 6월 26일 노테또 갑(岬)을 산단(山靼)의 배를 타고 출발하여 대안(對岸)인 동달지방을 건너게 되었습니다. 즉 꼬루데츠께 고리도의 배를 탄 것입니다. 그 때 동행한 사람은 노테또의 길랴크족 남녀 4명, 우야꾸또우의 길랴크족 남자와 자식 3명, 마미야를 합쳐 모두 8명이었습니다. 이 산단의 배는 길이가 5심(尋)여, 폭이 4척 정도였습니다. 그리고 해협을 건너려고 하였으나 그 날 바람 방향이 나쁘고 조로(潮路)가 크게 좋지 않았습니다. 작은 배로는 아무리 해도 무사(無事)할 전망이 없어 보였습니다. 드디어 배를 돌려주고 라츠까 곶으로 돌아와 이곳에 5일 정도 체재하였습니다. 그 때 마미야는 다음과 같은 것을 기록하고 있습니다. "이곳 삼복의 날씨이지만 바람이 특히 서늘하고 안개가 짙어 옷이 젖고 비가 와서 삿갓을 쓰게 되었다. 이곳에는 물고기는 잡지 않고 대체로 딸기나 풀뿌리를 먹기 때문에 배가 아프고 심기(心氣)가 약하다"라는 것을 기술하고 있습니다. 7월 2일 얼마 지나니 풍파가 가라앉았기 때문에 이곳을 출발하였습니다. 그렇지만 안개가 너무 짙어 바로 앞을 판별할 수 없었고 어디로 가면 좋을까 몰라 강 위에 떠 있었습니다. 간 것이 대체로 3리 정도로 동달지방의 모또또마리라는 곳에 도착한 것입니다. 연해주 지금의 사할렌주입니다. 그 다음 해안을 따라 남쪽으로 배를 움직여 까무까타라는 곳에 왔습니다. 이곳에서도 조류(潮流)가 매우 급하여 격랑산(激浪山)을 이루어 급하(急河)와 같았습니다. 크게 걱정이 되었고 여러 가지 곤란을 무릎 쓰고 얼마 안 있어 10정(町) 정도 남쪽에 있는 라까마치라는 곳에 왔습니다. 그리고 작은 만에 배를 붙이고 파도가 잔잔해지기를 기다렸습니다. 해가 저물 무렵에 그곳을 나와 1리 정도 가서 아루꼬에라는 곳에 머물렀습니다. 이곳의 해안에 작은 임시 집을 만들어 두었고 밤이 되니 배를 들어 올려 그곳에 넣어두고 풍파 때문에 배가 파손될 것을 염려한 것입니다. 배를 물 위에 띄어 놓으면 매우 곤란하다는 것을 마미야씨는 기록하고 있습니다. 그 사이의 만 3개라는 것은 오늘날의 데까수또리만 부근입니다. 지금은 군함이나 상선이 풍파를 피하기 위해 모두 이곳을 통나무배가 정박하는 곳으로 이용하고 있었던 것입니다. 마미야의 배는 3일에 아루꼬에를 출발하여 또우우시호라는 곳으로부터 또에까타무라까로 등이라는 곳을 통과하여 무시호라는 곳에 머물렀습니다. 4일은 배 안의 도구 일체를 꺼내어 통나무배를 지상으로 들어 올렸습니다. 그것에 대해서 마미야는 이렇게 말하고 있습니다. "까무까타로부터 이 곳 암석 해안까지 6리 정도이며 조로(潮路)가 나쁘고 선박지는 로까마치-, 아루꼬에, 무시호 3곳뿐" 이라고 서술하고 있습니다. 마미야씨는 그 가운데 무시호를 선택한 것입니다. 그렇지만 이곳에 인가는 없고 다만 배를 끌어올리는 데 편리한 곳이고 바다에는 물고기가 살며 식량으로 얻을 수 있을 뿐의 장소입니다. 이곳에는 또 모기나 파리 등이 상당히 많이 있으며 겨를 뿌리고 있듯이 눈, 코, 입으로 들어와 상당히 기분이 나쁜 곳이라는 것을 서술하고 있습니다. 이것은 오늘날의 데까수또리만 부근입니다. 그리고 이 곳에 사람이나 배가 폭주하는 것은 무엇인가 하면 이것은 원주민의 공도(公道)였던 것입니다. 지금은 기지 호수로부터 데까수또리 사이는 시호타아린 산맥의 침엽수 삼림을 잘라 내어 새로운 도로가 형성되어 있지만 그 삼림은 수목이 밀생(密生)하여 최근까지는 횡단할 수 없었던 것입니다. 1800년대의 사실(事實)로서는 데까수또리에서 북쪽의 무시호, 이곳으로부터 헤이룽강 하류 쪽에 사할린 및 연해주의 원주민이 왕래한 것입니다. 마미야는 어떠한 길을 통과하였는가 하면 시호타아린 산맥이 점점 북쪽으로 오면 헤이룽강과 병행하여 구릉와 같이 낮게 되어 발달하고 있습니다. 그 가운데 가장 낮은 곳을 통과한 것입니다. 그것은 어디인가 하면 데까수또리만의 북쪽으로 데까수또리로 나가는 곳보다도 훨씬 낮아 특히 통나무배를 들어 올리는 무시호로부터 가는 데 상황이 좋은 곳입니다. 배를 들어올려 짐을 모두 꺼내어 배를 비우고 그것을 저어 타바고개를 넘어 기지호수로 나왔습니다. 마미야의 서술에 의하면 5일 올려 놓았던 배를 20정 정도나 되는 산길을 넘어 타바천(川)이라 하는 작은 천에 이르러 배를 하천에 띄어 두고 돌아와 짐을 배에 싣고 그 밤은 머물었다고 서술하고 있습니다. 또 "동달의 속이(屬夷)는 논하지 않고 그 외 동남의 해안 400여리 사이에 사는 달이(韃夷)의 데렌에 이르러 교역하는 것은 이곳에 와서 육상 예인선(曳引船) 모두 마찬가지로 이곳 산길은 커다란 길로서 하월(夏月) 왕환(往還)의 이(夷)도 끊임 없고"라고 서술하고 있습니다. 즉 타바고개를 넘으면 타바천이라는 하천이 있습니다. 들어올린 배를 그 하천에 띄우면 하천이 기지호수로 흘러 들어가 기지호수가 헤이룽강의 본류와 서로 연결되기 때문에 바로 헤이룽강 쪽으로 나올 수 있습니다. 마미야는 이와 같은 길을 통과하고 있었습니다. 그리고 당시 이곳에 와있었던 토착민들을 보면 치야츠까라, 기문아이누 등이라는 사람들이 살며 두만강 유역 북쪽에 사는 원주민도 이곳에 보이고 있다는 것을 서술하고 있습니다. 이것은 아마도 뽀세츠또로부터 해안을 따라와 살고 있는 것이 아닐까. 그리고 배를 저어 기지호수의 반경(半徑 – 역자 주)에 정박시켰습니다. 이곳에 기치라는 길랴크족의 촌락이 있어 60채 정도의 집이 있다고 말하고 있습니다. 이것은 아마도 오늘날의 하루마의 길랴크족의 촌락이 아닐까. 이곳에 머물고 있습니다.

2-7 _ 헤이룽강의 본류 : 데렌

그 다음 헤이룽강의 본류로 나왔는데 그 시간은 마린스크도 무엇도 없습니다. 그 다음 점점 헤이룽강의 흐름을 거슬러 올라가 데렌에 와있습니다. 데렌에 온 것은 몇 시경인가 하면 그것은 7월 11일입니다. 그리고 데렌에 가는데 어느 곳을 통과하고 있는가 하면 이것은 어느 정도 서둘러 말씀드리는데 데렌은 오늘날 헤이룽강의 연안에 있는 소피스크의 상류에 해당하며 헤이룽강과 고린강과의 합류지점보다 약간 하류의 헤이룽강 오른쪽 해안으로 이곳에 만주의 관청이 있었던 것입니다. 당시 마미야가 간 목적은 무엇인가 하면 아마도 러시아 사람이 살고 있을 것이라 생각하여 그것을 확인하려는 생각에서 간 것입니다. 그러나 러시아 사람은 한 사람도 살지 않았고 다만 만주의 공무원이 데렌 관청에 출장을 와 있고 여러 방면의 원주민의 공물(貢物)을 받기도 하고 그 교역을 감독하고 있었습니다. 이러하므로 1800년대 초기 경 헤이룽강 유역과 연해주는 청조의 관할이었다는 것은 확실히 알 수 있습니다. 데렌의 관청은 만주가부(滿洲假府)라고 하여 임시적인 관청입니다. 따라서 공무원은 1년 동안 있는가 하면 그렇지 않고 날씨가 따뜻하게 되는 6월경에 헤이룽강에 합류하는 길림성의 쑹화강반(松花江畔)의 삼성(三姓) – 쑹화강과 무단강과의 합류지점에 있다 – 이라 하여 이곳은 무단강의 상류에 있는 영고탑(寧古塔)이 번성기에 있었을 때에는 번화한 곳이었는데 그 삼성으로부터 만주의 공무원들이 배로 내려와서 가부(假府)에서 사무를 보았습니다. 그렇게 되면 각지에서 원주민들이 모여들고 공물을 바치고 교역을 시작합니다. 그리고 날씨가 추워지는 9월 중간 경에 관청을 닫고 직원들은 모두 삼성으로 돌아가는 것입니다. 마미야씨는 구체적으로 그 점을 조사하여 기술하고 있습니다. 이것은 1800년대의 헤이룽강 하류에 대한 최초의 기록으로서 매우 중요한 것입니다. 그래서 헤이룽강 유역이 러시아의 토지가 아니라 즉 만주의 관할이라는 것을 알았다. 그 가부(假府)에서 마미야는 상당히 우대를 받고 있었습니다. 대개 만주의 가부라는 것은 각처에 설치되어 있습니다. 그 기지호수의 길랴크족의 촌락 즉 하루마라는 곳에 마미야씨가 숙박하고 있었을 때에 들은 이야기에도 이전 만주의 가부가 기치호반에 있었다는 것을 기록하고 있습니다. 그것이 점점 각소에 옮겨진 것이다. 마미야씨는 어떻든 데렌에서 1주일 동안 머물고 있었습니다.

2-8 _ 돌아가는 길 아무군강 하구 - 치루의 석비(石碑)

7월 17일 마미야는 데렌을 떠나 하강하는 도중이었습니다. 그때 헤이룽강에 흰 고래 등을 보았다는 것인데 아마도 흰 상어였을 것입니다. 그 다음 흰 나비와 같은 벌레들이 많이 달려들어 가마솥 안으로 들어가 밥을 먹는 데 곤란하였다는 기사도 있습니다. 그 다음 점점 내려가니 하반(河畔)에 길랴크족은 아닌 듯한 원주민이 사는 것을 기록하고 있습니다. 그리고 길랴크족이 사는 보루라는 곳에서 시모테(下手) 쪽의 오랑캐는 사할린의 수누렌구루와 마찬가지라고 하는 점을 서술하고 있습니다. 이 보루은 오늘날 쁘루입니다. 그 다음 치루의 구릉 밑에 와 있습니다. 이것은 아무군 강이 헤이룽강으로 합쳐지는 곳으로 구릉 위에 명나라의 노아간도사(奴兒干都司)의 유적이 있으며 또 영락(永樂)과 선덕(宣德) 두 석비가 있었던 곳입니다. 영락 연간은 명나라의 융성기였던 시대로 이곳에 관음당(觀音堂) 등도 건립되고 노아간도사의 지역으로서 헤이룽강 유역으로부터 사할린 등 각 방면의 중심지였습니다. 이 영락의 석비 등도 한문과 여진 문자와 몽골문자로 되어 있습니다. 그 비문에 의하면 영락 초기에 명나라가 사할린을 정벌한 적이 있으며 사할린의 섬이라는 점은 분명합니다. 대개 사할린이라는 것은 중국 쪽에서는 일찍부터 알려져 있었습니다. 그리고 사할린이 명나라에 정복당하였기 때문에 사할린의 길랴크족, 아이누 족이 조공하고 있었습니다. 강희·건륭 시대의 책을 보아도 사할린이 섬이라는 것은 확실합니다. 다만 일본 사람도 모르고 서양인도 몰랐지만 중국인은 이전부터 알고 있었습니다. 마미야씨가 이곳을 통과하였을 때에 석비가 있다는 것을 서술하고 있습니다. 그 다음 이러한 것을 서술하고 있으며 그것은 러시아 사람이 혼꼬강(오늘날의 아무군강)을 내려와 집을 짓고 있다는 것과 만주 이(夷) 때문에 파괴되고 말았다는 것입니다. 이곳은 작년 빨치산이 니콜라예프스크에서 도망쳐 나와 들어온 곳입니다.

 대개 헤이룽강은 하바로프스크에서 하구까지 사이에 커다란 지류가 두 개 있으며 하나는 고린강이고 하나는 아무군강입니다. 특히 아무군강은 매우 의미가 있는 강으로 명나라 때 노아간도사를 이 강과 헤이룽강과의 합류점에 두었던 것도 결코 우연이 아니라고 생각합니다. 이곳은 고고학적으로 흥미로운 점이 많이 있지만 시간이 없기 때문에 말씀드릴 수 없습니다. 또 마미야씨와 관계가 없는 것이기 때문에 생략합니다만 다만 마미야는 데렌에서 헤이룽강을 내려왔을 때에 배 안에서 석비가 있는 것을 분명히 보고 있었는데 이곳에 올라가 본 것은 아닙니다. 석비가 있다는 점을 서술하고 있습니다. 그렇다면 이 석비는 어떻든 마미야씨가 맨 처음 발견한 것입니다. 러시아 사람은 1854년~55년 탐험 이후 처음으로 석비를 발견하고 지금은 블라디보스톡 박물관에 소장되어 있습니다. 마미야씨는 더욱 헤이룽강의 흐름에 따라 하강하고 드디어 하구에 도착하여 바다로 나와 또 본래의 사할린으로 돌아온 것입니다.

2-9 _ 마미야(間宮)씨와 인류학과의 관계

이상은 마미야씨의 일입니다. 이것으로 보면 당시 헤이룽강 하류에서 사할린 상태를 잘 알 수 있습니다. 러시아 사람이 이곳과 관계가 없었다는 것은 강희(康熙) 28년, 즉 1689년 네르친스크 조약 결과 러시아 사람은 이곳으로 들어올 수 없었기 때문입니다. 러시아 사람이 들어오게 된 것은 1854년 이후입니다. 1854년은 헤이룽강 지방과 연해주 방면에 특필대서할 만한 시기입니다. 그것은 무라비요프가 하바로프스크 총독이 되었을 때이고 그 계획 하에서 1854년 헤이룽강 하류의 탐험이 이루어지고 있습니다. 이것이 4년부터 5년 더욱이 그 후 계속 이어져 두 번 이루어지고 있으며 이것은 우리 학술상 잊을 수 없는 탐험입니다. 최초의 탐험은 1854년 유명한 슈렝크가 총재가 되어 러시아 아카데미로부터 명령을 받아 탐험하고 있습니다. 또 하나는 그 다음 해 마크가 총재가 되어 뻬쩨르부르크의 지학협회(地學協會)로부터 파견되고 있습니다. 이 두 탐험은 주의할 만한 것으로 그 이후 이 정도로 규모가 크고 영향이 큰 탐험을 러시아 정부가 한 적은 없습니다. 시험 삼아 헤이룽강 지방에 관한 책을 보시면 예를 들면 일본의 참모본부가 출판한 지지(地誌) 등을 보아도 마크의 도표를 인용하고 있습니다. 대개 어느 책에서든 마크나 슈렝크의 연구에 기초를 하지 않은 것이 없습니다. 다만 슈렝크는 마크보다도 1년 빨리 탐험하면서 마크의 보고서는 다시 이미 출판되어 있었음에도 불구하고 슈렝크의 보고서는 쭉 뒤로 미루어져 명치 17년(1884년 : 역자 주)경에 출판되고 있습니다. 그러므로 이전에 이용된 것은 모두 마크의 책으로 멋진 도판이 첨부되어 있습니다. 이러한 기념할 만한 대탐험도 실은 마미야의 탐험보다도 40년 뒤쳐져 있습니다. 즉 역사로서 마미야는 40년 빠릅니다. 이렇게 보면 헤이룽강 하류의 기록으로서는 마미야가 쓴 것이 가장 오래되었고 그 다음 슈렝크와 마크이다. 슈렝크나 마크는 아무르 하류의 탐험을 하였을 때에 마미야가 쓴 텍스트를 가지고 참여하고 있습니다. 이것은 어느 정도 주의할 만한 것입니다. 그것은 마미야가 『동달일기(東韃日記)』를 쓴 이후 마미야가 탐험하고 20년 후에 시볼트씨에 의하여 그 책이 번역되고 본국의 『지학협회잡지(地學協會雜誌)』에 수록되어 있습니다. 그리고 헤이룽강 하류지방에 관한 정확한 지식이 세계에 전파된 것입니다. 이 책이 번역된 것은 당시 유럽에서 호기심이라고 할까 매우 일종의 흥미를 불러일으킨 것입니다. 그리고 슈렝크나 마크와 같이 러시아 아카데미나 지학협회의 명령을 받고 있었던 학자들이 마미야의 텍스트와 비교하여 기지호수가 어디에 있는가라든가 타바고개가 어떠한가라든가 말하고 있습니다. 이렇게 보면 마미야의 일이라는 것은 어느 정도 흥미로운 것으로 헤이룽강 하류의 탐험에는 실로 세계에 앞지른 것입니다. 러시아는 얼마 지나 40년 후에 손을 쓴 것에 불과합니다. 즉 마미야의 탐험 후 40년 동안은 헤이룽강 하류의 상태가 거의 마미야가 서술한 그대로였을 것으로 생각합니다. 슈렝크나 마크의 탐험 이후 러시아 사람들이 들어가 마미야 때와는 상당히 가치가 다릅니다. 이렇게 보면 현재 헤이룽강 원주민의 촌락상태, 그 외의 것을 비교하기 위해서는 아무리해도 『동달일기(東韃日記)』가 참고가 되는 것입니다. 당시 동달지방에 일본인이 의혹을 품고 있었음에도 불구하고 헤이룽강 방면으로 러시아 사람들의 세력이 미치지 않았다는 것은 이것으로써 알 수가 있습니다. 이와 같은 것에서 생각하면 마미야라는 한 개인을 통하여 당시 헤이룽강 하류 지역의 상태가 확연히 알 수 있게 되었기 때문에 우리들은 어느 정도 마미야씨에게 감사하지 않으면 안 됩니다. 그 다음 마미야의 조사로서 『북에조치도설(北蝦夷圖說)』이 있습니다. 이것은 사할린에 거주하는 원주민 즉 길랴크, 오로츠꼬, 아이누의 것을 그림과 함께 서술한 것으로 이것은 인류학적 조사로서 어느 정도 오래된 시도입니다. 슈렝크나 마크의 조사는 모두 그 후의 것에 속합니다.

그리고 마미야 당시로부터 그 이후에 이르기까지는 우리나라 사람들에 의하여 이들 원주민의 것을 서술한 것이 적지 않습니다. 이러한 것들을 생각하면 길랴크, 오로츠꼬, 아이누 등에 대한 인류학적 연구는 반드시 유럽인들이 먼저라고는 말할 수 없습니다. 오늘 일본인이 문화를 가지고 있다고 말하는 것은 결코 유럽이나 미국의 문화로 인하여 진보한 것이 아닙니다. 우리 선배들의 저서들을 보지 않으면 안 됩니다. 도쿠가와시대(德川時代), 당시 선배들의 이와 같은 참담하고 힘든 연구를 생각하면 나는 도쿠가와 시대의 선배들에 대해 상당히 존경심을 보내지 않으면 안 된다는 생각이 듭니다. 내 개인에 이르러서도 이러한 것을 연구하기 위해서는 가능하면 일본 선배의 업적을 활용하여 그것을 이용하고 선배들의 공로를 어디까지든 드러내 연구를 하고 싶다는 생각이 듭니다. 이상은 마미야의 것을 말씀드리면서 잠깐 감상을 말씀드린 것입니다.

역자후기

인류학자와 일본의 식민지 통치

일본 근대 인류학과 일본 제국주의 사이에 도리이 류조(鳥居龍藏)가 있었다.

I. 식민지 통치와 인류학 : 영국과 일본

유럽의 인류학계는 인류학이 식민지 정책을 입안하는 데 '특권'의 자리에서 식민지 모국의 이해관계를 대변하는 역할을 수행하였다는 비판 앞에서 '인류학의 위기'를 느끼게 되었다. 이 위기에 대한 인식은 이른바 '식민지 인류학'에 대한 전반적인 검토로 이어졌다. 이는 인류학의 정체성 재확립과도 관련되어 학계 내외에서 제기된 것으로 버튼(John W. Burton)의 표현을 빌리면 "현재의 인류학자들이 계속 인류학사에 있어서 중요한 시기를 잘못 서술한다면 그러한 가능성(인류학은 비천한 부적절성이라는 딱지-인용자 주)은 보다 농후하게 될 것"[1]이었다.

[1] John W. Burton, 'Representing Africa : Colonial Anthropology Revisited', *Journal of Asian and African Studies* 27, No. 3-4, 1992; 최석영 편역, 『사회인류학의 과거·현재와 미래』서경문화사, 1998에 번역되어 실렸음.

인류학의 위기 앞에서 유럽의 인류학계 내에서는 인류학이 식민지정책 또는 통치에 어느 정도 관여하였는가, 즉 식민지정부와 인류학자 또는 인류학 관련 연구기관이 어떠한 관련성을 가지고 있었는가, 식민지통치에 인류학자가 동원된 경우 그들은 어느 정도 식민지 통치에서 그들의 역할을 인식하고 있었는가 등 실제로 "식민지 인류학"이라고 부를 만한 특정한 현상이 존재하였는가를 고찰하기 시작하였다.

식민지 통치라는 상황은 인류학에게 적어도 실질조사지와 연구 기회, 자리와 연구지원금과 연구 시 정치적 폭력과 불안정으로부터의 보호 등을 제공[2]한 것은 사실이다. 지금까지 인류학계에서 인류학이 직·간접적으로 식민지 통치에 관여한 것은 인정하고 있지만 인류학자에 의하여 축적된 인류학적 지식이 식민지 통치 현장에서 어느 정도 수용·적용되었는가에 대해서는 회의적이라는 것이 현재 학계의 대체적인 연구동향이다. 이는 식민지 행정 측에서는 정책을 입안하기 위해서는 그들이 미리 결정한 견해들을 뒷받침하고 불확실성을 줄이기 위해 사회과학적 이론과 자료들을 이용하지만 이 때 식민지 행정가들은 인류학적 보고서의 실용성을 의심하는 경향이 두드러졌고 한편 인류학자들은 그들의 연구대상이기도 한, 식민지 권력에 저항하는 '원주민'들을 지지하기도 하였고 더 나아가서는 식민지 정부의 식민지 정책을 비판하는 경우도 있었다는 정황이 작용하고 있다. 그렇다고 하여 식민지 상황에서 항상 이 양자의 관계가 대립적이거나 갈등적이지는 않았다. 식민지 정책은 통치주체 및 식민지의 실제적인 상황변화에 따라서 변하였기 때문에 시기에 따라서는 식민지 정부가 인류학 연구소를 설립하여 인류학자들에게 연구비를 제공하기도 하였다.

옥스퍼드 대학, 캠브리지 대학, 런던 대학 안에는 식민지관료들

[2] Jan van Bremen & Akitoshi Shimizu ed., *Anthropology and Colonialism in Asia and Oceania*, CURZON, 1999. 384쪽.

을 대상으로 인류학 강좌가 운영되었지만 커리큘럼의 대부분이 전파주의와 진화주의로 구성되어 있었기 때문에 식민지행정에는 크게 유용하지 않았다. 적어도 1930년대 이전까지는 영국 식민지에서 인류학의 중요성은 큰 호응을 불러일으키지 못하였다고 말할 수 있다.

1930년대에 들어서면서 식민지 정책의 변화로 인류학의 역할에도 변화가 일어났다. 그러면 여기에서 식민지 정책의 변화와 인류학 역할의 변화는 무엇이었는가. 우선 식민지정책의 변화라는 것은 식민지정부에 의한 식민지사회의 변화에 있었다. 이를 위해 식민지정부에서는 응용인류학적 관점이 필요하였다.

인류학 내 변화라는 것은 인류학 관련 연구소들이 설립되고 이에 대한 재정적 지원이 이루어지기 시작하였다는 것이다. 즉 국제아프리카연구소(International African Institute)에서 아프리카 연구자들에게 연구비를 지원하게 되었을 뿐만 아니라 로데스 리빙스톤 연구소(Rhodes-Livingstone Institute)가 1938년에 영국령 중앙 아프리카에서의 사회연구를 주도할 목적으로 북로데시아에 창립되어 식민지 사회 조사에 힘을 기울이게 되었다. 또한 1926년에 설립된 국제 아프리카 언어문화 연구소(International Institute of African Language and Cultures)에는 당시의 저명한 인류학자들이 연구에 참여하고 있었으며 이것은 점차로 사회 안에서 인류학의 역할 기반을 넓혀 가는 데 중요한 요소가 되었다. 카네기 재단과 록펠러 기금에서 연구소의 연구원들에게 연구를 재정적으로 지원하게 됨에 따라서 1930년대 인류학계는 이른 바 '호황'을 맞이하게 되었다. 위의 국제아프리카언어문화연구소는 아프리카가 당면하고 있는 현실적인 문제를 해결하는 데 많은 관심을 가지고 있었다. 국제아프리카언어문화연구소가 제안한 문제해결의 방향은 "본래의 아프리카 사회의 사회적 결속력이 되는 여러 요소들을 이해하고 그 요소들이 새로운 영향력으로 변형되고 있는 방식, 새로운 집단화의 경향 그리고 새로운 사회적 결속의 형성, 아프리카 사회와 서구 사이의 상호협력의 형태를 이해하는 방향이어야 한다는 점을 제안하는 것"에 있었다. 이 점에서 위 연구소는 기능주의적 관점에서 문제를 해결하고자 하였지만 그렇다고 해서 변화를 반대하지도 찬성하지도 않고 다만 변화과정을 객관적이고 과학적으로 연구하는 것을 주목적으로 내걸었다. 따라서 위 연구소의 연구는 식민지관료가 아프리카 여러 제도들과 외래 종교 사이의 올바른 관계를 결정지을 때라든가 아프리카의 여러 제도에서 본질적인 것을 유지할 때라든가 외래의 체제들과 아프리카의 전통, 관습, 정신들 사이의 불필요한 갈등을 제거할 때 크게 참조가 되었다.[3]

영국의 근대 인류학사에서 인도와 중동 지방에서 발생한 사건 이후 식민지 정책에 대한 재검토가 이루어졌고 1940년에 식민지 발전과 복지에 관한 조례(Colonial Developments and Welfare Act)가 통과되면서 식민지 연구에 정부가 연간 5천 파운드를 예산 할애하게 되었고 이에 따라서 식민지에서의 인류학 연구는 큰 성과를 거두게 되었다.

그럼에도 불구하고 인류학자와 식민지 행정가들 사이에는 일정하게 거리가 있었다. 즉 기능주의적 관점에서 식민지 사회를 연구하던 인류학자들은 식민지 행정에 의한 식민지 사회의 변화를 달갑게 여기지 않았고 이에 식민지 행정가들은 인류학자들의 "엉성한 기능주의 관점"을 가장 싫어하였다.[4]

---

3) 이상은 Adam Kuper, 'Anthropology and Colonialism', Adam Kuper, *Anthropologists and Anthropology : The British School 1922-72*, Penguin, 1973; 최석영 편역,『사회인류학의 과거·현재와 미래』서경문화사, 1994에 수록됨.

4) 이상은 Adam Kuper, 'Anthropology and Colonialism', Adam Kuper, *Anthropologists and Anthropology : The British School 1922-72*, Penguin, 1973; 최석영 편역,『사회인류학의 과거·현재와 미래』서경문화사, 1994에 수록됨. 인류학적 가치와 식민지 행정가들의 이해관계에서 나타난 모순을 증명하기 위하여 1920년대 말과 1930년대 초에 *Africa*라는 학술지를 통하여 논의가 이루어졌다. John W. Burton, 'Representing Africa : Colonial Anthropology Revisited', *Journal of Asian and African Studies* 27, No. 3-4, 1992; 최석영 편역,『사회인류학의 과거·현재와 미래』서경문화사, 1998 : 148쪽에 번역되어 실렸음.

한편 일본에서는 제2차 세계대전 이후 사회인류학, 문화인류학이라는 명칭을 가진 학과의 성립과 함께 관련 학회의 명칭은 여전히 일본민족학회였다.[5] 그러나 최근 일본 민족학회 내에서 전쟁과 식민지와 민족학과의 관련성에 대한 논의[6]가 이루어졌고(中生勝美, 1993, 1995), 학회 내에서 '민족학의 반성'과 함께 문화인류학회로 학회명칭을 변경하게 되는 과정이 있었다. 일본도 영국과 마찬가지로 해외에 "외지"(外地 ; 식민지)를 경영하는 과정과 인류학의 출현 및 발전과정이 상호 관련성을 가지고 있었다.

명치정부는 동경제국대학 이과대학 안에 인류학교실을 설치 운영하였고 인류학과가 설치된 것은 1939년이었다. 초창기 일본의 인류학의 경향은 인문(역사학, 고고학)·자연과학적 접근이었다.[7] 다만 여기에서 한 가지 이해해 둘 것은 이과대학 인류학교실(강좌의 성격)의 운영이 학과로서 발전되어 간 경우이기 때문에 일본 인류학의 역사는 인류학교실에서 찾아야 할 것이지만 더 나아가면 1884년 인류학회의 선구적 모임으로까지 거슬러 올라가야 할 것이라는 점이다.[8]

명치정부는 도쿠가와 막부의 창평학교(昌平學校)를 계승하고 그것을 토대로 개성(開成), 의학 및 병학(兵學) 3교를 부속기관으로 하여 근대 대학으로서 출발하였다. 개성학교, 의학교 모두 전문교육기관으로서 발전하면서 1877년 (명치 10년) 2월 1일 가또 히로유키(加藤弘之)를 동경개성학교 종리(綜理)로 임명하고 2월 10일자로 다음과 같은 의견서를 문부성에 제출하였다. 그것을 요약하면

[5] 최길성, 「일본 인류학·민족학의 교육」, 『한국문화인류학』 제19집, 한국문화인류학회, 1987 참조.

[6] 中生勝美의 다음과 같은 일련의 논고들이다.
- 「植民地主義と日本民族學」, 『中國-社會と文化』 제8호, 1993
- 「植民地の民族學-滿洲民族學會の活動」, 『へるめす』 제52호, 1994
- 「舊植民地を訪ねて-滿洲と臺灣の少數民族」, 明治大學人文科學研究所編 『文化における「異」と「同」』 風間書房, 1995
- 「民族研究所の組織と活動: 戰爭中の日本民族學」, 『民族學研究』 제62권 제1호, 1997

그 외 편한 책으로 『植民地人類學の展望』 風響社, 2000가 있다.

[7] 이에 대해서는 최길성, 「일본 인류학·민족학의 교육」, 『한국문화인류학』 제19집, 한국문화인류학회, 1987 참조할 것.

[8] 한국학계에서 일본 인류학 역사에 관해 전반적 혹은 부분적 연구 성과 중 참조가 될 만한 것을 들어 보면 다음과 같다.
최길성, 「일본 인류학·민족학의 교육」, 『한국문화인류학』 제19집, 한국문화인류학회, 1987
전경수, 『한국인류학사 백년』, 일지사
최석영, 『일제하 무속론과 식민지권력』, 서경문화사, 1999
권혁희, 「일본 박람회의 '조선인 전시'에 관한 연구」, 서울대학교 대학원 인류학과 석사학위논문, 2007

동경이라는 지역명칭보다는 일본의 대학교로서의 명칭에 어울리는 것으로서는 개성대학교라 칭하는 것이 과칭(過稱)은 아니라는 취지의 의견서였다. 따라서 university로서의 대학교의 형태에 대한 논의가 시작되었고 문부성에서 동경개성학교와 동경의학교를 합쳐서 동경대학이라 하여 3월 24일자로 태정관(太政官)에 제출하였다. 따라서 동경개성학교의 3개 학과(법학, 이학, 문학)와 의학이 합쳐져서 법학부, 이학부, 문학부, 의학부 4개 학부로 구성된 동경대학이 탄생하였다. 이 4개 학부 외에 동경대학예비문(豫備門) 및 소석천(小石川) 식물원이 부속기관으로 편제되었다.

「제국대학령」제1조에 의하면 제국대학의 미션(mission)은 다음과 같은 것이었다. "국가의 수요(須要)에 응하는 학술기예(學術技藝)를 교수하고 그 온오(蘊奧)를 고구(攷究)하는 것"이 설립 목적이었다. 그리고 서구의 대학을 모방하여 "현재 경비도 많지 않고 교원이 될 만한 사람도 많지 않기 때문에" 한 사람의 교원이 두 강좌 혹은 3강좌를 겸해서 담당하는 강좌제(講座制)를 실시하였다. 동경제국대학에게 부여된 시대적 요청과 관련하여 주목할 만한 강좌 중 과목에는 문학부강좌보조 강좌에는 국사학, 사학, 지리학, 박언학(오늘날의 언어학)을 비롯하여 조선어학(朝鮮語學)이 설치되어 있었고 이학부강좌보조 강좌에는 동·식물 광학 외에 인류학이 설치되어 있었다는 점이다. 당시 인류학강좌의 교수는 후술하게 될 츠보이 쇼고로우(坪井正五郎)였다.[9] 즉 근대 일본 역사의 이행을 위하여 현실적으로 지배와 통치에 필요한 역사와 지리, 언어뿐만 아니라 조선어학이 설치되었고 일본의 인류학이 이학(理學)으로서 출발하였다는 점이다.

9) 동경제국대학, 『東京帝國大學五十年史』(上), 1932.

일본에서 근대 대학의 등장은 동시에 같은 전공 혹은 유사 전공의 연구자들이 연구 성과의 발표와 정보의 교환, 인적 교류와 관련

연구 성과의 보급 등을 목적으로 학회를 만들어냈다. 동경인류학회는 동경제국대학 재학생들에 의하여 창립되었다. 이것은 다른 학회와는 다른 연혁적인 특징을 가지고 있다.

1884년 10월 12일, 생물학과의 츠보이 쇼고로우(坪井正五郎), 시라이 미츠타로(白井光太郎), 공부(工部)대학의 사토 류타로(佐藤勇太郎)와 꼬바(駒場)농학교의 후쿠게 우메타로(福家梅太郎)가 중심이 되어 제1회 모임을 가졌다. 그 이전에도 모임이 있었는데 그때는 "인류학의 우(友)"라고 명명하였던 것으로 보인다. 제1회 모임부터는 대학 내 학회 활동 공간을 빌리기 위해서는 공문서를 작성하여 제출할 필요성에서 명칭을 "인류학연구회"라 바꾸었다. 그러다가 1884년 12월 6일부로 매월 둘째 일요일에 모임을 갖게 되면서부터는 "인류학회"로 변경하였다. 그러나 기관지 발행과 관련하여 지명을 표시할 필요성이 일어나고 그에 따라 1886년 6월부터 "동경인류학회"로 개칭하게 되었다.[10] 이처럼 일본 근대 인류학회의 명칭은 인류학의 우(友) → 인류학연구회 → 인류학회 → 동경인류학회로 현실적인 필요성에 의하여 변경되어 갔다.

10) 松村 瞭, 「東京人類學會五十年史」, 『人類學雜誌』 제49권 제11호, 1934년.

「동경인류학회규칙」에 의하면 동경인류학회의 미션(mission)은 "인류학상의 사항을 연구하고 인류학상의 지식을 보급"하는 것이었고 이 조직을 위해 평의원과 간사를 두고 평의원 중에서 평의원장 1명을 호선하기로 되어 있었다.

1884년에 창립된 동경인류학회의 회원 수는 1934년 당시 300명 정도로서 가장 회원이 많았던 시기는 1927년으로 440명에 달했다. 창립 회원 가운데 츠보이 쇼고로우가 유럽유학을 마치고 돌아와 7명의 위원으로 구성되는 위원회를 조직하고 각 지방에 여러 명의 지방위원을 두는 체계 하에서 1896년 10월에 회장에 취임하여 16년 7개월 간 재임하였다. 그러나 그의 사후에는 회장을 두지 않고 간사와 평의원제도로써 학회를 운영하였다.

학회가 창립된 후 동시 혹은 일정기간이 지난 후에 학회의 기관지를 발행하는 것이 보통인데 동경인류학회는 창립 후 2년이 지난 1886년 2월에 기관지로서 『人類學會報告』라는 제목으로 국판 16쪽의 소책자를 발행하였으나 국외로의 발송 등과 관련하여 그 다음 해 8월에 『東京人類學會雜誌』(제2권 제18호~제26권 제300호)로 개칭하였다가 1911년 3월에 『人類學雜誌』(제27권 제301호~)로 바꾸었다.

일본의 인류학회는 프랑스, 영국, 캐나다, 독일, 미국, 러시아 등 해외의 인류학회와 학술정보를 교환하여 세계적인 인류학 흐름과 변화를 수용하고자 노력하였다. 그리고 일본의 식민지 확보와 함께 해외조사에 회원들을 파견하여 식민지정책의 수립에 직·간접적으로 관여하였다. 인류학회 차원에서 해외에 조사자를 파견한 것은 도리이 류조(鳥居龍藏)를 1895년 6월에 요동반도에 파견한 것이 그 대표적인 예가 될 것이다. 그 후 일본의 대만 영유 이후 대만의 번족(蕃族)의 언어풍속 조사를 시작으로 대만에 건너가 조사범위를 넓혀 체질, 토속, 고고 조사 등에 걸쳐서 다요(田代安定), 이노우(伊能嘉矩), 도리이 류조(鳥居龍藏) 등이 조사를 수행하였다. 특히 도리이 류조는 대만 번족의 머리 모양을 측정 보고하였다. 그는 대만에 이어서 조선 강점 이후에는 '조선지방'을 조사하게 되었다.

II. 도리이 류조의 조선조사

일본 국내에서는 도리이 류조를 일본 근대 인류학사에서 인류학의 토대를 구축한 사람으로 주목하고는 있지만 그에 대한 자서전[11]의 형태가 지배적이고 학술적인 연구는 대체로 부분적인 언급에 그치고 있는

11) 일본 국내에서 도리이 류조에 대한 자서전적 연구 성과로서는 中 英助, 『鳥居龍藏傳』(岩波書店, 1995)과 田畑久夫, 『民族學者 鳥居龍藏』(古今書院, 1997)을 들 수 있다.

실정이다.[12] 한편 한국학계에서는 일제 강점기 고고·인류학 연구와 관련하여 주목할 만한 가치가 있음에도 불구하고 도리이 류조에 대한 본격적인 연구단계에는 아직 와 도달해 있지 않은 상황이다. 이것은 도리이 류조뿐만 아니라 일제 강점 시기 동안 조선에서 활동한 인류학자 및 고고학자에 대한 연구의 부진과도 무관하지 않다. 도리이 류조는 인류학의 학문적 속성에서 일본의 식민지 확보를 위한 전쟁을 긍정적으로 바라보았다. 당연히 일본 근대국가를 만들어 가는 과정에서 일본 민족에 대한 연구는 중요한 국가적 과제였다. 아시아에 일본의 식민지를 확보하는 것은 이제 막 인류학회가 발족되고 동경제국대학 안에 인류학교실을 설치한 일본의 인류학계에게는 '혼합민족설'을 증빙할 수 있는 절호의 기회였다. 그것은 비교연구를 통하여 일본 민족의 정체에 대한 구명과 동시에 아시아에서 일본문화의 위상, 즉 당시 일본 인류학계에 크게 영향을 미치고 있던 영국의 진화주의에 비추어서 일본과 주변 민족문화 간의 문화발달정도를 측정하는 작업이기도 하였다. 후자는 그 후 일본의 식민지 통치를 정당화하는 데 하나의 도구가 되기도 하였다는 점은 주목할 만하다.

도리이의 공식적인 학력은 소학교 2학년 중퇴가 전부였다. 그는 독학으로 일본의 고고학 및 인류학 수업을 해냈고 그의 생애를 보면 일본 고고인류학사에서 입지전적(立志傳的)의 인물이었다. 일본 고고인류학사 전체를 통해 볼 때 도리이 류조와 같은 존재는 없었기 때문이다.

그의 생애동안 행한 토속학적(土俗學的)[13] 조사의 대략적인 것을 열거해 보면 다음과 같

[12] 한국과 일본학계에서 도리이 류조에 대한 연구 성과 가운데 대표적인 것으로 졸저 『일제하 무속론과 식민지 권력』(서경문화사, 1999) 및 坂野徹, 『帝國日本と人類學者』(勁草書房, 2005)를 들 수 있다.

[13] 도리이 류조는 실제 스스로를 순수한 고고학자라기보다는 원시대사와 유사(有史)이전을 인류학적 방법에 의하여 연구하는 인류학자라고 규정하였다(鳥居龍藏, 『有史以前の日本』서언 및 『鳥居龍藏全集』제1권, 朝日新聞社, 1985, 170쪽). 그러나 여기에서 도리이에게 인류학은 "인류 그 자체에 대한 연구가 아니라 오히려 인종이라든가 민족에 대한 연구를 주로 하는, 특히 동부아시아의 민족"의 기원, 분포, 계통 등을 파악하는 데 중점을 두고 있었던 인종학에 가까운 것이었다. 이와 같은 ethnography를 도리이는 "토속학"이라고 번역하였다. 淸水昭俊, 「民族學と文化人類學」 『民博通信』 No. 70, 日本國立民族博物館.

[14] 이 정리는 中薗英助, 『鳥居龍藏傳』(岩波書店, 1995)을 참조하였다.

다.14)

1870년 4월 4일 도쿠시마시(德島市) 센바쵸(船場町)에서 출생
1877년 소학교 중퇴, 고등소학교 및 중학교 과정 독학
1886년(16세) 동경인류학회 회원 가입
1892년(22세) 처음으로 치바켄(千葉縣) 나와시마(綱島) 패총 발굴조사
1893년(23세) 동경제국대학 이과대학 인류학교실 표본정리 담당
1895년(25세) 동경인류학회 파견에 의하여 처음으로 해외 현지조사(요동반도)
1896년(26세) 동경제국대학 파견에 의하여 대만에서 인류학 조사(처음으로 사진기 휴대)
대만조사 후 돌아오는 길에 오끼나와 풍속조사
1897년(27세) 동경제국대학 파견으로 다시 대만 홍두서(紅頭嶼) 조사
1898년(28세) 동경제국대학 이과대학 조수(助手)로 임명됨. 대만조사(제3회)
1899년(29세) 동경제국대학 파견으로 기타치시마(北千島) 조사
1900년(30세) 대만조사(제4회)
1902년(32세) 동경제국대학 이과대학 파견으로 서남 중국의 묘족(苗族) 조사
1904년(34세) 오끼나와 조사
1905년(35세) 동경제국대학 강사로 임명됨. 동경제국대학 파견으로 만주 조사
1907년(37세) 가족과 함께 몽골조사
1910년(40세) 조선에 대한 예비조사
1911년(41세) 조선(제1회), 남사할린 조사
1912년(42세) 조선 조사(제2회)
1913년(43세) 조선 조사(제3회). 도리이를 학문적으로 이끌어주었던 쓰보이 쇼고로(坪井正五郎) 러시아 뻬테르부르크에서 급사(急死)
1914년(44세) 조선 조사(제4회)
1915년(45세) 조선 조사(제5회)
1916년(46세) 조선 조사(제6회)

1918년(48세) 일본의 시베리아 출병(出兵)

1919년(49세) 동경제국대학 파견으로 동부 시베리아 조사(제1회)

1920년(50세) 프랑스 파리 학사원(學士院)으로부터 팔무 아카데미상을 받음. 파리의 만국연맹인류학원으로부터 정회원 및 일본 대표위원으로 추천됨

1921년(51세) 「만몽(滿蒙)의 유사이전(有史以前)」으로 문부대신으로부터 문학박사학위[15] 받음. 6월부터 8월까지 북사할린과 동부 시베리아의 아무루 강반 조사

1922년(52세) 동경제국대학 조교수 · 제2대 동경제국대학 이학부 인류학교실 주임으로 임명. 국학원대학(國學院大學) 강사로 임명

1923년(53세) 국학원대학 교수로 임명

1924년(54세) 동경제국대학 사직

1926년(56세) 중국 산동성 조사

1927년(57세) 만주조사(제4회)

1928년(58세) 죠찌(上智)대학 창립에 진력하고 문학부장 · 교수로 임명. 4월부터 7월까지 동부 시베리아조사(제4회), 만주조사(제5회)

1930년(60세) 몽골조사(제3회)

1931년(61세) 만주조사(제6회)

1932년(62세) 7월부터 8월까지 만주조사(제7회), 조선조사(제7회)

1933년(63세) 동방문화학원(東方文化學院) 동경연구소 파견으로 몽골조사(제4회). 국학원대학 교수 사직

1935년(65세) 11월부터 12월까지 동방문화학원 동경연구소 파견으로 만주 및 북중국 조사(제9회)

1937년(67세) 4월부터 그 다음 해 2월까지 외무성으로부터 문화사절로서 임명되어 브라질로 파견됨. 페루, 볼리비아에서 잉카 제국 유적 조사

1938년(68세) 화북에서 요(遼) 및 북송 관계 유적 조사

1939년(69세) 중국 북경의 미국 미선계 연경(燕京)대학의 객좌교수로 임명

1940년(70세) 만주의 요나라 화상석묘(畵像石墓) 조사

1941년-1945년 태평양전쟁

[15] 도리이는 동경제국대학에 제출한 논문이 심사에 통과함으로써 "대학원에 입학하여 정규의 시험을 통과한 사람"과 동등하게 취급되어 "명치31년(1898년 : 인용자 주) 칙령 제343호 학위령(學位令) 제2조"에 의거하여 1921년 5월 10일자로 박사학위를 받았다(제1658호). 도리이의 나이 51세였다. 최석영, 「식민지 지배와 도리이 류우죠우의 인류학적 조사」, 최석영, 『일제 하 무속론과 식민지권력』, 서경문화사, 1999.

1951년(80세) 연경대학 퇴직. 북경으로부터 귀국
1953년(83년)「고고학의 회고」를 마지막으로 생애를 마침

    류조는 16세 때 동경인류학회에 가입하고 23세부터 동경제국대학 이과대학의 인류학교실에서 표본정리를 담당한 이래 일본 국내 조사뿐만 아니라 동경제국대학의 파견명령을 받고 신변의 위험에도 불구하고 요동반도를 비롯하여 대만, 조선, 기타치시마(北千島), 만주, 몽골, 중국, 시베리아, 사할린 등을 현지조사를 하였다. 생애를 마친 날까지 약 60년 동안의 교육자 및 연구자 생활이었다. 그 간 그의 조선 조사는 1910년 일제가 대한제국을 강점한 후 1916년까지 총 6회에 걸친 것이었다. 그 사이에 1913년 그의 스승적인 존재였던 츠보이 쇼고로우가 러시아 학회에 참석 중 사망하는 비보를 접하였다. 고고·인류학계에서 어찌되었든 정규과정을 밟지 않은 마이너리티(a minority)로서의 도리이에게 외부로부터 불어오는 '바람' 막이 역할을 했던 츠보이 쇼고로우의 죽음은 도리이 류조에게 정신적 지주의 상실과 같았을 것이다.

    위에서 언급한 영국 인류학의 경향은 일본 인류학에도 일정하게 영향을 미치어 토속학적, 민족학적 성격의 인류학이 등장하기에 이르렀다. 토속학적, 민족학적 인류학은 근대 일본 인류학의 토대를 개척하는 데 큰 역할을 한 도리이 류조(鳥居龍藏)에 의하면 인종학(人種學)에 가까운 것이었다. 즉 그는 인종의 형성, 그 최초의 형성지 및 분포로부터 인종상의 유전, 인종 심리, 고유의 인종의 변화 요인, 언어, 고고학 등을 고찰하는 데 역사학적 접근의 중요성을 강조한 것이 그것이다.[16]

16)『鳥居龍藏全集』제1권, 朝日新聞社, 1985 : 471-480

    도리이는 그의 몽골여행기가 연재되고 있던『세까이(世界)』의 발행자 니노미야 도쿠지로우(二宮德次郞)가 권유·알선하여 테라

우찌 조선총독과 인연을 맺게 되었고 조선총독부 학무국 고적조사과(古蹟調査課)의 촉탁으로 임명을 받게 되면서 그의 조선과의 인연은 시작되었다. 그 조사는 조선총독부에 의해 실시된 「사료조사(史料調査)」였고 도리이 류조에게는 촉탁으로서 교과서 편찬을 위한 자료들을 수집하는 것이었다. 도리이가 조선에서 행한 조사활동은 대체로 다음과 같은 것이었다.

- 전국에 걸친 「사료조사」에서 토속학적 조사 : 무속과 조선인 신체에 대한 측정, 석기시대 문화 등(1910년부터 1916년까지)
- 박물관협의원(博物館協議員) : 1916년 4월에 임명
- 고적조사위원 : 1916년 4월 임명

현지조사(field work)를 위한 여러 조건 가운데 중요시되는 것 가운데 하나는 현지의 언어로써 현지 문화의 키워드를 찾아낸 일이다. 도리이 류조는 이 점을 깊이 인식하고 있었고 인류학자에게는 현지조사에서 필수요건 가운데 하나인 현지언어 구사력은 영어를 비롯하여 프랑스어, 중국어, 몽골어, 러시아어에 걸친 것이었다. 이 언어를 그는 거의 독학에 의하여 익힌 것이었다. 필자가 이번에 번역한 이 책에서도 그의 외국어 실력이 어느 정도였는가를 엿볼 수 있다. 조선어 실력은 어느 정도였는가는 알 수 없고 그의 조선 문화에 관한 글도 그렇게 많지 않다. 그 가운데에서도 무속과 조선인 체격, 돌멘(dolmen), 석기시대 문화에 관한 글 정도가 남아 있다. 무속과 조선인 체격에 관해서는 필자의 졸저 및 졸고[17]를 참조하기 바란다.[18]

17) 최석영, 『일제하 무속론과 식민지권력』, 서경문화사, 1999 및 「일제의 '조선인' 신체에 대한 식민지적 시선」, 『한림일본학』 제9집, 한림대학교 일본학연구소, 2004. 최근에 들어서서 일제 하 체질인류학적 조사가 가지는 의미를 논한 연구 성과가 나오고 있다. 이와 관련하여 박순영 교수(서울대학교 인류학과)의 다음과 같은 논고는 참고할 만하다. 「일제 식민통치 하의 조선 체질인류학이 남긴 학문적 과제와 서구 체질인류학사로부터의 교훈」, 『비교문화연구』 제10호 1호(서울대 비교문화연구소, 2004)와 「일제 식민주의와 조선인의 몸에 대한 "인류학적" 시선 : 조선인 신체에 대한 일제 체질인류학자들의 작업을 중심으로」, 『비교문화연구』 제12집 2호(서울대 비교문화연구소, 2006).

18) 한국학계에서는 1990년대 후반까지는 도리이에 대해 고고학 개설서 수준에서 이름 정도 거론되는 정도였으나, 그 후 서울대학교 박물관, 국립중앙박물관에서 도리이가 촬영하여 남겼다는 유리원판 사진에 대한 특별전시와 목록집이 발간되면서, 도리이에 대한 관심이 조금씩 나타나기 시작하게 됨에 따라 도리이에 대한 한국학계에서의 연구는 이제부터라고 말해도 좋을 상황에 있다.

도리이 류조는 근대 초창기 인류학계에서 연구 활동을 하면서 그가 가지고 있었던 인류학적 방법은 인종학에 가까운 것이었다. 그의 인종학적 연구방법에 대한 구체적인 것은 필자의 졸고를 참고하고 다만 여기에서는 요약해 두는 것으로 한다. 도리이에게 인종학적 방법은 인종의 형성과 분포, 계통, 체격적인 특징에 대한 고찰 이외에 민족심리를 파악하기 위하여 인종, 민족에 관한 언어, 유적, 역사, 토속 등을 종합적으로 검토하는 것이었다. 그의 인종학적 방법에서 두드러진 특징은 역사적 문헌을 중시하였으며 이와 같은 방법에 의한 궁극적인 목적은 타일러의 잔존(survival) 개념에 비추어서 문화진화를 기술하는 것에 있었다.[19]

그러면 도리이에게 강하게 영향을 미쳤던 타일러(E. B. Tylor, 1832-1917)[20]의 잔존개념은 무엇인가. 타일러는 기본적으로 인간사회는 유사한 지적 잠재력을 가지고 있다고 주장하고 각 사회는 유사한 발전단계를 거친다고 보았다. 따라서 그는 사회진화 이론을 발전시키고 그 가운데 잔존설을 채택하였다. 잔존설은 어느 단계의 사회진화에서 다른 단계로 옮겨질 때 남은 문화의 없어지거나 혹은 고풍적인 측면(obsolete or archaic aspects)을 말한다. 즉 남아 있는 문화적 화석(cultural fossils)이 과거에 대한 단서가 되며 현재의 문화단계가 그 이전에서 진화되었음이 분명하다는 점을 증명하였다는 것이다. 그에게 전파주의라든가 독립적인 문화 창출이라든가 진화에 의하여 변화가 일어난다는 것은 중요하지 않

---

19) 명치 21년 당시 동경제국대학 대학원생이었던 츠보이 쇼고로우가 대학의 명을 받고 구주(九州)조 사를 마치고 돌아가던 길에 다카마츠(高松)에 들러 인류학회 발족에 동참한 후쿠이에 우메타로(福家梅太郎)를 방문하였고 그와 함께 도쿠시마(德島)의 도리이 집에서 2박인가 3박을 하면서 도리이에게 타일러의 『인류학개론(Anthropology)』를 읽어볼 것을 권유하였다. 寺田和夫, 『日本の人類學』, 思索社, 1975 : 69-70. 영국 인류학의 기초를 닦은 타일러는 잔존(survival), 에니미즘(animism)이라는 용어를 만들어 문화를 설명하고자 하였다.

20) 타일러도 정규적인 인류학 과정을 밟지 않았고 건강이 나빠서 1856년 쿠바와 멕시코에서 휴양을 보냈다. 거기에서 활발한 고대사가 헨리 크리스티(Henry Christy)와 함께 전혀 다른 문화와 접하게 되고 인류학과 고고학을 처음으로 경험하게 되었다. 1865년 그는 처음으로 인류학과 관련된 『인류 초기 역사에 대한 연구(Researches into the early history of mankind)』를 발간한 데 이어서 1871년 그 유명한 『원시문화(Primitive cultures)』를 발간하였다. 그는 1875년 옥스퍼드대학으로부터 명예학위를 받았고 그는 그 때 유명한 교과서를 서술하였고(1881년) 그것이 1884년 영국협회의 인류학섹션이 창립되는 데 중요한 역할을 했다. 옥스퍼드대학에서 강의를 했으며 1907년 명예교수로서 퇴직하였다. Thomas Barfield ed., The Dictionary of Anthropology, Blackwell pub. 1997 : 477-478.

21) Thomas Barfield ed., The Dictionary of Anthropology, Blackwell pub. 1997 : 477-478.

았다.[21]

　도리이에게 잔존개념은 일본 민족의 개념을 수립하는 데 적절한 것이었다. 일본문화 형성에 영향을 미쳤다고 생각되는 일본 주변 민족들의 문화를 타자화(他者化)하여 비교함으로써 일본 민족의 개념을 만들어내고자 했다.

　도리이의 시베리아 조사에 대한 동기도 바로 이 점에서 출발하였다.

> 나는 인류학적으로 시베리아를 연구하고 싶다는 상당한 희망과 흥미 등을 가지고 있었으며 또 일본과의 비교라는 관점에서도 한층 그러한 느낌이 깊어지고 언젠가는 자신의 목적을 달성할 날이 올 것이라는 희망을 가지고 있었다. 내가 지금까지 종사해 온 만주, 몽골 내지 조선 조사라는 것은 요약하자면 내가 점점 시베리아 쪽으로 향하도록 하는 기분을 만들어 주었다. 바꾸어 말하면 우리들의 입장에 있어서 동부 시베리아의 사실이 밝혀지지 않았다면 도저히 연구에 있어서 비교, 참고에 있어서 편리가 충분하지 않음을 한층 깊이 느껴 왔기 때문이다.[22]

[22] 鳥居龍藏, 『人類學及人種學上より見たる東北亞細亞』岡書院, 1924 「自序」

III. 도리이의 시베리아와 사할린 북부 조사와 그 조사일기

1. 도리이의 시베리아 조사 목적

　도리이에게 시베리아 조사의 큰 계기가 된 것이 일본의 시베리아 출병이었다. 그는 이 출병으로 인하여 인류학적 조사지가 또 다시 확보되었다는 점에 큰 의미를 부여하였고 이 기회를 일본이 국가적으로 이용할 것을 제안하였다.

> 시베리아 출병의 목적이 어떠하든 간에 나는 그것을 통해 일본 세력이 이곳까지 뻗쳐 있다는 것을 느끼고 시베리아 출병이 무의미한 것은 아니라고 생각하였다. 그것을 어떻게 이용하는가는 일본인의 임무이며 만약 이

기회를 간과하여 어떠한 이용도 하지 않는다면 시베리아 출병의 효과는 없을 것이다. 시베리아 출병이 의의가 있도록 하기 위해서는 오직 군대만이 아니라 일본국민도 역시 그것을 이용하지 않으면 안 되는 것이다. 혹시 그것을 이용하지 않았다면 시베리아 출병은 단지 군대로서의 실패뿐만 아니라 일본국민으로서도 실패라고 말하지 않을 수 없다. 제3자의 입장에 서 있는 우리와 같은 사람들은 그와 같이 느끼는 것이다.[23]

23) 鳥居龍藏, 『人類學及人種學上より見たる東北亞細亞』岡書院, 1924 「自序」

시베리아 출병은 실패라고 주장하는 사람이 있다. 나는 한 연구자로 본래부터 그 가부(可否)에 관해서는 아무 것도 모르지만 적어도 출병으로 의하여 그 지역에 대한 조사 편의가 마련된 것은 하나의 효과라고 생각하지 않을 수 없다. 그러면서 당시 주둔군의 보호편의가 있었는데 일본의 신사들이 그 지역을 조사하거나 그 외 여행조차도 감히 하지 않았다고 하는 것은 가장 유감스러운 부분이다. 그 천재일우의 계기를 맞이하여 당시까지 비밀고(秘密庫)로서 살펴보는 것이 허용되지 않았던 시베리아에 왜 일본의 신사가 가지 않았던 것일까, 여러분은 시베리아 출병의 실패를 말하기 전에 스스로 마음속을 되돌아봄 직하다. 특히 일본의 각 제국대학 및 그 외 학자가 그것에 대해 어떠한 행동도 시도하지 않았던 것은 내가 가장 유감스럽게 생각하는 바이다. 나는 불초한 존재이지만 이 좋은 기회에 그 지역의 탐험조사를 하고 그것도 감히 불충분하다고 말할 수 있지만 이 분야에 관한 상당한 결과를 낼 수 있었기 때문에 시베리아 출병은 인류학, 인종학 및 고고학에 대해 귀중한 기여를 한 것으로 깊이 경의를 표하고자 한다.[24]

24) 鳥居龍藏, 『人類學及人種學上より見たる東北亞細亞』岡書院, 1924 「自序」

도리이가 시베리아를 조사해야 하는 목적은 크게 보아 다섯 가지였다.

각 지방을 가능하면 널리 실지답사하고 각 지방의 박물관의 수집품을 자세히 조사하고 각 지방의 학자를 방문하고 그 연구 성과를 살피고 각 지방의 도서관을 섭렵하여 많은 자료를 수집하는 것이며 자신의 전공분야와 관련된 서적들을 구매하는 것이었다.

도리이는 각 지역의 언어를 들어보기도 하고 그 지역사람들의 신체를 측정하기도 하고 풍속 및 관습을 조사하고 토속품 등도 수집하였고 그 지역의 고분 등을 발굴하기도 하였다.

이와 같은 목적을 가지고 도리이가 시베리아, 북만주와 사할린에서 행한 조사 일정은 다음과 같았다.

우선 도리이의 시베리아와 북만주 조사일정을 월일별로 정리하면 아래와 같다. 1919년 6월 8일 동경을 출발하여 블라디보스톡에 도착한 것은 6월 13일이었다. 그 곳에 6월 말까지 머물렀다.

1919년 7월 1일 블라디보스톡을 출발하여 지린성(吉林省) 목림강(穆林江), 하얼빈역, 쑹화강, 제제(齊齊)하얼빈, 넌쟝강(嫩江), 흥안령, 하일라얼(海拉爾) → 만저우리(滿洲里, 7월 5일), 다우리야역, 볼쟈야강, 오논강 → 제다(齊多), 7월 6일 우엘프네우친스키(7월 8일) → 이르쿠츠크(7월 9일) → 치타(7월 17일 출발) → 다우리야역 도착(7월 18일) → 만저우리 도착(7월 20일) → 하일라얼(7월 22일) → 자랸테역(7월 24일) → 하일라얼 도착(7월 26일)

7월 27일 포합다를 향하여 하일라얼 출발, 밤에 포합다 도착, 28일, 29일 체재

7월 30일 포합다 출발, 8월 1일 항봉자구(杭棒子溝)에 도착

8월 4일 포합다에 다시 돌아옴. 하얼빈으로 가기로 결정하고 치치하얼을 향하여 출발. 오후 4시 치치하얼 도착.

8월 5일 치치하얼 조사

8월 6일 12시경 하얼빈 도착하여 10일까지 체재

8월 13일 하일라얼 도착

8월 14일 제다를 향하여 출발

8월 15일 제다에 도착. 8월 18일까지 제다에 머물면서 조사

8월 19일 제다를 출발하여 밤 12시 마고츠이역 도착

8월 24일 아긴스코에 도착

8월 25일 오전 10시 반 출발

8월 27일 스레텐스크로 출발

8월 28일 카루이므스카야를 출발, 오후 11시 스레텐스크 도착, 조사

9월 1일 헤이룽강 하항 준비

9월 2일 오전 8시 출발. 헤이룽강 주변 조사

9월 5일 에루마꼬프 도착

9월 6일 브라고뷔센스키 도착. 13일까지 체재(12일 아이훈에서 숙박)

9월 14일 하바로프스크로 출발

9월 17일 하바로프스크에 도착. 28일까지 체재

9월 28일 정오 하바로프스크 출발

10월 3일 니콜라예프스크에 도착

10월 5일 타푸타를 출발. 오전 9시 치루에 도착

10월 21일 니콜라예프스크를 출발

10월 27일 하바로프스크에 도착

11월 25일 하바로프스크를 출발하여 블라디보스톡으로 향함

11월 28일 오후 9시경 블라디보스톡에 도착

12월 4일 니콜리스크로 출발. 오후 2시경 니콜리스크에 도착

12월 7일 오전 3시경 블라디보스톡에 도착

12월 7일 오후 1시경

12월 10일 오전 11시경 츠루가에 도착

12월 12일 오전 기차로 츠루가 출발하여 고메하라(米原)에서 동경행으로 바꾸어 타고 12월 13일 오전 8시에 동경역에 도착

도리이의 시베리아 조사에 작용한 인식과 조사방법은 무엇이

었나. 도리이는 시베리아 각 지에 주둔하고 있던 일본 병참부와 군대의 인력뿐만 아니라 시설 등을 이용하면서 현지조사를 수행하였다. 그의 조사는 크게 보아 엄밀한 의미에서의 인류학적 조사라기보다는 서베이(survey)조사에 토대한, 그가 말하는 토속학적 조사(즉, 민족지학적 조사)였다. 도리이는 시베리아에 주둔한 일본 군인들 가운데에는 현지 민족조사에서 일정하게 성과를 거두고 있던 사람이라든가 현지 박물관장, 현지 학자들로부터 해당 민족과 지리환경 등에 관한 정보를 얻는가 하면 현지 서점과 도서관과 박물관을 찾아 관련 문헌들을 수집하면서 조사 현지에 직접 가서 그가 말하는 유사 이전의 문화와 역사와 관련한 유물들을 조사수집하고 현지의 민족들을 대상으로 그 체격 등을 측정하였다. 전쟁이 수행되는 상황에서 수행된 조사였기 때문에 신변의 안전이 무엇보다도 중요한 것이었는데 이는 현지에 주둔하고 있는 일본 병참부에 사전 도움을 요청하여 일본군부로부터 조사편의를 크게 받았다. 현지 조사 시 일본군뿐만 아니라 현지사람들로부터 현지 안내를 받았다. 현지인이 안내를 거부하였을 때 동행한 일본군이 권총으로 그를 위협하기도 하였다.

당시 급박한 전쟁 속에서 배와 철도를 이용하여 이동하는 조사활동이었기 때문에 조사일정은 상황에 따라서는 변경하지 않으면 안 되는 경우도 있었다.

도리이의 시베리아 조사는 1919년 6월 13일 블라디보스톡에 도착하여 그 해 12월 7일 블라디보스톡으로 되돌아왔으므로 약 6개월에 걸친 조사였다.

2. 도리이의 연해주 사할린주 북부조사

도리이는 시베리아와 북만주 조사를 마치고 1년 후 또 다시 이번에는 연해주 사할린주 북부 조사에 나섰다. 1920년 6월 24일부터

8월 3일까지의 조사일정이었다. 이 조사에서는 1919년에 조사했던 지역에 대한 조사도 포함되어 있었기 때문에 1년 안에 변화된 해당 지역에 대해 묘사하고 있는 점도 주목할 만하다.

> 6월 24일 10시 10분 우에노역 출발하여 아오모리(靑森)로 향함. 이 조사에 인류학 선과생(選科生) 미야사카 미츠즈기(宮坂光次)와 동반.
> 6월 25일 오타루(小樽)에 도착. 오타루의 테미야(手宮)의 조각문자 조사
> 6월 26일 북사할린으로 출발
> 6월 29일 북사할린의 알렉산드로프스크항[亞港]에 도착
> 7월 1일 오전 알렉산드로프스크를 출발하여 데까수또리로 향함
> 7월 2일 데까수또리에 도착. 정오 데까수또리를 출발하여 달원해협으로 향함
> 오후 8시경 헤이룽강 하구에 도착하여 1박
> 7월 3일 헤이룽강 거슬러 올라감. 오전 11시경 니꼴라예프스크에 도착, 니꼴라예프스크의 처절한 모습 목격.
> 7월 5일 치누이로프와 치루 재조사.
> 7월 6일 치루에서 여러 가지 조사
> 7월 7일 마린스크를 출발하여 기지호수 도착. 데까수또리 도착
> 7월 9일 알렉산드로프스크항에 도착
> 7월 11일 츠이무강 유역 조사
> 7월 19일까지 오호츠크해 주변 조사
> 7월 20일 누이오를 출발
> 7월 25일 알렉산드로프스크에 도착
> 7월 26일부터 29일까지 알렉산드로프스크에 머물면서 조사
> 7월 30일 북해도 출발

8월 1일 오타루에 도착

8월 3일 동경 도착

3. 도리이의 조사일기

도리이 류조가 남긴 저서들 가운데 『인류학 및 인종학에서 본 동북아시아: 시베리아, 북만주, 사할린』(『人類學及人種學上より見たる東北亞世亞』岡書院, 1924, 총 501쪽)은 모두 20장과 부록(2편)으로 구성되어 있다. 구체적으로는 1919년 6월부터 12월까지 시베리아, 북만주에 대한 조사와 1920년 6월부터 8월 3일까지 북사할린 조사 시에 적은 도리이의 일기를 발간한 것으로 제1장부터 제14장까지는 동부 시베리아 조사일기이며 제15장부터 제20장까지는 북사할린 조사일기이다. 부록 2편은 시베리아, 북만주, 북사할린 조사를 모두 마치고 1921년 11월 11일 제국학사원(帝國學士院) 총회에서 행한 강연과 같은 해 12월 수교사(水交社)에서 설립한 유종회(有終會)에서 행한 강연 내용을 수록한 것이다.

또한 도리이의 이 책은 도리이가 동경제국대학에 제출한 사직서가 수리된 1924년 6월 20일 후 얼마 안 있어 출간되었다. 도리이가 「자서」에 밝히고 있듯이 23세부터 54세까지 30여 년 동안 동경제국대학 인류학교실과 관련하여 조사 및 연구 활동을 해 오다가 비로소 "숙원이었던 한 사람 역할의 낭인적(浪人的) 학자, ─(중략 : 인용자 주) 자유로운 개인적 학자"가 되어 만주와 몽골 조사에 전력을 다하게 된다.

이 책은 전쟁과 인류학적 조사와의 관련성을 보여주는 것이다. 즉 1919년 조사 당시의 일본군의 상황뿐만 아니라 러시아 각 민족의 정치·경제·문화적 상황을 보여주고 있으며 시베리아 조사 1년이 지난 후 1919년 6월에 조사했던 지역의 변화도 보여주고 있다. 또한 이 책은 일제 강점 하에서 조선인의 시베리아 강제이주의 역사, 조선인들의 거주분포와 생활상태 등도 엿볼 수 있다는 점에서 일독의 가치가 있다. 그리고 도리이는 현지조사지에 소재하고 있는 박물관을 반드시 방문하여 진열되어 있는 유물들을 관찰·조사하였기 때문에 이 점에서도 러시아의 박물관 역사와 관련해서 참고가 될 만하다. 특히 블라디보스톡박물관과 하바로프스크박물관에 대한 도리이의 묘사는 구체적인 것이기 때문에 오늘날 해당 박물관의 역사를 고찰하고자 할 때 참고가 될 것이다.

도리이의 조사목적 가운데 현지에 어느 정도의 연구자와 연구기관이 있는가를 조사하는 것이 포함되어 있었는데 도리이는 블라디보스톡의 동양학원과 러시아 각 지에 조직된 지학협회의 존재에 크게 주목하였다. 그러나 도리이는 현지의 교육고등기관인 대학에는 방문하지 않았다. 아마도 일정상 그렇게 할 수 없었던 상황이 작용한 것 같다.

다만 번역하는 과정에서 가장 힘들었던 것 가운데 하나는 지명이 일본어의 가타가나로 표현되어 있기 때문에 이를 오늘날 해당되는 지명으로 바꾸는 일이었다. 그간의 지명변화가 작용하여 관련 전공자들을 번거롭게 하였다. 그럼에도 불구하고 대조하여 밝힐 수 없었던 지명은 가타가나 그대로 번역할 수밖에 없었다. 첨부된 지도를 참조하면서 읽어 내려가는 방법도 이 책을 활용하는 방법 가운데 하나가 될것이다.

그 동안 인류학 및 민속학 등 관련 학계에서 본 번역서와 관련이 있는 주제를 다룬 연구 성과들이 나와 있지만 대체적인 것을 살펴 본 결과 도리이의 본 저서는 참고문헌으로서 활용되고 있지 않음을 엿볼 수 있다. 여러 가지 이유 가운데 아마도 국내에 도리이의 존재가 크게 알려지지 않은 것이 가장 클 것이다. 향후 관련 학계에서 도리이의 본 저술이 연구를 진전시키는 데 약간의 참고가 된다면 번역자로서는 더 이상 바랄 것이 없다.

감사의 글

이 번역서는 약 1년간의 작업 결과이다. 번역하는 과정에서 여러 전문가들의 도움을 받았다.

바쁜 업무 중에도 불구하고 번역자의 중국부분에 관한 질문에 적극적으로 대응해 준 대학 역사교육과 후배이면서 국립민속박물관 학예연구사 김호걸 박사(중국·북경사범대 민속학 박사), 국립민속박물관에서 맺은 인연으로 러시아 지명에 관해 하나하나 수정을 해 준 이건욱 박사(러시아 국립모스크바대학 인류학 박사)에게 감사한다. 또한 토기명칭 등에 대해 도움을 준 고등학교 동기이면서 현재 충북대학교 미술사학과에 재직하고 있는 이종민 박사에게 감사한다.

인문학 출판의 불경기 속에서도 그것도 개인 저술도 아닌 번역서의 발간을 결심해 주신 김선경 사장님과 멋진 상품으로 만들어 준 서경문화사 편집부 직원들에게 감사의 말씀을 전한다.

2007년 9월 17일, 월요일
오전 12시 58분 비 소리를 즐기며

찾아보기

인류학자와 일본의 식민지 통치

ㄱ

가고시마 343
가수미가우라(霞ヶ浦) 375
가스가이(春日) 신사 128
감차다루 30
객나심(喀喇沁) 74
거란 83, 151
경도제국대학 13
고경(古鏡) 31
고(古)놀궐 148, 149, 150, 151, 346
고르돈 193
고르키전 313
고리도(Golid) 29, 30, 200, 222, 226, 233, 234, 235, 237, 239, 240, 241, 243, 245, 247, 259, 261, 262, 291, 292, 293, 309, 370, 407, 414, 433
고리도인 106, 235, 246, 415
고아시아족 409, 419
고이(苦夷) 258
고조선 129
고(古)시베리아족 409

곰 축제 263, 390
과이심(科爾沁) 74
관월회(觀月會) 270
관음당(觀音堂) 228, 252~255, 402, 439
관제묘(關帝廟) 79, 130
교섭국(외교부) 83
교창식(校倉式) 121, 128, 174, 178, 179, 235, 249, 250, 257, 263, 266, 348, 349, 367, 376, 377, 389, 390, 407
군사령부 302, 304, 312, 320, 341, 347
그루간(Kurgan) 148, 150, 155, 156, 172, 173, 174, 175, 177, 185
금나라 32, 51, 135, 228, 231, 330, 336, 339
기원절(紀元節) 299
기인(旗人) 127, 128, 131, 132
기지호수 352, 353, 354, 360, 436, 437
길랴크 12, 30, 63, 64, 239, 247, 251, 252, 261, 262, 263, 264, 266, 272, 282, 287, 347, 358, 368, 370, 371, 375, 390, 399, 412, 429, 433
길랴크촌 372

찾아보기 469

길랴크어 384, 387
길랴크족 248, 256~258, 265, 267, 348, 352, 354, 357, 359, 360, 361, 364~367, 369, 373, 376~378, 380, 381, 383, 389, 397, 400, 401, 403~406, 409~411, 413~415, 418, 419, 435, 438~440
길리미(吉里迷) 258
길림성 216, 221, 227, 266, 385
길림성지(吉林省志) 136
길열미(吉列迷) 402
까자끼 56, 99, 179, 423
꼬랴 30, 31
꼬삿크 221
끼린 200

ㄴ

나고야(名護屋) 141
나요 429, 432
남근 숭배 145, 146
내만(奈曼) 74
내몽골 52, 75
넌쟝강(嫩江) 52, 85, 90, 100, 105, 123, 131~133, 135, 136, 138, 200, 207, 212, 220, 221
네꾸다 239, 259, 260, 261, 287, 414
네르친스크 72, 187
네르친스크조약 16, 187, 195, 441, 224
노도지마(能登) 338, 415
노베루스키 250
노아간도사(奴兒干都司) 252, 254, 255,, 256, 258, 357, 402, 440, 439

노테쯔 434, 435
노테쯔 곶 430
노합하(老哈河) 145
농상무성 297
누인강 368
니꼴리스크 228, 323, 325, 326, 327, 328, 330, 333, 334, 335, 336, 337, 338, 339, 340, 341, 394, 395
니꼴리스크 우수리 326
니콜라예프스크 16, 188, 189, 223, 224, 228, 231, 237~239, 243, 247~249, 250, 251, 260, 267~269, 271~276, 278, 279, 281, 283, 285, 286, 289, 290, 293~295, 297, 299, 300, 307, 311, 355~357, 440
니콜리스카야 220
니콜스크 16, 22, 32, 33, 36, 40
니항환(泥港丸) 358, 360

ㄷ

다라이노루 53, 89, 102
다라이라마 163
다우리아역 54, 73
다우리야 72, 76, 139
다우르 73, 75, 79, 81, 83, 87, 130~132, 207, 214, 215
다이고천황(醍醐天皇) 84
달원해협 351, 355
당태일기(唐太日記) 431
대신궁(大神宮) 127
대(大)흥안령 220
데까수또리 351, 352, 354, 355, 360~362,

436, 437
데렌 261, 404, 434, 435, 439
데지마(出島) 375
도리이(鳥居) 214, 385
도쿠가와 시대 257
독일인류학잡지 412
돈저(底) 303, 314
돌궐 32, 143, 148
동경 345
동경 용원부 337, 338
동경인류학잡지(東京人類學雜誌) 12, 37
동경인류학회 35
동경인류학회규칙 35
동경제국대학 12, 18, 32, 257, 412
동경제국대학 지질학교실 192
동달기행(東韃紀行) 244, 253, 261, 265, 353, 359, 381, 400, 404
동달일기(東韃日記) 442
동달지방 420, 428, 426, 434, 435, 442
동모(銅鉾) 31
동몽골 63
동양학원(東洋學院) 21~24, 26~28, 88, 319, 329, 341
동지나철도(東支那鐵道) 72, 85, 86, 105, 106, 121, 125, 131, 133, 139, 140, 326
동지나철도회사 136
동청(東淸) 22
동청철도(東淸鐵道) 52, 114, 123
두만강 47, 337
톰스크 13
똔나이 432

라마 71, 75, 77, 99, 173, 184, 185
라마묘 161, 169
라마사원 162
라마교 71, 80, 102, 104, 142, 164, 183, 186
라마불교 163
러시아 아카데미 29, 403, 441, 442
러일전쟁 42
러중조약 82, 87
로마노프가(家) 312

마네구루 226
마린스크 248, 266, 290, 352, 360, 399, 400, 433, 438
마미야해협 355, 399
마츠마에번(松前藩) 369, 422, 424, 428
마한 129
막하(漠河) 195, 196, 200
만군 259, 260, 291, 349, 414
만리장성 174
만저우리(滿洲里) 53, 54, 76~78, 87, 139
만조보(萬朝報) 118, 123
만주 53, 210
만주가부(滿洲假府) 266, 438
만주기인(滿洲旗人) 52, 53, 126, 130
만주팔기(八旗) 132
만주문자 25
만주어 23, 27, 88
만주인 30, 226

만철(滿鐵) 135
말갈(靺鞨) 32, 33, 149, 189, 227, 228, 231, 336
망고강 431, 435
매매성(賣買城) 85
맨힐(Menhil) 157
메떼루링크 284
명나라 251, 258, 440
명적(鳴鏑) 150, 173, 178
모스크바 284, 297
목어(木魚) 332
몽고여행(蒙古旅行) 101
몽골겔 92, 103, 172
몽골암 94
몽골여행기 24
몽골유목기(蒙古遊牧記) 85, 100
묘족(苗族) 263
무녀(巫女) 36, 115, 207, 262, 370
무단강(牧丹江) 336, 438
무당 48, 99, 142, 294, 380, 387
무라비요프전 303
무사시노 이야기(武藏野話) 76
무사시노회(武藏野會) 270
무사시노(武藏野) 76, 138
무속 206
묵이근(墨爾根) 90, 100, 105, 200, 202, 212, 216
물길 189
미누퉁구스 62, 67, 68
미또(水戶)연대 267
미츠꼬시(三越) 303, 318
미츠이가(三井家) 19

바라카 81, 83, 85, 92, 102
바라카몽골 54, 77, 86, 92, 97, 98, 100, 101, 103, 104
바이칼 16, 32, 66
박카톨하타 176
발해(渤海) 19, 32, 33, 36, 40, 51, 228, 334, 336, 337, 338, 342
발해고(渤海考) 337
베링해협 423
병참부 249
병참사령관 315
병참사령부 187, 297, 308, 314, 318
보로한 99, 110
볼셰비키 68, 133, 293, 295, 310
볼시아역 139, 140
볼쟈야강 55
부라고븨센스키 189, 195, 200, 201, 203~205, 212, 213, 218, 219, 224, 250, 253, 255, 274, 301, 303, 311
부라고븨센스키 박물관 211
부라고븨시 249
부랴트 24, 54, 62, 70~73, 81, 83, 89, 104, 108, 109, 112, 113, 115, 116, 139, 140~142, 155, 159~161, 163~166, 168, 170~173, 175, 177~181, 183~185
부랴트 기(旗) 167
부랴트 맹(盟) 155
부랴트어 154
부일노루 53, 81, 85, 90, 92, 100, 102
북만(北滿) 호텔 135
북신회(北辰會) 372

북에조치도설(北蝦夷圖說) 395, 404, 442
북에조치신지(北蝦夷新志) 404
북에조치여지(北蝦夷餘志) 404
붜두너(伯都訥) 133
브리유네루 47
브린스키 부랴트 75
블라디미르 사원 300
블라디보스톡(浦潮斯德) 16, 18~22, 26, 29, 30, 34~36, 41, 46, 47, 49, 50, 52, 60, 88, 125, 154, 189, 199, 211, 219, 224, 225, 241, 252, 255, 307, 308, 313, 315, 317~319, 321~323, 325, 326, 329, 337, 339, 340~342, 394
블라디보스톡 박물관 28, 227, 253, 335, 440
블라디오스까야 317
비루카역 141
비아객(費雅喀) 402
빠루하타 417
뻬쩨르부르크 12, 441
뽀로나이 404, 405, 407, 409, 411, 413
뽀로나이강 364, 399, 400, 414
뽀세츠또 437

사도(佐渡) 338, 415
사할린 30, 227, 257, 258, 266, 272, 277, 337, 347, 350, 386
사할린주 15, 345, 355, 362, 435
산단(山靼) 428, 431, 433
산동성 131, 327
산서성(山西省) 86

산세이도우(三省堂) 25
살합련(薩哈連) 407, 414, 418
삼국통람(三國通覽) 421, 422
삼성(三姓) 137, 222, 257, 266, 438
삼협(三峽) 196
상트 페테르부르크 12
색윤간(索倫稈) 127
색윤달호이(索倫達呼爾) 98
생령(生靈) 308, 311
샤머니즘 235, 239
샤먼 62, 102, 349, 377
샤먼교 294, 410
서역(西域) 263, 331
서오주목심(西烏珠穆沁) 113
성경성(盛京省) 126
성경통지(盛京通志) 132
세데미강 37, 43
세데미만 38
세렌가강 57, 62, 69, 85, 148
세무국 83
센트럴 호텔(Central Hotel) 20, 318
셈족 193
소론 80, 81, 83, 84, 86, 89, 90, 91, 93, 96, 97, 99~102, 104, 107, 132
소싱안링(小興安嶺) 220, 221
소우야(宗谷) 397, 415, 429, 432
솔빈부 338
솔빈하(率賓河) 338
송나라 84, 330, 334
수교사(水交社) 420
수메렌구루 429, 430
수비대 361
수송사령부 139
숙신(肅愼) 19, 346, 415

순방국(巡防局) 83
순찰국 83
스레텐스크 186, 187, 188, 200, 249
스빠스까야역 318
스완 호수 38, 43
스키트족 67
스타노보이 산맥 70, 189, 204
스탠딩 스톤(Standing Stone) 157
스토레텐스크 187, 190, 191
슬라브 193, 226
슬라비얀카 38, 41, 49
시라끼야(白木屋) 318
시라누시(白主) 420, 429
시라무렌강 151
시루게네프 43
시루카강 186, 187, 188, 190, 194, 198, 207, 414
시마다 상회(商會) 250, 275, 283, 356
시베리아 기행 229
시베리아의 토속 240
시야라슨 76
시호테아린령 29, 221, 245, 413
시호테아린산맥 222, 230, 357, 361, 362
신간(神桿) 127, 128, 131, 239, 245
신사(神社) 147, 173, 214
신춘(新春) 290, 291
쌍성자(雙城子) 328
쑤이훤강 325, 326, 328, 332, 336, 338
쑹화강(松花江) 51, 52, 53, 128, 135, 137, 138, 200, 220, 221, 222, 232, 239, 245, 257, 266, 293, 336, 438

ㅇ

아가강 161, 165
아극덕사극(雅克德斯克) 412, 416~418
아긴스코에 155, 159, 160, 161
아긴스크 맹 161, 162
아긴스키 부라트 75
아녹과이심(阿祿科爾沁) 74, 113
아다츠이무 366, 388, 390, 391
아루군강 53, 105, 194, 195, 198
아루히 96
아리유또 30
아무군 239
아무군강 252, 253, 259, 260, 261, 265, 417, 439, 440
아무르 29, 30, 90, 105, 128, 229, 236, 244, 270, 273, 297
아무르강 29, 70, 190, 192, 197, 199, 200, 224, 235, 240
아무르만(灣) 37
아무르주 15, 16
아무르학회 37
아버지와 딸 300
아시아 러시아 59
아십하(阿什河) 135, 336
아오모리(靑森) 345
아이군(愛琿) 201, 202
아이군성(愛琿城) 195
아이누 30, 226, 276, 346, 408, 412, 414, 433, 440, 443
아이누족 193, 258, 264, 406, 419
아이마크(Aimak) 159
아이특(哦爾特) 83
아이훈(愛琿) 189, 196, 212~218

아이훈성(愛琿城) 219
아이훈조약 224
아일이 167
아파합납이(阿巴哈納爾) 74
알렉산드로프스크 16, 345, 377, 393~396
알렉산드로프스크강 419
알렉산드로프스크항(亞港) 347, 350, 351, 363, 391, 392
알베르트상회(商會) 303, 319, 320
앙가라 57, 62
앙가라강 59, 65, 68
앙이계(昂二溪) 131, 132
야니새사크(也尼賽斯克) 412, 418
야마또(大和) 31
야마하네(山羽) 415
야에(八重) 342
야요이식 271
야요이식(彌生式) 토기 49, 64, 147, 210
야쿠츠크주 201
야쿠토스크 144
야쿠토스크주 204
야쿠트 61, 62, 204, 206, 364, 399
야쿠트인 306, 335, 380
야쿠트족 411, 142, 416, 417, 418
야쿠트주 418
얀코프스크 38, 42
얀코프스크 반도 21, 30, 35, 37, 38, 40, 41, 43, 45, 46, 48, 49
에니세이 32, 67, 158
에니세이강 59, 65, 66, 143, 145, 148, 149, 156, 157, 169, 189, 208, 210, 211
에도학자(江戶學者) 77
에도(江戶) 274

에또로프(擇捉) 422, 424, 428, 430
에리유토 81, 83, 85, 104
에스키모 408
에조지(蝦夷地) 422, 424
에조(蝦夷) 346, 422
여진(女眞) 228, 231, 333, 336
역사지리(歷史地理) 346
연역사(延曆寺) 162
연해 306, 341, 414
연해주 15, 16, 36, 222, 224, 225, 241, 309, 333, 336, 342, 350, 353, 362, 425, 434, 437
연해주지(沿海州志) 299
영고탑(寧古塔) 51, 326, 336, 338, 438
영락사(永樂寺) 258
영령사(永寧寺) 33, 252, 254, 359
오가사와라(小笠原) 427
오꾸하(奧羽) 211, 212
오논 153
오논강 55, 56, 72, 104, 141, 143, 146, 148, 149, 151, 153, 155, 158, 169, 171, 173, 175~177, 185, 208~211, 326
오논강 연안 170
오로촌 62, 81, 83~86, 98, 104~108, 111, 113~118, 123, 124, 198, 200, 216, 236, 409
오로촌족 109, 112, 119, 121~123, 414
오로츠꼬 30, 376, 377, 379, 397, 399, 407, 409, 410~415, 418, 429, 430, 443
오로츠꼬족 419, 430
오로치 30, 48, 226
오론나야 55

오루곤강 57
오루다나강 81
오루치 309, 412, 413
오르곤 32, 68, 69
오르곤강 148
오르다나강 90
오르치 29
오르치(만군) 30
오리 332
오리가 336
오모리(大森) 35, 37
오보 77, 166, 172
오사카마이니치(大阪每日)신문 343
오오쿠마(大隈) 내각 74
오주목심(烏珠穆沁) 74, 86, 103
오쿠라구미(大倉組) 273, 274, 289
오쿠라구미 출장소 274, 300
오쿠바(奧羽) 63
오타루(小樽) 152, 346, 397
오타루 테미야(小樽手宮) 33, 420
오한(敖漢) 74
오호츠크 370, 373, 378, 379, 380
오호츠크강 349
오호츠크해 29
옴스크 13, 68, 190, 199
옹우특(翁牛特) 74
와타리시마(渡島) 346, 415
외몽골 53, 76
요나라 84, 87, 89, 96, 151
우리풀 117, 119
우랄알타이 83
우량하이(烏梁海) 69
우루 117
우수리(烏蘇里) 22, 29, 30, 31, 34, 40, 42, 50, 235, 236, 238, 308, 333
우수리강 50, 222, 224, 227, 229, 232, 234, 245, 336, 413
우에노역(上野驛) 345
우엘네브친스키 56, 57, 69, 70
우크라이나 366
울란바토르 57, 69, 71, 85
원나라 151, 169, 258
원시신도(原始神道) 48, 294
위구르 32, 151, 346
유가기루 30
유구(琉球) 422
유리트(칼마타) 80
유사(有史) 106
유종회(有終會) 420
유태인 135, 190, 192, 193
육군 병참부 223
육군성(陸軍省) 14, 18
육군어용선(陸軍御用船) 345
육지측량부원(陸地測量部員) 389
읍루(挹婁) 36, 189, 272, 273
이나켄치스키사원 253
이르쿠츠크 13, 38, 50, 58~61, 68, 69, 164, 240, 241, 320
이르쿠츠크 박물관 143, 148, 158
이르쿠츠크현(縣) 15, 56, 70
이부리(膽振) 264
이세(伊勢) 127
이슬람교 235, 292, 411
이시가리강반(石狩江畔) 415
이시가리(石狩) 420
이즈모(出雲) 147
인고타강 56, 72, 186
인류학연구회(人類學研究會) 13

인무성(印務省) 83
인하타(因幡) 152
일본 병참부 107
일본 병참사령부 181, 200
일본 주둔군 사령부 135, 141
일본거류민회(日本居留民會) 305
일본해 342
입석(立石) 158

자바이칼 15
장자커우(張家口) 69, 74, 100
장춘(長春) 137, 211
쟈란테역 89, 92, 107
정교회 170
제국대학령(帝國大學令) 13
제국학사원(帝國學士院) 399, 400
제다(齊多) 55, 56, 72, 136, 137, 139, 141, 142, 153, 186, 219, 314, 340
제다박물관(齊多博物館) 142, 153, 158
제야강 201, 219
제하스보로한 99
조선 24, 37, 41, 147, 190, 209, 210, 211, 226, 245, 262, 283, 326
조선어 24, 27
조선어과 23
조선은행 72
조선인 21, 22, 27, 30, 39, 42, 166, 226, 227, 250, 298, 328
조선총독부 14, 18
쥬카마루(中華丸) 353, 355
지나지(支那誌) 136

지리학회 403
지학협회 16, 33, 34, 36, 60, 61, 225, 269, 309, 322, 330, 332, 334, 442
지학협회잡지(地學協會雜誌) 442
지학협회(地學協會) 12, 15, 142, 206, 224, 441
진언(眞言) 162
진파이호(陳巴爾呼) 83
쯔쿠시(筑紫) 31

차신한부(車臣汗部) 53, 76, 86
차하르몽고(察哈爾蒙古) 100
찰노특(札魯特) 74, 113
찰재특(札賚特) 74, 126
참모본부 14, 441
참모부 59
천장절(天長節) 299
천태종 162
청진 337
청진사(淸眞寺) 130
체코슬로바키아 28
축부토기(祝部土器) 232
츄린 상회 319
츅치 30, 31
츠가루(津輕) 해협 345
츠루가(敦賀) 19, 342, 343
츠시마(對馬) 331
츠이무강 349, 364, 365, 367, 368, 371, 377, 378, 383, 386, 391, 392
츠이미강 400
치누이로프 279

치루 251, 254, 256, 258, 259, 261, 358, 359, 395, 413, 439
치루바하(Tir-baha) 252
치류 322
치시마 423, 429, 430
치시마(千島) 276, 422
치야시 231
치치하얼(齊齊哈爾) 74, 85, 87, 107, 125, 129, 131, 133, 134, 138, 200, 201, 202, 212, 217, 220
치치하얼성 126
치치하얼역 126
치치하얼의 풍속안내 132
치타 68, 70, 71
칭기스칸 55, 79, 89, 96

카라프트 400
카루이므스카야 186
카수미가우라(霞ヶ浦) 380
카스피해 63, 67
칼마크 89
캄차다루족 321
캄차카(勘察加) 418, 423, 424
캄차카주(勘察加州) 30, 31, 226, 321
코리안 디포지터리(Korean Depository) 35
코카서스 63, 67
쿠나시리(國後) 422, 424
쿠라세니꼬프 426

타라이카 호반(湖畔) 414
태양숭배 157
태양신 158
터키 193
테미야(手宮) 32, 152, 346
토묵특(土默特) 74
토속학 206, 226, 342, 378
토속학자 29
톨스토이 188, 308, 309
톨스토이전 313
톰스크 60
통전(通典) 402
투르크(土耳古) 32, 67~69, 158, 159, 385, 388, 416
투르키스탄(土耳其斯坦) 144, 148, 190, 209
툰드라지대 370, 372, 373, 376, 389, 410, 420
퉁구스 15, 21, 22, 29, 30, 61, 62, 67, 75, 94, 105, 118, 124, 168, 183, 184, 185, 200, 234, 272, 273, 346, 364, 385~387, 399, 404, 405, 409, 418
퉁구스강 236, 237, 238
퉁구스어 261
퉁구스족 129, 142, 189, 222, 240, 258, 259, 260, 262, 267, 406, 416
특림(特林) 252, 261
티무르역 57
티베트 24, 150, 151, 163, 167, 241

파림(巴林) 113
파이호(巴爾呼) 83, 85
팔기주방(八旗駐防) 129
패가이(貝加爾) 61, 62, 68, 69, 70, 75, 157, 169
패가이(貝加爾) 호수 59, 143, 156, 179
패각학(貝殼學) 39
페테르 313
포세츠도 41
포합다(布哈多) 106, 107, 109, 110, 111, 122, 125, 139
표트르 대제전 301
푸루놀 53
푸른 섬 284

하꼬네(箱根) 107
하꼬다테(函館) 345
히드브라시크역 140
하루하강 81
하루하몽골 100
하바로프스크 16, 29, 34, 50, 52, 188, 189, 201, 207, 212, 222~225, 228, 230~232, 234, 238~240, 249, 250, 254, 255, 259, 260, 263, 266, 269, 280, 281, 285, 287, 291, 293, 294, 295, 297, 298, 300, 302, 303, 309, 310, 312~315, 317, 318, 320, 326, 329, 330, 333, 339, 343, 440
하바로프스크 박물관 206, 208, 227, 233, 236, 240, 272, 335
하바로프스크 총독 441
하바로프스크시 106
하야시꼬 히라(林子平) 421
하얼빈 51, 52, 95, 133~135, 137, 139, 293, 294, 314
하이지(蝦夷地) 424
하일라얼(海拉爾) 53, 54, 72, 77, 78, 79, 80, 85, 86, 88, 92, 95, 100, 104, 106, 107, 139, 141, 194
하일라얼강 81, 89, 90, 92, 96, 98, 100
하쿠분칸(博文館) 25
하타 176
함경북도 211, 337
함니간 168, 185
항봉자구(抗棒子溝) 114, 121
해삼위(海蔘威) 21
헤벤키 416
헤이룽강(黑龍江) 16, 53, 64, 81, 137, 188, 189, 191, 194, 198, 206, 208, 210, 211, 213~224, 227, 229, 231~234, 236, 238, 239, 241, 243~245, 247, 249, 250, 252~256, 258, 259, 260, 266, 267, 269, 273, 276, 277, 279, 281~283, 285~287, 289, 290, 295, 302, 304, 310, 311, 313, 322, 323, 353, 355, 357, 358, 360, 397, 399, 401~403, 406, 409, 413, 414, 417, 419, 420, 428, 431, 434, 435, 437~439, 442
헤이룽강성(黑龍江省) 82, 90, 126, 134, 200
헤이룽강성지(黑龍江省志) 136
헤이룽강외기(黑龍江外記) 98, 99, 132

찾아보기 **479**

헤이룽강주(黑龍江州) 195, 225, 226
헤이룽강통지(黑龍江通志) 132
헤이허(黑河) 195, 196, 200, 202, 212, 213, 214, 218
헤이허현(黑河縣) 311
호또카 167
호마이(呼瑪爾) 200
혼간지(本願寺) 26
혼춘하 385
홋카이도 277, 282, 346
화련구 111, 119
화류병(花柳病) 163
활불(活佛) 71, 74, 75, 163
황신(荒神) 173
회교도 190
후가이주(後加爾州) 211
후룬뻬이얼(呼倫貝爾) 23, 53, 77, 80, 81, 82, 83, 84, 85, 87, 88, 98, 99, 100, 104, 106
후지타구미(藤田組) 298
후패가이(後貝加爾州) 54, 55, 85, 142~144, 161, 168, 195, 341, 412, 414, 416, 418
흑룡 306, 341, 414
흑룡주 201, 204~207, 224, 259, 260
흑룡주학회 336
흑수말갈(黑水靺鞨) 212, 228, 232, 259
흡극도(恰克圖) 85
흥안령(興安嶺) 52, 70, 78, 85, 87, 89, 92, 100, 104, 105, 107, 108, 113, 116, 117, 119, 121, 123~125, 134, 138, 146, 221, 414
흥안령도 53
히가시 혼간지(東本願寺) 26
히로그강 56, 70

● 인명 찾아보기

강희제(康熙帝) 187
고르키 303, 314
곤다츠치 총독 224, 305
다까하시 사쿠자에몬(高橋作左衛門) 426, 427
다까하시(高橋次太夫) 430
도스토예프스키 308, 311
도쿠도미(德富蘆花) 290
뒤르켐 35
라이산요우(賴山陽) 312
마미야 254, 258, 261, 263, 265, 267, 359, 360, 381, 403, 408, 421, 426~429, 431~434, 436~443
마미야린죠(間宮林藏) 244, 253, 257, 353, 395, 400, 420, 428
마츠다(松田) 401
마츠우라 다께시로(松浦武四郎) 401, 404, 431
마크(Richard Maack) 191, 200, 220, 222, 239, 245, 257, 291, 349, 399, 402~404, 408, 441, 442
말가리또프 35, 37, 41, 43~47
모스 35
모카미(最上德內) 401, 429
무라비요프 224, 229, 233, 243, 298, 302, 304, 441
미야사카(宮坂光次) 345
쁘시킨 305, 313

사또 류타로우(佐藤勇太郞) 13, 35
세묘노프 54, 73, 154, 159, 169, 181
슈렝크(Leopold von Schrenck) 29, 124, 200, 222, 240, 241, 257, 399, 402, 404~406, 408, 409, 412, 414, 415, 441, 442
스즈에(鈴江) 71, 154, 183
시라이 미츠타로우(白井光太郎) 13, 35
시볼트 404, 427, 442
아라이 하쿠세끼(新井白石) 312, 424
아보기(阿保機) 89
알렉산드리아 대제 280
야마나카 와라이(山中 笑) 77
야율금재(耶律禁材) 79, 84
에밀 졸라 199
에카테리나 423
에카테리나 여왕 339
에카테리나 여제(女帝) 280
와다유우지(和田雄治) 338
우찌무라 간죠(內村鑑三) 118
이노우 타다다까(伊能忠敬) 426
츠보이 쇼고로우(坪井正五郎) 13, 35
치뿌친 104
캡틴 쿠크(captain Cook) 425
코가네이(小金井良精) 412
표트르 대제 280, 313, 319
홀필렬(忽必烈) 258
후쿠게 우메타로(福家梅太郞) 13, 35

찾아보기 **481**

• 지은이

鳥居龍藏 _ 도리이류조
1870년 4월 4일 일본 도쿠시마시(德島市) 센바쵸(船場町)에서 출생
1877년 소학교 중퇴, 고등소학교 및 중학교 과정 독학
1895년(25세) 동경인류학회 파견에 의하여 처음으로 해외 현지 조사(요동반도)
1897년(27세) 동경제국대학 파견으로 다시 대만 홍두서(紅頭嶼) 조사
1900년(30세) 대만 조사(제4회)
1902년(32세) 동경제국대학 이과대학 파견으로 서남 중국의 묘족(苗族) 조사
1904년(34세) 오끼나와 조사
1905년(35세) 동경제국대학 강사로 임명됨. 동경제국대학 파견으로 만주 조사
1907년(37세) 가족과 함께 몽골 조사
1910년(40세) 조선에 대한 예비 조사
1911년(41세) 조선(제1회)~1916년(46세) 조선 조사(제6회), 남사할린 조사
1919년(49세) 동경제국대학 파견으로 동부 시베리아 조사(제1회)
1920년(50세) 프랑스 파리 학사원(學士院)으로부터 팔무 아카데미상을 받음. 파리의 만국연맹인류학원으로부터 정회원 및 일본 대표위원으로 추천됨
1921년(51세) 「만몽(滿蒙)의 유사이전(有史以前)」으로 문부대신으로부터 문학박사 학위 받음. 6월부터 8월까지 북사할린과 동부 시베리아의 아무루 강반 조사
1922년(52세) 동경제국대학 조교수 · 제2대 동경제국대학 이학부 인류학교실 주임으로 임명. 국학원대학(國學院大學) 강사로 임명
1923년(53세) 국학원대학 교수로 임명
1924년(54세) 동경제국대학 사직
1926년(56세) 중국 산동성 조사
1928년(58세) 죠찌(上智)대학 창립에 진력하고 문학부장 · 교수로 임명. 4월부터 7월까지 동부 시베리아 조사(제4회), 만주 조사(제5회)
1931년(61세) 만주 조사(제6회)
1932년(62세) 7월부터 8월까지 만주 조사(제7회), 조선 조사(제7회)
1933년(63세) 동방문화학원(東方文化學院) 동경연구소 파견으로 몽골 조사(제4회). 국학원대학 교수 사직
1935년(65세) 11월부터 12월까지 동방문화학원 동경연구소 파견으로 만주 및 북중국 조사(제9회)
1937년(67세) 4월부터 그 다음 해 2월까지 외무성으로부터 문화사절로서 임명되어 브라질로 파견됨. 페루 · 볼리비아에서 잉카 제국 유적 조사
1938년(68세) 화북에서 요(遼) 및 북송 관계 유적 조사
1939년(69세) 중국 북경의 미국 미션계 연경(燕京)대학의 객좌교수로 임명
1940년(70세) 만주의 요나라 화상석묘(畫像石墓) 조사
1941년-1945년 : 태평양전쟁
1951년(80세) 연경대학 퇴직, 북경으로부터 귀국
1953년(83세) 「고고학의 회고」를 마지막으로 생애를 마침

• 옮긴이

崔錫榮 _ 최석영

충남 청양 출생(1962년)
공주사범대학 역사교육과 졸업(1985년)
한국학중앙연구원 한국학대학원(한국사) 석사과정 수료
일본 중부대학 대학원 석사 졸업
일본 히로시마대학 대학원 박사과정 졸업
국립민속박물관 학예연구사(1999.11~2006.6)
단국대학교 동양학연구소 연구 조교수
국립극장 공연예술박물관장(학예연구관, 2010.6~)

저서 및 역서

『일본고고학사와 식민지고고학을 만나다』, 『일제 하 무속론과 식민지권력』, 『일제의 조선연구와 식민지적 지식 생산』(문화체육관광부 선정 우수도서), 『한국박물관 역사 100년 : 진단과 대안』, 『일제의 조선 『식민지고고학』과 식민지 이후』 등이 있고 역서로는 『사회인류학의 과거, 현재와 미래』(영문), 『전통의 창조와 날조』(영문)와 『일본 근대국립박물관 탄생의 드라마』(일문)와 『인류학자와 일본의 식민지통치』(일문, 대한민국 학술원 선정 우수도서) 등이 있으며 박물관학 외국 저술들(영문)을 읽고 쓴다는 방식으로 『박물관의 전시 해설가와 도슨트』, 『핸즈 온 전시』, 『비교문화적 관점에서 박물관보기』, 『식민지박물관 벗어나기』, 『박물관에서 역사수업하기』 등의 박물관학 시리즈를 발간해 오고 있다.

도리이 류조의 시베리아 · 북만주 · 사할린 조사 일기
인류학자와 일본의 식민지 통치

초 판 1 쇄 일	2007년 10월 01일
초 판 3 쇄 일	2021년 09월 17일
지 은 이	鳥居龍藏 도리이 류조
옮 긴 이	崔錫榮 최석영
발 행 인	김선경
책 임 편 집	김소라
발 행 처	서경문화사
주 소	서울시 종로구 이화장길 70-14(204호)
전 화	743-8203, 8205 / 팩스 : 743-8210
메 일	sk8203@chol.com
신 고 번 호	제1994-000041호
ISBN	978-89-6062-017-9 93900

ⓒ 최석영 · 서경문화사, 2007

* 파본은 구입처에서 교환하여 드립니다.

정가 28,000